민족지도자 안재홍 연보 1

민족지도자 안재홍 연보 1

초판 1쇄 발행 2020년 12월 30일

편 자 ㅣ 황우갑
발행인 ㅣ 윤관백
발행처 ㅣ 돌빠선인

등 록 ㅣ 제5-77호(1998.11.4)
주 소 ㅣ 서울시 마포구 마포대로 4다길 4 곳마루 B/D 1층
전 화 ㅣ 02)718-6252 / 6257   팩스 ㅣ 02)718-6253
E-mail ㅣ sunin72@chol.com

정 가 38,000원

ISBN 979-11-6068-432-2   94900
      979-11-6068-431-5   (세트)

※ 이 책은 평택시의 후원으로 제작하였습니다.

민족지도자 안재홍 연보 1

황 우 갑 엮음

(사)민세안재홍선생기념사업회 기획

도서출판 선인

이 책을 민족의 과거·현재·미래를 복합 고민하며
독립과 통일에 헌신하셨던 민족지도자 민세 안재홍 선생 영전에 바칩니다

자존심을 유지한다는 것은 물론 자신에게 말을 건다는 뜻이에요.
그리고 자신에게 말을 건다는 건 기본적으로 사유를 하는 거예요.
- 한나 아렌트

이 책은 민족지도자 민세 안재홍이 태어난 1891년에서 청장년 초기인 1926년까지의 주요 활동과 글을 연보 형식으로 묶은 것이다. 향후 수년간에 걸쳐 총 8권으로 나눠 안재홍 연보 발간 작업이 진행될 것이다. 안재홍의 성인교육 활동에 대해 공부하면서 민세 관련 기존 연구 성과와 다양한 자료들을 살펴볼 수 있었다. 그리고 기회가 되면 새로운 연구 성과와 축적된 자료를 바탕으로 안재홍 연보를 새롭게 정리해야겠다는 생각을 했다. 이제 안재홍 연구는 전문 연구자들만의 관심에서 벗어나 일반인들도 민세가 쓴 글을 직접 접하면서 원문의 감동을 느끼는 대중화 작업이 절실하다.

다행히 이런 결심을 구체화하고 실천에 옮기게 된 계기는 세 가지 행운이 있었기에 가능했다. 우선, 1978년 『창작과 비평』 겨울호에 민세의 후학 천관우 선생이 '안재홍 연보'를 정리 발표한 것을 시작으로 2008년까지 『안재홍 선집』 총 8권 간행되었다. 여기에는 일제강점기와 해방 시기에 안재홍이 썼던 다수의 글이 실려 있다. 또한, 2015년 안재홍 연구 권위자인 역사학자 김인식 박사에 의해 한국학중앙연구원 학술 지원으로 '민세 안재홍 자료 집성 DB' 사업이 완료됐다. 이 사업으로 기존 안재홍 선집에 들어있지 않은 다수의 자료가 새로 발굴 정리됐다. 한국 근현대 인물 최초의 DB 정리 사업이었다. 여기에는 안재홍 관련 신문과 잡지, 단행본, 문서 자료가 체계적으로 정리되어 있다.

끝으로, 민세 안재홍이 2대 주필과 6대 사장을 지낸 조선일보가 2020년 3월 5일 창간 100주년을 맞아 '조선 뉴스 라이브러리 100'을 공개했다. 여기에서 2015년에 나온 '민세 안재홍 자료 집성 DB'에 포함되지 않았던 다수의 안재홍 관련 자료를 찾을 수 있다. 안재홍 연보 작업을 구상했던 시기에 때마침 나온 아주 귀하고 반가운 자료였다. '조선 뉴스 라이브러리 100'을 검색하면서 여러 편으로 나눠 안재홍 연보를 발간해야겠다는 결심을 굳혔다.

2020년 첫 연보 작업이 가능했던 것은 코로나 19도 한몫을 했다. 전 지구적, 국가적, 개인적 고통 속에 무엇인가 의미 있는 작업을 통해 이 어려움을 정신적으로라도 극복하고 싶었다. 그래서 이제 시작이지만 『민족지도자 안재홍 연보 1』이라는 소중한 결과물이 나올 수 있었다. 이번에 새로 간행되는 『민족지도자 안재홍 연보 1』은 조금 더 미시적 관점에서 시간과 환경의 변화에 따른 안재홍의 삶과 활동을 이해하는 데 도움을 줄 것이다.

안재홍은 당대에 주위 사람들이 '다사가(多事家)'라는 별명을 붙여 줄 만큼 다양한 활동에 관여했다. 그런 별명이 붙은 이유를 실제 엄청난 자료를 통해 눈으로 확인할 수 있었다. 이 연보에는 안재홍이 관심을 가지고 힘썼던 주요 활동과 강연, 국내 답사, 언론 기고, 내면 성찰 등 다양한 자료가 망라되어 있다. 여기에는 안재홍의 치열한 지적 고민과 당대 문제해결을 위한 가슴 벅찬 노력이 자세히 담겨있다. 연보 정리를 위해 틈틈이 글을 읽으며 가슴이 뭉클해지고 여러 차례 눈시울을 적시기도 했다. 민세와 같이 말과 글이 일치했던 민족지도자가 아니었으면 느낄 수 없는 깊은 울림도 있었다.

'오늘 일은 오늘에 나의 일은 내가'라는 민세 자신의 좌우명을 실제 그가 쓴 글과 그의 활동 속에서 확인할 수 있었다. 특히 본격적인 언론 활동을 시작하는 1924년부터 1926년 시기에는 한 달에 10편 이상의 글쓰기와 여러 건의 사회활동을 확인할 수 있다. 민세는 먼저 세상을 떠난 선배 독립 운동가들을 추모하는 글을 쓸 때 '고심참담(苦心慘憺)'이라는 표현을 자주 썼다. 이 표현은 당시 민세 자신의 심경과 사후 그의 삶에 대한 평가에도 그대로 적용할 수 있다. 당대 사람들에게도 많은 감동을 준 민세의 글과 활동은 100년 가까이 지난 현재에도 여전히 커다란 상상력을 주는 내용이 많다. 힘들었지만 『민족지도자 안재홍 연보 1』 작업을 시작한 것 자체가 큰 행운이었다. 이 연보의 발간은 이후 안재홍 전집 원문 발간, 현대어 번역 발간, 젊은 세대의 안재홍 연구 등에 크게 도움을 줄 것이다. 또한, 글을 통해 변화해 가는 안재홍의 삶을 제대로 알고 느끼고 싶어 하는 일반인에게도 좋은 자료가 될 것이다.

이 연보는 안재홍의 삶과 활동을 이해하고 싶어 하는 일반인을 고려해 가능한 원문에 충실하되 그 뜻을 손상하지 않는 범위에서 의미를 현대어로 풀어 적었다. 가능한 한자어 사용도 자제했다. 능력이 부족해 잘못이 발견될 수도 있다. 계속 수정해 나갈 생각이다.

인터넷 '조선 뉴스 라이브러리 100' 자료는 양이 많아 편의상 당시 신문 출처만 밝혔다. 민세 관련 사진 자료는 안재홍기념사업회, 신간회기념사업회 등에서 제공해주셨다. 표지 사진은 사진 작가이신 이수연 前 한국사진작가협회 부이사장님께서 제공해주셨다. 2006년

11월, 이 작가님과 함께 방문했던 베를린 유태인학살기념관의 충격을 잊을 수 없다. 민세도 동시대 일제라는 전체주의에 맞서 암흑 속에서 푸른 하늘을 바라보며 끝끝내 희망을 잃지 않고 광복을 꿈꿨다. 귀한 작품 사진 제공에 거듭 감사드린다.

이 『안재홍 연보 1』 발간은 여러분들의 선구적 노력이 있어 가능했다. 1970년대부터 안재홍 연보를 선구적으로 정리하고 민세선집 간행에 힘쓴 故 천관우 선생님과 故 김부례 여사님, 김경희 지식산업사 사장님께 감사의 뜻을 표한다. 이 책은 안재홍 학술연구와 자료 정리에 큰 업적을 남기신 정윤재 한국학중앙연구원 명예교수님, 김인식 중앙대 다빈치 교양대학 교수님, 윤대식 한국외대 미네르바 교양대학 교수님, 조맹기 서강대 명예교수님, 이진한 고려대 한국사학과 교수님 등의 학문적 노고가 없었다면 나오기 어려웠을 것이다.

이 책이 출간되는 올해는 안재홍기념사업회 창립 20주년이 되는 해이다. 안재홍기념사업회 김진현 명예회장님과 강지원 회장님, 서경덕, 김향순 부회장님을 비롯한 열정 가득하신 여러 이사님들, 민세 고택 관리에 애쓰셨던 자부 故 김순경 여사님과 손자 안영돈·안영진·안영운님, 손녀 안혜초 여사님, 조카 안범용님, 민세 선생 동생 안재학님 손자 안영준님 등 민세 선생 유가족들께도 감사의 말씀을 드린다. 이상권 선배님께서는 20년간 한결같이 안재홍 자료 발간에 많은 아이디어를 제공해주셨다.

이 책은 지난 20년간 한결같이 지역역사인물 정신 선양에 힘써온 평택시의 꾸준한 재정적 후원이 있어 출간할 수 있었다. 고향 평택이 낳은 대표적 민족운동가인 안재홍 정신 선양을 위해 힘쓰시는 정장선 평택시장님, 김대환 복지정책과장님, 김재형 보훈팀장님, 이정은 주무관님께도 감사드린다. 민세가 주필과 사장을 지낸 귀한 인연으로 민세 선양 홍보에 꾸준히 힘써주시는 조선일보 방상훈 사장님과 역대 문화부장님, 학술담당 기자님께도 지면으로나마 고마움을 표하고 싶다. 부족한 원고를 편집해서 한 권의 소중한 책으로 만들어 주신 도서출판 선인 윤관백 사장님과 편집자님께도 고마움의 뜻을 전한다.

끝으로 소중한 가족의 조용한 응원이 있어 여기까지 올 수 있었다. 삶의 멋진 동반자인 아내 공다현 안나, 민세의 백성 사랑 마음을 닮기 바라며 이름을 지어준 두 딸 황민서 세실리아, 황민진 세레나에게도 고마움을 표한다. 2020년 연중 휴일을 이용해서 연보 정리에 매달리다 보니 함께 놀아주지 못해 늘 미안한 마음도 들었다. '남을 돕는데 으뜸이 되어라'며 부모님이 지어주신 이름 우갑(祐甲)에 걸맞게 앞으로도 남은 시간 안재홍의 정신을 연구하고 알리며 타인과 잘 소통하고 공동체 발전에 작은 힘이나마 보태는 삶을 살고 싶다.

2020년 11월 30일
민세선생 음력 탄생 129주년에
안재홍기념사업에 헌신한 모든 분을 기억하며
엮은이 황 우 갑 씀

목 차_____

제1장

민족지도자 안재홍

1891~1926년 이야기

■ 민족지도자 안재홍
1891~1926년 이야기

　민세 안재홍(1891~1965)은 일제 강점기 민족운동가 · 언론인 · 역사학자로서 해방 후에는 정치인 · 정치사상가로서 그 분야마다 굵직한 자리를 차지한 '고절(高節)의 국사(國士)'였다. 안재홍은 '동경삼재', '조선 삼재'로 알려진 이광수 · 최남선 · 홍명희 등과 함께 근대 석학의 대명사로 평가받았던 인물이었고, 여운형 · 조만식 · 정인보 · 송진우 등과 함께 일제강점기 국내에 남아 끝까지 일제에 타협하지 않은 민족지도자 가운데 한사람이었다.

〈사진 1〉 민족지도자 민세 안재홍

　민세는 일제 강점기 국내 독립운동을 이끈 핵심 인물이다. 1919년 3 · 1운동 직후 대한민국청년외교단 사건으로 1차 옥고를 치른 이래 조선일보 필화, 신간회 운동, 군관학교 사건, 조선어학회 사건 등으로 9차례 걸쳐 7년 3개월 동안 옥고를 치렀다. 또한, 민세는 1924년 시대일보 논설 기자를 시작으로 조선일보 주필·부사장·사장으로 언론을 통해 민족의식 고취에 힘쓰며 다수의 논설과 시평을 발표했다. 민세는 1930년대 이후 일제의 식민사학에 맞서 한국 고대사와 단군연구에도 힘썼다. 1934년 위당 정인보와 함께 다산 정약용 선생의 문집『여유당전서』전 76권을 교열 간행하며 조선학운동을 실천했다. 해방 후에 민세는 건국준비위원회 부위원장, 국민당 당수, 좌우합작 위원, 미군정 민정장관, 2대 국회의원 등으로 활동하며 통일민족국가 수립에 힘썼고『신민족주의와 신민주주의』,『한민족의 기본진로』등을 집필 대한민국 건국의 이념적 기초를 제공한 정치가이자 정치사상가였다.

『민족지도자 안재홍 연보 Ⅰ』은 안재홍이 태어난 1891년부터 조선일보 주필로 본격적인 언론·항일 활동을 했던 1926년까지 주요 삶의 궤적을 정리한 것이다.

○ 황성기독청년회 학관 수학

안재홍은 1891년 음력 11월 30일(양력 12월 30일) 경기도 진위군 (현 평택시) 고덕면 두릉리 611번지에서 안윤섭의 차남으로 태어났다. 안재홍은 일제강점기와 해방 공간에서 회고 형식으로 고향 평택에 대한 인상, 소년 시절의 기억 관련 몇 편의 글을 남겼다. 소년기 민세는 충효(忠孝) 정신이 투철한 사람이었고 독서를 좋아했다. 『사기(史記)』를 즐겨 읽어 조선의 사마천(司馬遷)이 되겠다는 결심을 했다. 1905년 두 살 연상으로 수원이 고향인 경주이씨 이정순과 결혼했다. 1907년 고덕면 율포리 사립 진흥의숙을 거쳐 서울 황성기독교청년회 학관(현 서울 YMCA 내, 서울 성동고 전신)에 다니며 이상재, 남궁억 등 민족지도자들의 영향을 받았다. 1910년 8월 29일 경술국치(庚戌國恥)를 경험하고 그 당시 자세한 상황을 글로 남겼다.

○ 동경 유학과 중국 여행

1910년 가을 일본으로 유학을 떠났다. 동경 아오야마(靑山) 학원에서 어학연수를 하고 1911년 와세다대(早稻田大) 정치경제학부에 입학했다. 유학 중 조선인 YMCA에 관여했고 조선인유학생 학우회를 조직·활동했다. 김성수, 김병로, 최두선, 정세권, 문일평, 송진우, 조만식, 현준호 등이 이 시기 함께 공부했던 친구들이다. 민세는 조선인 유학생 수백 명의 전화번호와 주소를 다 외울 만큼 기억력이 뛰어나 친구 최두선은 안재홍에게 '번지박사'라는 별명을 붙여줬다. 유학 시절 『태평양잡지』에 기고도 했으며 1912년 4월 이승만 박사 송별회에도 참석했고, 김병로 등과 함께 금연회를 조직 활동하기도 했다.

1913년 여름 70여 일의 일정으로 동경을 떠나 배로 상하이에 도착 난징, 지난, 칭다오, 베이징, 톈진, 선양 등을 여행하고 신규식이 이끄는 독립운동 조직 '동제사(同濟社)'에 가입하기도 했다. 그러나 중국 지역 독립운동의 상황이 열악함을 느끼고 국내 독립운동에 투신하기로 결심했다. 1914년 졸업 후 귀국해서는 고향 평택에서 칩거하며 우울한 시간을 보냈다. 이 시기에 고덕면 두릉리 646번지에 초가를 짓고 분가했다.

○ 중앙학교 학감과 중앙YMCA 간사 활동

1915년 5월 와세다대(早稻田大) 동창인 인촌 김성수의 요청으로 서울 중앙학교 학감(현재의 교감)을 맡았다. 1915년 6월 큰아들 정용이 태어났다. 1916년 5월에는 학생들과 함께 행주산성, 전등사, 마니산 일정으로 수학여행을 다녀왔다. 이 시기 가르친 제자에는 의열단을 이끈 김원봉, '빼앗긴 들에도 봄은 오는가'를 쓴 민족시인 이상화, 국어학자로 담임반 학생이었던 이희승 등이 있다. 민세는 1917년 3월 일제의 압력으로 중앙학교를 사직했다. 이후 잠시 중앙기독교청년회(현 서울YMCA) 간사로 활동하며 만해 한용운을 초청하여 강연회를 열기도 했다. 1917년 5월 부친 안윤섭이 사망했고 이후 고향으로 내려와서 지냈다. 1918년 5월 둘째 민용이 태어났고 8월에는 평택 부락산을 지나 고성산에 올랐다. 이 시기 고향에 칩거하며 주변 지역 여행을 다녀오고 역사서 읽기에 몰두했다.

○ 1919년 대한민국청년외교단 1차 옥고

1919년 3월 1일 만세운동이 전국적으로 일어난 시기 민세는 평택에 있었다. 이후 서울에 올라와 6월 이병철, 연병호 등과 함께 대한민국청년외교단을 조직하고 총무로 활동했다. 8월에는 고향 평택에서 중앙학교 제자 이희승의 요청으로 형 안재봉의 도움을 받아 제자 이병우의 중국 망명 독립자금을 지원했다. 그해 11월 대한민국청년외교단이 일제에 의해 발각되어 대구 감옥에서 1차 옥고를 겪었다. 그리고 1922년 6월 출옥하여 고향 평택에서 요양했다. 같은 해 10월 독립운동가 신규식을 추모하는 글을 잡지에 기고했다.

○ 시대일보 기자 조선일보 주필 활동

안재홍은 1924년 3월 시대일보 논설 기자로 입사했다. 이 시기 일제를 비판하는「심화·순화·정화」,「신념·희생·노동」,「사막으로 향하여 가는 조선인」,「아아 그러나 그대는 조선사람이다」등 다수의 글을 발표했다. 또한 친일단체인 각파유지연맹을 응징하는 민중대회 실행준비위원, 일제의 언론 집회 탄압을 비판하는 언론집회압박 탄핵회 실행위원 등으로 활동했다. 그러나 시대일보가 보천교의 기관지로 변질되자 이를 비판하고 퇴사했다. 그리고 9월에 혁신 조선일보에 주필로 입사했다. 이 시기 일제를 비판하는「공포정치」,「조선일보의 신사명」,「문제의 동척사(東拓社)」,「진도 사건에 대하여」등 다수의 글을 발표했다. 또한, 국제정세에 관한 다수의 글도 조선일보에 연재했다.

1925년부터 매년 1월 1일 새해를 맞이하는 각오를 담은 글을 조선일보에 기고했다. 첫 해에는「시대 광구(匡救)의 신 일 년」을 썼다. 이 시기 일제를 비판하는「간과할 수 없는 동척(東拓)의 횡포」,「동척은 무엇이냐」,「무사국의 횡포성」,「조선인과 국어문제」,「금지정치」,「너는 조선인」,「곡보(哭譜)」,「청년 노년」등 다수의 글을 발표했다. 2월에는 평양을 다녀오면서 소회를 쓴「관념 여행」을 기고했다. 3월에는 전국기자대회 준비위원으로 참여했고 4월에는 전국기자대회 부의장을 맡아 활동했다. 이 해에는 서울청년회, 후진청년회, 중앙기독교청년회 주최 강연회에도 다수 참석했다. 8월에는 조선일보 주최 가정수예강습회를 열었고, 동경기독교청년회관 건축후원회에도 참여했다. 9월에는 조선인 언론인 모임인 무명회 의장을 맡았다. 9월 8일 조선일보는 일제에 의해 정간을 당했다가

10월 20일에야 속간했다. 11월 12일에는 박은식 선생 추도회 준비위원으로 활동했다. 11월 28일에는 태평양문제연구회와 조선사정연구회에 참여했으며 12월 25일에는 봉천피난동포위문회 집행위원으로 참여했다. 이 해에도 조선일보에 국제정세에 관해 다수의 글을 기고했다.

1926년부터 1월 1일 새해를 맞이하는 각오를 담은 글 「백열(白熱) 그러나 엄숙한 반동의 최중의 신일년」을 조선일보에 썼다. 이 시기 일제를 비판하는 「이완용 병사」, 「명령(螟蛉)교육 방침」, 「통곡하는 군중 속에 서서」, 「대만 독립운동」, 「과거를 회고하면서」, 「조선사 문제」, 「백년대계와 목전 문제」, 「일본의 이민정책」, 「조선일보의 기념일」, 「마검호독서호(磨劍乎讀書乎)」, 「자주정신의 제일보」, 「농민 도의 고조」, 「조선금후의 정치적 추세」, 「범인과 국사(國士)」 등 다수의 글을 썼다.

1월에 연합바자대회를 개최했다. 2월에 독립운동가 노백린 장군 추도회와 인도청년환영회에 참석했으며 조선일보 주최로 제1회 가투대회(歌鬪大會)를 열었다. 3월에는 민립대학 촉성운동에 참여했다. 4월 12일부터 26일까지 서울에서 부산, 마산, 통영, 진주, 하동, 남원, 전주에 이르는 영호남 기행을 다녀오고 기행문을 조선일보에 연재했다. 6월에는 인천영화학교 기금모금 음악회와 스코필드 박사 환영회 등에 참석했다. 이 해에도 조선일보에 국제정세에 관해 다수의 글을 기고했다.

제2장

1891~1906년

■ 1891년

O 1891년 12월 30일(음력 11월 30일)
경기도 평택시 고덕면에서 출생

안재홍(安在鴻)은 경기도 진위군(현 평택시) 고덕면 두릉리 611번지에서 아버지 혜민원 주사(惠民院 主事) 지은(之隱) 안윤섭(安允燮, 1866~1917), 어머니 남양홍(南陽洪)씨 종은(?~1944)의 8남매 중 차남으로 출생했다. 자(字)는 경륙(景陸)이다. 순흥안씨 참판공파 28세손으로 조부는 선공감(繕工監)을 지낸 농수(農叟) 안상규(安相揆, 1843~1914)이다. 큰형은 안재봉(安在鳳, ?~1935), 남동생은 안재학(安在學, 1896~1950), 안재직(安在稷, 1909~1975)이며 여동생은 안재숙(安在淑), 안재영(安在暎) 등이 있다.

안재홍의 고향 평택 고덕은 조선에서 곡창으로 이름 높고 임진왜란 때에 삼도 근왕병이 모여든 진위평야에서 멀지 않은 한가로운 농촌이었다. 민세는 어릴 때 조부 안상규의 총애 속에 자라났다. 조부가 시골 농촌 출신으로 패기가 있어 흥선대원군의 문객(門客)으로 서울에 머무르며 지낸 인연도 있었다.

큰형 안재봉은 고향을 지키며 안재홍과 안재학의 일본 유학과 독립운동, 사회활동을 지원하며 옥바라지를 했다. 안재봉은 1931년 평택 고덕초등학교를 설립 지역인재 육성에 힘썼다. 안재홍의 중앙학교 제자 이병우의 중국 망명 독립자금도 지원했다. 안재봉의 장남 안우용은 안재홍의 사촌 안재준의 소개로 중앙학교 교사로 함께 근무했던 변영태(초대 외무장관)의 딸 변복희와 결혼했으나 6·25 전

〈사진 2〉 민세 안재홍 고택
경기도 평택시 고덕면 두릉리/경기도기념물 제135호

쟁 때 납북됐다. 슬하에 우용, 주용 두 아들과 수경, 순자, 순희를 두었다. 셋째 안재학(安在學)은 일본 교토제국대에 유학해 화학을 전공하고 돌아와 연희전문교수를 거쳐 1925년 독일 빌헬름 2세 화학연구소에 유학한 한국인 최초의 공학사였다. 귀국 후 경신학교에서 학생들을 가르쳤고 야구, 씨름 등 한국스포츠 발전에 이바지했다. 일제 말기에는 고향 평택으로 낙향했다. 아들 세용, 화용, 호용 딸 홍용, 경희를 두었다. 연세대 의대 교수를 지낸 둘째 아들 안화용은 관절분야 최고 권위자로 활동했다.

민세와 나이 차이가 많았던 넷째 안재직(安在稷, 1909~1975)은 서울로 유학 가 민세가 학감을 지냈던 중앙학교에서 변영태, 안재준 등의 지도를 받았다. 졸업 후 고향에 내려와 사회활동을 하며 어머니 남양홍씨를 모시고 안재홍의 항일운동을 도왔다. 아들 경용, 범용 딸 명희, 영희 등을 두었다.

여동생은 안재숙(安在淑), 안재영(安在暎)이 있다. 안재숙은 경성

여고를 졸업했다. 동경음악학교를 졸업한 후 수원에서 제헌 의원 등 4선 국회의원을 지낸 서양 음악가 홍길선(洪吉善, 1904~1980)과 결혼했다. 안재영(安在暎)은 숙명여고에 다녔으며 재학 중 농구 선수로도 활동했고 후에 철원으로 시집을 갔다.

안재홍은 고향 평택과 고덕에 대한 여러 편의 회고 글도 남겼다.

나의 고향 평택군 두릉리는 평원과 구릉 지대에 있어 해발 수백 척쯤의 산마루에 오르면 원근 수백 리 산하가 둘러 보인다. 동남으로 백제 창업의 땅이라는 성거산이 보이고, 그 북으로 임진란과 청일전쟁의 격전장인 소사가 보인다. 북방으로 수원 독산성 보이니, 임진왜란 때는 도원수 권율이 오산 일대에 집결된 왜적을 격파하던 땅이요, 북동의 광교산은 몽고란, 임진란, 병자호란에 선민 격전 또는 패전의 땅이요 용인군의 석성산도 몽고란의 격전장이다. 동으로 안성의 고성산은 임진란에 의병장 홍수남의 방어진지다. 그리고 먼 북으로 시흥군의 수리산, 서울의 삼각산이 모두 바라보인다. 서북으로 건달산, 쌍봉산, 마루산 모두 임진란의 옛 전쟁터이고, 서남으로 아산만 바다 굽이는 안성강에 연달아서 산하가 비치는 느낌이 있고, 덕산의 가야산, 홍주의 오서산, 아산의 영인산과 천안 방면 모든 산이 보이는데 이충무공 순신의 영령이 길이 머물러 있는 아산의 백방산이 빤하게 건너다보이어, 안성강 흰 깁 같은 개울 저 밖으로 놓여있다(『조선일보』, 1934년 9월 16일).

○ 꿈은 조선의 사마천(司馬遷)

안재홍은 어린 시절부터 책 읽기를 좋아했다. 민세는 6, 7세가 되어 천자문을 읽었는데 이때 문리(文理)를 얻어, 가르쳐주지 않아도 전권을 그 자리에서 통독했다. 10세 남짓해서부터 상당한 독서력과 독서 취미도 가지고 있었다. 차차 자라서 통감, 사기를 읽게 되자 안재홍의 가슴에 어떠한 감회가 용솟음쳐서 때때로 석양을 몸에 받으며 산기슭에 누워 경국제세(經國濟世)의 끝없는 그림을 그리고『사기(史記)』를 읽으면서 조선의 사마천이 되겠다고 결심했다.

어느 날 친구들과 아산만에 가서 시를 읊조리고 귀가하는데 그의 재주를 알아본 선생이 웃으며 여기에 문창성(文昌星)이 비추었으니 반드시 근처에서 문장가가 이름을 떨칠 것인데 돌아보건대 그럴만한 재주 있는 사람은 재홍밖에 없으니 반드시 힘써 공부해서 훗날 이름을 떨치라고 격려했다. 그는 어려서부터 농업에 종사해온 아버지와 할아버지, 어머니의 삶을 가까이서 지켜보았다. 지금은 일부가 허물어진 채 남아있는 '안재홍 생가'는 아버지 안윤섭과 큰형 안재봉의 집이다. 민세는 이 집 서재 사랑 동쪽 벽에 어려서부터 애송하던 시가 있다고 회고했다.

독대청등좌(獨對靑燈坐)
간서유미면(看書猶未眠)
부지소우과(不知疎雨過)

성월만량천(星月滿凉天)

푸른 등불 앞에 대하고 홀로 앉아

책을 보아도 잠은 오지 않네

이따금 비가 지나감도 알지 못하고

밝은 별과 달은 차가운 하늘에 가득하네

　지금까지 나는 이 시 작자를 모른다. 내가 자라던 선인의 서재 향제(鄕第) 사랑 동쪽 벽에 붙어있어 소년 때부터 애송하던 시이다. 옥창에서 취침전 창밖에 비 떨어지는 소리 들려올 때에 향수 섞인 듯이 이 시를 외워 보는 때 있었다(안재홍, 『민세선집』 5권, 지식산업사, 1999, 111쪽).

〈사진 3〉 민세 안재홍 차남 안민용 결혼식
뒷줄 왼쪽 두 번째 장남 안정용, 세 번째 외동딸 안서용, 네 번째 안재홍,
앞줄 왼쪽 세 번째가 차남 안민용, 그 오른쪽이 며느리 박갑인(1940년대 초)

■ 1901년

○ 독서에 집중

안재홍은 10살 무렵에 독서에 집중했다고 회고를 했다.

그리고 열 살 남짓해서부터 다소의 독서력과 독서 취미를 가졌
던 나로서는(『신천지』 7호, 「비통! 조국의 복몰」, 1946년 8월).

■ 1905년

○ 이정순과 결혼

을사늑약(乙巳勒約)이 있던 1905년 2살 연상인 수원 부호인 부친
이규복(李奎復)과 모친 김(金) 씨의 무남독녀 경주이씨 이정순(1889~
1938)과 결혼했다.

그 당시 시대 환경으로 보건대 내가 15세 때에는 이미 을사보호
조약이 되던 전후 시골집 사랑에서 '사랑공론'으로 비분 통탄하는
시국 이야기를 매일같이 실컷 들었고(『신천지』 7호, 「비통! 조국의
복몰」, 1946년 8월).

■ 1906년

○ 서정리역을 지나는 우람스러운 경부선 기차

어린 시절 서정리역을 지나는 경부선 기차와 구한말 역사에 대한
회고의 글을 남겼다.

어려서(十二歲) 마을 산에 올라가 멀리 구름 가득한 산의 풍경
을 바라보면서 우렁차게 소리치고 내닫는 새로 개통한 기차의 우
람스럽던(그때에는 확실히 우람스러웠다) 꼴을 멍하니 쳐다보며
오히려 그 능히 백 년의 뜻을 생각하여 보던 일조차 역력히 내 인
상에서 살아나던 것이다(안재홍, 『신동아』 55호, 「학생시대의 회
고」, 1936년 5월).

16세 때에는 홍주의병(洪州義兵)이 순국 전멸하던 비장한 사실
이 바로 '한나루'(한진포구, 아산만)하나 떨어진 인접 지역에서의
국민적 대비극으로 전개되었다. 을사보호 조약 당시 민 충정공의
순국의 시말(始末)과 이듬해 의병운동의 처음과 끝, 그리고 홍주의
병의 뒤를 이어 면암(勉庵) 최익현(崔益鉉) 공의 대마도(對馬島)에
서의 절식순국(絶食殉國)과 그의 시신이 조선에 돌아와 장례 지내
는 과정, 이 모든 것은 러일전쟁 중의 수많은 국민적 흥분과 비분
(悲憤)한 일의 뒤를 이어 모든 남녀가 쉴 새 없는 감격(感激)과 애
통(哀痛)을 일으킨 바 있었다(『신천지』 7호, 「비통! 조국의 복몰」,
1946년 8월).

안재홍은 17세 봄까지도 고향에 있어 한학 서당에서 독서하면서 충의지사(忠義), 혹은 충효(忠孝)에 상당히 열렬한 감격성을 가진 소년이었다. 그는 소년 시절에 자취와 흔적이 사라진 조선역사 계승을 위해 관련 책을 편찬하는 것을 자기의 책무를 삼겠다는 희망을 품어 본 적이 있었다.

우리 집은 대대 근황당(勤皇黨)이기 때문에 나는 그 시절의 애국 사상을 받아 조선 역사의 불비를 항상 느끼고 조선의 사마천이 될 생각이 있었소(『동광』, 1931년 9월).

17세 봄까지도 향촌(鄕村) 있어 한학 서당에서 독서하면서 충의지사(忠義之士), 혹은 충효지도(忠孝之道)에 상당히 열렬한 감격성을 가진 소년이었다(『신천지』 7호, 「비통! 조국의 복몰」, 1946년 8월).

이제 그 정열이 싹이 튼 경로를 회고하건대 나는 시골 사람이라 어려서부터 근로(勤勞)로 사는 아버지와 할아버지, 자모(慈母)의 생애를 지켜보았다. 배우는 선현의 말은 꼭 참으로 지켜야 하는 것으로만 여겼다. 하다못해 『소미통감(少微通鑑)』이나 『동국사략(東國史略)』(이 순서로 배우고 보았다)에서 배우고 들을 때 속에 찬 기운이 나올듯한 흥망사상(興亡史上)의 감격 같은 것도 순정적으로 끝까지 안고 나가는 것이 사람의 갈 길인 줄 믿은 것이다.
이처럼 고지식한 바람이 있어 퍽은 주관적으로 현실 세상을 헤아리고 묘사하려는 경향도 있었으며 또 그만큼 순수한 열정이 있고 진지한 신념가가 되고 싶었다. 그래서 16세까지 향촌에 들어묻혀 독서만하다가…(안재홍, 『신동아』 55호, 「학생시대의 회고」, 1936년 5월).

17세 때는 광무 11년으로 이상설(李相卨), 이준(李儁), 이위종(李瑋鍾) 등 여러 선열의 헤이그 밀사 사건, 고종황제의 퇴위, 군대의 해산, 서소문안 박성환(朴星煥) 참령(參領)을 중심으로 한 항전순국사건(抗戰殉國事件)과 격심해진 의병소요(義兵騷擾)가 있어 후년까지 계속하였다. 그리고 해외에서는 전년에 장인환(張仁煥), 전명운(田明雲) 등이 샌프란시스코에서 한국외부고문(韓國外部顧問) 스티븐슨 사살사건이 있었다(『신천지』 7호, 「비통! 조국의 복몰」, 1946년 8월).

안재홍은 소년 시기 고향 친구에 대한 회고의 글도 남겼다.

나는 시골 사람이라 16, 17세까지 주로 나의 고향인 시골구석에 있었으니 어려서 죽마고우라고는 모두 시골 사람이요, 서당에서 글을 읽으면서 동문으로 사귄 사람이 이렁저렁 적지 아니하나 조그만 시골에서 인물을 배출할 수도 없는 것이요, 지금까지 죽마고우로서 이렇다 하게 손꼽을 사람이라고는 매우 적다. 내가 15, 16세 때에는 『손오병서(孫吳兵書)』일 세, 『좌전춘추(左傳春秋)』일 세, 『장자(莊子)』일 세 향촌 서당으로는 고급의 서적을 펴 놓고 읽는 자들도 있었고…(『삼천리』, 「나의 교우록」, 1935년 9월).

제3장

1907~1910년

■ 1907년

○ 고덕면 율포리 사립 진흥의숙 입학

1907년 고덕면 율포리 소재 사립 진흥의숙에서 공부했다.

　　17세께 처음 십 리도 못 되는 사립 모의숙(진흥의숙)에 갈 때에
는 부모의 가르침도 있고 해서 거의 7~8군 내 이름이 알려진 청년
들이 모인 곳이므로 반드시 뛰어나고 믿음직하고 존경하고 스승으
로 삼을만한 벗이기를 매우 기대했다. 그리고 그들은 모두 나라의
현실에 근심하는 사람들이고 시국에 대해서도 모두 큰 관심과 연
구 토론을 하는 사람들일 것이라고 믿고 있었던 것이다. 그러나
그 기대는 어림없이 깨져버렸다(안재홍, 『신동아』 55호, 「학생시
대의 회고」, 1936년 5월).

○ 수원의 기독교 사립학교에서 수학

수원의 기독교 학교로 옮겨 잠시 공부했다.

　　모 지역의 기독교회에서 경영하는 사학에서 수개월이나 단발하
고 공부하는 동안 애국심 혹은 애국 사상이란 것이 가슴을 두근거
리게 하고 있던 끝에…(『신천지』 7호, 1946년 8월).

○ 황성기독교청년회 학관에 입학

다시 서울로 유학 가 황성기독교청년회 학관에 입학했다. 여기에
서 이상재, 남궁억, 윤치호 등의 가르침과 지도를 받았다.

서울의 고명한 선생님들이 지도하는 좋은 학교를 찾아가야 한
다고 보따리를 싸가지고 일부러 입학한 곳이 이 황성기독교청년회
(皇城基督敎靑年會) 중학부였다. 부친이 가르치는 말씀은 독립협
회(獨立協會) 운동 이래 뜻있는 지사(志士)들이 모두 그 곳에 있으
니 거기로 가서 고명하신 사상과 학문을 배우라고 하는 것이었다.

　　월남(月南) 이상재(李商在) 선생과 남궁억(南宮檍) 선생과 윤치
호(尹致昊) 씨 등 여러분이 계시고 출입하는 곳이라 과연 일대의
지도자들이 모두 모인 곳이라 나는 매우 만족하고 또 스스로 그곳
학생으로서 긍지를 갖게 되었다. 그리고 종로 위 지금 회관으로
옮긴 후에는 압도적 건물에 돌에 새긴 황성기독교회(皇城基督敎
會) 등등의 칭호부터가 대한(大韓)국의 국민이라는 자존심을 더욱
가지게 했던 것이 지금도 나의 기억 속에 되살아나오는 점이다
(『신천지』 7호, 1946년 8월).

　　현실과 타협말고 묵은 인습에 물들지 않고 끝까지 내 신념대로
매진하라는 것이 우리 몇 동년배가 학생때 품은 정열이고 의도고
또 긍지였다. 다음으로 경성의 객창(客窓)에서 얻은 바 경험도 동
일했다. 그 주위에 전개되는 사회의 풍모로나 함께 배우는 대부분
학생들을 통해 볼 때 조선인의 사정이 대체로 너무 진지성(眞摯
性)이 없는 엄벙덤벙하는 축인 것을 볼 때 그것이 퍽은 하염없는
노릇이라고 느껴졌다. 그러므로 그중에서 같이 이야기할 만한 서
너 명 혹은 너덧 명의 지우(知友)가 생길 때이면 그것은 참으로 꿈
같이 아름답고 은은한 별세계가 그 지우를 중심으로 독자적으로
자라나는 것이었다(안재홍, 『신동아』 55호, 「학생 시대의 회고」,
1936년 5월).

〈사진 4〉 황성기독교청년회 학관 기념비(서울YMCA내)

　나는 한 가지 고지식한 버릇이 있어 어른이나 스승에게 가르침
받아 배운 일은 반드시 그대로 실행해야 한다는 일종의 생활신조
를 가지고 있어서 수신, 역사, 지리, 창가, 기타 모든 시간에 선생
으로부터 얻어들은 애국적 사상 감정은 그대로 나의 정열과 의지
로 되어 나는 분명 하나의 정열적인 애국청년이었다(『신천지』,
1946년 8월).

〈사진 5〉 안재홍이 재학할 당시의 황성기독교청년회 학관(1909)

■ 1909년

○ 한일강제병합과 애국지사의 투쟁

황성기독교청년회 학관 재학 당시의 국내 상황에 대한 회고의 글
을 남겼다.

융희 3년 9월 내가 19세 된 때에는 안중근(安重根) 의사(義士)
가 하얼빈역에서 전 한국 통감 이토오 히로부미(伊藤博文)를 총으
로 저격한 사건이 있었다. 뒤이어 일진회(一進會)의 송병준(安秉
畯), 이용구(李容九) 무리가 100만 회원의 이름을 참칭(僭稱)하면
서 일한합방(日韓合邦) 즉 한국을 일본에 합방하여 그 영토에 속
하기를 청원하는 매국(賣國) 반역의 무리로 분별없이 망령된 짓을

일으켰다.

그 뒤를 이어 미국에서 돌아온 이재명(李在明) 의사(義士)가 당시 한국 내각총리대신 이완용(李完用)을 저격하는 사건이 있어 일진회(一進會)의 합방요구 성명이 있은 후 가뜩이나 술렁대던 사회 인심은 극도로 흥분하게 되었다(『신천지』 7호, 「비통! 조국의 복몰」, 1946년 8월).

이리하는 중에 사법권 경찰권 등 하나씩 둘씩 한국으로부터 일본정부에 양도되는 협정이 성립되고 일본과 러시아간에는 범인인도협정이 발표되어 일한의정서와 보호조약이래 외교권 통신과 통신사무가 먼저 넘어가고 재정은 감독을 받고 각부에는 일본인 차관(次官)이 있어 모두 그 실권을 쥐고 있었고 군대는 해산되어 황궁시위(皇宮待衛)의 한 작은 부서만 남았다. 일한합방-조국의 복몰(覆沒)은 시간문제로 되어 있는 것이 당시 식자(識者)들의 판단이었다(『신천지』 7호, 「비통! 조국의 복몰」, 1946년 8월).

■ 1910년

○ 량치차오(梁啓超)의 저작과 황성신문 애독

안재홍은 이 시기 학관 재학 중 정치 외교 관련 서적, 중국 지식인 량치차오(梁啓超)의 저서 『음빙실문집(飮氷室文集)』, 『대한매일신보』와 『황성신문』을 애독했다.

20세 때에는 우리 국한문으로 저작, 역술 되어 있는 독립전사, 건국지, 영웅전, 망국사, 마지막 전쟁사 등과 정치, 외교에 관련된 서적은 대체로 거의 다 독파하였고, 또 당시 신진지도자가 사상의 경전같이 존중하던 중국 량치차오(梁啓超)의 저작인 『음빙실문집(飮永室文集)』과 『음빙실자유서(飮永室自由書)』를 대체로 필요하다고 여기는 부분은 한 차례 쯤은 독파하였다. 그리고 당시 애국사상의 선전 고취 기관이던 대한매일신보, 황성신문을 애독하고 있었기에 국가 민족의 흥망성쇠(興亡盛衰)에는 제 스스로 일가견을 가졌다고 어쭙잖은 자부심을 가졌다 (『신천지』 7호, 「비통! 조국의 복몰」, 1946년 8월).

○ 핼리혜성의 불길한 출현

1910년 5월 18일 망국을 앞두고 서울 하늘에 핼리혜성이 나타났다. 당시 사람들은 이 별이 조선의 운명과 관계가 있다고 생각해서 매우 불안하게 생각했다.

나라는 망하고 만다. 나라가 망하다니. 이렇게 하고 아니 망하는 수가 있나? 사람들이 모여앉으면 늘 이런 말을 주고받는 것이었다. 그런데 한가지 하필 이때 하늘에는 한 개 엄청난 괴물이 찾아왔다. 그것은 매우 감때사나운[1] 하늘의 존재인 핼리혜성이었다. 융희 4년 3~4월경이었다. 이 별이 찾아오면 지구와 맞부딪혀서 지구가 깨져 멸망하는 둥 그 엄청나게 크고 긴 혜성의 꼬리에는 수소와 산소가 매우 부족한 것인데 지구에 접근하게 됨에 따라 지구

---

1) 험하고 무서운.

상의 수소와 산소를 말끔하게 흡수해 가게 되어 지구상 생물은 대체로 전멸상태에 빠질 것이고 인류는 두말없이 멸망해서 인류 역사는 일단 종언을 맞이한다는 둥 서양으로부터 들어온 과학적인 요설(妖說)로 말미암아 인류는 또 적지 않게 들썩대고 있었다.

이 말은 전년부터 매우 떠들던 바였는데 이 3~4월의 봄 서울에서도 가끔 첫닭이 울고 괘종이 두 점 세 점 쳐서 울리는 고요한 새벽 사람들은 창을 두드려 잠든 동무를 깨우고 하며 "저것 좀 봐 아이고 어마어마도 하다" 하며 목소리를 떨어뜨리고 혼잣말처럼 지껄이고 거리에는 이 구석 저 구석 둘 셋씩 자다가 나온 사람들이 풀이 없는 듯이 쑥덕대고 있었다. 나도 자다가 나아가 하늘을 쳐다보았다. 혜성이 떠 있다. 머리는 동편으로 서울에서 도봉산 꼭대기 푸른 하늘을 두었고 그 줄기차게 길고도 넓은 꼬리는 수십 간이나 늘어져 만 리 고개 위를 덮었다. 그 머리는 엷은 구름 속에 묻힌 둥그런 달같이 밝고 꼬리는 훤하게 빛나는 가스체로 그런 괴물이 하늘을 가로질러 가는 그 무시무시한 정경은 형언할 수 없었다. 그것은 무슨 거대한 공룡이 입을 벌려 하계(下界) 생물들을 통으로 삼키려는 듯한 꼴로 보였다. 지상에서는 나라가 망한다고 설레고 쑥덕대는데 하늘에서는 이 이변이다. 이것은 분명히 국가흥망의 징조인 듯 새로운 불안과 의혹은 민중을 지배하고 있었다.

정감록(鄭鑑錄)은 더욱 좋은 기세로 민중들 사이에 퍼지고 있었다. "어양망어고월(魚羊亡於古月), 고월망어어양(古月亡於魚羊)"이라고 어양(魚羊)은 선(鮮) 즉 조선, 고월(古月)은 호(胡) 즉 청나라, 일청전쟁 당시 조선은 청의 간섭으로 변혁 자강의 길이 저해되었고 청은 조선 때문에 일본과 전쟁을 벌여서 약체를 폭로한 결과 드디어 쇠망의 비탈을 내리구르게 되었다. 이제 조선이 망하고 청도 따라 망할 것이다.

정치 지식을 약간 섞은 해설이다. '성세추팔월(聖歲秋八月)'을 들먹인다. 성세(聖世)니 성세(聖歲)니 그 성(聖)은 곧 공자(孔子)고 공자는 경술생이라 이 8월을 넘기지 못하고 나라는 꼭 망할 것이다. 그런데 벌써 여러 해 전부터 또 하나의 요설(妖設)이 떠돌고 있으니 이는 분명히 일본인의 거대한 정치적 모략에서 나온 비밀 조작이라고 인식되는데 계룡산 바윗덩어리에 새겨져 있었다는 둥, 정감록 어느 장에 적혀있다는 둥 하면서 '방부과복(方夫戈卜), 구혹다화(口或多禾)'의 8자결(八字訣)이 아는 것이 병인 격으로 글하는 사람들의 입에 오르내리고 글 못하는 농촌 부녀들까지도 그러저런 한글이 바윗돌에 수십년 전부터 적혀있었다는 둥 급한 소낙비에 산비탈이 무너졌는데 그 땅속에서 솟아나온 바위에 새겨졌다는 둥하고 한 입 건너 두 입 건너 퍽은 쑥덕거렸다. '방부과복(方夫戈卜)'은 경술(庚戌)이고 '구혹다화(口或多禾)'는 국이(國移)라고 '경술국이(庚戌國移)' 즉 경술년에는 나라가 일본으로 옮겨간다는 것이다(『신천지』 7호, 「비통! 조국의 복몰」, 1946년 8월).

○ 1910년 8월 29일 경술국치

1910년 8월 29일 한일 강제 병합을 경험하고 그 당시 자신의 심경을 회고하고 있다.

이러는 동안 나는 청년회 중학부의 여름방학으로 지금은 평택군(平澤郡)인 시골로 돌아갔다. 그런데 모든 선배 동무 또는 늙은 이들이 '망한다'라는 말을 죽기 싫게 듣기 싫어하면서 "우리나라는 절대로 망하지 않는다"라고 뻑뻑 우기는 것은 나와 나의 돌아가신 형이었다. 고향에 돌아가자 향당(鄕堂)의 나이 많은 어른들과 청년 동년배 농민에게 대단한 지식이나 있는 듯이 망국사, 독립사, 『음빙실문집(飮氷室文集)』에서 얻어 가진 지식을 총동원해서 반박하고 역설했다. 한 2~30리 혹 4~5군(郡), 10리 되는 군 내외 인근 군의 인척 친지가 있는 곳을 돌아다니면서 거침없이 좌담(座談)식으로 지껄여대며 조국은 망하지 않는다고 역설했다. 지금 생각하면 어디서 그런 논거가 나왔는지 도리어 우스울 뿐이다.

어쨌든 뜨거운 조국애가 덮어놓고 "우리나라는 망하지 않는다"라고 외쳤던 것이다. 요컨대 우리의 조국이 그대로 독립을 회복하여 나가야 하지 망해 될 일이냐? 하는 나의 뜨거운 주관이 그대로 객관화하는 조국불멸(祖國不滅)의 뜨거운 논리였던 것이다(『신천지』7호, 「비통! 조국의 복몰」, 1946년 8월).

시골에 가 있는 철모르는 중학생이 정계의 기밀은 알 방법도 없다. 이해 8월 22일에 벌써 테라우치 마사다케(寺內正毅)와 이완용(李完用) 사이에 기밀 토의되던 합병조약이 성립되었는데 29일의 정식 발표와 그 단행에 앞서 모든 언론기관은 일률적으로 폐쇄되었고 모든 정치와 사회단체는 해산되고 민간의 주요인물과 혈기 있는 청년들은 예비검속(豫備檢束)되고 서울과 지방 주요 도시에는 헌병과 무장 일본 경관이 경비하여 철통같이 계엄 된 후에 일한병합을 알려주는 내용이 쌍방에서 발표되었다(『신천지』7호, 「비통! 조국의 복몰」, 1946년 8월).

○ 8월 30일 나라는 망하고 눈물이 떨어지고

1910년 8월 30일 한일 강제 병합 다음 날 상황을 회고했다.

8월 30일 저녁이다. 어스레하게 어두워가는 농촌의 저녁 나의 돌아가신 부친께서는 초연한 얼굴로 집에 돌아왔다. 우리를 불러 모아다 떨리는 목소리로 "너희들은 나라가 아니 망한다고 펵은 지 껄였지! 아니 망한다고 하던 나라는 벌써 망했다. 서정리에 나갔더니 일한병합의 조서(詔書)가 나왔는데 태황제가 우리 한국은 독립할 수 없으므로 한국의 통치권을 대일본 황제에게 위임한다는 칙서를 발표했다고 한다. 이제 나라는 망했다. 이후에는 극히 언어동정을 조심해야지 잘못되면 큰 화근만 될 것이야! 흐! 그예 망하였구나." 나와 선형(先兄)은 고개를 숙인 채 아무 말을 못 했다. 한참 있으니 눈에서 눈물이 떨어졌다(『신천지』 7호, 「비통! 조국의 복몰」, 1946년 8월).

○ 국치 이후 서울의 암울한 분위기

한일 강제 병합 후 민세는 31일 서울 하숙집에 올라갔다. 사람들은 모두 침울하고 말도 없었다. 아주 슬프고 쓸쓸한 분위기였다.

내일은 31일. 예정대로 책보를 싸서 9월 1일 개학식에 참여하고자 서울을 가야겠다. 서울 가면 많은 청년 학생들과 지사(志士)와 시민들이 일대 반항운동이라도 있을 것인가? 그러면 나도 한번 목숨을 내걸고 그 운동에 뛰어들리라. 그렇지 않으면 어디 서북간도(西北間島)로나 상해로나 미국으로 달아나갈까? 들썩대는 가슴을 안고 그 이튿날 나와 선형(先兄: 안재봉)은 서울에 갔다. 남대문역에 내렸다.

사람들은 풀이 없고 우울하고 말조차 없었다. 거리에는 헌병들이 권총을 찬 채 혹은 장총을 집고 아마 한 백 칸씩 간격을 둔 듯

데억지게 늘어섰다. 길가에는 행인조차 평시보다 훨씬 줄었다. 다니는 사람은 팔뚝조차 내젓지 않는 듯 말이 없이 고개는 다 숙이고 풀이 없이 걸어가고 걸어오고 한다.

　나는 슬펐다. 쓸쓸했다. 주인집에 갔다. 이리저리 사돈(査頓)의 팔촌쯤 되는 주인의 집이었는데 위아래 큰 사랑에 주인도 나왔고 또 함께 하숙하는 모(某) 전문대생도 그저 있었다. 왔느냐? 한마디 묻고 또 모두 잠자코 있었다. 할 말도 없고 말할 맛도 없고 해서 그저 땅을 굽어보고 앉았다. 순사가 와서 "이 집에는 학생 손님이 몇 사람이나 있느냐?"고 물어서 그 명부를 적으며 지금부터는 꼭 하숙이라고 명패를 걸고 오고 가는 손님을 꼭 명부를 적어 제출하라 하고 또 그것을 위반하면 매우 좋지 않다고 이른다.

　학생들은 오고 가고 낮은 소리로 쑥덕대고 눈물지어 울고 하였다. 아무개 선생 아무개 학생은 모두 잡혀 갇혀있는데 옷고름 허리띠 대님 다 빼앗고 맨발 벗기어 구류(拘留) 방에 두었단다고 청승궂도록 이야기를 하였다. 예비검속이니 예심이니 가택수색이니 면소(免訴)니 확정판결이니 하는 것이 그 후에는 보통 가정 부녀에게까지 거의 상식화되고 말았으니 그때마다 옷고름을 떼고 맨발 벗기어 가두어두었으니 아마 그 사람들은 목숨이 위태할 것이라고 한탄했다. 나는 너무도 우울과 침체와 암담한 그 분위기 속에 있기가 싫어서 학우 6~7인과 가끔 모여 쑥덕공론 한 것이 나는 미국으로 아무개 친구는 상해로 다른 친구는 북경으로 간다고 하고 또 가장 연장자인 다른 친구는 시베리아로 간다고 하며 양복을 지어 입고 큰 가방을 사들이고 하면서 서둘러보기도 했다(『신천지』7호, 「비통! 조국의 복몰」, 1946년 8월).

○ 1910년 9월 일본 유학 결심

황성기독교청년회 학관 졸업과 함께 미국 유학을 생각했으나 월남 이상재 선생의 권유로 일본 유학을 결심했다.

故 월남(月南) 이상재 선생에게 가서 그 사연을 말씀드리고 머지않아 압록강을 건너 걸음걸음 미국으로 향하겠다고 말씀드리니 선생이 한참을 들으시더니 "독립은 아직 하루 이틀에 되는 것이 아니고 그러한 열성이 있어 변하지 않을 자네라면 미국에 가기 전에 먼저 일본 유학을 가게. 일본을 가서 잘 공부한 후에 미국에는 추후로 가도록 하면 좋을 것일세"라고 일러주셨다. 선친은 시골서 쫓아 올라와서 이다음에는 어찌 되었든 지금 당장 미국으로 도주한다는 것은 그만두고 일본 유학이나 가라고 말씀하시기에 나는 그때부터 일본행을 결심하고 떠났다(『신천지』 7호, 「비통! 조국의 복몰」, 1946년 8월).

제4장

1911~1914년

■ 1911년

○ 자유로운 분위기의 동경 유학

안재홍은 1910년 9월 하순 일본 동경으로 가서 아오야마(靑山)학원에서 어학을 준비하고, 동경의 조선인 YMCA에 관여했다. 동경 유학 시절 그는 조만식, 장덕수, 김성수, 송진우, 신석우, 문일평, 김병로 등 훗날 민족운동에 주도적으로 참여하는 인사들과 교분을 쌓았다. 1912년 3월 조만식, 송진우, 이광수, 장덕수 등과 함께 동경에 체류 중이었던 이승만과 만났으며 그 후에 이승만이 하와이에서 발행하는 『태평양잡지』에 기고하며 지국 일도 맡았다. 1911년 와세다 대학 정경학부에 입학했고 1912년 10월 조선인 유학생 학우회를 조직했다.

〈사진 6〉 안재홍이 다녔던 일본 동경 와세다대학교

또한, 김병로가 편집을 맡은 유학생 잡지인 『학지광』에 송진우, 김성수 등과 함께 글을 게재하기도 했다. 그는 이 동경 유학 시절 공부하는 틈틈이 동경 우에노 공원(上野公園) 교외 타기노가와(瀧野川), 오지(王子), 이타바시(板橋) 일대, 신주쿠(新宿)역 저편으로 요도바시(淀橋), 나가노(中野) 등을 소풍으로 거닐거나 단풍 구경, 밤줍기 등을 하기도 했다. 그리고, 이 시기 그는 별자리에 대한 흥미를 느껴 천문학자들을 찾아다니며 공부한 적도 있었다. 안재홍은 일본 유학에 대한 회고의 글도 남겼다.

〈사진 7〉 일본 유학 시절 지인들과 함께한 안재홍
뒷줄 오른쪽 두 번째가 안재홍

이러니 저러니 하고 그 서너 명의 지우들과 애태우고 쑥덕대고 하다가 결국은 자리잡은 데가 동경(東京)이었다. 그래서 동경의 학창 생활은 경성의 연장이고 또 확대였기에 매우 정열적이고 또 유토피아적인 미래에 대한 동경(憧憬)의 시대였다. 그리고 부형(父兄)의 절제와 지도에서 아주 많이 벗어난 자유로운 개성의 자주 생활이었으니 동경(憧憬)과 몽상적인 측면에서 도덕적으로 자유분방을 마음껏 누렸다.

그래서 스물한 살 전후까지 학생 생활은 열심히 지식을 탐구하면서도 그 정신은 공연히 시베리아와 중국 대륙과 태평양과 대서양을 꿈길로 왕래하는 듯한 막연해서 종잡을 수 없는 생활이었다. 그러나 그 정열적인 태도는 자못 100%에 도달했다. 이를테면 그때 나의 조촐한 수첩에는 자경(自警)[1]하는 몇 가지 원칙이 적혀있어 아침저녁으로 늘 들춰 보는 것이었고 또는 장래 일생에 할 일, 하여야 할 일을 미리 다 적어두고 때때로 펴보곤 했다.

학과보다는 흥망사(興亡史)를 읽어 우리가 나아갈 길이 어찌 될 것인가를 마음 졸여 어림해보고 일기장에는 오늘은 할 일을 꼭 했는가? 못했는가? 잘못한 일이 있는가? 잘 한 일이 많은가? 잔뜩잔뜩 공과표(功過表)를 적어두고 어떤 때는 단잠이 들지 않아 거의 온밤을 새도록 누워 고시랑거리며 계속 생각만 했다. 그 결과 아주 격심한 신경쇠약에 걸려 한 1년간은 건강관리에 매우 조심하지 않으면 안 될 시기도 있었다.

그러는 중에 국제정세로 말하자면 중국에는 무한혁명(武漢革命)이 성공하자 또 제2혁명이 발발되어 북아메리카에서는 가끔 배일이민법안(排日移民法案) 등이 캐나다 주지사이던 존슨 등을 중심으로 적지 않게 세상사람의 충동을 일으키는 여정이 있어서 저 혼자 무슨 시국에 일가견이라도 가진 듯이 그 공상의 왕국을 주관의 세계에 만들며 지내기는 마침 알맞은 시기였다. 이러한 동경(憧憬)의 시대는 매우 존귀한 인생의 경험이다. 그때 있어 끊임없이 자기를 편달(鞭撻)하고 그 의기를 고무하게 하던 것이 이 뜨거

---

1) 자기를 반성하는.

〈사진 8〉 일본 유학시절 지인들과 함께한 안재홍(1911.11.20)
오른쪽이 안재홍

운 공상적인 동경(憧憬)이었고 지금도 추억에 되살아나서 가끔 속
물적 태도를 정화하는 꺼지지 않는 소중한 불처럼 되는 것이다(『신
천지』 7호, 「비통! 조국의 복몰」, 1946년 8월).

■ 1912년

○ 4월 6일 이승만 박사 송별회

1912년 4월 6일 동경에서 이승만 박사 송별회에 참석했다.

이승만은 미국을 향해 출발하기 전 1912년 4월 6일 재일(在日) 한국인 유학생들이 마련해준 송별회에 참석해 나라 잃은 청년들의 나아갈 길에 대해 참석자들과 이야기를 나눴다. 이 모임에는 송진우, 안재홍, 김병로, 최두선, 현상윤, 이인 등 장차 각계에서 지도자로 활약하게 될 쟁쟁한 인물들이 참석했다(『조선일보』, 1995년 2월 23일, 11면).

〈사진 9〉 동경 이승만 박사 송별회(1912.4.6)
오른쪽 위 원 안이 안재홍

○ YMCA 야구단과 몽양 여운형

1912년 늦가을 황성기독교청년회 야구단(YMCA 야구단)을 이끌고 동경에 온 여운형과 만났다.

나무라고 싶다가도 탐탁스럽게 생각되고, 미운 듯 하다가도 그리운 인물은 고(故) 몽양(夢陽) 여운형(呂運亨)이다. 내가 몽양(夢陽)을 처음으로 만나기는, 1912년 늦은 가을, 그가 당시 아직 구대한제국 시대 이래 명칭을 제대로 지니고 있던 황성기독교청년회 야구팀을 거느리고 일본 동경에 와세다대학(早稻田大學) 야구부의 초청을 받아왔을 때였다.

그때 조국이 망한지 2년만이어서 우리네 청년학도들은 가슴속이 까닭없이 울근불근 걷잡기 어렵던 때이었다. 몽양(夢陽)은 26~27세 되는 한창때 청년이었는데, 허울 좋은 풍채에 카이저 수염을 뻗히고, 검은 두루마기에 흰 동정 달아 입고, 수만 명의 일본인 관중이 둘러보는 와세다대 야구장에서 테이블을 지키면서 유유히 야구 점수를 보던 것이다.

이보다 하루 앞서 동경(東京) 신전구(神田區)에 있는 중국기독교청년회관을 빌어 동경에 있는 조선 유학생이 수백 명 가까이 모여 그 야구단 환영회를 하는데 주최 측의 환영사가 끝난 뒤에 몽양(夢陽)은 답사하러 나와서, 마찬가지 차림으로 간단한 말을 마쳤는데, "우리 어머니는 그렇게 돌아가셨지만, 우리네 여러 오누이들은 다 잘 자라나고 있습니다"하며 똑같은 말을 두 번이나 되풀이하여, 조국은 불행히도 복몰(覆沒)²⁾되었으나 우리 민족은 잘 생장(生長)하고 있노라고 표현하던 것이다.

2) 나라가 망함.

그때에는 이와 같은 감상적인 말을 서로 주고받고 하면서 뜨거운 눈물을 그윽이 흘리고, 혹은 여사(旅舍)에 모여 앉으면 비분강개하는 동양식 지사(志士)의 정열을 올리던 것이다. 나는 그때 몽양(夢陽)과 서로 깊은 인식(認識)은 가졌으나, 그러나 그때에 보던 몽양 사귀던 몽양은 아직 그렇게 두각(頭角)을 드러내지 못하였다(『민성』 5권 10호, 1949년 10월).

○ 1912년 10월 27일 조선인 유학생 학우회 창립

동경 조선유학생학우회는, 1909년 1월에 결성되어 동경 유학생의 구심체 역할을 했던 대한흥학회를 모태로 한다. 대한흥학회가 모국의 강제 합병으로 조직이 해체된 이후 1911년 초 삼남친목회, 황평친목회, 청년구락부 등이 결성되었고, 이것이 통합되어 1911년 5월 조선유학생친목회가 창립되기도 하였으나 몇 달 지나지 않아 역시 강제 해산되었다. 이들은 1912년에 들어서 전라도의 호남다화회, 경상도의 낙동동지회, 평안도의 해서친목회, 경기·충청도의 삼한구락부, 평안도의 동서구락부, 함경도의 철북친목회, 강원도의 연남구락부 등 출신 지역별 7개 단체를 구성한다. 그러나 유학생들은 이것으로 만족하지 못하고 통합 단체를 조직하고자 하였고, 이에 이들 친목회를 통합하여 탄생시킨 것이 1912년 10월 27일에 창립한 학우회였다. 학우회의 탄생에는 김병로 간사장을 비롯하여 안재홍, 최한기, 서경묵, 신익희 등이 주도적인 역할을 하였으며 구성원은 97명이었다. 초대 회장에는 정세윤이 선임되었다.

O 번지(番地)박사 안재홍

안재홍의 동경 유학에 대해 김병로, 송진우, 이관구, 황석우, 문일평 등이 회고의 글을 남겼다.

잡지 『학지광(學之光)』은 내가 맨 처음 편집 겸 발행자가 되었는데 불과 4~50항 되는 조그마한 잡지였으나 그때도 옛날이라고 글을 쓸 사람이 없어 쩔쩔매었다. 송진우 군의 '도덕론'이 아마 제일 장편인 논문으로 기억한다. 그때 학생 중에도 김성수(金性洙), 안재홍(安在鴻), 박이규(朴珥圭), 정세윤(鄭世胤) 등 후일의 쟁쟁한 인물이 많았다(김병로, 『삼천리』 2호, 1929년 9월).

그 뒤 내가 동경에 건너가 학교에 다니던 때에 당시의 학우로 안재홍(安在鴻), 조만식(曺晩植), 송진우(宋鎭禹), 김성수(金性洙) 등 여러 사람이 합의하여 금연회(禁煙會)를 조직한 일이 있다. 그 회의 요지로 말하자면 아무런 필요도 없는 흡연을 절대 엄금하여 경제적으로 소비를 없이 하자는 것이었다. 학생의 몸으로 있던 우리의 행동은 퍽 좋은 동기여서 일시에 회원이 약 60여 명 가까이 되었고 나는 그 회의 간사로까지 있어서 철저히 금연 제1선에서 활동하던 몸이었다. 각 회원들은 열심히 약속을 이행하더니 1년 반이 못가서 위반자가 많이 생기게 되어 결국 남은 사람이라고는 처음 발기하던 우리 7~8명밖에 안되었다. 그래서 힘을 더 얻을 수 없어 마침내 1년 반의 자취를 남기고 회는 해산해버렸다. 그 뒤에도 우리 몇 사람은 약 3년간 금연 원칙을 지켰다(김병로, 『삼천리』 76호, 「애연기」, 1936년 8월).

대한흥학회(大韓興學會)가 해산된 후 조선 유학생의 상설 총회 기관 설치는 절대로 금지되었다. 혹 무슨 임시 집회는 규정에 의해 문서를 내야 허가를 받았다. 이 허가제로 인한 제한은 유학생에게 견디기 어려운 큰 고통이었다고 한다. 이곳 동경유학생계의 강개(慷慨)한 선각자들은 다시 정식 상설총회를 만들려는 운동에 고심하게 되었다. 그 주요인물은 최한기(崔漢基), 박해돈(朴海暾), 이종남(李鍾南), 조만식(曹晩植), 정세권(鄭世權), 이명우(李明雨), 송진우(宋鎭禹), 이찬우(李燦雨), 안재홍(安在鴻) 등 이었다. 이들의 투쟁은 참으로 온갖 고난 속에 이루어졌다. 그 투쟁은 약 2~3년간의 세월에 걸쳐있었다(황석우, 『삼천리』 34호, 「동경 유학생과 그 활약」, 1933년 1월).

김병로(金炳魯) 군도 그때 친숙하던 벗이다. 그 사람도 법과라 그 키다리 친구와 법률 토론도 어지간히 했다. 김연목(金淵穆)이라고 지금은 평안도 내려가 실업에 종사하는 분이 있는데 이 사람과도 학업을 같이하던 동무 사이다. 장덕수(張德秀) 군은 그 때 와세다대학(早稻田大學)에 있었는데 고학하느라 유학생과 즐겨 사귈 틈이 없었지만 '연설 잘하는 장덕수'라고 이름이 있었다. 평양 가서 의사 노릇 하는 정세윤(鄭世胤) 군과도 아침저녁 함께하던 벗이고 선우전(鮮于全), 신석우(申錫雨), 한익동(韓翼東), 문일평(文一平), 변광호(邊光鎬), 안재홍(安在鴻), 박이규(朴珥圭) 모두 동경 시대에 가깝던 친구들이다. 그중에서도 지금 상해에 가 있는 조소앙(趙素昻)군과 가까웠다(송진우, 『삼천리』 63호, 「교우록」, 1935년 6월).

도미를 단념한 나는 또다시 동경에 건너가게 되니 때는 일한병합의 다음 해인 1911년 봄이다. 동경에 다시금 나타날 때 나의 정신은 얼마큼 긴장감을 갖게 되어 인생 생활에 필수적인 지식을 닦아보려고 하는 일단의 결심을 했고 그리하여 정치학을 배울 목적으로 와세다대학(早稻田大學) 고등예과에 들어갔다. 나는 막연하게 정치학의 기초가 역사에 있다고 하는 말을 듣고 역사를 가장 힘써 배울 때 역사 시간에는 침을 꼴닥꼴닥 삼키면서 교수의 강연하는 것을 한마디도 빼어놓지 않고 그대로 집어먹었으니 오늘날 생각하면 어이없는 일이다.

당시 와세다대학(早稻田大學)에는 실로 재주 많은 사람들이 있어 안재홍(安在鴻), 김성수(金性洙) 씨 같은 인물들도 있었다. 어쨌든 이럭저럭 일 년 반을 지내고 보니 예과란 것을 또 나오게 되었다. 그리고서 소위 학부에 올라갔으나 공부라고는 약 한 학기밖에는 더하지 못하고 말았다(문일평, 『조선일보』, 1935년 3월 15일, 4면).

안재홍은 신망이 두터운 당대 조선의 덕망 있는 젊은 인격자로 동경 유학 시절 사오백 명의 유학생 번지와 전화번호까지 모두 외우고 다닐 만큼 비상한 머리를 지녀 육당 최남선의 동생 최두선은 번지박사(番地博士)라는 별명을 붙여줬다고 한다(황석우, 『삼천리』, 「나의 팔인관, 안재홍」, 1932년).

윗반의 안재홍 선생 형제 한 분과 아랫반의 우리 형제가 각각 한 반에서 공부했다. 월남과 우사 김규식 선생의 훈도를 받았다. 그는 해마다 여름이면 모교에 들러 동경 유학생들의 활동상황과 해외 소식을 보고하였다(이관구, 『민세안재홍선집』 1권, 1981년 570~574쪽).

■ 1913년

○ 1913년 여름 중국여행

안재홍은 23세 되는 1913년 와세다대 3학년 진학하는 여름에 70여 일간 중국여행을 했다. 당시 중국은 1911년 신해혁명이 있던 후였다. 그는 상하이에서 신규식이 이끈 독립운동단체 동제사에 가입했다. 또한, 당시 상해에 있던 동년배의 청년 지식인 이광수, 홍명희, 조소앙, 문일평 등과 만났다. 당시의 상황을 민세는 훗날 아래와 같이 회고하고 있다.

> 나는 뱃길로 상해에 건너가 남경, 한구 아직 소란한 까닭에 다시 뱃길로 청도로 가서 제남, 천진, 북경, 산해관 등을 거쳐 봉천을 돌아 안봉선으로 안동현에 와서 서울에 돌아온 일이 있었다. 상해에서 허다한 우리 혁명 선배와 동지를 만났으나 그 빈곤 자못 딱하기도 하였고 북경의 동지들은 더욱 빈곤하였으며 만주의 농민 동포는 언뜻 보아도 참혹하였다. 노자조차 다 떨어져서 초라하게 돌아오는 백면서생 나에게 하소연하던 수난 동포의 정경이 가끔 눈앞에서 선하게 되살아난다(『신천지』, 1950년 1월).

안재홍은 이 여행을 통해서 해외 독립운동의 어려움을 인식하고 평생 국내에 남아있는 민중들과 함께하며 국내 독립운동에 헌신하겠다는 다짐을 했다.

그리고 그 전년인 스물세 살 때에 남중국으로 남만주 일부를 훑어보고 돌아온 70 여일의 여행은 나에게 시베리아, 태평양 하는 낭만적 공상을 다 버리고 고국에 집착하겠다는 결심을 굳게 하였다(안재홍, 『신동아』 55호, 「학생시대의 회고」, 1936년 5월).

혹은 수양이 늘어선 대륙정서가 듬뿍한 양자강변의 광경이나 플라타너스의 그늘 두터운 황포공원(黃浦公園)의 한복판에서 개울에 정박한 여러 나라의 함선을 쳐다보면서 부질없는 이국정조에 사유(思惟)의 세계가 걷잡을 수 없이 확대되던 꿈같은 자취가 진하고도 걸게 되살아나던 것이다. 혹은 또 장성(長城)의 저문 날과 안봉(安奉) 철로 부근 짙어가는 가을에 헤매고 있는 백의인(白衣人)3)들의 정경을 보고 허공에 잡는 듯한 부동하는 투지를 드러내보곤 하던 청년 학생으로 까닭 없는 자부와 그 때의 순수하고 정열적이고 경건하던 때가 잘 추억되던 것이다(안재홍, 『신동아』 55호, 「학생시대의 회고」, 1936년 5월).

■ 1914년

○ 1914년 여름 일본에서 귀국

안재홍은 24세인 1914년 여름 와세다대 정경학부를 졸업하고 귀국한다. 돌아와서 당시 신문관을 경영하던 육당 최남선과 상의하고 문화 사업을 위해 수만 원의 돈을 조달하려고 몇백 석의 추수밖에

---

3) 조선 동포.

못 히는 자기 집안 전 재산을 저당하고자 부친에게 이 이야기를 하니 연로한 부친은 이러한 안재홍의 생각을 청년의 치기(稚氣)로 일소(一笑)에 부치고 허락하지 않았다. 이에 분개한 안재홍은 집안에서 자신의 큰 뜻을 이해하지 못하니 자신에게 나눠준 것을 가지고 전부 투자해서 무슨 일을 해 보겠다 결심하고 토지문서를 들고 사업자금 조달을 위해 동분서주했으나 뜻을 이루지 못했다.

내가 졸업을 하던 것은 스물네 살 때의 일이다. 그러나 그 당시에는 공상이라도 무던히 현실적인 타입이었고 또 깊이 생각하기를 상당히 했다고 자신하는 편이었다. 그러나 오히려 담담한 의욕과 정열은 의연히 공상적인 충동을 누를 길이 없었다. 그래서 17~18명의 친구와 졸업 시기를 앞두고 가끔은 머리를 맞대고 회의도 하고 혹은 옛사람을 본받아 새 옷을 전당포에 맡기고 친지와 간담회도 벌이고 하며 늘 동경의 마음을 꺾지 못했다.

그런데 현해탄을 건너 고국을 밟아야 할 시간이 자꾸자꾸 다가올수록 정열은 점점 비애(悲哀)로 변해오는 것이었다. 시모노세키(下關)에서 함께 공부한 친구와 작별을 하고 홀로 여관 창가에 기대앉아 질펀한 현해탄의 물결을 바라보며 마음껏 감상의 실마리를 풀던 것도 그때의 일이었다. 그리고 현실사회의 첫걸음을 내려놓을 때 맨 먼저 느껴진 것은 개인으로서 자본의 빈약함이고 또 스스로 자금(資金)을 가진 자가 침체한 사회에서 얼마만큼이나 유리하고 우월한 지위에 선다는 것이었다. 그래서 해가 가고 달이 쌓일수록 맨주먹으로 떠들고 정감에 맡겨 날뛸 수 있던 공상적인 사회로서의 학생 시대 생활이 얼마나 그립고 그립던지 말로 표현할 수 없다. 지금은 사회 각계에서 활동하는 모든 친구와 가마쿠라

(鎌倉) 해안이나 별장지대에서 한 5~6일씩 모여 놀며 만담도 하고 토론도 하고 배를 몰아 푸른 파도를 헤치며 다니던 그때의 일이 무럭무럭 생각나던 것이다.

때는 세계대전의 분위기가 짙어져서 가뜩이나 인심이 싱숭생숭 하던 23년 전 늦가을, 가랑잎이 덧없이 지는 철, 서울 어느 여관의 한 방이다. 나는 집을 떠난 지 벌써 여러 날에 새 옷도 갈아입지 않고 이미 고운 때 묻어 초라한 기색조차 보이는 홑 고의적삼에 베 두루마기를 입었다. 마주 앉은 사람은 그해 여름에 같이 졸업 하고 동경(東京)을 떠난 나의 친구 아무개 군이었다. 두 사람은 벌 써 피로와 고뇌 속에 핼쑥해진 얼굴을 물끄러미 서로 쳐다보며 답 답하게 있었다. 무언의 응시가 한동안 계속하던 끝에 간신히 말문 이 열린 듯한 짤막한 대화가 시작되었다.

갑: "여보! 동경(東京)은 공상의 낙원이고 경성(京城)은 현실의 지옥이구려!"

을: "허! 거리가 밝기로 광명(光明)이 내 것인 줄 만 여겼더니 나 혼자 돌아다녀 보니 세상이 어둡기 짝이 없구려그려!"

이 대답을 주고받는 이십 4~5세의 두 청년은 가슴속에 오히려 허름하지 않는 자부심을 담았으나 그 외모는 자못 청승스러웠고 두 눈에서는 눈물도 떨어질 것 같았다. 그 후에 아무개 군은 동경 에서 한 약속대로 다시 오사카(大阪)에 건너가 당시 해마다 늘어 가는 조선 동포 사이에 계몽적 노동운동을 일으켜 볼 뜻으로 D 군 과 짝이 되어 분주하게 움직였으나 부족한 것이 많은 그때 그리 잘 될 일이 하나도 없었다.

다음 해 봄에 그 친구는 서신을 나에게 보냈다. "도시의 방랑은 사람을 더욱 피곤하게 하는구려. 참으로 현실이 이다지 허무할 줄 이야 나는 꿈에도 생각하지 못했소" 하며 그때에는 고향에 내려가 우울함 속에 집에 틀어박혀 있는 나에게 그 안타까운 마음을 하소연했다. 그때 나의 부친은 "할 일이 없어 저렇게 있는 것이 보기에 가엾다"라고 가끔가다가 동정의 말씀도 하셨다. 어떤 친구는 그 부친이 가끔은 "얻을 수 있는 직업을 일부러 얻지 않고 쓸데없는 고집을 부리고 있다"라고 꾸짖음을 받는 경우가 드물지 않았다고 했다.

이런 사정이 있으므로 감격성(感激性)이 적지 않은 나로서는 경성에서 동경 학창 시대에 그리고 꿈꾸던 모든 일이 그저 다만 한 개의 유토피아로 슬어지고 마는 것을 볼 때 애달프고 서글프고 혹 조마조마 하고 또 화가 더럭더럭 나서, 앉았다 일어섰다, 누웠다 또 벌떡 일어나 작대기를 끌고 논을 건너 산마루 너머로 휘적휘적 쏘다니다가 혹 으슥한 골짜기에 들어서면 마치 목소리를 다듬는 젊은 성악가처럼 몇십 번이라도 줄기차게 소리를 지르고 나면 비로소 가슴속이 좀 시원해진 것도 같았다. 학생시대가 가장 그립던 것은 지금이 아니고 그 때 몇 해 동안이었다(안재홍, 『신동아』 55호, 「학생시대의 회고」, 1936년 5월).

○ 1914년 안재홍 고택 안채 건축

일본 유학 후 돌아와 고덕면 두릉리 646번지에 소박한 ㄱ자형 초가로 집을 짓고 분가했다.

제5장

1915~1918년

■ 1915년

○ 1915년 5월 중앙학교 학감

일본 동경 와세다대(早稻田大) 유학 동창인 인촌 김성수의 권유로 서울 중앙학교(현 중앙고) 학감[1]에 취임했다. 이 시기 민세는 훗날 독립운동과 민족문화발전에 힘쓰는 뛰어난 제자들과 인연을 맺는다. 한글 수호와 민족문화 발전에 이바지한 국어학자 이희승도 중앙학교 시절 제자이다. 안재홍은 1942년 그와 함께 조선어학회 사건으로 수난을 겪는다. 안재홍은 학감으로 있을 당시 설립자 김성수의 요청으로 중앙학교 장학생으로 일본에 유학 중인 춘원 이광수에게 장학금을 보내주기도 했다.

〈사진 10〉 안재홍이 학감을 지낸 중앙학교(현 서울 중앙고)

---

1) 현재의 교감.

이 시기 민세가 교육을 통해 항일의식을 일깨운 제자에는 훗날 의열단을 이끌며 일제가 포상금을 가장 많이 걸었던 독립운동가 약산 김원봉이 있다. 또한 '빼앗긴 들에도 봄은 오는가'를 쓴 민족시인 이상화도 중앙학교 시기 민세와 사제의 연을 맺는다. 후에 안재홍은 1919년 3·1운동에 참여했던 제자이자 독립운동가 이병우의 중국 망명을 돕기 위해 거금 150원을 지원하기도 했다. 민세는 해방 후 이병우의 사망으로 어려움을 겪던 딸 이정상(당시 서울대 영문과 학생)을 민정장관 여비서로 함께하고 1950년 결혼식 주례를 맡기도 했다. 담임반 제자였던 일석 이희승은 후에 스승 안재홍에 대한 회고기를 남겼다.

1916년 4월에 나는 현 중앙중고등학교의 전신인 중앙학교(4년제) 3학년에 편입학하였다. 필자는 이때 처음으로 민세 선생을 뵙게 되었다. 선생은 매일 조회 때에 일장의 훈화를 하시는 것이 상례였으며, 그 말씀이 결코 달변이라든지 웅변은 아니었지만, 무엇인가 절절히 학생들의 마음속에 파고드는 듯한 감명을 주곤 하였다. 선생은 우리 반의 담임이기도 하였다. 점심시간이면 담임선생님이 도시락을 싸 오셔서 교실 안에서 학생들과 함께 식사 하며 여러 가지 이야기도 나누는 것이 당시 각 학급의 상례로 되어있었다. 하루는 선생이 식사를 마치신 후 도시락 그릇을 신문지에 꾸려가지고 나가시다가 젓가락을 교실 마룻바닥에 떨어뜨렸다. 그 젓가락은 곱돌로 만든 것이다. 짤깍하는 소리와 함께 도막도막 부러지고 말았다. 보통 사람 같으면 집어 들고 보든지, 그렇지 않으면 한 번쯤 돌아다보기라도 하는 것이 상정같이 생각되건만 선생은 그 젓가락이 떨어지는 소리를 들었는지 말았는지 극히 대범하

게 담담한 태도로 교실에서 나가버리셨다. 나는 그때 민세 선생은
보통 분이 아니시구나 하는 경탄의 인상을 받은 것이 오늘날까지
도 마음속에 살아있다(이희승, 『민세 안재홍선집』 3, 1991년,
437~441쪽).

○ 1915년 6월 27일 장남 정용 출생

6월 27일 장남 안정용(安昆鏞, 1915~1971)이 출생했다.

안재홍과 이정순은 슬하에 다섯 남매를 두었다. 첫째는 정용(昆
鏞), 둘째는 민용(旻鏞), 셋째는 성용(星鏞), 넷째는 천용(天鏞), 다섯
째는 서용(瑞鏞)이다. 이 가운데 셋째 성용과 넷째 천용은 어린 나이
에 죽고 정용, 민용, 서용 3남매를 길렀다. 민세가 천문에 관심이 많
았던 이유인지 다섯 아이 이름에 하늘, 별과 관련된 이름이 쓰였다.

장남 연곡(淵谷) 안정용(安昆鏞)은 1915년 평택에서 태어나 서정
리초등학교를 마치고 서울로 유학을 가 1928년 경성 제1 고등보통학
교(현 경기중고 전신)에 입학했다. 재학 중 광주학생운동에 참여했
다. 1936년 보성전문학교(현 고려대 전신)를 졸업하고 유한양행에서
근무했고 1943년 보인당 제약을 인수 운영했다. 해방 후에는 부친을
도와 건국 운동에 헌신 반탁운동 중앙위원, 국민당 중앙위원으로 활
동하며 출판사인 민우사를 설립 부친의 저서 『신민족주의와 신민주
주의』, 『한민족의 기본진로』 등을 간행했다. 한독당 중앙위원, 신생
회 중앙위원도 역임했다. 1950년 6·25로 부친이 납북당한 이후에는
혁신 운동에 투신 자유당 정권에 맞섰다. 1969년 김재준 목사가 이
끄는 3선개헌반대 추진위원 등으로 활동하다가 1971년 타계했다. 박

대통령의 공화당 참여 권유를 거부하기도 했다. 외향적 지사형으로 호방하고 그릇이 큰 인물로 알려졌다. 쌍용그룹의 창업자 김성곤 회장과는 보성전문 시절 친구이며, 민세가 음양으로 지원했던 김좌진 장군의 아들 김두한 씨와 호형호제하며 지냈다. 민세의 일본 와세다대 후배인 삼성 창업주 호암 이병철 회장과는 젊어서 기업운영 관련해서 인연을 맺은 적도 있어 1970년대 중반 호암이 평택 안재홍 고택을 방문한 적도 있다. 장남으로 부친 안재홍의 고난을 지켜본 인물로 부친에 대한 회고 글도 남겼다. 저서로는 『조선 청년의 진로』가 있다. 자녀는 아들 안영찬, 안영덕, 안영진, 안영운, 안영건, 딸 안혜초, 안혜옥 등 7남매를 두었다.

    우리 부자간의 생태는 그리 흔하지 않은 유형에 속한다고 할 수가 있다. 일생을 항일운동에 종사하며 투옥되지 않으면 객지에 나가 있어서 사생활이 공백 상태이었던 나의 부친에게는, 가족과 동거하여 단란한 생활을 가진 적이 극히 제한되어 있었기 때문에, 사십이 넘은 나에게도 아버지와 한집에서 기거한 날이 1, 2년 될까 말까 하기 때문이다. 그러므로 애정에서 이해로 누구나의 코스를 나는 거꾸로 걸어서, 이해하는 데서 애정을 느끼곤 하는 것이었다. 아버지의 무릎을 모르고 자란 반면에 나에게 아버지는 사숙(私淑)하는 스승이요, 숭배하는 우상이요, 향수와 같은 전설이었다(안정용, 『민세안재홍선집』 4, 「아버지와 나」, 1992년, 364~380쪽).

    소학교(서정리 초등학교) 시절의 일이다. 학교에서 가정 환경조사가 있어 신원 카드를 돌리고 있었다. 모두가 양반으로 적고 있는데 나만 평민으로 신고되어 일본인 교장에게 심문을 당한 일이 있다. 마침 귀가하였던 아버지가 적어준 것을 멋도 모르고 학교에 내놓았을 뿐이다. 교장이 심문하는 뜻을 알아볼래야 부친은 이미 상경한 후였다. 그러나 중학교에 다니면서 부친이 식육업자들의 조직인 형평사를 열심히 변호하여 일본인에게 민족차별에 반항하면서 동포인 형평사원(衡平社員)을 차별하는 것을 맹렬히 비판하는 것을 보고 비로소 평민의 뜻을 깨달은 것이다. 그다음부터 나는 평민으로 자처하여 오늘에 이르렀다. 내가 받은 교육의 방식은 대체로 이러한 것이었다(안정용, 『민세 안재홍선집』 4, 「아버지와 나」, 1992년, 364~380쪽).

내가 서울로 올라오며 생긴 일은 붙잡혀 다니는 아버지의 뒤치다꺼리였다. 담요와 사식 차입, 면회 등 심부름을 다니느라고 경찰서 형무소 출입이 잦아지게 된 것이다. 고등계 형사나 감옥 형리들의 차디차게 쏘아보는 눈초리를 나는 지금도 서릿발같이 느낄 수 있다. 엄한과 혹서에다 영양부족으로 말이 아닌 부친의 얼굴을 대하는 것도 규정시간이 되면 사정없이 내리닫는 판막으로 막혔다. 그 판막이를 두 주먹으로 두들기던 생각이 지금도 뇌리에 남아있다. 나는 평생을 두고 관리가 되지 않으리라고 결심한 것이 이때부터이고 평생을 두고 집에 철문을 달지 않으려 한 것도 이때부터이다. 나는 해방 이후에도 관도[2]에 붙어 볼 생각을 낸 일이 없으며 지금도 철창 있는 대문 달린 집을 생리적으로 혐오한다(안정용, 『민세 안재홍선집』 4, 「아버지와 나」, 1992년, 364~380쪽).

---

2) 공직을 말함.

■ 1916년

0 1916년 5월 16일 강화도 기행

중앙학교 학감 시절 학생들과 함께 강화도 일대 수학여행을 다녀 왔다. 이때 민세는 현재 수고(手稿)로 남아있는 『강도일지(江都日誌)』라는 글을 남긴다. 이것은 안재홍이 쓴 첫 기행문으로 1916년 5월 학감시절 중앙학교 재학생 150여 명과 함께 3박 4일의 일정으로 행주산성과 강화도 마니산 일대를 답사하고 쓴 기행문이다. 여정 자체가 임진왜란 사적지나 단군유적지인 것으로 보아서 이 글은 20대 중반의 청년 학감 안재홍이 중앙고 학생들에게 우리 역사에 대한 이해를 통해 민족의식을 고취하고자 했음을 알 수 있다.

원래 2박 일정으로 목선으로 마포에서 출발하여 한강을 내려가 육로로 통진(通津) 문수산성(文珠山城)을 통과, 갑곶진(甲串津)에서 배를 타고 그날 전등사(傳灯寺)에서 자고, 다음날 하루 각지를 돌아 본 후 18일에 월곶(月串)에서 배를 타고 늦은 시간에 귀경할 예정이 었다. 실제로는 악천후를 만나 여정을 변경 16일에 행주에서 하루 자고 17일에 강화도로 들어가 전등사를 돌아보고 18일에 마니산 정상에 오른 후 인천을 통해 5월 20일에 돌아왔다. 교장 유근도 함께했다.

> 나는 예전부터 강도(江都)[3] 여행하기를 기대했던 터요, 모처럼
> 중흥된 모교의 첫 번째 쾌거를 모두에게 알리고 싶은 마음에 부족
> 하지만 서기로 함께하게 되었다.

---

3) 강화도.

나도 또한 아직 접촉하지 못했던 지방의 산천, 인물, 풍속 등이 얼마나 흥미 있을까 몽상 하면서 학생들에게 선배 된 면목을 유지할 야심으로 강화부지(江華府誌), 여지승람(輿地勝覽), 택리지(擇里志) 등을 내놓고 급조된 강화통(江華通)이 되려고 노력도 해보았다. 졸지에 기록하는 임무를 받은 나는 얼마큼 여행지의 내력을 알아야 할지 필요야 많다. 밤사이 간간이 떨어지는 가랑비에 적잖게 우려했다(안재홍, 『강도일지(江都日誌)』, 1916년, 고대 박물관 0275).

나는 학교 사무실에서 밤을 새웠다. 시간을 알리는 종소리에 직원 등은 벌써 대원 숙소 등을 순시하는데 가랑비가 간간이 떨어지고 달빛이 흐릿하다. 예정대로 최 군이 주는 아침밥을 먹고 교정에 정렬한 시간은 오전 3시 30분경이었다. 학생 총수 110인, 직원 11인, 교우 6인 등 총 127인이다. 출발 시각은 3시 40분인데 학부모와 관계자의 전별(餞別)로 일동은 열린 교문을 나아가 서문으로 향하여 마포길로 급히 움직인다. 만호(萬戶)의 장안(長安)은 수면 중에 들어있는 사방을 두른 안개와 함께 무섭게 침묵하고 있다. 일동이 입을 다물며 힘차게 행진하는 거동 숙연하고 또한 늠름하다. 서문을 나서서 아현(阿峴)을 지나 서강(西江) 부근에 접근할 때는 벌써 새벽이 밝아오고 있고 야채상, 물고기 상인 등 짐꾼이 성내로 향한다.

나는 보온병에 도시락을 어긋나게 걸치고 전날 산 망원경을 가슴에 달고 직원들과 함께 세 번째 배에 탔다. 뱃머리가 빙도니 일동은 만족하고 쾌활한 모양으로 원기 있게 교가를 합창한다. 나는 배 앞머리에 걸터앉아 일지를 기록했다. 우리 배는 어느덧 동막(東幕), 현석리(玄石里) 등을 지나 양화진(楊花津)의 정정한 버드나무를 바라보며 행진했다. 행주 부근에 접근할 때에는 빗소리가 더욱 사납고 시끄럽게 떠드는 소리도 더욱 커졌다. 선장은 여행하기 불가능하다고 간언하여 예정을 변경 행주(幸洲)에 정박하라는 명령이 내렸다.

시간은 오전 9시 20분이다. 비가 오는 가운데 정렬하여 행진곡을 맞춰 행진한다. 헌병대의 주선으로 각대원들은 민가에 흩어져 머무르고 일부는 행주서원(杏洲書院)에서 온돌에 불을 때고 비를 피하는 것이 아니라 추위까지 피했다. 안뜰에는 충열공(忠烈公) 권율(權慄)의 행주대첩비각(幸洲大捷碑閣)이 솟아있는데 주춧돌이 기울어져 있다(이 날 배로 간 것은 약 30리, 육지로 간 것은 약 10리였다.)(안재홍, 『강도일지(江都日誌)』, 1916, 고대 박물관 0275).

○1916년 5월 18일 마니산 참성단 등반

비가 오는 가운데 교장 유근, 중앙고 학생들과 함께 마니산 참성단(塹星壇)[4]에 올랐다.

오— 한배, 한배, 우리의 한배, 우리 배달(倍達)나라 사람들의 한배! 모든 것의 임 되시는 우리 한배, 우리들을 굽어살피시오. 우리의 죄 많은 어린 손자들을 용서하여 주시오! 나는 눈물 한 줌, 한 숨 한마디로 지고(至高)한 예물을 드렸다. 오— 한배, 한배, 나를 그 거룩한 품 안에 품어주시오! 부르짖고 싶은 생각이 불같이 인다. 허나 망각할 수 없는 이 세상과 얽힌 인연은 또다시 우리를

---

4) 강화도 마니산(469m)에 있다. 『고려사』, 『신동국여지승람』에 국조 단군이 천제를 올린 곳이라고 기록되어 있다.

충동하여 날쌔고 조급하게 돌아가는 길을 재촉한다. 가거라! 가거라! 너희가 빨리 가서 바삐 배우고, 어서 일하거라! 하시는 거룩한 말씀이 두 귀에 쟁쟁하다. 나는 이 한번 악물고, 주먹 한번 움켜쥐어, 한배께 어쭙고 한발 한발 돌아보며 단(壇)을 내려왔다(안재홍, 『강도일지(江都日誌)』, 1916, 고대 박물관 0275).

■ 1917년

○ 1917년 3월 중앙학교 학감 사직

안재홍은 조선산직장려계(朝鮮産織獎勵契)에 일반 계원으로 가입하여 활동하는 등 학교 안팎에서 교육과 사회활동에 적극적으로 참여하였는데, 1917년 3월 5일 조선산직장려계의 임원·계원 등이 보안법 위반으로 검사국에 송치 당하는 사건이 발생하였다. 안재홍은 이 사건과 평소의 언동이 문제가 되어, 중앙학교의 교장으로 조선산직장려계의 협의원으로 활동한 유근과 함께 1917년 3월경 중앙학교를 사임해야만 했다.

○ 1917년 봄 서울중앙YMCA 간사

중앙학교를 그만두고 1917년 봄 잠시 중앙기독교청년회(현 서울 YMCA) 간사로 활동했다. 이때 안재홍은 만해 한용운을 초청 '활수양(活修養)'이라는 주제로 강연회를 개최하였다. 만해 한용운은 1927년 2월 창립한 신간회의 경성지회장으로 민세와 함께 활동했다. 당시기독교 중추 기관에서 불교명사를 초청 강연한 것은 최초의 일이었고 이 때문에 일제의 감시가 더 심해졌다. 이런 점은 안재홍의 타종교에 대한 개방적 특성을 보여주는 사례였다.

○ 1917년 5월 25일 부친 안윤섭 별세

5월 25일 부친 안윤섭(安允燮)이 별세했다. 민세는 이후 고향으로 내려와서 지냈다. 당시 민세의 부친 별세 소식이 매일신보에 실렸다.

> 중앙청년회 간부 안재홍(安在鴻) 씨는 지난 25일 오시(午時)에 엄부(嚴父) 안윤섭(安允燮) 씨의 상을 당하였는데 진위 고덕면 두릉리의 향제(鄕第)에서 상을 치러 29일 마을 선영에서 장례를 행한다더라(『매일신보』, 1917년 5월 30일, 2면 7단).

■ 1918년

○ 1918년 5월 30일 차남 안민용 출생

5월 30일 차남 안민용(安旻鏞, 1918~1951)이 태어났다. 안민용은 평택 서정리초등학교를 거쳐 민세가 학감을 지낸 중앙고를 졸업하고 일본 유학을 다녀왔다. 1940년대 초 결혼을 했다. 조용하고 관조적인 성격으로 사회활동을 활발하게 하지 않았다. 1951년 한국전쟁 중 지병으로 이른 나이에 별세했다. 자녀는 아들 영돈, 딸 혜광, 혜령을 두었다.

〈사진 11〉 안성 고성산 운수암에서(1918.8)

이 시기 안재홍은 고향 평택에서 역사서를 읽는 일에 몰두했다. 1918년 8월 평택 인근의 안성 고성산에 오른 당시 사진 자료를 통해 볼 때 주변 지역 여행을 하며 자기성찰의 시간을 가졌다.

> 왕년에 기미(1919년)의 직전 고향에 칩거(蟄居)하던 때에 사서(史書)를 섭렵(涉獵)하였던 일이 있었다(『조선일보』, 1930년 1월 29일자).

제6장

1919~1923년

可驚홀 秘密結社
男女의 獨立陰謀團
大韓獨立靑年外交團과
大韓獨立愛國婦人會가

向方야上右는 金瑪利亞
向方야下右는 李秉澈
向方야上左는 安在鴻
向方야下左는 黃愛施德

安在鴻이 出動
卒業歸鮮혼後

基督敎靑年會

李承晩에게 建議書를 發送

妄動의 經過槪要

李承晩

內閣各部總長

■ 1919년

○ 1919년 3월 고향에서 만세운동 목격

고향에서 칩거하며 우울한 나날을 보내던 안재홍은 1919년 3월 고향 평택에서 일어난 만세운동에는 참여하지 않았다. 당시 그는 29세이었는데 3·1운동 선두에 나서기를 꺼렸다. 당시 다니던 직장인 서울중앙학교에서 쫓겨나 낙향해서 실의중(失意中)에 부단히 시국 대책을 연구하는 상황이었다. 아무것도 못 하고 상심만 했던 그는 3·1운동에 나서면서 징역살이를 하기에는 자신이 너무 가엾다는 생각이 들었다고 회고하고 있다. 그러나 1919년 3월 9일 고향 평택 현덕면 계두봉에서 시작된 기미만세운동의 감동을 아래와 같이 회고하고 있다.

> 내가 3월 1일이 훨씬 지난 그믐경 어느 날 밤, 어느 농촌 높다란 봉우리에 우두커니 홀로 서서 바라보니, 원근 수백 리 높고 낮은 봉과 봉, 넓고도 아득한 평원과 하천지대까지, 점점(點點)이 피어오르는 화톳불과, 천지도 들썩거리는 듯한 독립만세의 웅숭깊은[1] 아우성은, 문자 그대로 인민항쟁이요 민족항쟁이었다(『안재홍선집』 1, 1983년, 413쪽).

전 민족이 일어나 자주독립을 외친 3·1운동에 자극을 받은 안재홍은 서울로 올라왔다.

---

1) 크고 넓은.

○ 1919년 6월 대한민국청년외교단 총무

중앙학교 교장 유근 집에 머물면서 연병호, 송내호 등과 함께 상해임시정부를 지원할 목적으로 1919년 6월경 대한민국청년외교단을 조직하고 총무로 활동했다. 이 단체는 상해에 있는 임시정부 국무총리 안창호에게 건의서를 발송하기도 했다.

그 후 수일이 지나 안재홍은 유근집에서 연병호(延秉昊)와 송내호(宋世浩)를 불러 우선 독립운동 활동을 지원하기 위해 상해임시정부를 독려(督勵)할 필요가 있다고 음모한 결과 1. 임시정부의 내각 각부총장은 상해에 집중하여 정무의 통일을 기할 것. 2. 각국 정부에는 직접 외교관을 특파하여 외교 사무를 확장할 것. 3. 일본 정부에 대해서도 외교관을 파견하여 국가의 독립을 정면으로 요구할 것. 4. 바로 대표자를 연맹회의에 파견하여 외교 사무를 집행할 것 등에 관한 건의서를 작성하여 이것을 당시 임시정부의 특파원으로 동경에 잠복 중인 이종욱(李種旭)에게 단원 간에서 출자한 운동자금 550원과 함께 휴대하게 했다. 이 결과 소위 임시정부의 국무총리 대리 안창호(安昌浩)로부터 감사의 뜻을 표한 서면과 그 회답을 받았다(『매일신보』, 1919년 12월 19일, 3면).

연병호(延秉昊)는 생각하기를 안팎이 서로 호응하여 독립운동에 참여하는 일에는 상당한 인물을 초치(招致)[2]하는 것이 옳겠다는 생각을 하고 가장 적임자로 일찍이 종로 기독교청년회관에 출입하던 중 사사(師事)했던 안재홍을 움직일 의사가 있어 8월 상순

---

2) 불러서 안으로 들임.

동지와 함께 경성부 화동 130번지 유근의 방에 묵고 있던 안재홍을 방문해서 본 단체의 통솔을 위촉했다.

최근 고향에 있으면서 시세를 관망하던바 소요사건(騷擾事件) 발생 이래 평소 의기 투합하던 최남선은 손병희 등 33인의 서명으로 독립선언서를 기초하고 구금되었고 사사(師事)하던 김규식은 상해임시정부의 대표자로 파리에 파견되었음을 듣고 반역의 생각이 더욱 커져서 독립운동에 관해 연병호, 이병철 등의 교섭을 받고 이병철과 함께 본단체의 총무가 되기를 쾌히 승낙하고 국권을 회복하기로 약속했다(『매일신보』, 1919년 12월 19일, 4면).

○ 1919년 8월 제자 이병우 중국 망명 지원

1919년 8월 중앙학교 제자 이희승이 평택을 방문했다. 안재홍은 이때 형 안재봉의 지원을 받아 중앙학교 제자 이병우[3]의 중국 망명 자금을 지원했다.

중앙학교를 졸업한 다음 해의 일이었다. 나와 중앙학교의 동기 졸업생은 모두 사십 명이었는데 그중 최연장자로 이승호 군이라는 청년이 있어 이 사람도 독립 만세운동의 와중의 인물임에 예외일 수는 없었다. 국내에서 이리저리 쫓겨 다니다가 국외로 망명할 결심을 하였다. 우리 임시정부가 있는 상해로 목적지를 삼았던 것이

---

3) 이병우(李柄宇, 1888~1941) 독립운동가. 본명은 승호였으나 후에 병우로 개명 했다. 전남 장성출신으로 3 · 1운동에 참여했다. 1927년 종로구 가회동과 1935년 재동에 공인당(共仁堂)을 열어 안재홍, 여운형, 한용운 등에게 비밀 연락처를 제공했다. 해방후 민정장관 안재홍의 여비서였던 이정상이 딸이다. 이병우 사후 1950년 봄 이정상과 한성일보 기자 엄기형의 결혼식 주례를 민세가 맡기도 했다.

다. 이 군은 그에 필요한 여비 조달을 민세 선생에게 부탁하였으나 약속된 날 이 군이 직접 가지 않고 나에게 대행하여 줄 것을 의뢰하였다.

1919년 8월 어느 날 복더위가 한창 기승을 부리던 때였다. 나는 경부선 기차를 타고 서정리역에서 내려 서쪽으로 야트막한 구릉을 넘어 세 마장 남짓한 길을 걸어가서 두릉리라는 동네에 이르게 되었다. 이곳이 민세 선생의 고향이요 당시 선생은 이 고향 자택에서 울적한 나날을 보내고 계셨다. 선생의 백씨 안재봉 선생은 이 지방의 봉토가로서 저택도 상당히 컸으나 선생의 자택은 시골 살림집으로서는 아담한 집이었다. 내가 찾아뵙는 것이 의외라고 생각하신 것 같았으나 뜰 아래로 내려와 손을 잡으며 매우 반겨주셨다. 그리고 근일의 서울 시내 정황을 여러 가지로 물으시므로 아는 대로는 자세히 말씀을 드렸다. 이군의 편지를 드리자 선생은 알겠노라고 고개를 끄덕끄덕하셨다. 선생은 나에게 잠깐 기다리라고 말씀하시고 밖으로 나가시더니 한 식경[4]이나 지난 후에 돌아오셔서 두툼한 봉투 하나를 나의 손에 쥐어주셨다. 일금 150원이었으니 그 당시 화폐로는 상당한 거액이었던 것이다. 필경 선생의 큰 형님께 가서 변통하신 것이라고 여겨졌다. 나는 백번 사례를 하고 그 길로 상경하여 이 군에게 전해주었다

(이희승, 『민세안재홍선집』 3, 1991년, 437~441쪽).

---

4) 잠깐 사이.

○ 1919년 11월 27일

대한민국청년외교단 사건으로 체포

일제는 11월 초순부터 대한민국청년외교단 사건을 수사했고 11월 20일 총무 이병철 외 1명을 가장 먼저 검거했다. 안재홍은 11월 27일 일제의 대한민국청년외교단 관계자로 이날 체포되었다.

나는 그해(1919년) 11월 27일 비밀결사가 간첩에게 밀고되어 대한민국애국부인회 일당과 함께 경북 경찰부에 검거되었고 이로 인하여 예심일세 3년 징역일세 하고 삼십수 삭(朔) 투옥되어있었던 까닭에…(『민성』5권 10호, 1949년 10월).

■ 1920년

○ 1920년 6월 7일

대한민국청년외교단 사건 1심 재판

6월 7일 오전 9시 대한민국청년외교단 사건 재판이 대구지방법원에서 열렸다.

대한민국애국부인단(大韓愛國婦人團)과 대한청년단(大韓靑年團)의 제1회 공판은 지난 7일 오전 9시에 대구지방법원 제1호 법정에서 오미(五味) 재판장, 산구(山口), 전중(田中) 두 배석판사와 하촌(河村) 검사의 참석 하에 개정되었다. 변호사 정구창(鄭求昌), 양

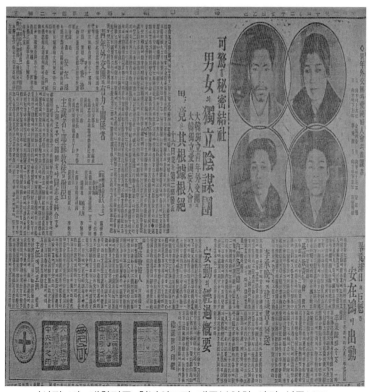

〈사진 12〉 대한민국 청년외교단 애국부인회 사건 신문보도
위 왼쪽부터 시계방향으로 안재홍, 김마리아, 이병철, 황에스더
(『매일신보』, 1919.12.19)

대경(梁大卿), 김의균(金宜均), 김우영(金雨英), 굴지(堀池), 고교
(高橋), 안본(岸本) 등 6씨의 참석이 있고 난 뒤에 먼저 하촌(河村)
검사가 대한청년단의 수령되는 이병철(李秉徹)과 대한애국부인단
의 수령 김마리아(金瑪利亞) 이하 피고의 주소와 본적을 물은 뒤
에 다시 대한청년단의 이병철부터 신문하였다.

안재홍(安在鴻)

안재홍은 작년 3월 독립 만세의 소리가 높이 오르면서 바로 하세가와(長谷川) 총독은 사직하고 새 총독 사이토(齋藤實)가 부임하는 벽두에 조선인의 언론과 집회의 자유를 허락한다고 함을 알고 작년 6월에 몇 사람 친구와 더불어 파고다공원에서 만나 경성 삼립정(三笠町) 38번지 최수자(崔數子)의 방에 있는 연병호(延秉昊)를 찾아가서 청년회에 그와 같이 입회하였다가 다시 그 뒤에 전 황성신문(皇城新聞) 사장 유근(柳瑾) 씨를 찾아가서 그곳에서 연병호를 만나 두 사람이 의논한 결과에 등사판 기계를 준비하였는데 그 목적은 다만 우리는 무력으로는 도저히 할 수 없으니 지력(智力)으로 하여보자는 목적이 있었으며 그 뒤에 다시 의논한 결과에 동회의 명칭이 너무 협소하니 대한청년외교단이라고 하여 정치 운동에 관계를 맺어, 정치사업에 공헌하자 하는 결의로 단명(團名)을 개정한 것이라 하며…(『조선일보』, 1920년 6월 10일, 3면).

○ 1920년 6월 29일 징역 3년 선고

오전 9시 대한민국청년외교단 사건으로 안재홍에게 징역 3년이 선고됐다.

대한청년외교단(大韓靑年外交團)과 대한애국부인단(大韓愛國婦人團) 21명에 대한 판결 언도는 예정과 같이 어제 29일 오전 9시부터 오미(五味)재판장, 전중(田中), 산구(山口) 두 배석판사 하촌(河村) 검사가 착석한 후 오미 재판장이 엄숙한 태도로 피고의 판결을 선고하였다. 피고 안재홍(安在鴻), 이승호(李承鎬), 송세호(宋世浩), 임득산(林得山), 조용주(趙庸周), 연병호(延秉昊), 김마리아

(金瑪利亞), 황에스더(黃愛施德), 장선희(張善禧), 김완경(金完瓊)
은 징역 3년에 이정숙(李貞淑), 김영순(金英順), 백신영(白信永),
유인경(兪仁瘂), 이병철(李秉徹), 김태규(金泰奎), 라대화(羅大化)
는 각 징역 1년으로 선고하였는데 피고는 일제히 대구복심법원으
로 공소하였다(『동아일보』, 1920년 6월 30일, 3면).

7일 대구지방법원에서 대한청년외교단(大韓靑年外交團)과 대한
애국부인회(大韓愛國婦人會)의 사건 판결이 있었는데 동회 간부인
안재홍, 김마리아, 백신영 3인에게는 각 징역 3년을 선고했다(『개
벽』 6호, 1920년 12월).

김마리아(金瑪利亞), 황에스더(黃愛施德), 이병철(李秉撤), 안재
홍(安在鴻), 송세호(宋世浩), 조용주(趙鏞周), 임득산(林得山), 연
병호(延秉昊) 이상 징역 3년.
장선희(張善禧), 김영순(金英淳), 이혜경(李惠卿), 김원경(金元
卿) 이상 각 2년.
백신영(白信永), 유인경(兪仁卿), 신의경(辛義景), 이정숙(李貞
淑), 김공규(金恭圭) 이호승, 라대화(承羅大) 이상 각 1년(『조선일
보』, 1920년 6월 30일, 3면).

○ 1920년 12월 16일
대한민국청년외교단 사건 2심 재판

오전 9시 대한민국 청년외교단 사건 제2심 재판이 있었다.

대한독립외교청년단이라하고 독립 문자를 배포하며 동지를 규

합하여 일반의 주목을 받은 김마리아(金瑪利亞)사건의 단장 이병철(李秉徹) 이하 13명의 청년 남녀의 공판은 이미 보도한 바와 같이 16일 오전 10시부터 대구복심법원 대법정에서 개정하였다. 개정 전에 방청석에는 신사, 숙녀로 입추(立錐)의 여지가 없이 들어와 즉시 방청석 만원(萬員)이라는 간판을 붙였고 법정 부근에도 삼삼오오로 떼를 지어 방청하고자 하는 사람이 산을 이루었다.

정각 10분 전에 수명의 감시가 안재홍(安在鴻)(30), 김태륭(金泰隆)(24), 송세치(宋世治)(28), 이정숙(李貞淑)(29), 장미기(張美磯)(24), 김영순(金英順)(25), 유인경(兪仁卿)(26), 황에스더(黃愛施德)(26), 신의경(辛義敬)(23), 이혜경(李惠卿)(26), 김마리아(金瑪利亞)(27), 백신영(白永信)(21)의 12명을 인솔하여 법정에 도착했다.

단장 이병철(李秉徹)(22)은 폐병으로 인하여 창출(蒼出)한 안색(顔色)으로 병상(病床)에 의지하여 그대로 2명의 간호에 도움받아 입정하였고 또 김마리아도 병의 기운이 있음에도 불구하고 그대로 출정하였다고 한다. 변호사는 이병철의 위임 받은 굴지(堀池), 고교(高橋) 두 사람과 안재홍의 위임을 받은 김우영(金雨英), 김태륭의 위임을 받은 안본(岸本) 씨 등이 출석했고 기타 피고에 대하여는 변호사 김의균(金宜均) 씨가 모두 변호하였다(『조선일보』, 1920년 12월 18일, 3면).

■ 1921년

O 1921년 9월 하순 대구 감옥
출옥 광주 청년을 위해 구음 한시를 지음

광주지방 3·1운동에 참여했다가 1년 6개월 복역하고 출소한 김태열, 최한영, 김범수, 김기형, 최정두, 서정희, 박일구, 최병준, 김복현 등 광주의 청년을 위해 한시를 지어 격려했다. 예부터 호남지방에는 호걸이 많다 하여 청년민족운동가들을 호걸에 비유하고 있다.

'삼년왕작옥중인(三年枉作獄中人) 임별유언장지신(臨別猶言壯志新) 고래남지다호걸(古來南地多豪傑) 차거원성춘외춘(此去願成春外春)' (3년을 억울하게 감옥에 갇혔던 이들이, 헤어지는 때가 되니 말은 굳세고 뜻은 더욱 새롭네. 예로부터 남쪽에는 호걸이 많다고 하니, 이제 나가거든 봄 너머 봄이 오기를 바라노라.)

기미(己未) 신유(辛酉)의 겨울이다. 대구의 그곳에서 수많은 광주(光州)의 청년들을 만기 되어 작별할 때 덩달아 별시(別詩)를 짓는다고 구음(口吟)으로 불러준 졸시(拙詩)이다. 내가 원래 시인이 못 되었고 더구나 한시에는 재주가 없는지라 지상(紙上)으로 드러낼 바 못 된다. 다만 당시 씩씩하게 작별하던 적의(赤衣)의 동무들이 이 땅에 십수 명이 넘고 전후에 친우(親友)가 적지 않아 이 땅이 나에게는 언제나 친숙미(親熟味)가 있다(『조선일보』, 1929년 10월 6일, 4면 1단).

안재홍은 이 첫 옥고 관련해서 후에 몇 편의 회고 기록도 남겼다.

지금으로부터 꼭 십 년 전 인 1921년 가을의 초저녁이었다. 나는 그때 마침 일곱 살 된 큰아이와 다섯 살 된 작은 아이를 집에 두고 한 3년째 못 보고 있는 터였다. 그 아이는 어찌 되었을까? 이런 생각이 날수록 즐기는 독서도 안 되었다. 취침의 명령을 받고 자리에 누웠으나 보송보송하게 긴장되어 가는 눈에는 잠이 올 생각도 안 한다. 자정이 지나 새벽이 되고 날이 휘어 밝아 기상의 명령이 날 때까지! 선하품으로 그 이튿날 하루를 가까스로 지냈다(『동광』, 1931년 5월).

　　내가 기미년(1919년) 남옥(南獄)에 매인 지 수삼 년에 답답하되 원(願)에 따라 시원할 수 없고 덥되 때맞춰 서늘할 수 없고 추위와 주림과 온갖 괴로움과 부자유가 나를 만족시키지 않을 때에 온갖 정염(情炎)으로 스스로 걷잡을 수 없는 상황에서 새로이 독서를 하매 수일에 몇 장 만족할 수 있고 만일 대담하게 독파하면 수 시간에 몇백 장이라도 풀풀 넘길 수 있었나니 이는 독서에서도 새로운 기원(紀元)이었고 인생으로서도 더욱 큰 고비를 넘어선 것이었다(『학등』, 1935년 11월).

　　대구는 나의 잊기 어려운 인상 깊은 도시이다. 추풍령을 넘은 남행의 기차는 약목, 왜관 등 역을 지나서 대구까지 왔다. 왜관은 낙동강의 중류가 굽이를 지어 흘러가는 곳이라 흘러가는 탁류(濁流)가 바로 장강대하(長江大河)의 맛이 있다. 십수 년 전 필자가 왜관에서 내려서 '이 놈의 자식 말하고 사투리 쓰는 마부들과 한 배에 낙동강을 건너고 한 마리 말로 바람리를 넘어 성주 읍내까지 가던 일이 생각난다.
　　오른편으로 달성공원의 들뜨는 봄색을 바라보고 왼편으로 금호

강의 잔잔한 물결을 바라보며 추억 많은 대구역에 왔을 때에는 벌써 십수 년 전의 추억은 사라지고 다만 기미 임술 동안 깊고 깊던 옥중 생활의 인상이 되살아난다. 10분간 정거를 이용하여 구름다리를 건너 개찰구까지 가서 역 앞에 몰리는 군중을 쳐다보았다. 동쪽으로 팔공산, 서쪽으로 남산의 푸른 경치가 더욱 회고하는 필자의 감회를 돕는다.

삭풍이 살을 에는 듯한 감옥 중의 운동장에서 백설 하얀 팔공산의 연봉을 바라보던 덜덜 떨리는 수인(囚人)에게는 마치 세차게 매운 운세의 마왕(魔王)과 같이 보이더니 지금에는 자못 강산의 풍경 빼어나게 뻗어 나가는 바가 있음을 깨닫게 한다. 더욱이 남산은 감옥의 창으로 들어 쏘이는 햇볕을 실어오는 봄날과 함께 인간 세상 동경의 상징으로 바라보던바 오늘날에도 더욱 다정해 보인다(『조선일보』, 1926년 4월 21일, 2면).

■ 1922년

○ 1922년 6월 9일 대구 감옥에서 출옥

대구 감옥에서 출옥해서 고향 평택으로 향했다.

대한청년단사건으로 대구지방법원에서 징역 3년의 선고를 받고 대구 감옥에 재감 중이던 안재홍(安在鴻) 씨는 지나간 구일에 가출옥 되어 진위군(振威郡) 자택으로 향하였다(『동아일보』, 1922년 6월 13일, 3면).

○ 1922년 10월 신규식을 추모함

1922년 9월 최남선, 염상섭, 현진건이 편집위원으로 창간한 시사 주간 잡지 『동명』 5호에 독립운동가 예관 신규식[5]을 추모하는 기고를 했다. 제목은 「고심참담(苦心慘憺)한 일평생」. 민세는 일본 와세다 대학 졸업 직전 중국 여행 중 신규식이 조직한 비밀독립운동단체 동제사에 가입했다.

황포탄 강머리 해 질 무렵 이별의 아쉬움에 뜨거운 악수를 교환하면서 "부디 건강하시오" 하는 마지막 한마디로 묵묵하게 슬픈 응시를 계속하는 배는 흐린 물결을 헤치고 벌써 강 입구로 나왔다. 회고하니 이미 10여 년 전 선생의 좋은 평판과 함께 생각하는 마음이 꿈속에 배회하기를 얼마, 이제 이미 고인이 되었으니 나는 그의 기대를 영원히 외롭게 짊어졌구나.

그의 생명의식, 민족의식, 공존의식이 본능적으로 머릿속에서 떠오르는 것은 어찌하겠는가. 험한 길에서 깊은 우의와 약속으로 친하게 지내던 그때 지기(知己)들과 계속 뜻이 이어져 자객의 독수(毒手)에 넘어질 때 암울한 마음, 끊어질 듯한 슬픔이 없었겠는가? 실패하여 넋을 잃고, 의외는 의외로부터 실패는 실패로부터 꼬리를 맞물고 닥쳐올 때의 참담한 마음 그 가슴속 생각의 막힘이 몇 번이었겠는가? 그는 드디어 물러나 병을 얻었도다! 아아 찢기고, 흩어지고, 갈라지고, 혼돈스럽고, 수많은 말이 서로 싸우는 듯

---

5) 신규식(申奎植, 1879~1922)은 충북 청주 출신으로 신채호 등과 함께 산동삼재(山東三才)로 평가받았다. 경술국치 이후 중국 상해로 망명 1911년 신해혁명에 참여 쑨원과 교유했다. 1912년 동제사(東濟社)를 조직했고 1919년 9월 대한민국 임시정부 법무 총장을 맡았다. 독립운동 세력의 분열을 안타까워하다가 1922년 9월 25일 지병으로 서거했다.

한 현재의 우리 사회, 그 사랑함이 깊은지라 그 생각이 간절하고 그 생각이 간절한지라 그 슬픔이 또한 매우 크다. 이 커다란 비애로 이 커다란 혼란의 시국을 대하니 그가 어찌 죽을 만큼의 근심이 없겠는가? 그의 인격의 고결함은 문자 그대로 고심참담(苦心慘憺)하던 일평생의 고절(苦節), 그 동지와 후진에게 경주하던 우정, 그의 지나(支那) 관계에 대한 유일인의 사실, 우리는 민족적 대불행으로 그의 죽음을 아파하며 애도한다(『동명』 5호, 1922년 10월).

餓死・押送・増師

紙面으로본時代相

日本國恥日에突發한

■ 1924년

○ 1924년 4월 1일 만수천산을 한망하면서

민세는 1924년 3월 시대일보에 논설 기자로 입사했다. 이 글은 『시대일보』[1]에 처음 쓴 글이다. 제목은 「만수천산(萬水千山)을 한망(恨望)하면서」이다. 민족 구성원과 사회 민중 모두가 민족해방을 위해 함께 뜻을 모으자고 호소하는 내용이다.

> 20세기의 금일은 곧 인류해방이란 전에 없던 큰 사업을 성취할 황금시대이다. 민족아 너는 나의 동도(東道)이다. 그는 아직 나를 대체해서 신뢰할 만한 이웃 친구가 드문 까닭이다. 사회 민중아 너는 나의 객주(客主)이다. 그는 방금 생각에 잠겨 이 경계선을 지나 너의 마을에서 기거하며 노작(勞作)을 함께하고자 너와 나와, 나와 너와 동심동덕(同心同德)임을 기뻐함이로다. 민족과 사회는 동일한 평면에 평행 하는 두 개의 선이 아니라 동일한 선상에서 함께 지날 두 개의 점이다(『시대일보』, 1924년 4월 1일, 4면).

○ 1924년 4월 3일 노중대륙을 종관하면서

『시대일보』에 「노중대륙(露中大陸)을 종관(縱觀)[2]하면서 동아(東亞)의 장래를 사(思)함」이라는 제목으로 글을 기고했다. 러시아의

---

1) 『시대일보』(1924~1926)는 1924년 3월 31일 최남선이 창간했다. 창간 당시 사옥은 서울 명동 2가 82 동순태(東順泰) 빌딩이었으며 후에 『중외일보』(1926~1931), 『중앙일보』(1931~1933), 『조선중앙일보』(1933~1937)로 신문명이 바뀌었다.
2) 마음대로 구경함.

동진 정책은 시국의 변화를 가져오고 일본과 조선에게는 큰 불행일 것이라는 점을 예측하고 있다.

지난번에 외부 소식이 있어 노농러시아가 세운 학교에서 양성원 선전원(宣傳員)의 졸업자가 3만 8천 명 정도인데 그중에 조선인이 2천 3백여 명이고 중국인이 8백여 명이며 금년에는 중국인에 한해 약 3만 명의 선전원을 양성할 계획이라고 하니 이는 우리가 가장 유의할 바이다. 금일 그 사회 민중의 팽배한 기백을 가지고 도처에 공명동감하는 지지자를 갖춰가면서 크고 빠르게 들어오는 사상적 동진(東進)은 어떠한 대방략이 있는가. 시국의 변화는 물론 일본에는 크게 불리할 것이고 또한 조선의 큰 불행일 것이다 (『시대일보』, 1924년 4월 3일, 2면).

○ 1924년 4월 9일 각파유지연맹 응징대회

오후 7시 유일관에서 열린 민중대회 회의에 참석했다. 이 날 친일단체로 민간인을 폭행을 하고 언론자유를 위협하는 각파유지연맹(各派有志聯盟)[3]을 응징하는 민중대회에 이종린, 김양수와 함께 실행준비위원으로 선임됐다.

소위 각파유지연맹(各派有志聯盟)에서 선언서(宣言書)를 배포한 후에 일반 사회에서는 여론이 없지 않았으나 다수가 아이들의 장난 같이 볼 수밖에 없다는 말이 많더니 그들은 그 후에 십여 명이 단체로 폭행을 함부로 하며 권총을 가지고 언론계를 위협하는

---

3) 1924년 3월 25일 창립한 친일단체로 일선융화를 목표로 조선인의 언론활동을 위협했다.

등 그대로 두고 볼 수 없는 행동이 더욱 많아짐으로 일반 사회에서는 그대로 둘 수가 없다는 여론이 다시 일어나서 그동안 여러 곳에 여러 유지가 모여 협의한 일이 있더니 그저께 9일 오후 7시에는 시내에 있는 유지 40여 명이 황금정(黃金町) 유일관(唯一舘)에 모여 이 문제에 대해 토의한 결과에 민중대회(民衆大會)를 발기하기로 해 위원 열 사람을 선정한 후에 폐회하였다는데 그날 밤에 결의한 바와 선거된 위원은 아래와 같다.

1. 소위 '각파유지연맹(各派有志聯盟)'이라는 부정단체를 응징(膺懲)하기 위한 실행을 준비하기 위해 민중대회(民衆大會)를 개최할 것.
2. 폭행에 대한 당국(當局)의 태도를 규탄(糾彈)할 것.
실행 준비위원
이종린 김기전 김철수 안재홍 양원모 고한 김원벽 김승묵 김양수 이대위(『조선일보』, 1924년 4월 11일, 3면).

○ 1924년 5월 2일 조선인의 기백

『시대일보』에 「그러면 조선인아 제군(諸君)은 이 기백(氣魄)이 있느냐? (상)」는 제목으로 기고를 했다. 조선 민족이 현실에 수수방관하며 굿 보고 떡 먹기식의 수동적 자세를 버리고 힘찬 기백을 가지고 현실에 능동적으로 대처하기를 촉구하고 있다.

그러면 너의 조선인이여 우리 동포 여러분이여! 여러분은 지금 무엇을 할까? 우리는 이미 그 군사적 침략 국민으로서 악명을 세상에 떨치지 못했고 이 새롭게 바뀌는 운명의 맨 앞에서 또다시 굿 보고 떡 먹는 값싼 신생활, 남을 업신여기며 따라가는 사람들이 될 것인가. 우리가 품고 있는 필연적인 활로는 우리의 피땀, 힘, 마음을 기울이지 않고 멀고 먼 태양의 열과 힘을 빌려 그 주위를 회전하는 작은 위성이 되고 말 것인가? 아아 그러면 조선인이여! 여러분은 무슨 기백이 있는가(『시대일보』, 1924년 5월 2일, 2면 1단).

○ 1924년 5월 3일 조선인의 기백

『시대일보』에 「그러면 조선인아 제군(諸君)은 이 기백(氣魄)이 있느냐? (하)」라는 제목으로 기고했다. 조선인의 각성을 촉구하는 글로 순도자(殉道者)의 열정(熱情)으로 부정한 현실에 맞서고 민족 내부의 단결을 약화시키는 알력, 불관용은 과감하게 버릴 것을 촉구하고 있다.

우리는 현재 동포들이 그 한때의 기분에 끌림이 없이 그 진지한 구존적 대맹심(求存的 大猛心)에 의해 또는 빠른 모방심에 떠다니는 유행이 아니라 가장 경건한 구세적 성충(救世的 誠忠)에서 나온 열렬한 신념으로 천하를 돌면서 따뜻한 자리에 앉을 겨를 없던 공자의 일관된 인도(仁道)와 같이, 십자가에 달려서도 오히려 이스라엘 사람들을 근심하는 그리스도와 같이 그들은 동포가 사멸의 위협 중에 있는 것을 보고 그의 유일한 순교의 길로 그 방향을 바꿀 것을 믿으려 했다.

우리는 마땅히 순도자(殉道者)의 열정(熱情)으로 그 주의를 숭상하고 침략자와 같은 사나운 마음으로 그 소신을 추구해야 한다. 천 수백 년 이래 우리 선조들이 대륙의 전쟁에서 패배해 후퇴한 이후 편안함으로 반도 안에서 두려워하는 동안 자라난 나쁜 유약, 알력, 불관용은 과감하게 버려라. 그리고 그 혈관 속에 자라고 있는 강하고 용감한 선민들의 대기백(大氣魄)을 일깨워 각성하라 (『시대일보』, 1924년 5월 3일).

○ 1924년 5월 9일 심화 순화 정화

『시대일보』에 「심화(深化) · 순화(純化) · 정화(淨火)」라는 제목으로 기고를 했다. 현실의 위기상황을 타개하기 위해 순교자적 태도로 분열을 극복하고 하나로 뜻을 모으자고 강조하고 있다.

우리는 개인이나 민족을 막론하고 즐겨 스스로 궁함과 가난을 만들 수는 없다. 또한, 어떤 일정 시기까지 완전히 주관적 욕구로 그 궁핍과 가난한 상황을 만회할 수 없는 것도 인정한다. 그러나 우리가 처한 궁핍과 가난 중에 수련과 연마를 통해 심각하게 과거와 현재 자신의 결함과 오류를 반성하며 슬픔과 우울한 탄식과 고난 속에 순교자적인 통렬한 참회가 있어야 할 것이다. 아니 피와 땀과 한숨은 우리의 비싸고 비싼 속죄와 부활의 대가가 될 것이다.

오늘날 조선인은 이 절대적 위기 상황에 있는 것을 어찌할 수 없는 하나의 기회로 보고 온갖 슬픔과 우울한 탄식과 고난 가운데 다 각각 순교자적 통렬한 참회로 피와 땀과 한숨으로 그 비싸고 비싼 속죄와 부활의 대가를 치르기로 하자. 우리는 주의와 주의의 충돌은 어찌할 수 없다. 그러나 '주의자 간의 싸움이 되고 또 동족 간에 일치할 가망이 없다'라는 한마디 말은 국내외 이천만 민중이 참으로 맹렬히 반성할 바가 아니겠는가? 아아 심화(深化), 순화(純化), 정화(淨火)! 이는 오늘 조선인이 그 스스로를 부활케 할 정신

생활의 한 길이다(『시대일보』, 1924년 5월 9일, 2면 1단).

○ 1924년 5월 17일 신념 희생 노동

『시대일보』에 「신념·희생·노동: 민중구제의 정신적 표식」이라는 제목으로 기고했다. 조선민족의 각성을 위해 전민족적으로 정신적 부활을 피나게 추구하는 구제적 성충(救濟的 誠忠)의 필요성을 강조하고 있다. 좌우갈등의 해소와 하나된 마음을 요청하고 있다. 이를 위해 필요한 것은 신념, 희생, 노동이라는 세 가지가 중요함을 역설하고 있다.

조선인은 그 정신적 무정부상태에서 그 자체를 구제하기 위해 그 산만한 파괴의식과 전투심(戰鬪心)을 조직화하고 통일·집중하기 위해 전민족적으로 정신적 부활을 피나게 추구해야 한다. 조선인은 그 시대를 창조하고 민중을 해방할 구제적 성충(救濟的 誠忠)으로 먼저 자기를 창조하고 해방하고 구제해야 할 것이다. 각자는 온갖 관습과 나쁜 습관으로부터 해방하고 구제해야 할 것이다.

그리하여 뚜렷한 정신적 부활로 새로운 자아를 창조해야 할 것이다. 우리는 그 깊고 확고한 신념-우리의 이상과 주의를 위해 자기와 그 일체를 희생하는 정열로 일생 꺼지지 않는 불꽃을 피워야 할 것이다. 우리는 그 신념을 실현하기 위해 쉴 새 없는 노동-노심역작(勞心力作) 해야 할 것이다. 그리고 좌우(左右)에서 동일한 신념으로 온갖 희생을 하면서 애쓰는 동포들과 함께하는 전우(戰友)가 되어야겠다. 거기에서 하나가 된 마음과 조직된 힘이 우리의 당면한 난관을 향해 맹렬하게 나가는 기세를 높여야겠다. 아아 신념, 희생, 노동! 이것은 현재 조선인이 그 자신과 전민중을 해방하고 구제하고 창조하고 실현할 삼위일체의 새 하느님이다(『시대일보』, 1924년 5월 17일, 2면 1단).

○ 1924년 5월 20일 그대는 조선 사람

『시대일보』에 「아아 그러나 그대는 조선 사람이다」라는 제목으로 기고했다. 조국 독립의 존귀한 실현이라는 길은 희생의 길이고 이 과정에서 반목, 알력, 중상, 험담과 같은 분열적 행동을 억제하고 순도적 정열(殉道的 情熱)이 중요함을 강조하고 있다.

> 실현은 희생과 정비례한다. 아니 실현은 희생, 희생은 실현이다. 이러한 존귀한 실현=희생의 길에 있어서 우리는 반목, 알력, 중상, 험담이 있을 수 없다. 개천에서 떠내려가는 고양이를 건지려고 한 몸으로 탁류에 뛰어들던 청년 아브라함 링컨은 마침내 미증유(未曾有)의 남북전쟁을 일으켜 천 만 흑인을 해방하고 정적의 흉탄에 죽어 넘어지던 세계의 위인 링컨이었다. 조선은 이러한 순도적 정열(殉道的 情熱)을 가진 구제적 위인(救濟的 偉人)의 배출을 기다린다(『시대일보』, 1924년 5월 20일, 2면 1단).

○ 1924년 6월 4일 우려할 조선인의 심적 경향

『시대일보』에 「그러면 이 일을 어찌하랴 우려할 조선인의 심적(心的) 경향」이라는 제목으로 기고했다. 조선인이 민족적으로 힘들고 불우한 처지에 있는 것은 내부적 갈등에 기인하고 타인의 어려움과 고충을 아량 있게 받아들이는 관용이 시급하게 요청된다고 주장하고 있다.

우리가 먼저 민족적으로 힘들고 불우한 처지에 있는 것은 무엇
보다도 우리 사이에 파탄(破綻)과 실책이 속출하는 불행한 근본
문제가 있는 것은 맹렬히 반성하자. 이러한 경우에는 각자가 다
비상한 자중과 절제로 자기를 조절하여 자기와 타인의 어려움과
고충을 아량 있게 받아들이고 관용해야 한다.

몹시 빠른 시간에 썩어서 마침내 황량한 무덤의 한 줌 흙을 보
태게 될 운명하에 있는 자기중심의 푸지고 더러운 명예욕과 물질
욕을 위해 전우(戰友)와의 신의를 저버림이 없도록 하자. 수많은
후진을 위해 늘 구제적 성충(救濟的 誠忠)과 순도적 열정(殉道的
熱情)으로 항상 신뢰와 애호로 서로 결합하자(『시대일보』, 1924년
6월 4일, 2면 1단).

○ 1924년 6월 8일 사막으로 향하여 가는 조선인

『시대일보』에 「사막(沙漠)으로 향하여 가는 조선인」이라는 제목
으로 기고했다. 조선인은 미신의 사막, 사행(射倖)의 사막을 헤매고
있다고 진단하고 이것을 극복하는 것이 진정한 해방에 이르는 선결
조건이라고 진단하고 있다.

첫째로, 조선인은 미신의 사막을 헤매고 있다. 바닥을 긁고 꽹
쇠를 치는 숭신인(崇神人)으로 진화된 무당의 일은 말할 것도 없
고 무수한 인민들은 전혀 과학의 세계, 합리의 세계, 지식으로 알
수 있는 세계를 떠나 황당무계하고 허무맹랑한 불가지(不可知) 불
가사의의 세계로 끌려가려 한다.

둘째로, 조선인은 사행(射倖)의 사막을 헤맨다. 오늘날 조선인
이 산업 분야에서도 어찌할 수 없는 심한 빈궁의 상태에 빠졌다면

그들은 결국은 사행의 한길 밖에 그 획득 충동에 만족하려고 할 것이다. 조선인을 영구하게 이러한 정신의 사막에서 헤매게 하는 것은 그들이 영원히 부활의 길을 찾지 못하게 할 것이다. 우리는 그 자신의 제물로 자기를 해방할 광명의 한길을 찾아 나가야 할 것이다(『시대일보』, 1924년 6월 8일).

○ 1924년 6월 7일 언론집회압박탄핵회 실행위원

오후 3시 경찰의 조선 언론과 집회 탄압에 대한 대책을 강구하기 위해 조선교육협회에서 열린 언론집회압박탄핵회에서 이인, 이종린, 김병로, 차상찬 등과 함께 실행위원에 선출됐다.

경찰 당국에서 조선 사람에 대한 언론(言論)과 집회(集會)를 압박하는 태도가 근래에 이르러 더욱 심하며 이에 따라 사회의 여론이 움직여 이미 보도한 바와 같이 청년총동맹(靑年總同盟)과 노농총동맹(勞農總同盟) 두 단체의 발기로 그저께 7일 오후 3시부터 시내 수표정(水標町) 조선교육협회(朝鮮敎育協會) 안에서 경성에 있는 각 단체 대표자 회의가 열렸다.

명칭은 언론집회압박탄핵회(言論集會壓迫彈劾會)라 정한 후 실행방침에 대하여 의논이 있었으나 결국 다섯 명의 위원을 선정하여 별실에서 먼저 방침을 협정해 그 안을 토의하자는 의견이 가결되어 한신교(韓愼敎), 권오설(權五卨), 이정득(李正得), 김찬(金燦), 김병로(金炳魯)의 다섯 사람이 당선되어 결의문을 발표하고 만장일치로 가결하였으며 실행위원 13명을 선거하여 모든 진행방침을 일임하였는데 그 명단은 아래와 같다.

실행위원

한진교 김필수 서정희 신명균 이종천 김봉국 윤홍열 이종린 안
재홍 이봉수 이인 차상찬 김병로(『시대일보』, 1924년 6월 9일,
1면 1단); 『개벽』 5권 7호(49호), 1924년 7월 1일).

언론집회 압박 탄핵회(言論集會壓迫彈劾會)

재경 27개 단체(在京二十七個團體)가 엄중 경계리(嚴重 警戒裡)
에 조직(組織)

우리 조선인의 언론(言論)과 집회(集會)에 대하여 총독부 당국
의 압박이 말할 수 없이 가혹함으로 경성에 있는 각 단체 대표의
회의를 열고 선후책을 강구하리라 함은 이미 보도한 바이거니와
이 소식이 한번 세상에 전하자 전조선 각지에서 사람마다 가슴속
에 쌓이고 서리었던 불평으로 다시금 부르짖으면서 이와 같은 회
의가 열리는 것을 크게 찬성하는 동시에 더욱이 경성에서는 백 사
람이면 백 사람이 모두 한마음 한뜻으로 이번 개최되는 회의에 동
의하며, 다같이 운동 선로에 나가기를 열망하던 중 그저께 오후
3시경에 시내 수표정(水標町) 조선교육협회(朝鮮敎育協會) 안에
는 경성 각 단체에서 한 단체의 대표가 혹은 두 사람 혹은 세 사람
씩 모여들기 시작하여 잠깐 동안에 출석 인원이 백 명에 가까이
달하였는데 각 단체가 이와 같이 한곳에 모여 보기는 그전에는 별
로 보지 못하던 일이라 그 형세도 굉장하였거니와 문제와 형세가
이만치 중대함에 따라 경찰 당국 측으로는 경무국과 본정(本町)
종로(鍾路) 양 경찰서에서 사복한 경관이 십여 명이나 출동하여
장내를 엄중히 경계하였으며 출석 단체는 총수 27개 단체로 경성
에 있는 언론(言論), 사상(思想), 법조(法曹) 등 단체는 대개 출석
한 모양인데 단체명은 아래와 같다.

람으로서 또 조선사람으로서 천하민중의 시대적 요구를 몸 받아서 그의 시대의식의 돌아가는 바와 시대인들의 원하고 구하는 바를 여실히 표현하여 그것으로써 민중적 일대표현기관을 만들자고 함이 이 시대일보의 생명이요, 정신이요, 그 존귀한 의의와 가치였다. 함께하는 사람들은 다 공통의 신념과 기대로 이러한 존귀한 의의와 가치 있는 시대일보의 생명과 정신을 발휘하고 확대해서 시국만회를 돕고자 심혈을 기울이고 성충(誠忠)을 다해 최후의 한 날까지 분투하자 함이 그 최후의 일념이었다.

이 생명 살아있고 이 정신이 표현되는 곳에 우리는 천고만난(千苦萬難)을 달게 받도 오직 진순(眞純)한 순도적 열정(殉道的 熱情)으로 나아가려 하였다. 쓰림이 많고 아픔이 떠날 새 없더라도 그 사명과 의의를 완전히 지켜서 천하민중의 신뢰하는 눈앞에 나아가게 됨을 생각할 때 우리는 일보라도 후퇴함이 없이 우리의 주의와 신념을 위하여 직진맹진(直進猛進)하고자 결심하였다.

그러나 지금은 최초의 일념을 보전할 수 없이 다만 중도에서 순사(殉死)할 수밖에 없게 되었다. 본보는 지금 치우침이 없고 얽매이지 않는 민중의 공기(公器)라는 자체의 생명을 죽이고 보천교(普天敎)라는 일대 종문(宗門)의 소유가 되었다. 우리는 보천교와의 관계로 소문이 세상에 떠돌아다니는 동안에도 가장 은인자중하면서 원만한 해결을 보고자했다. 그러나 보천교와 그 일파에서는 전혀 우리의 고충과 성의를 돌아보지 않았다.

우리에게는 음험교활한 일부 세상 사람들과 같은 술책이 없다. 소유권을 지주(支柱)로 하고 한 조각의 계약문을 절대의 원칙으로 하는 오늘날 사회에서 계약상의 권리를 방패삼고 한조각의 신청문으로 모든 일을 결단하는 것을 토대로 삼는 그들에게 민중적 표현기관이나 사회의 공기라는 이유로 그것을 바로 잡아보려고 애써 시도하던 것은 도리어 세상의 물정을 모르고 한일이었을 것이다.

이제 일개 종문의 수중에 떨어져 그 본래의 정신과 생명이 죽어 가고 다만 참담하고 보기 싫은 하나의 시신이 되어 감을 보고 그 것을 바로잡아 고쳐 돌이켜보려고 할 길이 없이 다만 그 정신과 생명과 함께 참담한 패배자의 시신으로 나둥그러지게 되는 것은 참으로 회피할 수 없는 통한의 죄책(罪責)이다. 그러나 우리는 이 제 최후의 결심으로 이 사멸에 다다른 공기(公器), 그 썩히지 못할 생명과 정신을 구하고자 한다. 그러나 만회하기 불가능하다면 즐 겨 순사(殉死)할 뿐이다(안재홍선집간행위원회, 『민세 안재홍 선 집』 1권, 1983년, 63쪽).

○ 1924년 8월 3일 무명회 발기인

오후 5시 경운동 천도교당에서 신문과 잡지 조선인 기자가 창립 한 무명회 발기인에 이종린, 최원순 등과 함께 참여했다.

일찍이 경성에 있는 신문과 잡지의 조선인 기자로 조직된 무명 회(無名會)라는 것이 있었으나 그 동안 유야무야한 가운데 있어 여러 가지로 유감이 되던바 이번에 다시 조선인 기자단을 부활시 킬 필요가 있다하여 재경 각신문과 잡지사의 기자 여러명이 그저 께 오후 5시에 경운동 천도교당 안에 모여 협의한 결과 부활발기 회를 열기로 결정했다. 시일과 장소는 아직 미정이라 하며 발기인 은 아래와 같다.

이종린 안재홍 홍승구 최원순 이석(『조선일보』, 1924년 8월 5일, 3면).

O 1924년 9월 5일 『시대일보』 퇴사

첫 언론활동의 근거지였던 『시대일보』를 김형원 김정진과 함께 퇴사했다.

전 시대일보 사우 안재홍, 김형원, 김정진 세 사람은 이번 시대
일보가 보천교와 합동하여 경영하게 된 결과 퇴사하였다(『조선일
보』, 1924년 9월 5일, 3면 3단).

O 1924년 9월 20일 기근대책강구회 참석 강연

오후 7시 30분 종로 중앙청년회관에서 열린 기근대책강구회에 이
상재, 김병로, 이승훈, 한용운 등과 함께 참석해서 강연했다.

조선기근대책강구회(朝鮮飢饉對策講究會) 주최로 기근에 대한
대연설회를 개최한다함은 이미 보도한 바이거니와 그 회에서는 금
일 오후 7시 30분부터 종로 중앙청년회관 안에서 10 여명의 연사
가 이전에 드문 대연설회를 개최하리라는데 연사의 이름과 연제는
아래와 같고 방청은 무료이다.

연재
한재(旱災)와 농촌문제 – 최창익 상애(相愛) - 유성준, 기아대
책에 대하여- 신철
제목 미정 - 김병로 이승훈 한용운 이상재 안재홍 최원순
신일용(『동아일보』, 1924년 9월 20일, 2면 7단).

○ 1924년 9월 22일 기아대책

안재홍은『시대일보』를 나와 바로 대한민국 임시정부 교통총장을 지낸 신석우가 경영책임을 맡아 사장에 이상재를 영입한 혁신 조선일보에 주필 겸 이사로 참여했다. 당시 사옥은 수표동 43번지에 있었다. 이 날『조선일보』에「기아대책(饑餓對策)은 어떠한가. 천재(天災)보다 더욱 심한 인재(人災)」라는 제목으로 기고했다. 당시 조선인구의 약 50%가 가난한 무산자인 현실에서 자연재해로 인한 식량 부족과 기아 현실을 언급하고 일본 당국의 적극적인 해결의지가 부족함을 비판하고 있다.

오늘날 조선 안에 있는 1천 8백만 조선인 대중의 약 80%에 상당하는 1천 4백만의 인민은 농경으로 생활하는 자이며, 그 중에서도 약 50%인 7백 수십만의 순소작인은 모두 가난한 무산자(無産者)들이다. 우리가 직접 목격한 바에 의하면 평년 이상의 해에도 수확기를 지나 바로 식량이 모자라는 농가인 빈촌은 전 호수의 7.8% 내지 10%에 상당하거니와 금년과 같은 드문 천재로 인해 기근이 특별히 심한 지방에서는 그 빈궁한 상황을 가히 알 수 있다. 금년 쌀의 감소가 약 3백만 석이라 하나 매년 백미의 일본 수출이 4백만 석에 가까운 즉 쌀 3백만 석의 감소로 갑자기 조선내 식량이 부족하리라 생각하지는 않는다. 당국의 태도가 조선인에게는 저렴한 좁쌀을 먹게하고 조선에서 생산하는 쌀을 일본 본토의 식량으로 공급할 터이니 일본의 식량을 보충하기 위하여 조선의 부족한 식량을 빼앗아간다면 마땅히 조선인의 기아를 고려할 책임이 있는 것이다. 그러나 당국의 태도는 어떠한가? 오직 이재민의 자발적 분투에만 방치는 것이 옳은 일인가(『조선일보』, 1924년 9월

22일, 1면 1단).

○ 1924년 9월 28일 대구 부산 출장

이날 대구와 부산 지방으로 출장을 떠났다.

안재홍 씨(본사이사) 28일 밤 경성 발 대구, 부산지방 출장(『조
선일보』, 1924년 9월 29일, 1면).

○ 1924년 10월 10일 공포정치

『조선일보』에 「시평 공포정치(恐怖政治)」라는 제목으로 기고했
다. 일제가 밀정, 무장경관, 수비대 등을 통해 조선인에 대한 미행,
감시, 중지, 금지, 검거, 체포, 구금과 살육을 일삼는 현실을 공포정
치라고 단정하고 이런 억압적 현실을 강력하게 비판하고 있다.

밀정, 무장경관, 수비대. 이것은 공포정치 집행에 필수적인 기
관이다. 미행, 감시, 중지, 금지, 검거, 체포, 구금, 그리고 살육 이
것은 공포정치 실현에 필수적 과제이다. 공포정치는 비상한 혁명
기 중에 할 수 없이 취하는 수단이다. 그러한 평온한 현재 조선에
는 공포정치가 영속적으로 집행된다. 중앙에서 국경에서 도시에서
변방에서 예외 없이 계속 행해지고 있다. 기념회에서 강연장에서
혹은 심야의 촌락에서, 프랑스 혁명 제3기와 러시아 볼세비키 혁
명기에서 금일까지 통하여 이 비상한 공포정치가 단행되었고 또
단행중이다. 그러나 현재 조선인이 영속적인 공포정치에 신음하지
않으면 안 될 이유가 어디에 있는가? 우리는 말하고자 하되 말하

〈사진 14〉 안재홍이 기획하고 노수현이 그린 한국 최초 4단 신문 만화
멍텅구리 헛물켜기(『조선일보』 1924.10.13)

지 못하는 바가 너무도 많다(『조선일보』, 1924년 10월 10일, 1면 1단).

O 1924년 10월 21일 여류자선기근구제음악회

시내 공회당에서 열린 기근구제(饑饉救濟) 여류자선음악회(女流慈善音樂會)에 참석했다. 이 날 행사에는 '사의 찬미'를 부른 조선 최초의 가수 윤심덕(尹心德)도 출연해 독창을 했다.

조선일보 주최 기근구제(饑饉救濟) 여류자선음악회(女流慈善音樂會)는 예정과 같이 그저께 21일 밤 시내 장곡천정 공회당에서 성황으로 열렸다. 동포의 기근 참상을 위해 여러 가지로 마음을 애태우는 남녀 유지는 정각 전부터 회장을 향해 다투어 모여 어느덧 만장의 성황을 이뤘다. 시간이 되매 본사 사장 이상재 씨의 간단한 개회사가 있은 후 안재홍 씨의 인도로 순서에 따라 경성악대의 유량한 주악을 시작으로 중앙유치원 아이들의 재미있는 유희는 만장으로 하여금 박수를 스스로 치게 만들었고 더욱이 어린 아이들까지 기근 구제를 위해 연주회에 출석한 것을 볼 때 뜻있는 이로 하여금 더 한층 기근에 우는 동포들을 생각하게 했다.

윤덕성, 김합라 양의 피아노 합주는 재청의 환영을 받았으며 뒤를 이어 윤심덕(尹心德) 양의 독창은 장내의 공기를 다시금 새롭게 하는 듯 했고 배화합창단의 합창으로 제1부 순서를 마쳤는데 노래의 가락가락은 이재동포의 하소연이 섞인 듯하여 장내는 어느덧 엄숙한 기분이 쌓이는 듯도 하였다(『조선일보』, 1924년 10월 23일, 2면).

○ 1924년 11월 1일 조선일보의 신 사명

『조선일보』에 사설 「조선일보의 신 사명(新使命) 천하 민중에게 밝힘」을 썼다. 『조선일보』는 조선인과 그의 성패와 고락, 진퇴, 편안함과 근심을 함께하는 것 이외에 그 존재와 발전과 필요와 의의와 사명이 없을 것이라는 의견을 피력했다.

아아 만천하 조선인 동포여! 여러분은 현대를 떠나서는 있을 수 없는 조선인이요 조선을 떠나서 있을 수 없는 세계인이요, 현 조선과 현시대의 사명을 떠나서 그 존재의 의의를 해석할 수 없는 시대해결 시대창조의 사역자들이다. 그리고 조선일보는 이러한 현대 조선인과 그의 성패와 고락, 진퇴, 편안함과 근심을 함께하는 것 이외에 그 존재와 발전과 필요와 의의와 사명이 없을 것이다. 우리는 지금 천하민중의 기대와 신뢰와 애호가 본보에 집중함을 믿는다. 그러나 우리는 그보다도 본보가 천하민중의 기대와 신뢰와 애호에 영구히 부응하기를 간절히 원하는 바이다. 천하민중이여 영원히 행복할 지어다. 본보의 생명이여 천하민중과 함께 영원히 발전할 지어다(『조선일보』, 1924년 11월 1일, 1면 2단).

○ 1924년 11월 1일 어려우면 어이하며

『조선일보』에 자작 시조를 실었다. 『조선일보』 혁신을 기념하며 어두운 현실의 어려움을 냉정하게 인식하고 함께 힘을 모아 이 고난을 이겨나가기를 소망하고 있는 시조이다.

어려우면 어이하며 쉽다 한들 돌아가리

물결에 실린 배니 애씀 없이 절로 가리

엘수록 넓은 바다 참 한마음 아니고야

(『조선일보』, 1924년 11월 1일, 10면 5단).

○ 1924년 11월 2일 영국정쟁 측면관

『조선일보』에 「영국정쟁 측면관(側面觀)」이라는 제목으로 기고했다. 영국의 자유당이 점점 쇠약해지는 현실과 보수당의 대승, 노동당의 실패 등 당시 영국 정치현실에 대한 의견을 담고 있다.

이번의 영국 정쟁에 관하여 우리는 다만 보수당과 노동당의 대전(大戰)이라고 보았다. 자유당이 보수당과 연합하여 노동당 격파의 공동전선을 꾸몄지만 자유당으로서는 무의미, 무용한 일이었다. 전통적으로 세계적 대정당의 성세를 유지하여 오던 자유당이 근년에 점점 쇠멸에 돌아가서 이제는 40인 내외의 최소 정당으로 된 것은 시세의 시키는바 인위적으로 어찌하지 못함이다.

자유주의를 기본 원리로 한 자유당의 대표적 정강인 아일랜드 자치, 자유무역 등이 전자는 이미 과거의 일에 속하였고 후자는 또한 애덤 스미스 이래의 진부한 이론으로 그의 실체가 대자본 옹호의 대편법임에 불과한 바 그들이 오늘날에 진퇴양난의 중간 당의 비애로써 몰락의 길로 가는 것은 운명의 법칙 또한 어찌하지 못할 것이다.

보수당의 대승, 노동당의 실패는 전문가가 예측하였던바 그러나 의젓치도 않은 캠벨 사건으로 마치 노동당이 영 제국을 들어 볼셰비키화하는 것같이 떠들어 놓고 위조의 혐의까지 있다는 지노비예프 서간6)문제로 가장 보수적이요 볼셰비키와 담쌓은 영국민을 충동하여서 압도적 대승리를 얻은 보수당 축들의 솜씨는 과연 수백 년간 자유와 정의를 자가(自家)의 전유물과 같이 생색을 내어 가며 어느 틈에 전 세계의 이권을 도거리하기에 구기는 구석이 없는 영 제국 대표적 노회 정치가들의 본색이라 할 것이다.

이번에 노동당은 10개월간의 비교적 우수한 치적을 방패로 필승을 기하고 분투하는 것이 이 개표의 결과는 의외로 그들의 패퇴, 그들의 낙심된 바를 상상할 것이다. 자유당의 쇠퇴는 금후에도 만회키 어려우려니와 노동당의 지반은 보일보씩 굳어져서 보수당과 함께 다시 양익을 대표하는 양대 정당의 대립을 보리라 함이 우선 정당한 견해일 것이다(『조선일보』, 1924년 11월 3일, 1면).

○ 1924년 11월 3일 중국병변 면면관

『조선일보』에 「중국 병변(兵變) 면면관(面面觀)」이라는 제목으로 11월 9일까지 연재했다. 즈리파(直隷派)의 쇠퇴와 이를 이끌던 우페이푸(吳佩孚)의 남방도주와 같은 중국 병변(兵變)의 추이를 분석한 글이다.

북경의 병변 후의 즈리파(直隷派)[7]의 진용이 풍운의 중심 벌써 산하이관(山海關)을 떠나게 된 것은 전문가가 공인하는 바이어니 와 차오쿤(曹錕) 총통은 이미 11월 1일로써 펑위샹(馮玉祥)[8] 씨에

---

6) 1919~1926년 코민테른 집행위원장으로 영국 노조와 군대에 무장봉기 호소 위조 서한으로 1924년 영국 총선에서 노동당의 참패를 초래.

7) 즈리성(허베이성) 출신 펑궈장(馮國璋), 차오쿤(曹錕), 산둥선 출신 우페이푸(吳佩孚) 등이 중심인 중국 군벌이다. 돤치루이(段祺瑞)의 안후이파, 장쭤린(張作霖)의 펑텐파와 대립했다. 1924년 차오쿤이 대총통이 되었으나 10월 제2 펑텐즈리전쟁에서 패했다.

의해 강제 퇴위령에 조인하였다 하고 톈진에서 패병을 수습하고 장강 일대의 즈리파 독군(督軍)을 연결하여 형세 만회를 호언하던 우페이푸(吳佩孚)[9]는 남방 도주설도 있고, 프랑스 조계 홀로 피신설도 전하여진다. 웬만한 일에 천명 민의를 들추어 가며 토벌군을 잘 일으키는 것도 중국인이지마는 형세가 기울어지면 후일의 재거(再擧)를 기하고 일신의 안전부터 꾀하기에 쉬운 것도 중국인이다.

옛 사례를 들 것 없이 상해에서 패한 뤼용시앙(盧永祥)[10]이 아직 최후의 혈전도 하기 전에 일본 정금(正金)은행에 300만원 예금증서(預金證書)를 입금하고 허둥지둥 일본에 가서 기회만 바라보고 있던 것 같은 것이 그 적당한 예이다. 그러나 일대의 쾌걸인 우페이푸가 비록 사면초가에 들었을 지라도 그의 휘하 장수가 또한 퇴로를 만회할 것으로 관측 되던바 최근 진황도의 함락으로 산하이관의 즈리파군은 포위 중에 들어서 장푸라이(張福來)는 거처를 알 수 없고, 양칭츠언(楊淸臣)은 투항하고 평쇼우자이(彭壽宰)는 소식조차 모르는 모양이며 종일 격전은 마침내 평위샹의 승리로 그리되었다 하니 이번에는 우 씨가 북경을 회복키 어려울 것이다(『조선일보』, 1924년 11월 4일, 1면).

○ 1924년 11월 9일 문제의 동척사

『조선일보』에 「문제의 동척사(東拓社)」라는 제목으로 11월 9일까지 연재했다. 동양척식회사가 조선인에게 약탈과 내쫓음의 날카로

---

8) 평위샹(馮玉祥, 1882~1948) 중국 군벌로 1924년 제2차 펑톈즈리 전쟁에서 우페이푸(吳佩孚)의 명령으로 펑톈파의 장쭤린(張作霖)을 공격했으나 배반하고 차오쿤(曹錕)을 사로잡았다.

9) 우페이푸(吳佩孚, 1873~1939) 중국 군벌로 즈리파의 거두.

10) 뤼용시앙(盧永祥, 1867~1933) 중국 군벌로 돤치루이(段祺瑞)와 교류.

운 칼날을 들이대고 있다고 비판하고 있다.

　　동양척식회사의 유래와 그 내용에 관해 우리는 다시 장황하게
말할 필요가 없다. 그러나 최근 전 조선 각지에서 이 동척의 횡포
의 소리가 꼬리를 이어 들이닥치는 것을 보면 전 대한제국 정부의
출자에 궁토(宮土),[11] 역둔토(驛屯土)[12]의 좋은 땅을 자신의 거구
속에 넣은 동척, 조선인에게 약탈과 내쫓음의 날카로운 칼날을 들
이댐을 알 것이다(『조선일보』, 1924년 11월 10일, 1면).

○ 1924년 11월 12일 다시 동척에 대하여

『조선일보』에 「다시 동척(東拓)에 대하여」라는 제목으로 사설을
썼다. 동양척식회사가 죄 없는 조선인의 무한한 원한을 스스로 짓고
있어 조선민중의 행복과는 양립하지 못하는 기관이라고 맹렬하게
비판하고 있다.

　　이 동양의 선진국을 자랑하며 구미 침략자의 범주를 흉내내어
천고의 신비한 땅이 아닌 이천만 대중의 안주지인 조선 삼천리 개
발이라는 크고 거대한 제목을 걸고 엄연히 그 방대한 허울을 동경
(東京)에서부터 전조선 지역에 늘어놓게된 동양척식회사가 이제
지혜와 재주를 기울여 조선인의 소중한 이권을 약취하기에 급급한
것은 과연 어떻게해야 할 것인가? 동척이여! 기름을 엎지르고 깨

---

11) 왕실의 일부인 왕과 선왕의 가족과 집안에 소요되는 경비와 제사비용 충당을
　　위한 토지.
12) 교통 중심지인 역(驛)의 경비와 지방 중앙 관청의 경비 충당을 위해 지급된
　　토지.

알을 줍는 동척! 무용한 망상으로 막대한 결손을 보고 죄 없는 조
선인의 무한한 원한을 스스로 짓고 있는 동척! 조선민중의 행복과
는 양립하지 못한 너 동척! (『조선일보』, 1924년 11월 12일, 3면
1단).

○ 1924년 11월 17일 제1차 세계대전 종전 6주년

1차 세계대전 종전 6주년(1918.11.11)을 맞아 정세의 변화에 대해
『조선일보』에 기고했다. 당시의 세계는 영국과 미국, 러시아를 각각
한 중심으로 쉴 새 없이 소용도는 자본주의와 공산주의의 두 흐름
중에서 떠도는 형국이라고 진단하고 있다. 또한 영미와 공산 러시아
두 세력이 금후 동아시아의 평원에서 마주쳐서 긴듯 하면 불시의 강
한 바람을 일으키려 하고 있다고 분석하고 있다.

> 1918년 11월 11일 오전 11시 룻벨겔 씨를 수석으로 한 독일제
> 국의 대표자와 연합군 총사령 폿수 장군 사이에 체결된 휴전조약
> 에 인하여 세계가 하여간 비교적 화평한 경향에 돌아간 지 이미
> 6주년, 지난 11일로써 구 연합국 각 국민은 모두 평화를 축복하는
> 집회로써 자못 환락 중에 도취하는 기세가 없지 않았다. 그러나
> 18세기 서구에서 비롯한 혁명의 구풍(颶風)[13]은 서서히 그 중심
> 을 동방으로 옮기여 이미 다시 제4 계급의 혁명으로 동구의 평원
> 공산주의 러시아 천지에서 회전하고 있다.
> 세계혁명을 그의 신조로 하는 공산주의 러시아인의 기염이 최
> 근에는 어떠한지? 선전중지를 필수조항으로 하는 국제교섭은 최근

---

13) 세찬 회오리 바람.

노농 러시아를 중심으로 계속된다. 영미 양국을 아울러 보수파의 승리에 돌아가게 된 현재의 세계가 어디나 마찬가지로 반동 기분이 자못 농후하여지는 것은 역사의 법칙상 필연한 서막이라 할 수 있다. 영미의 양국이 세계적으로 구세력을 대표하는 양대 챔피언이라 하면 그의 반대에서 항상 신흥세력을 대표하고 또 조장, 선동하는 것은 곧 공산주의 러시아이다.

그리하여 현재의 세계는 이 영미와 러시아를 각각 한 중심으로 쉴 새 없이 소용 도는 이 두 기류 중에서 떠도는 형국이다. 인생이란 그것이 영원히 진화하고 또 변동하는 생명체인즉 천하의 형세도 물론 잠시라도 고정될 수 없는 것이요 여기에 소위 영원한 정전(征戰)이 있는 바이지만 저간에 항상 험하고 독한 야욕과 술책이 있어서 결국은 무고한 생명을 죽이려는 만고의 폐단이 있다.

온갖 의미로서 현대의 미해결 문제의 큰 부분이 다 아시아 지역에 있는 바이거니와 그 중의 큰 부분이 동아시아의 평원에 있는 것도 사실이다. 그리고 영미와 공산러시아 두 세력이 금후 항상 동아시아의 평원에서 마주쳐서 건듯 하면 불시의 강한 바람을 일으키려 하는 것이 우리의 흥미를 돕는 바이다. 서구로부터 러시아까지 동쪽으로 이동한 혁명의 중심은 반드시 우랄산맥의 이쪽으로 그 처소를 옮겼다고 속단할 수 없지마는 천하의 형세는 조만간에 그리될 경향이고 또는 그리 되어야 할 것이다(『조선일보』, 1924년 11월 17일, 1면).

○ 1924년 11월 20일 국제정치 평론

『조선일보』에 「일본 정본(政本) 합동문제, 미국 공화당의 승리, 영국 보수당 내각, 개조 중에 있는 중국」이라는 주제로 국제정치 평론을 썼다.

　지난 해 일본은 중망간일(中罔艮一)이라는 자가 동경 역에서 원경(原敬) 씨를 치사(致死)시켜 정우회(政友會)는 개조 비개조의 논쟁을 하여 그것이 정우회의 분열을 보게되었다. 다년간 일본 정계의 횡포자 노릇을 하던 정우회는 이미 옛날의 그것이 아니게 되었다. 소위 호헌(護憲) 3파 모아 가등(加藤)씨가 내각수반의 자리에 오른 것은 중망(中罔)의 그늘이라 할 것이다.

　과묵하고 과단성 있다는 칼빈 쿨리지 씨와 육군 소장 배치문제 조사위원장의 직책을 가졌던 시카고 은행가이자 재벌 유력자인 찰스 도스 씨가 각각 정·부통령으로 다시 금후 미국의 국가정책을 이끄는 것은 의미 없이 볼수 없다. 이 도스 씨는 금융업과 은행 재벌의 거두인 도르가의 중신인 것을 생각하면 이 조용치 못한 사람들이 차차 세계적으로 그 투자지와 이익책을 강구하지 않을 수 없으니 그것이 좀 볼만한 듯하다. 공화당의 승리로 전권의 기초가 튼튼한 보수적인 미국민들이 모두 좋다고 하는 것도 볼만하거니와 거기서 급진파 라폴렛 씨가 위험인물이라는 악명을 받아 나둥그러지고 민생당 데이비스는 그의 친영주의가 영국을 싫어하는 아이란드계 미국인의 반감을 사고 또 월슨 씨를 아주 증오한다는 1천여 명 독일계 미국인의 배척으로 패퇴하지 않을 수 없었다고 하니 사람으로 정치가 되기도 그리 쉽지 않은 것을 생각하게 한다(『조선일보』, 1924년 11월 20일, 1면).

O 1924년 11월 22일 적노동침 총횡관

『조선일보』에 「적노동침 종횡관」이라는 제목으로 11월 26일까지 연재했다. 러시아가 블라디보스토크를 자유항을 삼을 계획이며 이를 통해 유라시아 교통이 다시 긴밀하게 되고 상업항으로서 블라디보스토크 항이 한층 번화할 것이라고 보고 있다. 그리고 이것은 일본의 대륙정책에는 크게 타격이 되리라 전망하고 있다.

최근 도착한 외신에 우리의 주의를 끄는 것이 여러 가지가 있다. 하얼빈 소식통에 의하면 노농러시아 정부 최고위원회는 블라디보스토크를 자유항으로 삼고 내년 1월부터 시행하기로 했다. 모스크바 소식통에 의하면 러시아 철도성은 이번 대전 전과 같이 파리-블라디보스토크 간 직통열차를 운전하기로 한바 파리로부터 리에지, 베를린, 리까, 모스크바를 경유하여 시베리아 철도와 연결하게 됨이라 한다. 블라디보스토크가 자유항이 되자 파리에서 직통열차가 왕복으로 오가는 것은 필연적인 일이다. 다만 전란 이래 오랫동안 막힌 유라시아 교통이 다시 긴밀하게 될 것과 상업항으로 블라디보스토크항이 한층 번화할 것을 상상할 수 있다. 또 조선 해안에 있는 우리의 여러 항구가 따라서 발전될 가망이 있다는 것은 기뻐할만 하다.

우리는 이제 이런 견지에서 그것이 일본 대륙정책의 일대 근거지가 될 다롄, 뤼순에 관계되는 바와 남만주철도에 타격되는 바를 생각함이 필요하다. 또 지금까지는 무심하게 내버려둔 소위 일본의 모든 도시가 얼마쯤 좋은 지위에 서게 되는지 예상하여 봄도 무익한 일은 아닐 것이다. 그러나 우리는 다만 그것을 단순하게만 볼 수 없다.

이제 또 여러 개의 소식이 있다. 블라디보스토크 소식통에 의하면 노농러시아는 극동의 정세를 생각하여 새로 2개 사단의 적군(赤軍)을 연해주에 주둔하게 했고 파리 소식통에 의하면 노동육해군위원장 트로츠키 씨는 최근 모스크바에서 연설하여 공산주의가 인도와 중국지역에서 이제 세력을 증가한다고 단언하였다고 한다. 이 두 개의 비보(飛報)가 또한 반드시 우리를 놀랠만한 의미는 없다. 세상 사람들은 북사할린에 주둔한 일본 군대를 연상하고 그 대안인 연해주에 적군(赤軍)의 증병을 볼 수 있을 것이고 펑위샹, 후징이14) 등 북경의 소위 국민군 수뇌들이 카라한15)과 연락하여 소비에트식 위원정치를 주장하며 전 청나라 선통제를 쫓아낸 사건을 연상하여 혼란과 분투가 특히 심한 중국이 얼마큼이나 적화될 위험성이 있는 것도 지적할 수 있다.

그러나 이런 일은 혹 그럴 수도 있고 그렇지 않을 수도 있다. 러시아가 북사할린의 일본군을 전혀 무시하지도 않겠지만 방어를 위함이기 보다 장래 대발전을 예상하고 블라디보스토크를 중심으로 동부시베리아에 공산주의의 기반을 공고하게 하고자 함이 우선 그 당면의 필요일 것이다. 그러나 파리-블라디보스토크간의 직통열차는 많은 여객과 함께 적색 사상16)의 운수가 또한 일층 가속할 것이고 블라디보스토크의 자유무역은 시베리아와 북만주의 무진장인 물산을 집중하고 또 폭주하는 동방 일대의 상선으로 인해 금후 신속한 발전은 극동 적위병의 군항을 풍족하게 할 것이며 헤이

14) 후징이(胡景翼, 1892~1925) 근대 중국의 민주혁명가. 신해무장 봉기 등에 참여 했다.
15) 카라한(1889~1937) 러시아의 외교관. 1919년과 1920년 두 차례 대중국 불평등 조약에 관한 카라한 선언으로 두 나라의 국교 회복 계기를 만들었다. 초대 주중 대사를 지냈다.
16) 공산주의.

룽 강의 유역에는 다시 적색도시가 차제로 번창함을 볼 것이니 그
는 또한 세인이 유의할 바 아닌가(『조선일보』, 1924년 11월 22일,
1면).

O 1924년 11월 27일 보정(補正)내각 중국관

『조선일보』에 「보정(補正)[17]내각 중국관」이라는 제목으로 11월
28일까지 연재했다. 안후이파의 총령 단치루이(段祺瑞) 씨가 임시
집정에 취임하고 탕사오이(當紹儀)를 필두로 한 모든 각원을 아우르
며 스스로 국무원의 총리를 겸하는 정치적 변화와 그 내각의 운명,
향후 중국의 정치 상황 변화, 중국의 재정상황과 그 대책 등에 대해
분석 하고 있다.

중국 북양군벌의 거두 안후이파의 총령 단치루이(段祺瑞)[18] 씨
는 지난 24일로 각파의 추대를 응하여 임시 집정에 취임하고 탕사
오이(當紹儀)[19]를 필두로 한 모든 각원을 아우르며 스스로 국무원
의 총리를 겸하였다. 이 보정(補正) 정치와 그 내각의 운명과 중국
금후의 정정은 어떻게 변화할까? 탕사오이가 구 위안스카이(袁世
凱)의 사위로서 그의 애처의 병사와 함께 정치상으로도 원씨의 제
정운동에 반대하고 이내 손문 씨와 함께 남방 문치파의 거두가 되
는 것은 세인의 숙지하는 바라 길게 말할 필요가 없다(『조선일보』,

---

17) 잘못을 바로 잡음.
18) 단치루이(段祺瑞, 1865~1936) 중국의 정치가로 위안스카이의 독재 정권에 협
조했고 그의 사후에 실권을 잡았다. 일본의 중국 진출을 허용했으며 남방 혁
명파를 탄압했다.
19) 탕사오이(當紹儀, 1860~1938) 민국 최초의 총리 손문을 원조하고 광동군 정
부에 참여했으나 후에 장제스와 대립하다가 상해에서 암살당했다.

1924년 11월 27일, 1면).

　오늘 아침 전보에는 과연 탕샤오이(唐紹儀) 씨의 외교총장 거절을 알리며 농상총장 양서감(楊庶堪) 씨와 교육총장 왕구령(王九齡) 씨는 모두 손문(孫文氏) 씨의 의향을 들어서 입각하리라 하니 양왕(楊王) 두사람이 취직(就職)할지라도 당(唐)씨의 취직(就職)은 쉽지 않을 것이다. 그러면 사법총장으로 여원홍(黎元洪) 씨와 인연(因緣)이 있는 정학회(政學會)계의 장사소(章士釗) 씨 외에는 어제 쓴 바와 같이 전부가 단씨의 일족이고 다만 교통총장 엽공작(葉恭綽) 씨가 다소 장쭤린 씨와 관계가 있을 뿐이고 다 북양계 군인중 단씨의 문하생과 그의 은혜를 입은 자가 많다. 그의 세력을 만회하는 것에는 비교적 쉽겠지만 군벌들을 회유할 수 있는지는 매우 의문이다. 상해함대의 6척 군함을 지배할 실력밖에 없는 임건경(林建京) 씨가 해군총장으로 얼마나 큰 힘이 될는지 세력이 아주 박약하고 궁핍한 살림을 맡게 돼 재정총장 이사호(李思浩) 씨는 무엇으로 당면의 정치비용을 조달해서 파탄에 이른 중국의 신용을 회복하고 안복파(安福派)의 실질적 부활을 꾀하며 은사단(恩師段) 씨로 하여금 명실상부한 고목에 봄을 맞는 영화를 보게 할지 앞길이 매우 의문이다.
　낙천가 이상가인 손중산(孫中山)은 일본에 파견된 도중에 도스안이고 무엇이고 외국의 원조가 아니라도 중국민의 힘으로 넉넉히 국가를 개조할 수 있다 하니 언제나 그의 의기에는 감복하지만 과연 얼마쯤 실현성이 있을는지도 의문이다.
　우리가 본 바로는 중국의 현재 외채액이 약 27억 원이고 4억 원의 국내채를 합해 31억 원의 부담이 있으며 각 철도와 광산의 수입은 거의 다 중앙정부의 외채의 담보가 되어있다.

현재 외국은행단은 중국의 재정파탄 시기를 1925년 6월로 추정하고 영국을 비롯하여 재정의 감독, 철도의 공동관리를 주장하는 자 적지 않으며 미국에서 일시에 제창했던 중국의 도스안은 더욱더 세간의 주의를 끌만하다. 여기에 우리가 주의할 바가 있다. 1천만 원이나 1억 불의 차관을 얻으면 국가적으로도 국면을 일시 미봉(彌縫) 할 수 있을 것이다. 혹은 급조적 신편제로 산망한 안복파(安福派)의 육군을 재건할 수 있겠지만 그것이 불가능하면 공사적으로 매우 난처한 바 있을 것이다.

하물며 신해혁명 당시로 되돌아가서 민국개조(民國改造)의 신혁명(新革命)을 실현한다 외치는 그들이지만 결국은 친일계인 구안복파(舊安福派)가 근래 훨씬 그 색채를 같이 하는 손문 씨의 일파와 결합하여 친영미계인 즈리파(直隷派)의 지위를 대신한데 불과하고 아직은 아무 존귀한 역사적으로 새로운 의의를 발견할 수 없는 사정임은 누구나 부인할 수 없는 일인 줄로 생각된다(『조선일보』, 1924년 11월 28일, 1면).

○ 1924년 12월 1일 이집트 존망

『조선일보』에 「이집트 존망」이라는 제목으로 12월 5일까지 연재했다. 수단군이 영국군과 교전하고 시리아에서는 혁명이 발생 프랑스 관헌을 체포하는 등 유럽 식민지 모국과 아시아 아프리카 피식민지 민족의 저항을 소개하고 있다. 또한 스페인의 신대륙 발견 이후 원주민 학살과 영국의 인도 정부에 대한 가혹한 착취 등도 비판하고 있다.

카이로 28일 소식통에 카르름에 있는 수단군은 영국군대와 교전한바 영국군이 발포하여 수단군에 다수의 사상자가 생겼다. 아시아의 프랑스령 시리아에서는 혁명이 발발되어 프랑스 관헌은 150명을 체포하였다. 이 강자의 횡포와 약자의 항쟁 속에 오직 끊임없는 피눈물의 연쇄로 전인류의 역사를 채운 냉혹한 현실을 볼 때 누가 참담한 반역자의 일생을 남의 일 보듯하고 홀로 값싼 낙천주의에 몰두할 것인가?

15세기 이래 스페인 사람이 신세계를 발견한 후 최초 50년간 아메리카 원주민 1천만 명을 도륙(屠戮)하고 멕시코에서만 4백만 명의 생명이 무고한 피를 흘렸다. 벨기에는 대전란중 독일의 압박에 반항하고 최후까지 혈전하였다. 1600년 동인도회사의 성립 이래 교묘하게 현지인을 조종하여 네덜란드, 프랑스 양국의 세력을 쫓아낸 영국인은 정복자의 횡포와 차별로 맨체스터 등의 상공업 특권계급의 이익을 옹호하기 위해 인도에 수입 관세를 철폐했다. 이 때문에 겨우 발달 과정에 있던 뱅갈 지방의 인도인 수백 개의 무명공장은 이후로 몰락의 비운을 겪게 되었다. 관세의 수입이 없어진 영국인의 인도정부는 온갖 방법으로 가혹한 착취를 가했다(『조선일보』, 1924년 12월 1일, 1면).

○ 1924년 12월 7일 현세의 마왕

『조선일보』에 「진도사건(珍島事件)에 대하여」라는 제목으로 사설을 썼다. 85%가 소작민인 진도의 열악한 현실을 소개하고 동양척식회사의 착취와 조선인 악덕 지주의 횡포를 현세의 마왕(魔王)이라고 비판하고 있다.

진도군 만여 호의 농가 중 자작농이 1천 5백호에 불과하니 나머지 8천 5백호는 모두 가련한 소작농이다. 즉 전농민의 85%가 모두 실생활의 생사여탈권을 몇 개의 지주의 손에 달아둔 바이다. 횡포로 천하를 울리는 동척(東拓)과 흥업회사와 외지 일본인 소유 토지가 전 경지 면적의 40%를 점하고 있다. 그들은 외부의 악한 지주와 호응하여 매년 80%의 수확을 빼앗고 가장 싸게 받는 자가 60%의 소작료를 받았다 하니 그 횡포와 나쁜 성질의 정도를 짐작할 수 있다. 열악한 피압박의 처지에 있는 소작민이 그 처음이요 마지막 도생(圖生)의 한 방책으로 단결과 항쟁의 길을 취한 것은 이미 만부득이한 일이며 또한 정당한 방위수단이다.

저들 포악에 익숙하고 재물을 탐하는 일에 젖은 자들이 이에 그의 자랑인 관권의 발동과 비호(庇護)를 빌어서 고약한 승리를 말하니 우리는 도리어 그들에게 적당한 말을 찾기가 괴롭다. 비루하고 추악한 조선인 지주들의 무리는 눈살을 찌푸리게 중국인의 이주 대책을 운운하니 이러한 후안무치(厚顔無恥)하고 저능하며 사리에 어두운 자들이 도리어 가련하지 않은가.

특권계급을 편벽되게 옹호하고 소작민의 처벌에 급급해 시름을 호소하는 소작민에게 "해결되기까지는 어찌할 수 없다"며 부끄러움을 모르는 발언하는 경찰당국의 태도는 봉산군 동척 소작인에 대해 냉혹한 폭언을 한 야시마(矢島) 씨와 함께 해괴한 태도라 할 것이다. 아아, 진도 5만 인민을 날로 삼키려하는 현세의 마왕(魔王)이여! 행여나 스스로 저주될 물건을 만들지 말라(『조선일보』, 1924년 12월 7일, 1면 1단).

○ 1924년 12월 8일 진도사건과 언론압박

『조선일보』에 「진도사건(珍島事件)과 언론압박(言論壓迫)」이라는 제목으로 사설을 썼다. 빈곤한 진도 소작민들의 저항을 정상적으로 해결하려 하지 않고 일본인 이민 추진으로 농민의 생존권을 말살하려는 현실을 강력하게 비판하고 있다.

그릇된 안녕질서라는 개념에 갇혀서 적폐인 구습벽(舊習癖)에 익어서 맹목적 또는 몰비판적 선입견으로 다만 농민의 저항으로 보아 사회의 안녕과 상호협조의 정신을 파괴하는 특권계급들로 관권의 양해를 믿어 모멸과 폭행을 자행하고 약탈한 농작물의 강제 징수를 장시일간 계속하니 냉정과 공평의 견지에서 볼 때 누가 포악한 자이며 사회의 안녕을 방해하는 자이며, 안녕질서의 기본 힘인 기강을 파괴하는 자인가

천하에 보고 듣는 자 모두 강한 힘이 있는 곳에 무엇이고 무시하고 유린할 수 있는 것을 감수하게 하는 것이 아니고 무엇인가? 하물며 일본인의 이민을 초래하여 지방 원주민을 쫓아낼 것이라고 소리 높여 말하니 천하 인심으로 하여금 소작민이 조만간에 당할 운명을 생각하니 쓸쓸하고 분하며 한숨 쉬며 탄식하니 어디 이것이 옳다고 할 이유가 있겠는가(『조선일보』, 1924년 12월 8일, 1면 1단).

○ 1924년 12월 16일 인천 소년소녀 웅변대회

『조선일보』 주최 인천소년소녀 웅변대회에 신일용 등과 함께 심사위원으로 선정됐다.

본사 인천지국에서는 본보 혁신을 기념하고자 신춘 벽두에 인천소년소녀 웅변대회를 열기로 예정하였던 바 이 웅변대회는 독특

하게 남자 소년에게만 제한할 것이 아니라 현대 여성해방을 부르짖음 점점 높아지고 있는 오늘날 여자도 웅변대회에 참가함이 절실하게 필요하다는 이유로 대회를 인천소년소녀웅변대회(仁川少年少女雄辯大會)로 변경하여 돌아오는 1월 5일 오후 7시에 인천공회당에서 대회를 개최한다.

인천부내 18세 이하의 소년, 소녀로서 매 학교 또는 매 단체의 대표연사 두 사람 이내로 출석하게 한 후 경인의 명사인 심판위원이 우열을 심판하여 1등에는 괘종 하나, 2등에는 책상 하나, 3등에는 학용품 일식 그 외에 상 또는 부상품 등을 줄 터인 바 당일 우승의 월계관이 과연 어느 연사에게로 돌아갈는지?

이제 각처의 소식을 들으면 웅변대회 개최한다는 소문이 인천에 떠돌면서 벌써부터 각 학교 각 단체의 소녀 측에서는 이번 대회에 반드시 남자 측 소년을 압도할 결심으로 아침, 저녁 쉴 새 없이 웅변을 연습한다는데 이 현상으로 추측하건대 소녀 측의 뛰어남이 있을 듯도 하여 어린 가슴은 미리부터 두근거리는 모양이라고 한다. 연사될 소년·소녀는 자기의 주소, 성명, 연령, 연제, 당해학교 또는 단체의 대표 연사임을 증명하는 학교장 또는 단체 대표자의 증명서를 구비한 신청서를 이달 25일 이내로 주최자인 본사 인천지국으로 보내기를 바란다고 하며 신청서 용지 또는 그 외에 필요한 상세사항은 주최자에게 청구하면 즉시 교부할 터이라는데 당일 심판위원은 아래와 같다.

안재홍 신일용 신흥식(『조선일보』, 1924년 12월 16일, 3면).

○ 1924년 12월 20일 중요사관

『조선일보』에 「중요사관」이라는 제목으로 12월 31일까지 연재했다. 세계대전 종전 6주년을 맞아 대부분의 국가가 전쟁 이전의 자본주의 중심의 보수적 경향으로 복귀하고 있다고 평가하고 그와 반대로 러시아와 같은 공산주의 세력의 기세도 빠르게 그 기반을 닦아나가고 있다고 분석하고 있다.

　　무엇이나 다 찰나를 머무르지 않고 그저 흘러만 가되 어찌 하여서 그러한 줄은 나는 모르나이다. 그저 술술 철철 흘러만 가는 대하의 물과 같이 우주의 만상은 다만 순간의 정체도 없이 유전과 변환의 국면을 다음에서 다음에 자꾸만 전개하고 있습니다. 두어라 이 세상이 꿈이더냐? 꿈이 도리어 세상이더냐? 그것은 만고의 철인(哲人)이 깨치지 못한 영원한 수수께끼이다.

　　그러나 들으라! 이것이 인생으로 방만(放漫)과 마음껏 놂의 이유가 된다 하면 그것은 덧이 없는 시간의 유전 그것보다도 도리어 인간세상의 비극이 될 것이고 천하 불행의 원인이 될 것이다. 보라 무상한 유전의 세계는 곧 변환의 세계를 의미하고 변환의 세계는 곧 혁신의 세계를 의미하고 신생명 창조의 약진하는 세계를 의미하는 것이다. 신진의 대사와 국면의 개혁은 곧 적극적인 뛰노는 생명의 승리를 의미하는 것이다.

　　나거라 자라라 늙어라 죽이라 썩어라 그리고 다시 또 나거라! 옛날 공자는 안연(顏淵)의 죽음을 보며 눈물 흘리며 통곡했고 예수는 나자로의 장례를 보고 인애(仁愛)의 눈물을 뿌렸으며 석가는 생로병사라는 만고의 신비를 깨치려고 왕자의 영광을 버리고 설산 중 6년의 고행을 겪었지만 이 크고 넓은 천하의 대도(大道)는 내 집의 안방에 있고 문밖에 행길에 있고 공회당에 있고 북망산천[20]

---

20) 묘지.

에도 있다. 우리는 때로 현상의 불만, 인간세상의 비애, 세상의 고민, 그리고 그 무더기로 담아다주는 힘에 겨운 비통에 가슴이 다 터지고 심신이 쓰러지려 한다. 그러나 우리는 또한 낙관(樂觀)으로, 날램으로, 혼신의 의기(意氣)를 기울여 우리가 맨 정전(征戰)의 멍에를 지고 나아가기는 쉬운 일이다.

단군의 세상도 가고, 삼국의 번성하던 시절도 가고, 오백년의 한양의 왕조도 갔다. 페리클레스의 황금시대나 아우구스투스의 부강한 시대도 다 가버렸다. 그러나 몰락과 과거는 반드시 꼭 비탄의 이유만이 되는 것은 아니다. 경건하고 진지한 생명의 사도(使徒)들은 다만 하늘과 땅을 굽어보고 우러르면서 사방에 전개되는 세계를 침착하게 응시하면서, 속살거리고 외치는 시대의 소리에 귀를 기울이면서 다만 최선의 생명 표현의 길로 나아가는 것이다.

옛 갑자(甲子) 이래 60년에 추억의 감회와 새로움의 기대가 적지 않고 얕지 않았던 새로운 갑자(甲子)의 금년도 벌써 이미 세모(歲暮)에 임하였다. 1924년 금춘 벽두에 있어서 우리가 품었던 감상, 의기, 희망은 이제 과연 어디 있나? 사람으로 하여금 추억과 그 탄식을 금하지 못하는 바이다. 그러나 우리가 한번 눈빛을 둘러 세계의 흐름을 보면 365일의 시간에는 또한 심상치 않은 허다한 사실이 종결도 되고 전개도 되고 회전하고 발전도 해 자못 평범하지 않은 것이 있다.

전후 6주년에 세계를 들어 반동선상에서 되풀이 된다는 것은 우리가 이미 번잡하게 설명을 많이 했다. 이것이 꼭 반동인지 과거 그대로의 연장인지는 구태여 그 이론을 다툴 필요는 없으나 동서 여러 나라 국민 중 그의 대부분이 전쟁 이전의 보수적 경향에 복귀하려 함은 가릴 수 없는 형세이고 그와 상대하여 일부 진취의 기세도 또한 빠르게 그 기반을 닦아나가는 것도 또한 변명할 필요가 없는 사실이다(『조선일보』, 1924년 12월 20일, 1면).

○ 1924년 12월 27일 반동선상의 세계

『개벽』 1925년 1월호에 게재할 원고 「반동선상(反動線上)의 세계
와 그 추세(趨勢)」를 집필했다. 오늘날 조선 문제는 이미 조선인만
의 조선 문제가 아니라 전 동아시아인의 조선 문제이고 현재의 동아
시아는 세계 여러 나라의 국제적 각축장이고 침략주의의 날카로운
창이 집중된 곳인 만큼 조선 문제는 전 세계의 대세와 함께 변화되
어 움직이는 상황을 예의 주시할 필요가 있다고 강조하고 있다. 또
한 갑(민족주의자), 을(사회주의자)로 현실을 바라보는 시각에 차이
가 있다할지라도 차이를 넘어 세계사의 큰 흐름을 위해 함께 나가자
고 역설하고 있다.

20세기 오늘날 동아시아의 반도 조선에서 일종의 특수 사정 하
에 놓여있는 조선인은 장차 무엇으로 시대인이 된 의의와 사명을
다 할 수 있을는지 우리 손으로 해결하기를 기다리는 현대의 제
문제는 때로 우리의 역량을 초월하여 있어 다만 무한한 고통만 주
는 것 같다. 현하의 조선인은 무엇보다도 먼저 각각 그 자신을 해
방하고 구원해야할 책임을 지고 있다. 이 의미로 보아 우리는 조
선을 더 잘 알아야 할 것이고 그 문제해결에 관한 적당한 대응책
을 강구하는 것이 매우 시급하다.
그러나 오늘날 조선 문제는 이미 조선인만의 조선 문제가 아니
라 전 동아시아인의 조선 문제요 현재의 동아시아는 세계 여러 나
라의 국제적 각축장이고 침략주의의 날카로운 창이 집중된 곳인즉
조선 문제는 전 세계의 대세와 함께 변화되어 움직이는 것을 부인

할 수 없다.

오늘날까지 인류의 역사가 모두 다 부자연스러운 인위적 원인에 의해 모든 사회적 불합리와 결함으로 채워온 까닭에 계급투쟁에 의해 혹은 제왕이나 기타 권력자의 쓸데없는 야심에 의해 좋지 않은 유형의 참극을 되풀이해 왔다. 우리의 견해로는 생물과 인류가 존속하는 동안 반드시 영원하고 진정한 평화만 있으리라고 낙관하기는 어렵다. 우리는 당면한 문제를 해결한다 해도 제2, 제3의 난관은 우리 앞에 당도한 것이다. 요컨대 우리는 보다 나은 상태를 추구하기 위해 쉴 새 없이 노력함을 요하는 영원한 전사(戰士)로서 존재하는 사람들이다.

누구든지 각자는 자기와 동포를 구제하고 인도할 가장 신성하고 순수한 약속을 지고 있는 것임을 끊임없이 반성하면서! 혹은 갑(甲)주의자로, 혹은 을(乙)주의자로 사회에 설 수밖에 없더라도! 각자는 이 일체를 포괄하고 종합한 원융적 생명수(圓融的生命樹)인 것을 의식하고 전적으로 온전히 전시대를 통하여 충실한 전사가 됨을 더 한번 각성하면서 이 필연의 과정을 걸어가는 세계의 흐름이라는 큰길로 나아가자(1924년 12월 17일 저녁 9시 등불 아래에서 붓을 내려 놓다.) (「반동선상(反動線上)의 세계와 그 추세(趨勢)」, 『개벽』, 1925년 1월).

제8장

1925년

■ 1925년

○ 1925년 1월 1일 시대 광구의 신 일 년

『조선일보』에 「시대광구(時代 匡救)[1]의 신 일 년(新一年), 성곤 (誠梱)[2]과 함께하는 환희의 생애(生涯)에」라는 제목으로 사설을 썼다. 신년의 조선사회에서 경제의 사회화, 교육의 민중화, 그리고 민중의 생활화 등이 가장 중요한 과제라는 점을 강조하고 있다. 아울러 민족독립을 위한 영원한 정복전쟁의 책무를 다해나가야 한다는 다짐도 언급하고 있다.

> 우리는 민족적으로, 계급적으로, 성적으로, 정치적으로, 경제적으로, 사회적으로 항상 위협과 억압과 유린과 침탈이 없는 해방과 바로잡고 고치는 사업이 하루라도 빨리 우리 앞에 완성되기를 바라는 바입니다. 그러나 우리는 관념의 세계와 행위의 세계가 서로 괴리되는 것이 많은 것도 알아야합니다. 우리는 모든 열망하는 바를 성취하는 도정에 있어서 모든 경제의 사회화, 교육의 민중화, 그리고 민중의 생활화 등이 가장 긴급한 행진의 과제인 줄을 압니다. 그러나 사방의 상황은 반드시 우리의 주관에 호응해 쉽게 돌아가지 않는 것도 항상 관조해야 할 것입니다.
>
> 이 짧고 덧없는 일생에도 만대에 뻗쳐 썩지 않는 영원불멸의 경건한 진리의 지속이 있는 것을 생각하면 우리는 지성과 최선을 다해 가장 사랑하는 동포들을 위해 불멸의 뜨거운 불을 켤 수밖에

---

1) 바로 잡아 고침.
2) 앞일을 미리 내다 봄.

없는 것입니다. 누가 알아주거나 몰라주거나 기록에 머무르거나 영원히 연기처럼 사라지거나 아는 체 안하고 다만 영원한 정전(征戰)의 멍에를 맬 것입니다(『조선일보』, 1925년 1월 1일, 1면 3단).

○ 1925년 1월 1일 일미관계의 금석관

『조선일보』에 「25년 최대현안 일미관계의 금석관(今昔觀)」이라는 제목으로 1월 3일까지 글을 연재했다. 워싱턴 군축회의가 표면적으로 큰 성과가 없이 끝난 것 같지만 사실은 이를 통해 영일(英日) 동맹의 폐기로 일본의 고립이 심화되고 영국과 미국의 협조가 촉진될 것이며, 일본의 군비를 약화시켜 중국에 대한 우월한 능력을 포기하게 만들 수 있다고 예측하고 있다.

내가 태어났느냐? 내가 있고 보니 나는 태어났도다. 그리고 나는 인생이라 의식하니 또 인생이다. 다 내가 있으니 또 네가 있을 것이다. 내가 있고 네가 있으니 인생은 벌써 차별의 세계에서 있는 비극의 출생자이다. 인생은 모두 동포이다. 동일한 대우주의 넓고 큰 품속에서 사는 이 인생은 동포애와 인류애에 의해 상호부조의 생활을 하는 것이 인생의 본뜻이고, 인류 양심의 지상 명령이겠지!

우리 시대와 가까운 장래 혹은 영구한 장래까지도 우리는 어느 정도로 되풀이하는 비극을 각오하지 아니할 수 없는 바이다. 우리는 직접 간접으로 크고 작은 비극과 참극을 경험하여왔거니와 지금 태평양의 동서로부터 조장되는 새로운 위협은 또한 이 절대한 신비극의 서막이 곧 우리에게 전개되려 함을 예고함이다.

워싱턴의 군축 회의는 진정한 역사 견지로 보아서 우리에게 기대할만한 아무 것도 남겨주지 않았다. 그러나 실제의 국제사에 있어선 우리가 유의할 큰 대목이 있다. 하나는 작년 5월 26일 미대통령의 재가를 거쳐 7월 1일로 실시된 배일(排日)이민법안과 지금까지 계속되는 미국의 배일 여파와 해군 확장의 기세는 이미 우리의 말보다 앞서서 "다음의 전쟁은?"하는 질문에 응답하기를 반드시 "일본인하고!"라는 말을 한다는 미국의 육해 군인의 태도이든지 그들의 필승을 믿는 헌앙(軒昂)한[3] 의기로써 보든지 전문가들은 이 좋지 않은 유혈 참극이 미연에 방지된다고 단정하기가 어려울 것이다. 일미의 갈등은 20세기의 중대한 현안이고 현실이 주는 인류의 일대 번민이다.

금일까지 전후 20년간 미국의 배일 운동은 선량한 풍속을 해치고 저렴한 인건비로 백인 노동자의 생활을 위협한다는 사회적 이유에서 나타나고 혹은 일본인이 서부 여러 주의 토지, 기타 이권을 빼앗는다는 경제적 이유로 토지의 소유를 금지하고 회사와 기업을 제한하게 된다. 또한 일본인은 동화하지 않는 침략적 국민이고 공화정치와 합치되지 않는 특별한 국민으로 그들의 존재와 번영, 그 세력의 발전은 곧 미국의 국민적 통일을 방해하고 그의 존립을 위해한다는 정치적 이유로 처음에는 캘리포니아 일대에 한한 지방적 문제이던 것이 최근에 와서는 미국 전국적 큰 문제로 되어 마침내 작년 7월 1일로 시행된 결정적인 배일안이 되었으며 지금도 오히려 다소의 배일을 계획하는 형세이다.

요컨대 일러전쟁의 직후로부터 발발된 배일의 기세가 일본의 일러 전쟁의 성공, 소위 대중 21개조의 요구와 시베리아 출병으로 인한 북방 침략의 야심, 대조선 강압 정치의 실정 등에 돌아보아

---

3) 당당하고 자신 있는 태도.

일본인은 곧 군권이 발호하는 특권 계급의 무단 정치로써 항상 끝없는 침략의 야심을 품는 반갑지 않은 인민이라고 생각되는 까닭이었다. 그리고 신흥 미합중국이 그의 무궁무진한 부력(富力)[4]을 기울여 이 동아의 천지로 일대 경제적 비약지를 삼고자 하는 터에 당면의 적으로 이 참월(僭越)한[5] 일본을 발견한 까닭인 것은 번거로운 설명이 필요 없는 바이다(『조선일보』, 1925년 1월 1일, 5면).

○ 1925년 1월 4일 금년의 미국

『조선일보』에 「금년의 세계 미국사관」이라는 제목으로 1월 8일까지 글을 연재했다. 미국의 정치는 미국 제일과 세계지배의 야심을 품는 공화당의 승리이거나 그렇지 아니하면 차라리 급진적인 진보파가 출현하게 될 것을 예측하며 민주당의 처지가 점점 곤경에 빠질 것으로 보고 있다.

미국인의 국민적 선악은 다른 문제로 하고 우리는 현재 미국이 세계적 패권을 장악하고 서서히 그 고답적(高踏的)인 미국제일주의를 휘두르면서 세계적 대풍운을 일으킬 의사와 실력을 가진 것은 부인할 수 없는 사실이다. 금후 얼마 동안 세계 정국의 중심이 되리라고 생각되는 미국의 정치상황은 대일관계의 특수한 기술로 그 전체를 나타낼 수 없다. 더구나 현재 세계의 대세에서 미국의 국정상황을 무시하고서는 세계정세의 추이를 이해하기 어려운 점이 있을 것이다.

작년 세계 여러 나라 국민은 모두 반동적 기세를 농후하게 표시

---

4) 경제력.
5) 주제넘은.

하였다. 무솔리니를 지지하고 그 정적에 대한 시위운동으로 독재
화한 무솔리니의 정치적 지위를 옹호하기에 급급한 이탈리아의 소
식은 최근에도 보도되는 바이고 영국 보수당의 대승 같은 것도 그
한 예이며 독일, 프랑스의 정쟁은 결국 반동에 대한 재반동으로 자
못 진취적 기세를 보였지마는 실제로 보아 도리어 건실한 중정(中
正)적 반동이라고 우리는 성찰하는 바이다.

구대륙의 형세는 꽤 틀리는 바 있으나 영국의 국정은 미국과 공
통한 점이 있으므로 그 정쟁의 귀추가 매우 유사한 점이 있음은
착안할 점이다. 즉 자본주의의 세력이 한창 왕성한 미국에 있어서
라폴레트[6] 등의 진보파가 얼마나 급속한 발전을 이룰는지는 매우
의문이지만 영국의 정치상황이 금후 보수대 노동 양당의 대치로
전화하여 보수당과 전통적 대립의 관계가 있던 자유당의 상황이
크게 변한 오늘날 진퇴양난의 중간당으로 번민의 실패를 당하게
될 것 같다. 미국의 국정은 중앙집권적 경향으로 미국제일 세계지
배의 야심을 품는 공화당의 승리이거나 그렇지 아니하면 차라리
급진적인 진보파의 대두를 보게 될 형세이다. 진보파의 대두 여하
를 막론하고 민주당의 처지가 점점 곤경에 빠질 것은 자못 필연적
형세이라 할 것이다(『조선일보』, 1925년 1월 4일, 1면).

○ 1925년 1월 5일 인천소년소녀 웅변대회 심사위원

저녁 7시 30분 인천 산수정(山手町) 공회당(公會堂)에서 열린 전
인천소년소녀웅변대회에 심사위원으로 참석했다.

---

6) 라폴레트(La Follette, 1855~1925) 미국 위스콘신 주지사로 여러 혁신법률을
  제정. 제1차 세계대전 참전과 국제연맹 창립을 반대했다.

그저께 5일 오후 7시부터 인천 산수정(山手町) 공회당(公會堂)에서 전인천소년소녀웅변대회가 『조선일보』 지국 주최로 박창한(朴昌漢) 씨의 사회로 성대히 개최 되었다. 9개 단체 16명 연사의 속임 없고 거짓 없는 부르짖음은 공회당 안팎의 인산인해를 이룬 2천명 남녀청중을 울리게 하고, 기쁘게 하고, 놀라게 하여 처음부터 끝까지 조금도 권태와 염증이 없이 원만하게 진행되었다.

당일 공립보통학교 생도 이대준(李大俊)군의 웅변력은 불과 13세인 소년이 학식과 경험이 풍부하여 웅변가로서 손색이 없을 만큼 자세, 음성, 표정, 논리가 완전무결했다. 이 학생이 접수가 늦어 번외로 참가했는데 우승의 영광을 얻지 못한 것은 큰 유감이었으나 가장 많은 느낌과 총애를 받았다. 신일용(申日容) 씨의 형식비판과 안재홍 씨의 내용비판하에 심사 결과 4등까지 수상이 있었고 이범진(李汎鎭) 씨의 축사가 있는 후 11시 경에 폐회하였다(『시대일보』, 1925년 1월 7일, 2면 5단; 『조선일보』, 1925년 1월 7일, 3면).

○ 1925년 1월 9일 금년의 이탈리아

『조선일보』에 「금년의 세계 이탈리아 소관」이라는 제목으로 1월 10일까지 글을 연재했다. 생활이 아주 위축된 이탈리아 다수 노동자들은 열정적인 국민적 천성을 전환하여 가장 급진적인 구제도의 부인과 구세력의 파괴를 단행했고, 러시아 볼셰비키즘이 이탈리아 노동자의 마음에 침투했으며 무솔리니를 숭배하는 반동파인 파스시트들은 다시 극단으로부터 극단으로 역전하는 새로운 정국을 형성하게 될 것으로 예측하고 있다.

이탈리아의 현재의 국정은 비록 세계적 대파동을 미칠만한 처지는 아니지만 개조의 길에 있는 여러 국민의 사태에 돌아보아 우리에게 중요한 관조를 요한다. 이탈리아는 남유럽이다. 남유럽 사람은 정열적 기분이 항상 짙다. 북유럽인은 이성적이며 타산적이고, 남유럽인은 감정적이며 신앙적이라 하면 일률적으로 단언하기는 어려우나 인문환경의 실제로 보아 그다지 틀린 것은 아닐 것이다. 종교의 견지에서 본다 할지라도 북유럽 국민들은 많이 자유의 경향이 있는 신교를 신앙하고 남유럽 국민들은 많이 전제(專制)의 색채가 있는 구교에 귀의한다. 감정적인 남유럽인은 반발적인 파괴가 아니면 맹목적인 과거 회귀를 즐기는 기질과 습성이 있다고 할 것이다. 자기 발전의 본능과 자기 폄하의 본능을 어떠한 개인이나 국민에도 그의 병존한 사실을 발견하겠지마는 남유럽인의 기질과 습성은 더욱이 양극 사이에 분방하기 쉬운 감정적 천성을 많이 가진 것 같다.

전란기를 통해 산업의 위축과 물자의 결핍이 극도에 달하여 생활이 아주 위축된 이탈리아 다수 노동자들은 열정적인 국민적 천성을 전환하여 가장 급진적인 구제도의 부인과 구세력의 파괴를 단행코자 하였었다. 엠마누엘 황제의 지위와 그 황태자의 운명까지도 자못 로마노프가의 전철을 밟아 가고 있다 할 만큼 공산 혁명의 기세는 매우 천하의 이목을 집중시킨 바이다.

볼셰비키즘의 선전은 확실히 이탈리아 노동자의 마음에 침투하였다. 계급과 계급은 증오심의 충동으로 항쟁하였다. 노동자는 비열한 자본가를 살찌우려는 노동을 거절하고, 농부는 그의 고혈을 빨아내는 지주를 살찌게 하느니 차라리 그 수확물을 썩히게 하였고, 아름답게 꾸민 자는 길 가는 사람들의 비웃음을 받고 국기에 침 뱉는 것은 칭찬할 일이 되었다. 물론 믿을 바는 아니지만 당시

난마(亂麻)와 같던 이탈리아의 혁명적 소란은 확실히 평상시에는 상상할 수 없는 혼란 상태에 빠진 것이었다. 그러나 이탈리아인은 어디까지든 감정적인 남국 기분을 벗지 못하였다.

　무솔리니[7]를 말위의 영웅같이 숭배하는 반동파인 파스시트들은 다시 극단으로부터 극단으로 역전하는 신 정국을 형성하였다. 무솔리니 씨를 찬성하는 자들은 "그는 겨우 3개월간에 이탈리아 사람의 정신을 변화시켰다."고 말했다. 즉 볼셰비키즘의 혁명이 성취될 것을 믿고 감히 대항할 의사도 품지 않던 4천만 국민들은 삽시간에 다시 반동적 국가주의에 환원하였다. 이탈리아인의 급속한 변화는 놀랄 만하지 아니한가? 자본가나 노동자는 모두 특권이 없고 상대하여 정의가 있을 뿐이다. 파스시트 강령은 "재산과 채무의 계약은 신성한 것이며 우리를 구제하는 것은 오직 근면이다. 각자는 노동의 권리는 있으되 국가의 이익에 반하여 동맹 파업할 권리는 없다. 사회는 의무에 그 바탕을 둔 것이고, 권리에 바탕을 둔 것은 아니다. 오직 희생이 역사를 진전케 하는 것이다."라고 주장했다. 파시스트는 국민의 다수가 의회를 장난감과 같이 보고 있다는 이유로 의회의 권위를 폄하하여 민주주의의 다음에 오는 초월적 민주주의를 크게 말하며 군주정치와 군대의 존귀를 예찬하였다.

　무솔리니 씨는 국민의 신임이 없는 의회가 전권을 맡는 것은 탐탁치 못한 일이라고 주장하며 국회를 해산하고 법을 개정 전국 비례투표 선거법에 의하여 총선거를 단행한 결과 535인의 정원인 국회에 393인의 절대 다수인 어용당을 장악하여 확고한 독재정치의 실권을 가졌다. 그러나 이제 동요되는 정국과 그 향후 추이는 과

---

7) 무솔리니(Benito Mussolini, 1883~1945) 이탈리아의 독재정치가. 1차 세계대전 이후 파시스트당을 조직하고 1922년 쿠데타로 정권을 잡았다. 1940년 독일 일본과 동맹으로 세계2차 대전을 일으켰다.

연 어떠할는지(『조선일보』, 1925년 1월 9일, 1면).

○ 1925년 1월 13일 평택으로

이 날 고향 평택에 내려갔다.

안재홍 씨 본사 이사(理事) 13일 아침 출발 수원 향제(鄕第)에8)
(『조선일보』, 1925년 1월 9일, 1면).

○ 1925년 1월 21일 조선인의 정치적 분야

『조선일보』에 사설 「조선인의 정치적 분야: 기치(旗幟)를 선명히
하라」를 썼다. 입장을 정확히 밝히지 않은 회색분자들은 조선인의
언론 집회 활동을 억압하는 각파유지(各派有志)연맹이나, 대동단(大
同團)의 노선에 따를지에 대해 단호한 자세로 그 태도를 밝혀야한다
는 점을 강조하고 있다. 아울러 이 두 단체가 사라질 때까지 좌우익
은 머리를 맞대고 함께 싸워야한다고 역설하고 있다.

지나간 몇 해 동안 순수한 민족운동으로부터 사회운동으로 방
향을 전환하여 우리 해방 전선의 양대 진영이 나란히 서게 된 것
은 필연 혹은 당연한 형국이다. 그것은 인위적으로 어찌할 바가
아니고 다만 그 정전(征戰)의 과정에서 확고한 공동전선의 편성을
절규하는 바이기에 여기서 다시 우리가 명확하게 알릴 필요가 있
다. 아직도 그 본색을 드러내지 않는 무수한 회색분자들은 마땅히
단호한 자세로 그 태도를 해명해야 한다. 그 교활한 태도로 명사

---

8) 시골집.

의 헛된 지위를 표절하지 말고 다 각각 그 찾을 길을 찾아야 한다.

작년 봄 소위 각파유지(各派有志)가 출현하니 다소의 회색분자가 겨우 그 본색을 드러내는 것을 보았는데 지금에 와서 다시 시국을 표방하는 대동단(大同團)의 준동(蠢動)을 보아 더욱 회색당의 정체를 드러내게 되는 것은 도리어 일종의 쾌감을 느끼는 바이다. 우리는 무수한 회색의 박쥐들이 모두 추악한 가면을 벗고 차례로 민중의 눈앞에 나서기를 권한다. 우리의 진지를 깨끗하게 하자! 혼돈의 전선을 정리하자! 그리하여 모두 용서 없이 대전(對戰)에 응하게 하자. 그리고 이 추악한 오합(烏合)의 무리가 패퇴할 때까지 좌우익은 머리를 맞대고 나란히 정전(征戰)의 길로 나감이 옳지 않겠는가? (『조선일보』, 1925년 1월 21일, 1면 1단).

〈사진 15〉『조선일보』사옥 앞에서
왼쪽에서 두 번째가 안재홍 주필

○ 1925년 1월 30일 천도교 재경학생친목회

저녁 7시 30분 천도교기념관에서 열린 천도교 재경학생친목회 주최 강연회에 사안으로 본 동양의 현하(現下)라는 제목으로 강연을 했다.

천도교 재경학생친목회 주최로 30일 오후 7시 30분부터 경운동 천도교기념관에서 학술강연회를 개최한다는 데 연사와 연제는 아래와 같다.

사안으로 본 동양의 현하(現下) 안재홍 씨 제목 미정 최원순 씨 (『매일신보』, 1925년 1월 30일, 2면 9단; 『조선일보』, 1925년 1월 30일, 2면).

○ 1925년 2월 1일

톈진 다리위에 저는 나귀를 멈추다

『조선일보』에 사설 「시평 천진교상 주건려(天津橋上 駐蹇驢)(톈진 다리위에 절뚝거리는 나귀를 멈추다)」를 썼다. 앞날에 대한 뛰어난 예지력을 가졌던 중국 소강절(邵康節)의 고사를 인용하며 400명의 경찰이 군사교육을 반대하는 500명의 학생들과 충돌한 것과 1천5백의 향용대(鄕勇隊)가 일어나 수평촌락(水平村落)을 격멸한 사실을 언급하며 이들이 의기양양 승리의 개선가(凱旋歌)를 부르는 것은 흉맹한 고대 침략자들의 풍습과 비슷하다고 비판하고 있다.

옛날에 소강절(邵康節)[9]은 두보(杜甫)의 소리를 듣고 막연하게 역사적 사변이 돌발할 것을 곧 깨닫고 근심스러운 모습으로 텐진(天津) 다리위에 저는 나귀를 멈추었다 한다. 참으로 오랫동안 빛날 철인(哲人)이다. 지난번 400명의 경찰은 군사교육을 반대하는 500명의 학생들과 충돌했고 이제 또 1천 5백의 향용대(鄕勇隊)가 일어나 수평촌락(水平村落)[10]을 격멸하니 그들의 도도한 빛이 씩씩하지 않은가?

그들이 파괴와 살육과 약탈을 자행한 후 가축을 잡아 그 불에 구워먹으면서 의기양양 승리의 개가를 부르는 것은 흉맹한 고대 침략자들의 풍습을 방불하게 한다. 그러나 어찌 그 찬탄할 무용으로 포악하게 동포를 잔멸(殘滅)하니 그것의 국가사회의 화됨이 얕지 않을 것이다. 지나간 해 쌀 소동 당시 300만에 달하는 수평사원의 행동은 가장 큰 산 교훈이 될 것이다. 우리는 아직 소강절(邵康節)의 막연한 느낌은 없으나 텐진(天津) 다리위에 저는 나귀를 멈추려한다(『조선일보』, 1925년 2월 1일, 1면 2단).

○ 1925년 2월 1일 무사국의 흉포성

『조선일보』에「무사국(武士國)의 흉포성(凶暴性)」을 기고했다. 흉포한 일본 무사의 후예인 향용(鄕勇)들이 백정의 신분 해방운동에 나선 수평사원(水平社員)의 마을을 습격해서 상해, 약탈, 파괴, 방화를 일삼는 현실을 통렬히 비판하고 있다.

---

9) 소강절(邵康節, 1011~1077) 중국 송나라의 유학자로 본명은 옹(雍). 강절(康節)은 시호. 왕안석(王安石)이 신법을 실시하기 전 텐진 다리위에서 두견새우는 소리를 듣고 천하가 분주할 것을 예견했다고 한다.
10) 일본에서 도살업에 종사하는 백정들이 집단 거주하던 마을.

꽃은 벚꽃 사람은 무사(武士). 벚꽃과 무사는 일본의 자랑이라고 한다. 한꺼번에 활짝 피었다가 삽시에 와시시 흩어지는 향이 없음으로 유명한 벚꽃이 얼마나 그들의 자랑거리가 될지는 모르겠지만 충용의열(忠勇義烈)을 그 생명으로 한다는 그 무사들이 건듯 하면 흉포잔인한 야만성을 송두리째 쏟아내는 것은 남에게도 반갑지 않거니와 자기들에게도 반갑지 않은 것이다.

이 세계에 아무도 비교할 수 없고 옛날과 지금 독보적인 동해 무사국의 근간세력을 만드는 향용(鄕勇)들이 살찐 고기가 간절했던 모양인지 참신한 전법으로 수평사원(水平社員)의 마을을 습격하니 상해, 약탈, 파괴, 방화! 그들은 공포관념을 만드는 잔혹한 도적의 행동거지와 똑같지 않은가(『조선일보』, 1925년 2월 1일, 1면 1단).

○ 1925년 2월 3일 서울청년회 주최 강연회

저녁 7시 30분 경운동 천도교 강당에서 열린 서울청년회 주최 강연 참석했다. 이날 강연에서 총독정치의 압박이 심함을 논박하다가 경관에게 중지를 당했다.

시내 경운동에 있는 서울 청년회에서는 오는 3일 오후 7시에 경운동 천도교 신축 강당에서 강연회를 개최한다는데 연사와 연제는 다음과 같고 여흥으로 재경 러시아 사람으로 조직된 연예단원 6인의 특별출연이 있을 터라 하며 입장료는 20전이라고.

사회 진화의 필연성 박형병(朴衡秉)

사회 진화와 부인의 지위 박원희(朴元熙)

현하 사회상을 체시(諦視)하면서 안재홍(安在鴻) (『조선일보』,

1925년 2월 1일, 2면; 『동아일보』, 1925년 2월 1일, 2면 11단).

이미 보도한 시내 서울 청년회 주최의 강연은 예정대로 3일 오
후 7시부터 천도교 기념관에서 열렸다. 정각이 되자 물밀듯하는
청중은 삽시간에 700~800명에 달하였다. 순서에 따라 연사 박형
병 씨와 박원희 여사의 열변이 있은 후 안재홍 씨가 등단하여 열
변을 토하다가 정복으로 현장에 나온 종로 서삼륜 경부의 중지 명
령으로 섭섭히 중지를 당하고 말았다는데 때는 밤 9시 반이었다.
종래 사상 단체의 강연은 경찰에서 금지하여 왔었으나 금후로는
대개 허락할 예정이라고 한다(『조선일보』, 1925년 2월 5일, 2면).

서울청년회에서는 이미 보도한 바와 같이 그저께 오후 7시부터
시내 경운동(慶雲洞) 천도교기념관에서 춘계음악강연회를 개최하
였다. 박형병(朴衡秉) 외 두 사람의 강연이 있는 후 박원희(朴元
熙)여사는 등단하여 공산주의(共産主義)의 실행을 절규하다가 임
석(臨席)경관에게 세차례나 주의를 받았다. 안재홍(安在鴻) 씨는
총독정치의 압박이 심함을 논박하고 혁명을 부르짖다가 경관에게
중지를 당했다. 천여 명 청중은 극도로 흥분하여 고함을 질렀으나
별일은 없이 러시아 댄스가 있은 후 10시 30분경에 폐회하였다
(『동아일보』, 1925년 2월 5일, 2면 2단).

○ 1925년 2월 1일 간과할 수 없는 동척의 횡포

『조선일보』에 「간과할 수 없는 동척(東拓)의 횡포」를 기고했다.
진해와 평양의 군용지문제, 암태도(岩泰島)의 반복되는 소작쟁의,
진도(珍島)소작쟁의 등을 예로 들면서 동양척식회사의 횡포가 정

도를 지나쳐 그 사나움이 매우 심한바 있어 시정을 촉구하고 있다.

현재 조선과 같이 온갖 불합리와 부자연의 집합상태에 있는 괴이한 사회의 모습은 현대에도 다른 곳에 다시 그 유례를 볼 수 없을 것이다. 대중의 의사와 배치되고 시대의 진운을 정돈하는 특수한 권력 주체가 거침없이 그 위세를 발휘하여 사회의 주인공인 무수한 백의대중(白衣大衆)은 그들의 현실적 지배범위 내에 있어 너무나 무력한 또는 협상력이 없는 처지에 있다. 따라서 그들의 의사와 욕구가 어떠한가를 막론하고 또 그들이 당하는 어려움과 생존상의 위협이 어떠한가를 막론하고 항상 굴종과 패배를 반복할 수밖에 없는 것은 누구나 부인할 수 없고 누구나 항상 강력하게 체험하는 것이다.

현재 조선의 사회상을 보면 모든 유형에 속한 종류별 기현상이 여지없이 전 국면에 전개 지속됨을 개탄할 수밖에 없다. 혹은 종족대 종족의 관계로, 계급대 계급의 관계로, 종족계급대 종족계급의 관계로 또한 종족적 예속상태에서 권력자에게 기생하려는 무절제, 무성의한 주구배(走狗輩)의 준동(蠢動)이 있는가 하면 한편에서는 경제적 예속상태에서 특권벌(特權閥)에 영합하여 천박하고 비열한 협조를 하는 자가 횡행(橫行)하는 것도 어지간히 많아 보인다.

몇 해 전부터 지금까지 속출하는 여러 사건에서도 진해와 평양의 군용지문제 같은 것은 순수한 종족적 대립의 관계로 한 종족의 이권이 한 종족의 우월한 권력에 의해 무시되는 것을 의미한다. 암태도(巖泰島)의 반복되는 소작쟁의 같은 것은 순수한 계급적 대립의 형식으로 대중이 열망하는 바가 특수권력의 비호 하에 일개 특권자의 부당한 승리로 인해 유린됨을 의미한다. 진도(珍島)소작쟁의는 동척(東拓)과 흥업회사(興業會社)와 조선인 지주들이 종족적 우월과 계급적 우월에 의해 공통의 부당이익을 옹호하기 위해 합종(合從)의 형식으로 약소계급에게 공세의 방어전을 일으켜 양양(揚揚)한 승리를 자랑하게 되는 것이다.

종족적·계급적 예속상태에 있어 그 횡포가 유례없이 특히 심한 경우를 들면 동척(東拓)의 조선인 소작자에 대한 태도가 그것이고 그 중에서도 대표적인 사건을 들면 봉산(鳳山)·재령(載寧) 두 지역에서 긴 시간 세간의 관심을 끌던 소작쟁의사건이 그것이다.

이제 우리는 동척(東拓)이 고집하는 태도가 그의 횡포의 정도를 지나 사나움이 심한바 있음을 보고 한마디로 그 옳지 않음과 고쳐 깨달음이 있기를 경고한다. 어제 석간에 보도한 바와 같이 봉산군(鳳山郡) 사인면(舍人面) 일대 소작인에 대한 동척(東拓)의 냉혹무도한 강제집행으로 인해 수백 명의 생명이 사멸(死滅)의 위협에 빠지게 된 사건이다. 그들이 소유권과 사법권의 발동을 빌어서 냉혹무도한 처치를 자행하는 곳에 피해자의 운명은 이미 재론할 바 없으며 이것을 바라보는 사람들의 불만과 경악은 정치적, 사회적으로 매우 쉽지 않은 어두운 분위기를 조성하여 장래에 예측할 수 없는 화근을 만드는 것이다. 이제 신우회(新友會)와 무산청년회(無産靑年會)의 분기(奮起)가 있다하니 우리 백의대중(白衣大衆) 사이에 있어 감흥과 항쟁의 기세와 대책에 대해서는 번거로운 설명이 필요 없다. 대중은 우리보다 둔감하고 무력하다고는 생각되지 않기 때문이다(『조선일보』, 1925년 2월 5일, 1면 1단).

○ 1925년 2월 9일 경찰 이민 소방대

『조선일보』에 「시평: 경찰, 이민, 소방대」를 썼다. 특수한 종족,

특권 계급을 위해 노리개가 되고 일반 인민을 적대하면 경찰은 인민의 적이며, 조선민족 위에 군림하는 이민은 함께 할 수 없는 반갑지 않은 이민이고, 소방대의 불법한 행동이 쉴 새 없이 자행되고 있음을 비판하고 있다.

안녕과 질서를 위하는 것이 경찰이 있는 본뜻이다. 경찰을 예찬하여라. 상호부조(相互扶助)의 원칙이 있어서 밥을 못 먹는 이웃 사람들이 밥을 구하려고 이민해 왔다. 이민을 동정하여라. 화염이 하늘에 가득하여 화재가 있을 때 앞장서 홀로 나와 소화와 응급에 종사하는 것이 소방대이다. 소방대에게 감사하라. 이렇게 개념적으로 미화시켜 놓고 보니 세상에는 미워할 것이 없구나.

그러나 특수한 종족, 특권 계급을 위해 노리개가 되고 일반 인민을 적대하면 경찰은 인민의 적이 아니냐. 종족의 이기심을 위하여 이웃의 이권을 삼키기 위해 강권(强權)을 배경으로 백의대중(白衣大衆) 사이에 군림하는 이민은 마침내 함께 할 수 없는 반갑지 않은 이민이다. 그것이 무장한 채로 관권과 특권계급을 위한 응견(鷹犬)[11]이 되니 그것은 힘을 합칠 무산동지(無産同志)가 아니라 양립할 수 없는 적국(敵國)이다.

소방대란 무엇이냐 최근 조선에 온갖 운동과 항쟁에 많아진 후에 소방대의 불법한 행동은 국내외와 경향 각지에서 쉴 새 없이 자행되었다. 그들이 이제 힘을 합해 사선(死線)에 서있는 무산소작민(無産小作民)에게 도전하니 이는 미워할 수밖에 없는 세기말 죄악의 현상이다(『조선일보』, 1925년 2월 9일, 1면 1단).

---

11) 매와 개.

○ 1925년 2월 9일 동척은 무엇이냐

『조선일보』에 「시평 동척(東拓)은 무엇이냐」를 썼다. 조선 소작인을 억압하는 동양척식회사를 철폐하고, 그 토지는 조선민족에게 다시 돌려줄 것을 촉구하고 있다.

이미 그 어미를 죽이고 다시 그 아이를 잡느냐? 그의 잔인함이 더불어 할 수 없다. 동척(東拓)의 폭력과 포악한 행동은 우리가 다시 열거하지 않겠다. 그러나 2천만 백의대중(白衣大衆)을 이미 자신의 억압 아래 두고 다시 동척과 그 일파로 하여금 소작민의 근소한 이권을 빼앗되 온갖 도움과 노리개를 가지고 가난한 백성들이 다시 처신할 곳이 없게 하니 꿩 먹고 알 먹고 어미 죽이고 아이 잡는 어질지 못한 것 아래 생존할 길이 어디 있겠느냐? 아아 화근(禍根)이 여기에 있다. 길게 말할 필요 없다. 동척(東拓)을 철폐하라. 그 토지는 인민에게 다시 돌려주라. 토지를 돌려주고 파는 방법은 동서에 그 예가 많다(『조선일보』, 1925년 2월 9일, 1면 1단).

○ 1925년 2월 12일 평양 웅변대회 심판

평양에서 열리는 전조선웅변대회에 조만식과 함께 심판으로 참석한다는 보도 기사가 『조선일보』에 실렸다. 조만식은 안재홍의 일본 동경유학 시절 친구이다. 함께 조선인유학생 학우회를 만들어 유학생 사회의 통합에 힘썼다.

이미 보도한바 오는 13, 14 이틀간 평양에 열릴 전조선웅변대회는 그 후 주최자인 평양청년회와 후원 각 단체에서는 각방으로 분주하여 준비가 거의 다 되었다. 이번 대회에 참가할 연사는 전부가 28단체나 되어 그날의 성황을 미리 예상할 수 있다 하며 참가 단체가 많은 까닭에 매일 저녁 7시부터 개회할 예정 시간을 변경하여 13일 저녁 7시부터는 청년부 강연이 있고 14일에는 오후 3시부터 학생부의 강연을 시작하여 저녁 6시에 학생부 강연의 끝을 맺고 저녁 7시부터 청년부 강연이 있을 터이라는데 강연 장소는 부내 천도교당으로 정하였다 하며 심판은 조만식, 노정일, 안재홍 세 사람이라고 한다(『조선일보』, 1925년 2월 12일, 2면).

○ 1925년 2월 13일 평양 전조선웅변대회

평양 전조선웅변대회 심판 참석을 위해 평양에 도착했다.

노정일(盧正一) 씨: 연희전문교수(延禧專門敎授) 13일 저녁 10시 50분 경성역 출발 평양에

안재홍(安在鴻) 씨: 본사 이사(本社理事) 위와 같음

(『조선일보』, 1925년 2월 13일, 2면).

○ 1925년 2월 13일 관념여행: 평양 가는 길

평양 전조선웅변대회 심판 참석을 위해 평양에 가는 길의 소회를 「관념여행(觀念旅行)」이라는 제목으로 『조선일보』에 기고했다. 현장에 직접 가보지 않고 열차에 앉아서 창밖을 바라보는 귀빈식 여행을 관념여행이라고 이름 붙였다. 이날 늦은밤 평양행 기차를 타고 신촌역, 고양을 지나 사리원을 거쳐 대동강 철교를 넘어 새벽 시간에 평양에 도착했다.

관념 여행! 자못 신기한 명명이다. 그러나 일부러 신기를 좋아함이 아니라 이번 여행은 꼭 관념여행이라 하고 싶다. 금일까지의 우리의 계획과 운동이 대부(大部)가 아직 관념영역을 멀리 벗지 못하였으니 이는 시대의 큰 폐단이다. 관념세계로 실현세계에 또는 창조와 건설의 세계로 빠르게 또 맹렬히 나가야 하는 것이 현재의 급선무이다. 그리고 여행이란 가장 관념의 세계를 벗어나서 새로운 관찰의 세계에, 냉정한 객관의 세계를 두루 살피기에 적당한 일이다. 또는 거기에서 필요와 가치를 느끼는 것이지만 진부한 관념의 지속과 연장으로 한다면 이는 가장 여행에서 낮은 수준일 것이다. 그러나 관념의 여행인 것이 정직한 사실인 바에야 그대로 기술할 수밖에 없다.

주마간산(走馬看山)이라는 말이 있으니 달려가는 말의 등에 걸터앉아 산수의 경치를 봄이 매우 충분치 못함을 이름이다. 주마간산이 이미 불충분하거든 하물며 기차를 타고 앉아 천리의 산하를 잠깐 살펴본다면 그것은 문자와 같은 통과이지 여행이라 할 수 없다. 그러나 객석에 앉아서 좌우로 창밖의 경치를 마음대로 보는 데는 오히려 여행의 맛이 있고 신선한 관찰의 세계에 접촉하게 되는 것이지마는 깊은 침대 속에 파묻히어 그저 다만 안면만 탐내는 귀빈식의 여행은 그야말로 아무 여행다운 특색이 없는 것이다.

서생의 족적이 아직 한중일의 국경 밖에 나서 보질 못하였거니와 왕년 일본이나 중국 지방에 여행할 적에는 항상 3등의 객석에 우뚝 홀로 앉아서 일념으로 다만 창밖의 풍경을 탐색하기에 급급하였더니 최근 기자 생활 덕분으로 때때로 이러한 귀빈식의 여행으로 침대 속에 파묻혀 다니는 버릇이 생겨서 때때로 다만 관념의 여행을 하게 된 것은 별로 반갑지 못한 경우라고 생각된다.

이 사이는 재령, 봉산 일대에서 생긴 동척(東拓)의 소작쟁의 문제도 있고 경성에서는 경전승무원의 노동쟁의 문제, 대동인쇄의 직공파업 문제 등으로 인하여 시사 문제가 많을 때이다. 이 긴급 유사한 때에 신문사 동료들이 모두 긴장된 기분으로 노력하는 틈에 있어 홀로 초연히 여행의 길을 떠나는 것은 마치 임진란에 적을 맞이하여 포화가 열리려 할 즈음에 문득 대오(隊伍)를 벗어나는 병졸과 같아서 매우 미안한 마음이 많았다.

정거장에서는 이미 함께 가는 인연을 맺었던 교수 여군과 만나고 다시 당일 경성지방법원에 열렸던 이재명 사건의 연루자 이동수 씨 공판에 변호인으로 출장했던 신의주의 탁창하 씨도 만나서 의외로 여행이 적막하지 않게 세 사람의 동행이 되었다. 그러나 직업화한 문필의 생활이 얼마큼이나 심신을 피로하게 하였던지 차실(車室)에 들자 곧 여장을 풀고 침대에 파묻히게 되어 다시는 움직일 용기가 없게 되니 이것이 곧 관념여행의 시초이다.

밤도 이미 오후 11시이다. 일기가 자못 차가워 더욱 관념 세계에 눕게 된다. 기차가 출발한 후에는 그래도 좀 산하의 경치를 보아야지 하고 한편으로 있는 휘장을 헤치고 창밖을 내다보니 이미 신촌역을 지나서 쓸쓸한 들판에 잔설(殘雪)이 흙가죽을 벗은 나지막한 산과 함께 한층 피로한 이의 흥미를 없어지게 할 뿐이므로 털썩 드러누운 채로 다시 일어나지 않았다.

천추의 남은 한을 뭉쳐 놓은 최영의 무덤도 지금쯤 통과하는가? 500년 왕업이 목적에 부친 것을 슬퍼하여 만월대의 추초에 겨운 눈물을 뿌리면서 석양에 지나는 손이 무한한 감상 중에 배회하던 송도가 그만 가까웠느냐 하며 가지가지로 묵은 인상을 불러일으키며 한참 관념세계에 방황하고 있는 동안 어느덧 관념세계의 한계를 지나 벌써 꿈의 세계에 들어갔다.

그럭저럭 하는 동안에 눈을 으스름하게 떠 차창으로 보니 평야에 있는 정거장이 규모가 자못 거대하고 곡물을 저장하는 운송 창고가 제법 크며 사방에 등광이 화려한 바 있기로 잠깐 일어나 내다보니 곧 사리원 역이었다. 때는 13일 오전 3시 반경. 사리원은 봉산 일대의 관문이다. 동척(東拓) 소작쟁의로 세간의 관심을 집중하던 사인면, 북율면 사건이 이 근처인가 하니까 동척, 향상회, 척식단, 소작인회, 이민대, 집달리 무엇무엇 하여서 모두가 관념의 세계로 더욱 풍부한 내용을 가지게 했다. 또는 기아와 억압 그리고 투쟁, 추방, 참패, 승리라는 온갖 관념 체계가 있는 대로 광야(廣野)에 정렬을 하고 나선다.

또다시 꿈의 세계로 바뀌는 동안 정방산성, 극성, 대야라는 특별한 지명이 몽고란, 홍두적, 귀화, 돌림병의 유행, 제단 등과 함께 풀풀 나는 호접(胡蝶)이 되어 나의 몽롱한 의식 중에 떠돌고 있다. 또 다시 일어나서 내다보니 역명은 중화 일대의 평원이 눈앞에 전개되었다. 중화진, 소서행장, 평양역, 이항복, 이여송 이러면서 다시 또 관념의 세계를 향하여 털썩 침대에 쓰러졌다.

시간은 오전 4시 40분. 그제야 일어나서 약간 세수하고 여행 옷을 차리고 동쪽 창에 비스듬히 앉으니 어느덧 벌써 대동강의 철교는 여느 것과 아주 다르게 웅대한 반향을 일으키며 평양성이라는 것을 외쳐 가르친다. 남안(南岸)에 바싹 다가서 얼음이 먼저 풀린 수면에는 물결 속에 깊이 잠긴 정월 하순의 깨끗한 반달과 함께 한층 여인의 홍미, 동경의 평양을 높게 불러일으킨다. 차에서 내리자 둘레가 깊은 인력거에 앉아 또다시 고요한 새벽의 여관에 들어가니 거기도 의연히 관찰의 세계와 격리된 관념의 세계로부터 다시 꿈의 세계에 평양역에서 하차할 때 별실에서 잠자는 중인 탁형에게 작별인사를 하지 못한 것이 못내 섭섭한 점이다(13일 정오 평양 한 여관에서. 『조선일보』, 1925년 2월 15일, 2면).

○ 1925년 2월 16일 평양 후진청년회 강연

평양 후진청년회 주최 강연회에 참석해서 '영원한 정전(征戰)'이라는 제목으로 청년들에게 강연을 했다.

평양 차관리 후진 청년회에서는 이번 전조선웅변대회 심판으로 평양에 온 안재홍, 노정일 양 씨를 초청하여 지난 16일 저녁 7시 30분부터 부내 남산현 예배당에서 강연회를 개최한 바 당일 안재홍 씨는 '영원한 정전', 노정일 씨는 '유일의 활로'라는 주제로 청중에게 많은 느낌과 깨달음을 주었다한다(『조선일보』, 1925년 2월 19일, 1면).

○ 1925년 2월 20일 일러조약 종횡관

『조선일보』에「일러조약 종횡관」이라는 제목으로 3월 1일까지 글을 연재했다. 이 조약을 통해 일본은 러시아로부터 북사할린의 전부를 양도 받는 대신에 러시아를 위하여 군함을 건조하고, 블라디보스토크를 대해군 근거지로 만들도록 진력할 것이라고 전망하고 있다.

일러 조약의 성립! 엄격한 의미로 보아 그것은 아직 확정된 일로 볼 수는 없다. 일러 간 기본 조약이 비록 조인되었으나 그것이 아직도 양국 간에 정식으로 비준되지 아니했고 이권 양도에 관한 문제를 비롯하여 그의 실행에 관한 세목 협정 같은 것은 전혀 금후의 해결을 기다리게 되었으니 이 의미로 보아서 일러 조약은 아직도 이미 이루어진 사실로 보기는 좀 문제점이 있다.

그러나 현재 일러 양국의 국제적 처지로 보든지 교섭을 반복하여 오던 이전의 관계로 보든지, 기본 조약이 조인된 후 양국의 책임 있는 위정가와 그 국민들의 언론, 태도에 비춰 보든지 그것이 곧 유효한 조약으로 완전히 성립될 것은 이미 의혹의 여지가 없는 것이다. 이제에 있어서 일러 조약을 논평함은 가장 시의에 적합한 일일 것이다.

호랑이 담배 먹는 러시아. 1917년 11월 혁명이 단행된 후 온갖 점으로 혼란 상태에 빠졌던 노농러시아의 사회 상태에 관하여 당시 각국의 신문들은 이렇게 조소(嘲笑)하는 말로 그것을 보도하던 일이 기억된다. 이제 혁명 성립 7주년을 지난 오늘날에 있어서는 소비에트 사회주의 공화국은 새로움을 구현한 감이 있다. 그리고 20세기가 낳은 첫 번째 위인의 위치에 있는 레닌 씨가 죽은 지 오램에도 불구하고 그의 혁명의 사회적 기초와 그 국제적 지위는 날로 확고한 위치에 도달하는 길에 있으니 이점은 세인이 잘 알고 있는 바다.

일본은 러시아로부터 북사할린의 전부를 양도 받는 대신에 러시아를 위하여 군함을 건조하고 또는 블라디보스토크를 대해군 근거지로 만들도록 진력할 것을 생각해 볼 수 있겠다. 이에 대하여 중국의 현재 책임 있는 지위에 있는 정치가들이 지금까지 아무 구체적의 의견을 표명치 않은 것도 자못 흥미 있는 일이다. 장제스(蔣介石) 씨 외의 국민당 측의 저명 인사들이 일러조약의 성립이 극동정국 전환의 동력이 될 수 있다는 이유로써 이것을 많이 환영하는 의사를 표시한 것도 또한 자못 흥미 있는 조건이다. 일러조약의 성립과 이의 장래 형세는 마침내 어떠할 것인가. 이는 현재 국제 정국에 있어서 가장 중요한 문제이다(『조선일보』, 1925년 2월 20일, 1면).

○ 1925년 3월 1일 해방 전선을 부감하면서

『조선일보』에 「해방 전선(解放戰線)을 부감(俯瞰)[12]하면서」라는 제목으로 글을 썼다. 18세기 개항 이전의 쇄국정치와 개항 이후의 강화도조약, 갑신정변 등 조선 근세역사의 흐름과 윌슨의 민족자결주의, 레닌의 공산주의 등 1920년대까지의 세계 역사를 개괄하고 있다. 또한 민족운동의 미래를 위해 생각의 차이를 넘어서 가장 가까운 동포 조선인의 운명을 뜨겁게 걱정하고 생각하려는 자세가 중요하다고 강조하고 있다.

인생이 태어나니 다만 인생이었다. 일찍이 소위 주의자(主義者)가 없었다. 그러나 그 처한 바와 경우와 만나는 시대는 그것으로 애국자도 되고 민족운동자도 되고 사회운동자도 되게 하는 것이다. 그러나 인생이란 원래 완전히 하나되어 막힘없는 종합적 생명체이다. 예전에 동서 교통이 빈번하여 강한 이웃의 침범이 아주 심해 조선인은 모두 애국자가 되었고 되려했고 또 되어야했다. 이미 국가 존립이 파멸되고 2천만 대중의 자유와 생명이 날로 위협되고 외롭고 위태로운 바 많으니 그들은 모두 민족운동자가 되었고 되려하였고 또 되어야만 했다. 민족운동자의 이름이 특수한 명칭이 되었지만 소위 민족운동이란 다만 그 정치적 예속상태가 동일한 견지로 그 편안함과 근심의 운명이 같은 지점으로 공동의 노력, 투쟁, 해방을 기대하는 이외에 별로 특수한 조직, 통제, 훈련이 없었다. 일찍이 쇄국시대(鎖國時代)에는 상하귀천의 차별이 있었고 국민적, 민족적 자각 열정, 이상, 욕망, 조직, 운동, 훈련이 결여

---

12) 높은 곳에서 내려다 봄. 조감(鳥瞰).

되어있었다. 그것이 곧 눈뜨려 하고 의식하려 할 때 급작이 외래 세력의 강압 하에 다시 지리멸렬한 상태에 빠질 수밖에 없었던 조선인은 불행이었다.

고종 13년 병자년 체결된 조일수호조약(朝日修好條約)은 얼마나 조선인의 국가발전의 수호(修好)의 결실이 있었느냐? 민도와 국력의 평형이 없는 곳에 무슨 대등한 수호(修好)가 있었겠는가? 갑신의 개혁은 국민의 이익과 복리를 증진했느냐? 대다수 무자각한 인민과 지도자의 미숙 또는 꼼꼼하지 않은 것은 어찌 실패를 면할 수 있겠는가? 을미의 독립은 민족적 면목, 성가, 행복을 향상하게 했는가? 한 강한 이웃을 놓고 한 강한 이웃을 잡았으나 자각과 실력이 함께하지 않는 것은 국민의 운명에 위태로움을 더했을 뿐이다. 윌슨의 민족자결론은 우리의 지위, 세력, 실익을 증진했는가? 그는 다만 비참한 지경에 빠진 조선 2천만 대중이 이를 호기로 자각의 절규와 자기구하기를 실험했을 뿐이다. 레닌의 무산자(無産者) 본위 세계혁명은 따뜻한 몸의 뜨거운 물과 같이 강압의 눈과 얼음을 녹게 하고 해방의 기쁨을 예찬하게 할까? 무산자(無産者)에게 어찌 반드시 적색정권(赤色政權)이 하늘로부터 오며 기분과 감개는 어찌 관리와 영위와 생산과 분장의 재료가 되겠는가?

우리는 믿는다. 민족을 이야기하는 자 반드시 시대에 역행해 범독일, 범슬라브의 불합리, 무모한 집단 이기심을 품지 못할 것이다. 반드시 새로운 이상 정책으로 돌아갈 것이다. 사회운동을 고조하는 자 또한 조선인 대중을 그 전우로 해서 최선을 다해 자기를 구하는 분투(奮鬪)를 해야 할 것이다. 우리와 대립하는 자는 정면의 진영이며 그와 추수(追隨),13) 타협하여 민중을 팔 자이다. 우

---

13) 남의 뒤를 쫓아 따름.

리와 합치될 자는 가장 가까운 동포 조선인의 운명을 뜨겁게 걱정하고 고려하는 자일 것이다. 이 두 개의 진영은 이후 더욱 단절하게 될 것이다. 우리가 간절하게 요청하는 것은 다만 열렬한 투지뿐 아니라 의연히 식견, 과학, 기술, 제도 즉 그것의 관리와 영위와 생산과 분장과 능률의 증진 그것이다. 어떠한 불리한 경우에서 일지라도(『조선일보』, 1925년 3월 1일, 1면 1단).

O 1925년 3월 14일 손문과 중국혁명

『조선일보』에「손중산과 중국혁명」이라는 제목으로 3월 23일까지 9회 연재했다. 중국 혁명의 아버지 중산 손문(孫文)[14]의 죽음을 애도하면서 그가 고심참담(苦心慘憺)한 가운데 일생을 마쳤고 그 업적의 완성을 보기 전에 중도에 서거한 것을 추모하고 있다. 또한 손문 죽음 이후 중국혁명의 미래에 대해 전망하고 있다.

그 가슴 아픈 선구자들의 비애(悲哀)! 존귀한 인생의 보배 희생자! 우리는 차라리 만고 비애의 기록을 남겨 후에 태어나는 열혈아(熱血兒)들에게 물려주고 즐겨 참패자로 나둥글지언정 다시 세상의 민중을 등지고 정복자의 뜰아래 비루한 무릎을 꿇을 자이냐? 아아 손중산(孫中山)이 죽었느냐? 작년에 죽음을 전했고 지난달에 죽음을 전했고 이제 또 죽음을 전하니 이번에는 확실히 죽었음이 분명하다. 나는 죽은 손중산(孫中山)을 다시 슬퍼할 슬픔이 남아 있지 않다. 남의 일이라 그러함이 아니다. 의기가 상통하는 곳에

---

14) 손문(孫文, 1866~1925) 1911년 신해혁명을 주도하고 중화민국을 공포했다. 위안스카이의 죽음 이후에 광동에 국민당 정부를 수립 러시아의 도움 속에 중국 통일에 노력하다가 1925년 3월 12일 서거했다.

예로부터 국경이 없었다. 그러나 죽음이 필연적 운명이니 슬퍼할 필요가 없고 그는 또한 성공한 사람이니 슬플 것이 없다. "한아비 죽어라. 아들 죽어라. 손자 죽어라"고 갈파한 고승(高僧)이 있다하거니와 나는 그를 슬퍼하지 않는다.

그러나 나는 또 손중산(孫中山)의 죽음을 슬퍼한다. 손중산(孫中山)은 고심참담(苦心慘憺)한 가운데 일생을 마쳤고 그 업적의 완성을 보기 전에 중도에 서거하니 그것도 슬퍼하려니와 세간에 손중산(孫中山)의 성공과 득의(得意)에 비교할 수 없도록 경우가 빈궁하고 더 시대가 불리하고 더 운명이 외롭고 위급하여 말할 수 없는 참패의 기록밖에 없는 자가 금후에도 무수히 있을 것을 생각하는 까닭이다(『조선일보』, 1925년 3월 14일, 1면 5단).

O 1925년 3월 15일 전국기자대회 준비위원

저녁 8시 종로 중앙기독교청년회관에서 열린 전국기자대회 준비회의에 준비위원으로 김억, 박동완, 백관수, 송진우, 설의식, 조봉암, 최원순, 한기악, 홍병선 등과 함께 참석했다.

무명회(無名會)에서 수차 협의를 거듭해 온 동회 주최 전조선조선인신문잡지 기자대회의 준비는 점차로 진행돼 우선 준비위원을 아래와 같이 선정한 후 금일 15일 오후 8시 종로 중앙기독교청년회관에서 제1회 준비위원회를 열고 여러 가지 사항을 협의한다고 한다.

주요 참여인사
김억(金億) 이상협(李相協) 이종린(李鐘麟) 박동완(朴東完) 백관수(白寬洙) 송진우(宋鎭禹) 설의식(薛義植) 안재홍(安在鴻) 조봉암(曺奉巖) 차상찬(車相瓚) 최원순(崔元淳) 한기악(韓基岳) 홍병선(洪秉璇)(『매일신보』, 1925년 3월 15일, 2면 9단).

경성에 있는 신문 잡지 기자로 조직된 무명회에서 전 조선 기자 대회를 소집하려 한다 함은 이미 보도한 바이거니와 무명회 위원회에서 추천한 준비 위원은 다음과 같다 하며 우선 15일 오후 8시에 종로 중앙 청년 회관에서 제1회 준비위원회를 열고 모든 절차를 의논한다고 한다.

위원: 김기전 김동진 김억 김창집 김형원 국기열 이종린 이석 이기세 이을 이태운 이능우 유지영 박찬희 박동완 박창한 박일병 방두환 방인근 백관수 설의식 신철 안재홍 원달호 장두현 조봉암 차상찬 최원순 한기악 홍승구 홍병선

고문: 송진우 이상협(『조선일보』, 1925년 3월 15일, 2면).

○ 1925년 4월 3일
전국기자대회 준비위원회 안건 기초위원

전국기자대회 제3회 준비위원회 안건 기초위원으로 송진우, 김기전 등과 함께 선임됐다.

조선기자대회 준비회에서는 지난 3일 오후 3시에 제3회 위원회를 열고 상무위원회의 경과 보고가 있고 준비 위원으로 강우 강호 성악숭 조강희 한위건 김정진 등 6인을 더 선정하고 다시 위원 중에서 상무위원으로 이두성 한위건 조강희 박창한 네 사람을 더 뽑고 접대 위원과 안건 기초 위원으로 다음과 같이 선정하였다.

접대 위원: 김동진 박동완 방두환 방인근 김동성 김창집 강호

안건 기초위원: 안재홍 송진우 김기전(『조선일보』, 1925년 4월

6일, 2면).

O 1925년 4월 16일 전국기자대회 부의장

오전 11시 경운동 천도교기념관에서 열린 전국기자대회에 부의장
으로 참석했다.

조선 기자 대회는 예정대로 15일부터 부내 경운동 천도교기념
관에서 개최되었는데 장내 정리 관계로 정한 시간보다 조금 늦어
서 오전 11시에 개회되니 장내는 평소에 조선 삼천리 각처에 흩어
져 있어 붓 하나를 생명으로 삼고 일하는 조선 언론계 다수 인사
로 가득히 차서 실로 전에 없던 대성황을 이루었고 그중에는 몇
명 안 되는 부인 기자도 참석하여 대회의 한 이채를 더하였는데
당일에 참석한 기자 총수는 463명에 달하였다.

임원 선거 개회 벽두에 준비회를 대표하여 이종린 씨의 개회사
가 있은 후 순서에 의하여 의장과 부의장 서기의 선거를 행한 결
과 본사 사장 이상재 씨가 의장으로 본사 이사 안재홍 씨가 부의
장으로 차상찬, 여해, 김병연, 박창한 등 4명이 서기로 각각 피선
되어 의장 이상재 씨 사회 하에 의사를 진행할 새 동 대회 준비회
위원으로 대회의 일로 인하여 부당히 경찰 당국에 구금을 당하고
있는 신철 씨 구인 사건에 대하여 우선 사법 당국에 그 책임을 묻
자고 의논이 일치되어 그 문책 위원으로 송본우 씨 외 두 사람을
선정한 후 다시 순서에 의하여 축전과 축사의 낭독과 준비 위원회
의 경과 보고가 있었으며 의안 위원 마지막으로 대회의 의안 작성

위원 9명을 아래와 같이 선거하고 오후 3시경에 무사 원만히 제1일을 마쳤다.

　대회 의안 작성 위원

　김기전(개벽) 김정진(시대) 김성업(동아) 안재홍(조선) 조봉암(신흥청년) 송진우(동아) 인동철(조선) 김겸식(조선) 장명현(동아)(『조선일보』, 1925년 4월 16일, 2면).

○ 1925년 4월 17일 전국기자대회 사회 진행

오전 11시 30분 전국기자대회 2일차에 부회장으로 사회를 진행했다.

　이윽고 11시 삼십분이 되어 부회장 안재홍 씨가 다시 개회를 선언하고 계속하여 전기기부금 강요와 참가회원 부자격 문제에 대하여 토의한 결과 부회장으로부터 이 문제는 동의의 형식을 취하지 아니하면 도저히 해결할 수 없으니 동의의 형식을 취하자하여 회원 한 사람이 뒤를 이어 일어서 사실 심사위원 세 사람을 선정하여 오사카(大阪) 조일(朝日)경성지국에 질문하게하자고 동의하여 만장일치로 통과하고 즉시 고영한(高永翰) 김철(金哲) 이석(李奭) 등 세 명을 위원으로 호명 추천한 후 그 길로 회의장을 떠나 오사카(大阪) 조일(朝日)경성지국으로 향하게 하니 시간은 벌써 예정한 휴회 시간인 12시이어서 회장으로부터 휴회를 선언하고 오후 2시에 계속 개회하기로 했다(『매일신보』, 1925년 4월 17일, 2면 1단).

　조선 기자 대회 제2일 오전 상황은 그간 보도와 같거니와 정오에 휴회되었던 대회는 오후 1시 반경부터 의장 이상재 씨 사회 하에 계속 개회되었는데 얼마 동안 의사를 진행하다가 이상재 씨는 노인의 몸으로 장시간 사회하기가 매우 곤란하므로 부의장 안재홍 씨가 사회하기로 되었다.

오후의 의사는 일사천리의 세로 거침없이 진행되어 즉시 의안 작성 위원회로부터 의안 제1부인 1. 언론 권위에 관한 건 2. 신문 및 기타 출판물에 대한 현행 법규에 관한 건 3. 언론 집회, 결사의 자유에 관한 건 등 세 항목과 의안 제2부인 1. 조선인의 경제적 불안에 관한 건 2. 대중운동의 발전 촉성에 관한 건 등 두 항목 도합 다섯 항목을 축조 토의하였는데 결국 회원의 제안으로 전기 다섯 항목에 관하여 5가지 조건을 결의 통과하였으나 그 결의된 사항은 당국의 명령에 의하여 발표되지 못하게 되었다. 그 결의가 통과되어 부의장 안재홍 씨가 그 결의문을 낭독하매 일반 회원은 일시에 박수갈채하여 회장이 떠나가는 듯하였다.

이로써 본안 토의는 마치고 기타 사항에 들어가서 오사카(大阪) 조일(朝日)의 중상 기사 문제가 재연되고 대회에서 파송되었던 질문 위원 세 사람도 돌아왔으므로 질문 위원 중의 한 사람인 김철 씨가 단에 올라서 그 질문 결과를 보고하게 되었다. 그 보고인즉 질문 의원 세 사람이 오사카(大阪) 조일(朝日)경성 지국을 방문하고 책임 있는 답변을 할 사람을 찾아보고서 그 문제된 기사에 대하여 조선 기자 대회에 참가한 기자에 대한 중상적 문구와 그 재료의 출처를 물은즉 그 대답이 "자기네들은 조선인과 접촉이 적어서 조선 사회 사정에 매우 어두우므로 그 기사에 대한 자신은 없으며 또 그 신문 기사 재료 출처에 대하여는 신문사의 처지로 앉아서 명백히 대답할 수는 없으나 하여간 어떠한 개인에게서 들은 말이 아니요, 자기네로는 신뢰치 아니할 수 없는 당국에게서 들은 것이라" 대답하였다는 의미의 보고를 마쳤다.

이에 대하여 일반 회원은 의논이 두 파에 나뉘어 우리와 처지가 다른 일개 일본문 신문을 대회로 앉아서 그리 중대시하고 문제 삼을 것도 없으며 그들의 몰상식한 태도를 새삼스럽게 논의할 것도 없으니 그대로 일소에 부쳐 버리고 말자는 회원과 그렇지 않다며 적어도 우리 조선 기자 대회가 받은바 중상을 철저히 조사 징계하여야 한다는 회원이 있어 서로 논쟁이 되었으나 결국 그 문제는 준비 위원회에 일임하여 철저히 조사 대항하게 하기로 되어 그 문제는 일단락을 짓고 그 다음에 조선 기자 대회를 상설 기관으로 두겠느냐 안 두겠느냐 하는 문제로 들어가서 토의한 결과 상설 기관으로 둘 것 없이 기자 대회를 소집할 필요가 있는 경우에는 1년 만에든지 이태 만에든지 무시로 무명회에서 소집하라고 그 소집 권한을 무명회에 위임하기로 만장일치 가결되었다. 이로써 전에 없던 성황으로 열리고 또 가장 의미 깊다 하는 조선 기자 대회의 제2일은 무사 원만히 마치고 최후로 부의장 안재홍 씨 발성으로 '조선 기자 대회 만세!'를 세 번 부르고 폐회하니 때는 오후 5시였다(『조선일보』, 1925년 4월 17일, 2면).

○ 1925년 5월 22일 외동딸 안서용 출생

5월 22일 외동딸 안서용(安瑞鏞, 1925~2007)이 태어났다. 서울 배화여고를 졸업했으며 육영수 여사와도 이 학교를 같이 다녔다. 민세가 한성일보 사장시절인 1946년 이태호와 결혼해서 돈영, 선영, 낙영 등 3남매를 두었다. 부친에 대해 다음과 같은 회고를 남겼다.

본래 유복하던 가산을 정리하여 신문사에 몽땅 바쳐 밀린 직원들의 봉급을 주게 하여 어머니가 우시는 것을 보았지요. 생활은 아주 소탈해서 돈이 귀한 줄은 알라고 가르치셨어요. 옥살이를 하느라고 저를 어려서 귀여워해주지 못했다고 자라서도 안아주셨으나 그 깔깔한 수염이 싫었지요. 고명딸이라고 겸상도 잘해주셨지요. 토마토를 즐겨 드셨고 글을 참 많이 쓰셨어요. 밤새워 집필을 자주하셨고요 꽃가꾸기를 좋아하고 친구들의 그림이나 글씨를 표구하여 액자로 걸어놓으시고 여름밤에 별 쳐다보기를 즐기셨어요. 저도 함께 별 보던 추억이 떠오릅니다(김덕형, 『한국의 명가』 근대 편 2, 21세기북스, 333쪽).

○ 1925년 5월 27일 전제주의 승리

『조선일보』에 「시평 전제주의(專制主義) 승리?」를 기고했다. 일본의 치안유지법을 악법으로 강력히 비판하고 그 철폐를 요구하고 있다.

금지, 해산, 검속(檢束) 치안유지법의 실시를 전후해 당국자들의 갈수록 심해가는 맹목적 법적 횡포의 태도는 천하 민중 모두 고루 체험하고 있는 바이다. 만리동풍(萬里同風) 전제(專制)의 마술은 멀리 간도(間島) 일대까지 검은손을 벌려 같은 지역 청년동맹의 개최를 금지함에까지 미쳤다. 일본인의 소위 악법 치안유지법의 운용(運用) 전제주의의 승리! 저들로 하여금 가능한 기간까지 이 전제주의의 승리에 도취하게 하라!

이것이 또한 역사 진행의 필요한 과정, 어떠한 새시기의 도래를 예고하는 역사적 전조(前兆)라 할진대 우리는 오히려 천하의 열성아(血性兒)와 함께 긴 한숨을 몰아쉬며 웅대한 투쟁의 결심을 새로이 할 것이다. 조선의 모든 선구자들이 과연 정말로 이러한 기백, 정성, 역량, 의식이 있는가? 여기에 중대한 관계가 잠재한 것이다(『조선일보』, 1925년 5월 27일, 1면 1단).

O 1925년 5월 28일 조선인과 국어문제

『조선일보』에 「조선인과 국어문제」를 기고했다. 일본의 조선어 말살 정책이 동화주의에 기초한 일본의 일선융화(日鮮融和) 정책이라고 비판하고 부모가 가르쳐 준 조선어를 버리고 갑자기 외래의 일본어를 습득, 사용하는 것은 가장 용인할 수 없는 사회적으로 하나의 죄악이라고 주장하고 있다. 또한 조선의 교육 용어는 조선어로 개정하는 것이 조선인 아동의 정당한 권리일 뿐만 아니라 가장 정당한 정책이라고 강조하고 있다.

현대에 있어 소위 정복국과 피정복국간의 국어문제는 관계국민 간에 매주 중대한 문제가 된다. 조선인의 국어문제는 세간의 식자(識者) 하루도 등한히 할 수 없는 문제이다. 특히 조선인 문화발달의 정당한 권리를 위해, 세계인으로서 세계문화 발달상 응분의 공헌을 가장 합리적인 조건 아래에 분담해야할 책무를 위해 학동(學童)들의 교육 용어를 자연의 언어 즉 조선어로 개정할 필요가 있다고 제창하는 바이다.

일본인이 현재 조선통치자의 지위에 있다는 것은 엄숙한 사실이다. 일본인의 조선 통치가 조선 문제 해결의 근본문제인 이상 이 근본문제를 방치하고 구구하게 국어문제를 논평하는 것은 우리의 본의가 아니다. 그러나 우리는 현재 당면한 하나의 문제로 또한 이 문제가 가장 세간의 식자(識者), 선구자들이 유의 또는 대책이 필요하다는 것을 단언한다.

조선인은 어찌해서 그 판별(辨別)과 사유 능력이 아직도 미약한 아이 시대부터 자연의 국어 즉 부모가 가르쳐 준 조선어를 버리고 갑자기 외래의 언어를 습득, 사용하는 것을 강제하지 아니하면 안 될 것인가? 그들로 하여금 정감의 순수한 발로, 사상의 자연스러운 표현, 성격과 능력의 바른 발육을 무리하게 막고 장애를 주면서까지 반드시 일본어를 사용하지 않으면 안 될 것인가? 인생 전체에서 가장 귀중한 생장발육의 초기에 이토록 인위적으로 불합리한 질곡(桎梏)을 가하는 것은 가장 용인할 수 없는 사회적으로 하나의 죄악이다.

　　일본의 조선 통치는 동화주의(同化主義)의 표준 하에 운용(運用)되는 바이다. 이 동화정책의 요약된 표어가 소위 일선융화(日鮮融和) 그것이거니와 이 형체만 겨우 존재하는 관제 유행어가 엄숙 또는 냉혹한 과학적 법칙 하에 있는 전통과 이해를 달리하는 두 이민족을 결합하여 혼연융화(渾然融和)의 신 집단을 형성하기 불가능하다는 것을 우리가 거침없이 이야기할 필요를 느끼지 않는다. 저들 직무상 선전하는 사람들도 마음속으로 불가능함을 스스로 인정할 것이다.

　　우리가 근본적 감정론을 떠나 가장 냉정한 이성과 지혜로 돌아가서 볼 때 현재 조선인이 문화발달상 일상생활상 일본어의 습득과 사용이 다른 온갖 국어보다 아주 큰 필요가 있다는 것은 누구나 부인하지 못할 바고 부인할 필요가 없는 바이다. 다만 이 엄숙 또 냉정한 과학법칙에 있어 도저히 불가능한 동화정책의 견지에서 교육용어의 쓸모없는 제한으로 조선인의 문화적 생장(生長)에도 쓸모없는 희생을 강제하는 것은 이해할 수 없는 바이다.

　　현재 조선에 있어 이 문제를 제창함은 모든 의미로 보아 실현이 매우 곤란하다고 생각한다. 그러나 이는 만천하 유년학동(幼年學

童)의 학부모인자, 식자, 논객, 실제운동가와 위정당국자가 결연히 작심해야할 당면한 중대문제이다. 한 국민 한 민족의 국어가 소멸되었거나 소멸될 경우는 세 가지가 있다, 첫째, 갑민족(甲民族)이 을민족(乙民族)에 대한 존경, 감복(感服), 숭배의 생각에서 스스로 자기민족의 언어를 버리고 을민족의 언어를 채용하는 경우이다. 둘째, 갑민족(甲民族)이 절대 다수인 을민족의 세력권에 편입되어 자연스럽게 자기 민족의 언어가 도태(淘汰)되는 경우이다. 셋째, 한 개 정복민족이 강대한 권력의 억압으로 인위적으로 그 예속민족의 언어를 금지하고 정복민족의 언어에 동화하게 하는 것이다. 그것은 엄정한 도의에 비춰보아 단연코 용인하지 못할 죄악이 될 뿐 아니라 마침내 이 자연의 법칙을 보통에서 벗어나게 해 파괴하지 못하고 실패의 자취를 남기고 만다. 첫 번째와 두 번째의 경우는 우리에게 있어 확실히 적용 불가능한 조건이다. 오직 세 번째 경우가 우리가 당면한 조건인 까닭이다. 즉 우리는 조선의 교육용어를 조선어로 개정하는 것이 조선인 아동의 정당한 권리일 뿐만 아니라 가장 정당한 정책이라고 부르짖는 바이다(『조선일보』, 1925년 5월 28일, 1면 1단).

○ 1925년 5월 29일 조선인과 국어문제

『조선일보』에「조선인과 국어문제」라는 제목으로 연속 기고했다. 일본인이 강대한 권력의 압박으로 조선어 사용을 금지하고 일어 보급을 조장하여 조만간에 동화정책의 효과를 즐기려 하나 그것은 결국 헛된 망상에 그칠 것이고 다만 조선인 문화발달의 순조로운 진보를 저해할 뿐으로 일본어 편중 교육은 의붓자식(螟蛉-명령)의 교육, 노예 교육이라고 비판하고 있다.

조선인이 그 역사적 문화적 견지에서 일본인을 존경, 감복(感服), 숭배하여 스스로 자연의 국어를 폐기하고 일본어에 동화할 이유가 없는 것은 우리가 예를 들어 증명할 것도 없는 바이다. 비록 조선인이 흩어져 없어지고 일본인의 침입이 극심한 기세로 발전되었다 할지라도 조선의 일본인은 갑자기 조선인보다 절대적 우세를 점해 조선인의 동화와 조선어의 소멸을 예상할 수 없다. 그리고 일본인이 강대한 권력의 압박으로 조선어 사용을 금지하고 일어 보급을 조장하여 조만간에 동화정책의 효과를 즐기려하나 그것은 결국 헛된 망상에 그칠 것이고 다만 조선인 문화발달의 순조로운 진보를 저해할 뿐이다.

지난해 조선의 교육 용어에 일본어 사용에 힘쓸 때 학무당국은 조선인 아동의 일본어 학력이 직접적으로 일본어의 강의를 이해하기 불가능함을 알면서 맹목적 명령으로 일본어 강의를 단행했다. 이 무리한 조치는 저들의 조선 교육에 대한 근본정신이 소위 동화정책에서 출발한 일어보급에 있는 것으로 조선인의 진정한 문화발달을 꾀하기에 충실하지 않은 것을 증명하는 것이다.

현재 조선의 통치자가 만만한 야심에 기인한 집단적 이기심에 끌려서 짙은 주관적 편견으로 냉정한 실제 사정을 잘못 인식하고 동화주의의 구태(舊態)를 버리지 못하니 이는 조선아동의 순리적인 문화발육을 잔인하게 희생하여 가며 오히려 동화정책 본위의 불합리한 일어편중 교육을 강행하는 것이다. 그리고 일어편중 교육은 즉 의붓자식(螟蛉-명령)의 교육, 노예의 교육을 의미하는 것이다. 우리는 이 초등교육의 일본어 폐지로부터 시작해서 중등 및 전문학교 교육까지 모두 혁신이 있기를 바라며 조선문제의 정당한 해결 방책을 강구하기를 바란다. 우리는 생기가 왕성한 우리 후진으로 하여금 영구히 현재의 질곡(桎梏)을 지고 있게 함을 용인할 수 없는 바이다(『조선일보』, 1925년 5월 29일, 1면 1단).

O 1925년 6월 12일 빈발하는 일본 학생의 폭행

『조선일보』에「빈발하는 일본 학생의 폭행」이라는 제목으로 기고했다. 일본인 학생의 조선인 폭행 사례를 언급하며 그들이 일본인이라는 민족적 우월감을 가지고 유혈을 겁내지 않고 호전적(好戰的) 습성을 발휘해 조선인 상대자에게 쉽지 않은 모욕을 가하는 것은 사회적, 정치적으로 미묘하게 인종적 악감정을 일으키는 결과에 이를 수 있다고 비판하고 있다.

> 최근 학생의 풍기문제(風氣問題)가 사회적으로 물의를 일으켜 식자(識者)들의 빈축을 사고 있다. 일반적으로 국내외 학생을 통틀어 남녀 간 법규에 관한 문제도 적지 않지만 일본인 학생의 계속되는 폭행사건은 보는 이들의 이목을 놀라게 하는 바가 있다. 최근 열흘 간 발생한 자만 지적하더라도 과거 한강 선유장(船遊場)에서 선린상업학교(善隣商業學校) 소림(小林) 아무개 외 몇 명이 조선인 승무원을 치상(致傷)한 것을 비롯해 경성대학 예과생 등이 전차 승무원에게 폭행을 가한 사실과 경성중학의 학생 등이 집단적으로 큰길 위에서 통행인에게 폭행을 가해 4~5인의 부상자를 낸 것 같은 것은 아직도 화제에 오르고 있다. 어제도 같은 경성중학생의 전차승무원에 대한 폭행이 있어 언제나 모두 경찰관서의 직권(職權) 처리에 의지하게 되었으니 이것은 식자(識者)들이 지나칠 수 없는 좋지 않은 현상이라고 할 것이다.
>
> 활발하고 진취적 기상이 풍부하고 사회적으로 무책임한 처지에 있어 능히 대담하고 호화롭게 놀 수 있는 청년학생들이 전후를 충

분히 살피지 않고 행동하다가 상식에서 벗어나는 일을 하는 것은 놀랍거나 심각한 일이 아니다. 그러나 상습적으로 반복하여 의기양양한 태도로 나오는 것을 볼 때는 우려와 꺼림의 느낌이 일어나지 않을 수 없다. 하물며 저들이 모두 일본인이라는 민족적 우월감을 가지고 유혈을 겁내지 않고 호전적(好戰的) 습성을 발휘해 조선인 상대자에게 쉽지 않은 모욕을 가하는 것을 능사와 같이 생각하는 것은 사회적, 정치적으로 미묘하게 인종적 악감정을 일으키는 결과에 이를 수 있다.

연두에 상점에서 차속에서 집회장에서 온갖 계급의 일본인들이 모두 오만불손한 태도를 가지는 바는 반복해서 열거할 필요가 없다. 그 근본적 병폐는 위정자들의 잘못된 정견을 믿고 교육방침이 도리에 어긋나기 때문이다. 첫째로 저들은 일본인의 역사적 인종적 선천적 우월감을 조장 혹은 지키기에 급급할 뿐이고 그것으로 조선인에게 강대한 인상을 주어 절대로 그에 항쟁하는 것을 단념하게 하고자 하는 것이다. 그 상급자와 교육자들이 항상 이러한 암시와 설명으로 하급자와 후학을 고취하고 있다.

저들이 황당무계한 삼한정벌(三韓征伐)이나 임나(任那)에 일본부(日本府) 설치설 혹은 고의로 과장된 도요토미 히데요시(豊信秀吉)의 조선침입의 사적(事蹟) 또는 윤색(潤色)된 사이고 다카모리(西鄕隆盛)[15] 등의 정한론(征韓論)의 사상과 기분에 지배되어 선입견적인 존대와 적개심이 때와 장소에 따라 드러나는 것이다. 최근 빈발하는 꺼려지는 일본 학생의 폭행은 오로지 이러한 사실에 기인하는 바이다. 따라서 우리는 이로써 단순한 학생의 풍기문제라 하기보다는 차라리 대립하는 두 민족 사이에 넘지 못할 장애물

---

15) 사이고 다카모리(西鄕隆盛, 1828~1877) 가고시마 현 출신으로 에도 막부를 타도하고 메이지 유신을 이끈 인물로 정한론을 주창했다.

때문이라고 생각한다. 우리는 일본인 위정자, 교육자와 일반 식자의 태도가 어떻게 개선됨이 있을까 의심의 눈으로 주시하려 한다(『조선일보』, 1925년 6월 12일, 1면 1단).

○ 1925년 6월 18일 연년천재

『조선일보』에「시평 연년천재(連年天災)」이라는 제목으로 기고했다. 가뭄이 극심한 상황에서 식수의 결핍으로 일시에 물 부족을 일으킨 지방도 있어 그 안타까움을 드러내고 가뭄에 대한 준비와 훈련이 필요함을 역설하고 있다.

장마기에 들어간 경성 일대는 잦은 세찬 비에 때로 가옥의 침수를 보게 된다. 그러나 중남부 조선에는 늦은 봄 이래 가뭄이 극심해서 보리농사는 겨우 평년의 상태를 유지했으나 수원(水源)의 고갈로 벼농사는 꽤 불안한 상태에 있고 그 중에서도 식수의 결핍으로 일시에 물 부족을 일으킨 지방도 있다고 한다. 작년에는 가뭄으로 굶주린 시체가 길에 널린 이 때 지방민들의 허둥지둥하는 상황을 상상할 만하다.

우리는 소위 부인의 어짊을 배워 선으로 인민의 구구한 평안함을 비는 것은 아니다. 그러나 불쌍한 백성, 흩어진 민중이 무지와 굶주림 중에 다만 암담한 걱정을 더하기를 원치 않는다. 굶주림은 반드시 반란을 유발하는 것은 아니다. 반란으로 반드시 혁명의 성공이 오는 것은 아니다. 우리는 우선 가득한 단비로 만민이 기뻐하는 농작물을 얻게 함을 간절히 원한다. 조선의 인민은 어떠한 행동을 취하기 전에 먼저 교양과 훈련이 있어야 한다(『조선일보』, 1925년 6월 18일, 1면 1단).

O 1925년 6월 19일 금지정치

『조선일보』에 「시평: 금지정치」라는 제목으로 기고했다. 6월 19일 중국혁명가 손문(孫文)의 추도회가 경찰에 의해 금지된 현실을 비판하고 있다.

비위(非違)를 조사하는 관리가 되기를 원하는 특성이 있는 일본인은 이제 경찰망을 풀어 조선인 대중을 감시하되 금지만능(禁止萬能)의 정치를 하니 저들 생래의 습성을 발휘하는 것에 기인하나 우리 조선인 된 자는 영원히 조용히 지낼 수밖에 없는 바이다. 19일 거행된 손중산(孫中山) 추도회(追悼會)가 저들 경찰당국의 명령에 의해 금지되니 우리가 원래 총명하지 못하나 일찍이 예상하지 못한 바이다. 저들 설명하기를 "현재 중국의 동란(動亂) 자못 천하에 들끓는 기세가 있어 조선은 인접한 땅으로 밤낮으로 근심스러운 상황이니 중국에 관한 군중의 집회는 불온하기에 때문이라고"한다. 이것이 금지정치의 본령(本領)이다(『조선일보』, 1925년 6월 19일, 1면 1단).

O 1925년 6월 19일 너는 조선인

『조선일보』에 「시평: 너는 조선인」이라는 제목으로 기고했다. 일본인의 북촌 진출에 대한 우려와 비판을 담은 글이다. 당시 경복궁 내에 신축한 조선총독부로 인해 일본인의 북촌 진출 열기가 높아지고 있었다.

경성부민(京城府民)의 균일한 부담으로 모든 경성부 30만인의 이익과 행복을 공평하게 꾀하지 않으면 안 된다. 그러나 남북을 가른 경성의 시가가 남부는 최신식 문명 시설이고 북부는 추잡한 모습을 벗지 못하니 일본인 본위의 남부가 조선인 본위의 북부를 희생으로 하기 때문이다. 최근 저들이 갑자기 북부 중심 시가 종로 일대에 보수공사를 하니 인성이 있어 다소의 마음 고침이 있어서이냐? 아니다. 어리석은 사람의 어리석은 견해이다. 최근 경복궁내에 건축하는 저들의 총독부가 낙성(落成)되어 일본인이 북쪽 진출의 열기가 높아지는 바 있어 저들 일본인의 장래를 생각함이 간절한 바 있어서 일 것이다.

저들이 이미 조선인 상권의 대부분을 점유하고 다시 조금씩 전진을 획책하기에 급급해 조선인이 자본이 적은 약점을 잡고 혹은 경찰의 자유자재 수법을 활용해 그 야욕의 관철에 노력하고 있는 것이다. 일본인의 사나운 마음을 두려워 할 것인가(『조선일보』, 1925년 6월 19일, 1면 2단).

○ 1925년 6월 22일 역경의 청년

독도문우수양회(纛島文友修養會) 행사에 참석해서 '역경의 청년'이라는 제목으로 강연을 했다.

시외 독도문우수양회(纛島文友修養會)에서는 이번 여름 방학을 이용해 교육의 발전과 지식계발을 목적으로 각 방면으로 계획 중인 바 첫 번째 사업으로 시내에 있는 연사 3명을 초청 강연회를 개최했다. 주제는 현대교육 - 이익상(李益相), 역경의 청년 - 안재홍(安在鴻), 지식과 품성 - 이종린(李鍾麟) 세 사람이 각기 열변을 토하고 11시 30분에 폐회하였다(『동아일보』, 1925년 6월 22일, 3면 9단).

○ 1925년 6월 28일 동방 제국민의 각성

『조선일보』에 「동방 제국민의 각성」이라는 제목으로 기고했다. 사회주의와 사회공산주의 등 좌경 각파의 사상이 눈에 띄게 발전하는 것과 국민주의, 민족주의가 부활 또는 고조되는 것, 회교계 민족적 제국민의 각성과 국민적 부활운동 등 당시 상황을 언급하면서 이런 세계사의 변화는 유럽과 아시아의 정복국가들에게 심대한 위협과 번민이 될 것이라고 예측하고 있다.

전 세계는 이미 포만상태(飽滿狀態)에 들어간 강대 국민과 그들에게 억압 또 착취되는 약소국민의 양대 부류로 구분되었다. 그리고 대전란의 결과 모두 인류 해방의 숭고한 감격과 강렬한 충동이 있었으나 이 양대 부류의 각 집단에 대해서는 각각 별개의 감수성으로 별개의 투쟁 경향이 촉진되었다. 즉 포만상태에 있는 강대 국민들은 그 국민 자체의 내부에서 압박과 피압박의 계급적 분열과 대치전(對峙戰)의 진영을 형성했고 국민적 예속상태에 있는 약소국민들은 대부분 거의 국민적, 민족적 대치전(對峙戰)이 세차게 일어나게 되었다. 이는 동일한 원리와 감격에서 출발했지만 그 처지와 요구하는 바에 서로 차이가 있기 때문이다.

근대의 역사적 대사변(大事變), 그 중에서도 유럽의 대전란이 다만 피압박 민중의 계급적 각성만 촉진함을 보고, 국민적, 민족적 각성과 활동이 세차게 일어난 사실을 간과하거나 경시한다면 매우 소홀한 책임을 면하지 못할 것이다. 사회주의와 사회공산주의 등 좌경 각파의 사상이 눈에 띄게 발전하는 것과 같이 국민주의, 민족주의가 부활 또는 고조되는 것도 특기할 만한 사실이다.

중동, 유럽의 옛 러시아 오스트리아 두 제국에서 독립한 신흥국민들은 다시 이야기 할 것도 없고 터키, 이집트 등 회교계 제 국민의 각성과 국민적 부활운동은 현재 민족운동사상 특기할 만한 현상이다. 모로코의 허구한 반란이 또 중요한 것이며 중앙아시아의 작은 민족에서부터 3억의 큰 인구를 가진 인도인과 4억 중국인, 몽고 수백 만 인민의 각성은 모두 금후 세계의 대파란(大波瀾)을 일으킬 커다란 화인(禍因)이 무르익고 있다. 더욱이 현재 세계적 놀라움의 초점이 되는 중국의 시위운동(示威運動)은 곧 동방국민의 민족적 각성의 표징(表徵)으로 관련 열강 정복계급의 마음을 서늘하게 하는 바이다. 상해에서 비롯한 중국의 시위운동이 천듀슈(陳獨秀), 리다자오(李大釗) 등 공산파 거두의 지도로 적색의 좌경운동으로 출발했지만 확대, 발전한 그 동란(動亂)의 형세는 이미 순수한 국민운동으로 바뀌어 뜨거운 외세 배척의 애국심의 발로임이 명백하다.

이러한 동방 제국민의 각성과 운동은 정복국가들에게 심대한 위협과 번민이 되는 것은 필연적 추세이다. 그리고 국민적, 계급적, 정치적, 경제적으로 아주 무거운 예속과 압박상태에 있는 동방 제국민이 항상 국민적, 계급적, 정치적, 경제적 반감과 투쟁으로 매우 어지러운 시가전(市街戰)을 계속하는 것은 낙후자의 필연적 운명이다. 우리는 비참한 혈전(血戰)으로 절대적 순의(殉義)와 희생이 가득한 것을 발견하고 놀라움 속에 혼합적, 요약적, 돌진적 전술(戰術)이 낙후자의 회피할 수 없는 운명으로 현대에 이르기까지 인류역사를 총결산하는 존귀한 대가(代價)인 것을 체험할 날이 있을 것이다(『조선일보』, 1925년 6월 28일).

○ 1925년 6월 28일 혁명시대

『조선일보』에 「시평: 혁명시대」라는 제목으로 기고했다. 동서 각지, 각개 인민 사이에 격심한 혁명의 소란과 소용돌이가 쉴 새 없이 폭발하며 민족혁명과 계급혁명이 빈번해지는 당시 상황을 혁명시대라고 보고 있다.

혁명시대(革命時代)가 온지 오래다. 얼른 끝날 듯싶지 않다. 민족혁명, 국민혁명과 계급혁명인 사회혁명을 아울러 동서 각지, 각개 인민 사이에 격심한 혁명의 소란과 소용돌이가 쉴 새 없이 폭발한다. 민족적, 국민적, 계급적 혁명을 다 모은 중국의 시위운동이 바야흐로 피바람으로 참담한 가운데 그리스에서는 다시 일대혁명이 폭발되었다 한다. 최근 죽은 사람 200명, 부상자 수천 명을 내 갑자기 전국 대동란(大動亂)의 형세를 촉성(促成)한 불가리아 농민공산당 사건이 겨우 진정된 후 이제 또 그리스 혁명의 발발을 보니 인간 삶의 어지러움과 빠른 불빛의 움직임을 마음대로 보는 것과 같다.

1830년 독립 국가를 형성한 이래 전쟁과 혁명의 소란이 빈번한 그리스의 국정은 식자들이 자세히 아는 바이지만 이제 혁명 종료 1주년이 못돼 다시 그 규모와 형식과 유사한 전국적 혁명을 보니 그 불안정한 가운데 노고가 심한 인민들의 참상을 알 것이다. 사치와 빈궁, 방탕과 기아, 압박과 피압박, 살육과 항쟁이 서로 반발되고 교차되어 인간 세상은 비참한 암흑의 시대를 보게 되었다. 항쟁시대, 살육시대, 그리고 저주와 복수의 시대 이는 곧 혁명시대이다(『조선일보』, 1925년 6월 28일, 1면 1단).

O 1925년 7월 4일 파메리 박사 강연회

오후 4시 중앙청년회관에서 열린 『조선일보』와 중앙기독교청년회 공동 주최 파메리 박사 초청 강연회에 사회를 봤다.

중앙기독교청년회와 본사 주최인 파메리 박사 특별 대강연회는 4일 오후 5시에 안재홍 씨 사회와 윤치호 씨의 통역으로 예정한 바와 같이 중앙청년회관에 열렸다. 청중은 정각 전부터 만원이 되었으며 박사는 빈곤방지라는 제목으로 한 시간 반이나 기염을 토하고 저녁 6시 30에 강연을 무사히 마쳤다(『조선일보』, 1925년 7월, 6일 3면).

O 1925년 7월 16일 극동을 중심으로 본 세계현세

『조선일보』 주최 여름대학에 안재홍이 '극동을 중심으로 본 세계현세'라는 주제로 강연한다는 보도가 신문에 실렸다.

하기대학 강사는 조선에서 제일 일류 내외 학자를 청하기로 되었다 함은 이미 두 차례 보도한 바이거니와 그동안 각 강사에게 교섭 한 결과 금일까지 대략 다음과 같이 결정되었으며 경성대학 예과 교수 삼위삼 씨는 학교의 일로 출장을 하게 되어 유감이지만 금년에는 출석하지 못하게 되었다.

금강산과 조선고교(古敎) 최남선 씨
음식과 건강자제와 건강 세전 부교장 밴버스컥 박사
문예이란 무엇이냐 시대일보 편집국장 홍명희 씨

제목 미정(未定)　　인천관측소장　후등(後藤) 학사

극동을 중심으로 본 세계현세　본사 상무이사 안재홍 씨(이상 승낙순)(『조선일보』, 1925년 7월 16일, 2면).

○ 1925년 7월 24일 독립문, 네 가느냐

『조선일보』에 「시평 독립문, 네 가느냐」라는 제목으로 기고했다. 무너져 가는 독립문이 일본인에 의하여 헐리려 하는 것에 대한 안타까움을 썼다.

　　장백산(長白山)에 가을바람이 쓸쓸하더냐. 압록수(鴨綠水)에 봄 물결이 고요하더냐. 삼각산(三角山) 높은 봉에 여름 구름이 서려 있다. 아아, 지는 해, 넘어가는 달, 흩어지는 꽃, 흐르는 물, 무엇 하나 이 인간 세상의 덧없음을 속살거리지 않음이냐. 봄바람 가을 비 수십 년에 무색(無色)한 허울로 오고가는 나그네의 적막한 감회만 일으키던 독립문(獨立門), 네 가느냐.

　　고종황제 31년 갑오 동학란의 뒤를 이어 일어난 일청의 전쟁과 그로 인한 시모노세키조약 제2조에 의한 조선의 독립은 다만 차기 병탄을 위한 간악하고 강한 이웃의 음모를 의미하는 것이었다. 쓸쓸한 조선의 정치적 사정을 배경으로 비바람 중에 고립하던 독립문이 일본인의 통치하에 곧 헐리게 된다는 것은 당연한 운명이다. 아아, 그러나 독립문, 네 가느냐. 승리와 개선은 침략과 정복을 의미라는 바이다. 우리는 그를 더 말하지 않는다. 그러나 해방전(解放戰)의 광야(曠野)에 있어서 타인의 힘을 신뢰할 수 있을까?

　　1782년 미국의 독립은 프랑스를 중심으로 유럽 여러 나라의 원조가 있었지만 대부분은 자력의 성과이다. 1860년 이탈리아 통일과 독립이 또한 그러했다. 그러나 1830년 그리스 독립은 러시아, 영국, 프랑스 등 여러 나라의 원조에 의한 타력의 성과였다. 19세기 초 나폴레옹 전쟁 중에 독립된 라틴아메리카 여러 나라는 익은 감이 저절로 떨어지는 우연에 가까운 일이었다. 그리고 유럽 대전 후 새로 번성한 중동과 유럽의 여러 나라는 타력과 자력이 서로 반쯤 되는 바였다. 그리고 그것은 곧 그 국민의 성장과 쇠퇴에 엄숙하게 반영되었다.

부산항의 조선인은 경사가 급한 산지로 쫓겨났다. 대구, 대전으로부터 영등포, 용산 그리고 왜성대(倭城臺)16) 일대로 남쪽에서 올라오는 저들 세력이 전 조선을 위압하는 판이다. 모화관(慕華館) 옛터 적막한 의주 가도에 서있는 무너져 가는 독립문, 이 타력의 산물인 독립문이 일본인에 의하여 헐리려 하는 것은 차라리 당연하다. 아아, 그러나 신시대의 진정한 해방은 장차 어떻게(민세안재홍선집간행위원회, 『민세안재홍선집』 1권, 1983년, 123쪽).

○ 1925년 8월 11일 가정수예강습회

오전 9시 조선일보사에서 열린 『조선일보』 주최 제1회 가정수예강습회 참석 개회사를 했다.

조선일보사 주최 제1회 가정수예강습회(家庭手藝講習會)는 예정과 같이 11일 오전 9시부터 시내 남대문 통일정목 조선일보 대리부 삼층에서 개최되었다. 오전 9시라 하면 서울 아침으로는 상당히 이름에도 불구하고 오전 8시경부터 회원이 모이기 시작하여

---

16) 임진왜란 때 일본군 주둔에서 유래한 조선시대 지명으로 현재의 서울 중구 예장동 회현동 1가 지역이다.

정각인 오전 9시에는 약 40명의 회원 전부가 참석하였다. 그러나 첫날 이라 여러 가지 준비 관계가 있어서 오전 10시 반에야 본사 상무이사 안재홍 씨의 개회사와 강사 소개로 개회한 후 간단한 다과의 향응이 있고 뒤를 이어 자수 강습을 시작하였는데 참가한 회원의 수효로든지 신분과 지식 정도로 보든지 이와 유사한 회합 중에는 전에 보기 힘든 좋은 성적이 있었다(『조선일보』, 1925년 8월 11일, 3면).

○ 1925년 8월 21일 곡보(哭譜)

『조선일보』에 「곡보(哭譜)」라는 제목으로 8월 29일까지 9회 연재했다. 이해 대홍수로 낙동강 하류 지대와 한강 일대를 둘러보고 홍수에 넘어진 소농(小農)의 초가집들이 아직도 그 참담한 자취가 그대로 머무르고 있는 것을 보고 쓸쓸한 느낌에 곡(哭)의 족보를 밝혀 쓴 글이다.

무엇이고 쓰고자 한지 오래되어 시간과 건강에 그 여유가 없었다. 이제 쓰기를 시작하며 문득 곡보(哭譜)로 하니 곡(哭)이란 비애의 표현이요 불행의 상징이라 그 유래가 재미있지 못 하다. 그러나 희노애락(喜怒哀樂)은 인간세상에서 면할 수 없는 생활의 감격이다. 웃음이 반드시 좋고 울음이 반드시 불가한 것은 아니다.

강개(慷慨)와 통곡하며 울기를 잘하는 것은 동양인의 특색이다. 그 중에서도 중국인은 선한 울음의 으뜸이고 그 다음은 조선인일 것이다. 곡(哭)과 노래는 다 시적 정조에서 나오는 바이지만 시적으로 된 동양인은 곡을 즐기되 상인적 타산이 풍부한 서양인은 곡하기를 별로 좋아하지 않는 모양이다.

낙동강 하류 지대를 차창으로 잠시 둘러봤다. 홍수에 넘어진 소농(小農)의 초가집들이 아직도 그 참담한 자취 그대로 머무르고 있는데 헐벗은 아동들이 우는 것을 보았다. 한강 연안을 돌아다니며 살폈다. 부녀의 곡성이 캄캄한 반쯤 파괴된 집에서 새어나온다. 쓸쓸한 마음에 즐겁지 않은 바가 많다(『조선일보』, 1925년 8월 21일, 1면 3단).

○ 1925년 8월 22일 가정수예강습회 수료식

오전 12시 『조선일보』 주최 제1회 가정수예강습회에 수료자들에게 증서를 전달했다.

본사 주최로 지난 10일부터 남대문통 조선일보사 대리부 3층에서 제1회 가정수예강습회(家庭手藝講習會)를 열고 문경자양을 선생으로 초빙하여 일반 가정부인들에게 기예에 대한 지식을 넓혀준다 함은 이미 여러 번 본보에 보도하였거니와 예정과 같이 22일 정오에 대성황으로 회를 마치게 되었다. 찌는 듯 삶는 듯한 더위를 무릅쓰고 열심히 배운 결과 마침내 앞치마, 방석, 테이블보, 책상보 등 여러 가지를 실용적 프랑스 자수로 수놓아 마치고 리본 편물로 어여쁜 주머니를 저마다 만들었다.

이에 본사에서는 그들의 재간과 수고를 깊이 칭찬하고 당일 오후 1시에 성대한 수업식을 거행하였다. 먼저 본사의 다과 향응이 있은 후 다시 좌석을 정돈하고 본사 상무이사 안재홍 씨의 간단한 사회로 식이 열려 본 강습생 중 윤정식 양을 대표로 27인의 증서를 수여하였고 그들 일동을 대표하여 김숙배 여사가 수예가 부인들에게 얼마쯤 필요하다는 말과 이렇게 좋은 기회를 열어준 본사

와 심한 더위에 지성으로 가르쳐주신 강사에게 충심으로 감사하다
는 답사가 있었다.

식은 이로써 끝나고 뒤를 이어 강습생 일동의 간담회가 열렸으
니 10여 일 동안이나 한자리에 같이 앉아 배우기에 힘쓰는 그 따
뜻한 정과 의리를 차마 서로 잊기 어려워 기념사진을 촬영하고 맛
있는 음식과 흥미 있는 유희로 즐겁게 놀다가 고려미술근화원에서
축하로 보낸 무궁화 조화(造花)한 가지를 손에 들고 늦게 헤어졌
다. 이번 강습회의 습작품은 일주일 동안 남대문통 본사 대리부에
진열하기로 하였다(『조선일보』, 1925년 8월 24일, 3면).

○ 1925년 8월 28일

동경조선인 기독교청년회관 건축 후원

저녁 7시 명월관에서 열린 동경조선인 기독교청년회관 건축 후원
모임에 신석우, 송진우, 한기악, 이윤재, 김용무, 김성수 등과 함께
참석했다.

동경 조선인 기독교청년회관 건축을 후원하기 위하여 28일 저
녁 7시부터 시내 명월관에 각 분야 유지로 신석우 송진우 유홍종
이종린 한기악 백남훈 최규동 정대현 백관수 구자옥 안재홍 이윤
재 김용무 김성수 김형배 김송은 유양호 박계양 신홍우 김필수 최
승만 김창제 홍병선 유억겸 유진태 김준연 박승철 진학문 등 30여
명이 모여서 우선 주최 측으로 조선기독교청년회연합회 총무 신홍
우 씨가 "동경기독교청년회 건축기부 금 모집 문제에 대하여 최근
에 후원회를 조직코자 준비위원 다섯 사람을 선정한 일이 있다.
오늘은 후원회 조직을 위하여 여러분을 청했으니 많이 힘써 달라"

는 취지를 말했다.

다음에 재일본 동경 조선인기독교청년회 총무 최승만 씨의 사정 설명이 있고 이미 선정된 준비위원 중 송진우 씨가 준비위원을 대표하여 후원회 조직의 필요를 말하고 즉시 회의에 들어가 임시 의장으로 유진태 씨를 추천하여 출석한 사람으로 후원회를 조직하고 추후로 각 방면 유력자를 망라하기로 한 후 집행위원 열 사람을 두되 다섯 사람은 이전 준비위원을 그대로 승인하고 나머지 다섯 사람은 준비위원 5인이 전형한 결과 아래와 같이 선정되고 오후 9시에 산회하였다.

유진태 박승철 한기악 백관수 송진우 이종린 정대현 장두현 유억겸 이윤재(『조선일보』, 1925년 8월 30일, 1면).

○ 1925년 9월 1일 무명회 임시총회 의장

저녁 9시 30분 명월관에서 무명회 임시총회에 참석 의장으로 회의를 진행했다.

무명회 임시총회를 시내 돈의동 명월관 본점에서 1일 저녁 9시 30분부터 열고 안재홍 씨가 의장으로 전회의록과 기자대회에 대한 보고가 있고 회의에 들어가 개벽(開闢) 정간에 대한 의논이 있었으나 일이 중대하다 하여 신임 위원에게 일임하기로 하고 故 옥파(沃坡) 이종일(李鍾一) 씨 장서(長逝)에 조위(弔慰)하기로 결의한 후 아래와 같이 신임 위원을 선거하였다.

한위건 설의식 한기악 홍남표 이종린 김기섬 이을 홍병선 신명균 변인근 김약수 홍순재 김법용 안재홍 홍덕유(『조선일보』, 1925년 9월 3일, 1면).

○ 1925년 9월 2일 청년노년

『조선일보』에 「청년노년」이라는 제목으로 9월 5일까지 4회 연재를 했다. 당시는 청년의 시대, 청년 존중의 시대라고 주장하며 청년으로 인류 역사에서 능력을 발휘한 한니발, 마치니, 고주몽, 칼마르크스 등의 사례를 들고 이런 예는 세상의 청년들이 기운차게 일어나 자부심을 갖게 할 만할 것이라고 강조하고 있다.

지금은 청년의 시대이다. 적더라도 청년 존중의 시대이다. 어느 의미로는 청년 발호(跋扈)의 시대라 할 것이다. 청년은 그의 약동하는 생명의 세력에 의하여 항상 비상한 맹진성을 발휘하니 천하 비상한 사변에 처하여 청년이 항상 비상한 공적을 들어내는 것은 자못 당연한 일이다. 어려서 신동 늙어서 바보라는 속담이 있거니와 다소의 우수한 천질(天質)이 있더라도 그의 대성을 꾀하지 않고 영재(英才) 어질고 능하나 그 좋은 재능을 방해하는 것은 자못 개탄할 인생의 천박함을 말하는 것이다.

카르타고의 한니발은 9세에 로마인의 횡포가 무도함을 통한(痛恨)하여 신사에서 그 복수를 눈물로 맹세한 후 일생을 로마와의 전쟁에 헌신하였다. 이태리 건국삼걸(三傑)의 한 명인 마치니는 12세에 모친을 따라 제노아의 해변에서 놀다가 망명객인 혁명가의 기구한 신세에 감명한바 그리하여 이탈리아의 독립과 통일을 위하여 헌신키로 결심한 후 고심참담(苦心慘憺)한 운명 중에 생을 마쳤다. 그러나 그는 일시 신공화정치의 임시대통령 직책을 맡았고 가리발디, 카부르 등의 인물에 의하여 통일의 대업이 완성되었으니 죽어도 오히려 여한이 없는 사람이다.

동명왕 고주몽이 동부여로부터 엄체수를 건너서 졸본의 하곡에 고구려 905년의 기업(基業)을 건설하던 때가 방년(芳年) 21세이다. 마케도니아의 알렉산더 대왕이 부왕 필립을 계승하여 국내의 분란을 진정하고 4만 5천 정병으로 헐레스폰드 해협을 건너 인도 원정길에 오를 때가 22세이다. 그러나 그가 31세의 장년으로 취중에 푸른 강에 뛰어들어 열병을 얻고 드디어 요절(夭折)함을 면치 못하였으며 헬레나 세계의 대분열로 떨어져 그 세계통일의 대경륜은 결국 수포에 돌아갔으니 연소자의 객기(客氣)가 신명을 단축했다고 할 것이다.

칼·마르크스가 유명한 공산당선언을 발표하여 지금까지 세계 사회혁명을 말하는 자 모두 그 취의를 계승, 조술(祖述)하거니와 그것도 27세 때의 일이다. 27세가 인격 발전의 계단에 있어서 어떠한 특별한 인연이 있는 지는 우리가 좁은 지혜와 역량으로 아직 주장할 근거는 없다. 알프스를 북으로 넘어 북방의 갈리아인을 원정하러 가던 줄리어스 케사르의 나이 31세이니 비록 앞서 언급한 여러 사람에 비해 손색이 있으나 또한 일찍 성공한 한 사례이다. 이것만으로도 세상에 어느 정도 청년으로 기운차게 일어나 자부심을 갖게 할 만할 것이다(『조선일보』, 1925년 9월 2일, 1면).

○ 1925년 10월 20일 『조선일보』 속간

『조선일보』에 「본보 속간에 임해」라는 제목으로 기고했다. 『조선일보』는 1925년 9월 8일 정간을 당했다. 10월 15일 속간됐는데 그 소회를 담은 글로 정간 중에 신문사가 당한 고통에 대해 술회하고 언론으로서의 정도를 지키며 쉼 없는 영원한 정전(征戰)의 길을 중단하지 않겠다는 의지를 피력하고 있다.

1925년 9월 8일 현 조선통치의 수뇌자로부터 한편의 지령이 떨어져 우리가 가장 사랑하는 기관인 조선일보(朝鮮日報)는 급작스럽게 발행정지(發行停止)의 재앙을 당했다. 마치 거인이 횡사(橫死)함과 같이 그 참담한 시체가 천하 많은 사람들이 보는 앞에 나둥그러졌다. 오직 황량하고 처량한 국면이 이 패배자의 넘어진 암흑이 광야에서 지속되었다. 우는 자, 한숨 쉬는 자, 통한하는 자와 천하민중의 분노와 한탄하는 자가 무릇 몇 천만인 것을 헤아릴 수가 없다. 아아, 인간세상의 일 뜻과 같지 못하고 어찌 10에 항상 8, 9일뿐인가? 백의대중의 왕성한 생존 의욕은 여지없이 꺾이고 눌리고 짓밟힐 뿐이요 그들의 비참한 최후의 비명도 또한 마음껏 힘껏 해볼 수 없으니 그들의 궁극의 형세가 이미 비상한 상황에 빠진지 오래인 것을.

1개월을 지나고 또 8일을 넘어가 10월 15일로 발행정지 해제의 운(運)에 당하니 본보가 언론기관으로서의 사명을 할 수 없는지 무릇 38일 동안이고 제반 지체된 사무를 정리하여 속간(續刊)의 결실을 보기에 5일을 소비하니 본보가 천하민중의 감각의 세계를 떠난 지 합해 42일이다. 오랜 억만년의 지속과 비교해서 이 42일의 시간이 다만 전광석화(電光石火)의 빠른 찰나인 것은 물론이나 고심참담(苦心慘澹) 사활과 존망을 쉴 새 없이 다투어 나가는 뜨거운 정전(征戰)의 평야에 있어서는 이도 또한 회복할 길 없는 영원한 손실일 뿐이다. 본보의 존귀한 사명을 인정하고 옹호해주시는 천하 어진 독자와 함께 우리는 자못 깊은 슬픔과 애석하고 아까운 느낌을 금할 수 없다.

그러나 재앙에 임해 비탄하는 것은 인정(人情)의 약점이고 위난에 처해 그 정당한 진로를 개척하며 침통한 의기(意氣)로 만사일생(萬死一生)의 엄숙한 결심을 보이는 것은 도도한 강물의 흐름 속에 고투하는 자의 피할 수 없는 하늘이 정한 약속이다. 우리가 이미 영원한 불합리의 사회에 처했으니 쉼 없는 영원한 정전(征戰)의 길은 어찌 그 중도에서 정체와 좌절을 허용하겠는가? 고락과 생사는 끝없는 길에 소소한 한계일 뿐이다.

생장(生長)하는 생명의 씨를 담은 우리 인생은 어찌 꺾을 수 없는 인격의 권위를 영원히 모독할 수 있으랴! 그 조선인인가? 동서고금에 비할 데 없는 이 특수한 운명은 오직 조선인으로서 지대한 노력을 요하지 않는가? 그 현대인인가? 우리는 경우를 초월하여 홀로 존재할 수 없고 세상의 추이를 따라 그것을 바르게 이끌지 않을 수 없다. 천하의 민중이여! 어찌 우리와 더불어 영원히 가는 길에 순간이나마 정체함이 있겠는가(『조선일보』, 1925년 10월 20일, 1면 2단).

○ 1925년 10월 20일 정간중의 세계사정

『조선일보』에 「정간중의 세계사정」라는 제목으로 10월 28일까지 9회 연재했다. 11월 예정인 관세회의, 중국의 사정, 유럽의 독일 배상문제, 각국의 전시 채무문제, 대독일 안전보장조약 문제 등을 언급하고 있다.

사회상의 매우 간절함과 변동하는 세계사정의 면면을 가장 신속히 보도하는 것을 유일의 사명으로 삼는 우리 조선일보가 위정 당국의 꺼리고 싫어함으로 저촉된 바 있어 갑자기 발간정지의 불

할 터라고 말했다고 한다(『매일신보』, 1925년 11월 12일, 2면 2단; 『조선일보』, 1925년 11월 12일, 2면).

○ 1925년 11월 12일 백암 박은식 추도식 준비회의

오후 4시 열린 독립운동가 백암 박은식 추도식 준비회의에서 백암선생 약사 낭독자로 선정됐다. 추도식은 18일 오후 3시 종로 중앙기독교청년회관에서 열렸다. 추도식 발기인으로 김성수, 송진우, 백관수, 정인보, 이승복 등이 참여했다.

우리의 존경할 선배이며 민중적 지도자로서 해내 해외에서 작고(作故)한 이들이 한두 분 아니었다. 그러나 여러 가지 사정이 그를 허락하지 아니하였던지 모두 한 번의 추도회도 없이 지내버려서 가뜩이나 비상한 역경에서 타계의 사람을 지은 선배들로 그의 사후까지도 적막하게 한 느낌이 없지 않았다.

이번에 상해에서 돌아간 백암(白庵) 박은식(朴殷植) 씨에 대하여는 지금부터라도 추도로써 그의 영령을 위안함이 옳겠다는 뜻으로 지난 12일 오후 4시 30분부터 시내 각 방면의 유지 여러분이 모여 그 추도회에 대한 여러 가지 사항을 논의하였는데 그 추도회를 발기한 사람은 김연병, 이을, 최남선, 박희도, 홍명희, 김진우, 유진태, 김응집, 남궁훈, 김준연, 임규, 한위건, 김성수, 백관수, 송진우, 최원순, 이광수, 국기열, 김동성, 정인보, 서승효, 이승복, 신홍우, 구자옥, 이상재, 신석우, 한기악, 권동진, 박찬희, 최린, 이종린, 안재홍 등이다.

그 추도회는 오는 18일 수요일 오후 3시부터 시내 종로중앙기독교 청년회관에서 거행키로 결정하였고 그 순서와 담임자의 씨명은 아래와 같다.

1, 사회 이상재 1, 추도사 최남선 1, 백암선생 약사 안재홍 1,
감상담 참석자 중(『조선일보』, 1925년 11월 16일, 2면).

○ 1925년 11월 16일 세계정세 일별

『조선일보』에 「세계 형세의 일별(一瞥)」이라는 제목으로 11월 23일
까지 연재했다.

일주일별(一周一瞥)이라는 제목으로 내외 동서의 정치상황의
추이를 약술했다. 신문사 사정으로 이를 대신할 만한 기사로 인하
여 중단한 적도 많았다. 이제 세계형세의 일별(一別)이라고 이름
지었다. 그러나 붓은 먼저 중국의 풍운(風雲)으로 돌아간다. 옛날
로마의 네로 황제는 비극의 각본을 쓰기 위하여 그 참담한 광경을
목격 체험하고자 그의 신하를 시켜서 로마의 대시가에 불지르게
했다.

티베트에 번영한 굉장히 큰 누각은 모두 재가 되었다 하거니와
중국의 군벌들은 그의 한 몸과 자기 한당의 권세와 영예를 위하여
건듯 하면 수억 인민을 병화(兵禍)의 참상 중에 비명 지르게 한다.
우리는 네로와 같이 비극의 묘사를 즐겨할 객기(客氣)는 없다. 그
러나 날아드는 외신은 때로 추측이 곤란한 측면이 많다. 중국 동
란에 관해서는 우리 이미 그 좁은 견해를 기술한 바 있다. 추후로
변화되는 형세에 관해서도 여러 차례 소개 비평한 바 있었거니와
이 전란의 서막은 아직도 그 앞길이 추측에 곤란한 측면이 있다
(『조선일보』, 1925년 11월 16일, 1면).

○ 1925년 11월 22일 전조선전문학교정구대회 임원

제3회 전조선전문학교정구대회 본부 임원으로 한기악과 함께 시상식에 참여했다.

> 조선학생회주최와 시대 · 조선일보 연합 후원의 제3회 전조선전
> 문학교연합정구대회는 23일 오전 9시 30분부터 휘문고보 코트에
> 서 행한다함은 별도로 보도한 바이거니와 임원은 아래와 같다.
> 대회 임원
> 본부: 최수원 이시웅 최윤정
> 시상: 안재홍 한기악 한희진
> 설비: 성원영 김상회 나찬수 성승영 장석천 왕창업
>   김명신 이봉인
> 심판: 이세전 연학년 이길용
> (『조선일보』, 1925년 11월 22일, 2면).

○ 1925년 11월 23일
전조선전문학교정구대회 임원으로 시상

전문학교 정구대회에 참석 시상식에서 본부기상을 수여했다.

> 조선학생회(朝鮮學生會) 주최로 조선일보(朝鮮日報)와 본사의
> 후원 아래에서 오는 23일 오전 9시 30분부터 일동 휘문(徽文) 코
> 트에서 열리게 된 전조선전문학교연합정구대회(全朝鮮專門學校聯
> 合庭球大會)는 내일로 임박했다. 주최 측에서는 그 동안 만반 준
> 비를 이미 마치고 오직 대회의 개막을 기다릴 뿐이라는데 이 때에

전조선전문학생선수의 웅건 장쾌한 자태와 묘기는 하룻밤만 지나면 볼 수 있게 되었다. 이번으로는 마지막이고 또한 처음의 장관을 이룰 이번의 정구대회는 과연 얼마나 장쾌할까! 반도정구계(半島庭球界)의 기대는 오로지 이 날에 집중되었다(『시대일보』, 1925년 11월 22일, 2면).

○ 1925년 11월 28일 중국전화의 재연

『조선일보』에 「중국 전화(戰火)의 재연」이라는 제목으로 11월 30일까지 4회 연재했다.

어제 본문을 쓴 후 다시 중요한 속보가 있었다. 펑위샹(馮玉祥)과 궈쑹링(郭松齡)의 제휴를 알선하는 지위에 있었던 것같이 전해졌던 리징린(李景林)[17]은 과연 그다지 심밀한 관계가 없었고 작년 산하이관의 격전에 여러 차례 큰 공을 세웠던 궈쑹링이 그의 논공행상에 불만이 있어 결연히 반기를 들기로 함이라 한다. 펑·궈 양인의 밀약을 살펴보면 장쭤린의 하야 통전을 발할 것 리징린이 궈쑹링을 공격할 때에는 펑은 이를 공격키로 공수를 동맹한 것을 전제로써 하였는데 리징린은 추후로 이를 관계하여 부득이 서명하게 되었다 한다. 그리고 리징린이 중립하며 그 공으로 열하를 줄 것과 국민군 제일군은 직례와 경한철도 전선을 세력범위로 할 것과 궈쑹링은 동삼성을 얻을 것을 약정하였다 한다. 이것이 펑, 궈, 리 세 사람 간에 어떠한 정도까지 진지하게 협상이 되었는지, 그것의 실현성이 있는지가 매우 흥미 있는 문제이다(『조선일보』, 1925년

---

17) 리징린(李景林, 1885~1831) 허베이 성 출신의 중국 군벌로 중화민국 2대 독판을 지냈다.

11월 28일, 1면).

○ 1925년 11월 28일 태평양문제연구회 참여

오후 4시 30분 종로 중앙기독교청년회관에서 열린 태평양문제연구회 참여했다. 이 연구회는 태평양 연안 9개국이 태평양 연안의 교육, 산업, 정치, 종교, 경제 등 여러 문제를 토의하는 모임으로 윤치호, 이관용, 유억겸 등과 함께 참가했다.

태평양문제연구회(太平洋問題硏究會)설치에 관하여 유지 제씨가 28일 오후 4시 30분 종로 중앙기독교청년회관 안에 모여 여러가지로 토의하게 되었다함은 어제 신문에 보도한 바이다. 이제 그 회합의 경과를 들으면 같은 날 오후 4시 30분부터 윤치호, 이관용, 유억겸 씨 외 유지 15인이 모여 태평양상의 평화를 유지함에 다소간이라도 공헌이 있기 위해 태평양문제연구회(太平洋問題硏究會)를 조직하고 다음과 같이 위원을 선정한 후 저녁 6시 30분 경에 폐회하였다는데 이 태평양문제연구회에서는 전례에 의해 2년 만에 모이는 관계 9개국(미국, 하와이, 캐나다, 뉴질랜드, 호주, 필리핀, 중국, 일본, 조선) 대표자들의 회합에 위원을 보내어 단순한 개인의 자격으로 참가하게 해 국제 문제에 관계된 태평양 연안의 교육, 산업, 정치, 종교, 경제 등 여러 문제를 토의하고 의견을 교환하리라 하며 회의규약 기타는 위원회에 일임하였다.
　　위원장 윤치호 위원 안재홍 신홍우 최원순 이관용 조병옥 유억겸(『동아일보』, 1925년 11월 30일, 2면 3단).

그저께 28일 오후 4시 30분에 종로 중앙기독청년회관(鐘路中央

基督靑年會館)에서 태평양문제에 대하여 취미를 가진 유지 18인이 모여 '태평양문제연구회(太平洋問題硏究會)'를 조직하기로 결정 하였다는데 이에 대하여 당회 위원의 하나인 유억겸(兪億兼) 씨는 말하되 "올여름 7월에 하와이에 열렸던 태평연안민족대회의 주제가 동기로 되어 이 회가 조직되었습니다. 지금까지는 각 민족의 정치, 경제, 이민, 종교, 문화에 대한 각기 그 나라 정부 외교망을 통하야 해결코자 하였으나 지금부터는 민간에서도 직접으로 외교하여 모든 문제를 원만히 해결하고자 함이 우리 목적입니다.

올여름 대회에는 미국, 하와이, 캐나다, 뉴질랜드, 호주, 필리핀, 중국, 일본, 조선의 아홉 민족이 되었는데 하와이에 있는 중앙부에는 아직 미국, 캐나다, 하와이, 뉴질랜드 네 민족 대표자만 가 있는 바 그 나머지 다섯 민족 대표도 조만간 선정됨을 믿습니다." 이번에 조직되려는 조선의 태평양문제연구회의 조직과 규칙 제정에 대하여는 아래와 같은 위원이 책임을 지게 되었다 한다(『시대일보』, 1925년 11월 30일, 2면 6단).

○ 1925년 11월 28일 조선사정조사연구회 참여

중앙기독청년회관에서 열린 조선의 사회 사정을 조사 연구하는 조선사정조사연구회에 홍명희, 김준연, 조병옥, 최원순 등과 함께 참여했다.

이번 각 분야에 종사하는 여러 유지가 '조선사정조사연구회'를 조직하고 조선의 사회 사정을 조사 연구하기로 결정 하였는데 아직은 상업, 공업, 농업, 재정·금융, 법제, 교육 등 부문을 설치하고 이에 관계되는 모든 사실을 학술적으로만 조사 연구한다 하며 장차는 서류도 발간하고 공개 강연도 개최하려니와 아직은 당회 규정에 의하여 매월 1차씩 회원 중 한 사람이 자기가 조사한 결과를 보고하기로 되었는데 그저께 11월 28일 오후 5시 30분에는 중앙기독청년회관에서 김수학(金秀學) 씨가 '조선의 세금제도(朝鮮의稅金制度)'에 대하여 보고 하였다 하며 그 내용이 풍부할 뿐 아니라 그 문제가 일반의 취미를 끌었다. 그 날은 조선 전체에 관계되는 중앙소속세제(中央所屬稅制)에 대하여만 보고하고 지방세(地方稅)에 대하여는 오는 12월 12일 오후 5시 30분에 청년회관에서 한다(『시대일보』, 1925년 11월 30일, 2면 6단).

시내에 있는 조선사정조사 연구회에서는 지난 28일 오후 5시 30분부터 시내 종로중앙기독교정년 회관에서 제1회 조사보고회를 열고 그 회의 재정금융방면을 담당한 김수학 씨로부터 조선 현행 세금제도(稅金制度)에 관하여 가장 세밀한 조사보고의 강연이 있었다. 조선 역대 대외 조세제도 변천의 과정으로부터 내외의 세금제도와 그 수출입에 관하여 자못 세밀한 발표가 있었는데 강화가 두어 시간에 근래에 드문 취미 있고 유익한 회합이 되었다 하며 이 조선사정조사연구회는 그 명칭이 가리킴과 같이 복잡한 실제 운동을 떠나서 현하 조선의 사회사정을 과학적으로 조사, 연구하여 널리 사회에 소개하며 때로는 그 필요한 재료를 수요자에게 제공코자 함이라는 바 그 중요한 규정은 아래와 같다.

1. 본회는 조선사정조사연구회라 칭함
1. 조선사정의 조사연구를 목적으로 함
1. 회합은 매월 1차로하되 월말 토요일로 함
1. 필요에 응하여 강연 혹은 팜플렛을 발행함

위와 같거니와 동회에서는 우선 법제, 재정, 금융, 교육, 상업, 교통, 공업, 농업 등의 과목으로 나누어 각 사람이 담당하여 조사 연구하기로 하였고 담당자의 씨명은 아래와 같다.

김준연 유억겸 박승철 최원순 홍명희 이재간 김수학 이관용 조병옥 조정환 선우전 이춘호 백관수 김송은 김기전 박찬희 이순탁 한위건 국기열 백남훈 홍성하 백남운 이긍종 최두선 안재홍(『조선일보』, 1925년 11월 30일, 2면).

O 1925년 12월 21일 세계형세 대관

『조선일보』에 「세계형세 대관」이라는 제목으로 12월 31일까지 연재했다.

겨울날이 흐려서 음산한 기운이 사람의 마음을 침울케 한다. 어지러이 흩어져내리는 백설이 휘날리고 사해 만 리의 산하가 모두 흰 은세계를 이루는 때는 오히려 장엄한 감개를 돋우는 바 있지만 음산한 날씨는 오직 사람에게 침울하고 불쾌한 생각을 일으키게 할 뿐이다. 삼한사온(三寒四溫)의 기후는 틀림이 없어 영하 13도까지 내려갔던 혹심한 추위도 어느 정도 누그러져 몹시 추운 북국의 사나운 추위도 다시 그 위력을 발휘하지는 않는다.

금년은 괴이한 날씨를 많이 가진 해였다. 미증유의 대홍수가 여러 번 거듭하였었고 마지막으로 입동과 동지의 사이에도 진달래꽃, 개나리꽃, 두견화 등이 한 번 더 봄색을 시새워 나오는 듯이 도처에서 그 때 아닌 아름다운 모습을 드러내었다 한다. 대동강변에서는 2천 년 전 선인들의 유적이 발굴되었고 한강의 상류 위례

성의 옛터에서는 고구려의 옛 기와가 발견되었다. 이것도 시간의 세계에서는 자못 유구한 것이었다. 5만 년 전 몽골족의 인골도 팔레스타인 지방에서 발견하였다. 600만 년 전의 아메리카의 현상에 관한 상상도가 발표되었다. 5만 년, 600만 년을 이야기할진대 아무리 지수(指數)의 양이 어림없이 증대되는 오늘날에 있어서도 더 유구한 느낌이 있다할 것이다.

금년의 세계형세의 대관(大觀)은 과연 무엇으로써 대표될까? 이는 자못 간명한 검토를 필요한 바이다. 사람은 어리석은 동물이다. 순간에 죽는 것은 생각지 않고 백 년 살 것을 문제 삼으며 매년과 같이 평범할 것을 단념하지 않고 금년만은 특별한 것이 있을 것을 믿고자 한다. 물론 1789[18])년이나 1848년,[19]) 1917년[20])과 같이 근대 인류역사상 특별한 해도 있는 것이다. 1910년이나 1919년과 같이 조선인의 국민적 생활에 있어서 잊을 수 없는 회한, 감격, 추억을 일으키는 해도 있는 것이다. 그러나 1년이 지나 다시 1년이 특별한 기억을 남기기를 보장하는 자 누구이겠는가?

일로조약의 성립, 로카르노 조약의 완성 같은 것은 금년의 정치사상 특기할 만한 것이다. 프랑스의 번민, 영국의 보수 세력 안정, 대통령을 재선한 미국의 정치 사정 등은 비록 특별할 것은 없지만 또한 들여다 볼 가치가 있는 것이다. 그리고 동남유럽의 여러 나라를 비롯하여 좌익 압박으로 특색을 지은 올해 1년의 반동적 경향은 그 성립의 순간에 곧바로 참혹하게 압사 당한 일본 무산정당의 일처럼 또한 중요한 한 경향이었다(『조선일보』, 1925년 12월 21일, 1면).

---

18) 프랑스대혁명.
19) 프랑스 2월 혁명과 독일혁명.
20) 러시아혁명.

○ 1925년 12월 25일 봉천피난동포위문회 집행위원

오후 7시 조선교육협회에서 열린 봉천피난동포위문회(奉天避難同胞慰問會)에 집행위원으로 홍명희, 송진우, 백관수, 이종린, 배성룡, 최두선 등과 함께 참여했다.

금번 중국동란으로 인해 재만 동포의 피해와 참상이 크고 피란의 길을 찾아서 봉천(奉天)성내로 모여들어 있으나 임시 구제책이 없어 굶주린 창자를 움켜쥐고 도로에 방황하는 동포가 수천 명에 달한다 함은 각 신문지에 연일 보도되었다. 이에 대한 대책을 강구하기 위해 그저께 25일 7시에 시내 수표정에 있는 조선교육협회에서 유지 제씨가 회합하여 협의한 결과 봉천피난동포위문회를 조직하고 다음과 같은 결정했다고 한다.

一, 시대일보, 조선일보, 동아일보 3개 신문사의 후원

一, 임시사무소는 시내 수표정 24 조선교육협회 내

一, 집행위원 홍명희, 유진태, 송진우, 백관수, 안재홍, 이종린, 배성룡, 최두선, 이갑성, 유창환, 유성준(『시대일보』, 1925년 12월 27일, 2면 1단).

제9장

1926년

○ 1926년 1월 1일 엄숙한 반동의 신 일 년

『조선일보』에 「백열(白熱) 그러나 엄숙한 반동(反動)의 최중(最中)의 신일년(新一年)」이라는 제목으로 사설을 기고했다. 1926년 병인년을 맞아 뜨거운 개척 정신을 가지고 일제에 대한 투쟁 의욕을 잃지 말자는 것과 문맹 타파운동, 농민과 도시노동자 운동의 분리, 조선인의 기술적 경제적 생산력 증진의 필요성을 강조하고 이것을 이루기 위한 부단한 실천을 역설하고 있다.

예전과 같은 강산이고, 예전과 같은 해와 달이다. 바쁜 사람의 세계에는 오직 널부러진 강산과 오고 가는 일월(日月)이, 자기와 같이 북새를 놓고 줄달음질 할 뿐이다. 자고 깨고 쉬고 일하니 그 강산도 또한 바뀜이 있느냐? 한탄하고 기뻐하고 생각하고 또 일하니 그 해의 질서에 갈림이 있느냐? 세상 사람이 모두 외쳐대는 신년이 왔다하니 그 지난 해 이미 갔느냐? 지난 해 이미 갔으니 우리는 무엇을 보내었는가? 신년이 다시 오니 무엇을 맞이할까?

감사함이 없다. 웃고 싶지 않다. 해 놓은 일이 없다. 기뻐서 축하하고 싶지 않다. 반동의 철추(鐵椎)가 우리의 머리를 내려치려 한다. 내 희망의 신년이라고 입에 발린 말은 안 하고 싶다. 세계가 우리 주관(主觀)의 바라는 바를 위해 냉혹한 필연의 길을 한발자국도 옆길로 돌아서 주지 아니하거니와 우리는 요행(僥倖)의 신일년의 하늘에서 오는 복음(福音)을 어림잡고 찬미해야 하는가?

아아, 동지들아 조선의 민중아. 나는 믿고 싶은데 이 반동(反動)의 세력이 바야흐로 심해지는 시기에 우리가 가질 태도는 먼저 뜨거운 개척의 정전(征戰)을 영원히 지속하고자 하는 의욕이다. 그리고 가장 엄숙한 이지적 비판과 정리(整理)로 다음의 시대를 준비하는 것이다. 이것은 중지(中止)의 뜻이 아니라 온갖 고난과 만난(萬難)과 싸우는 웅숭깊은 전사(戰士)의 적극적인 대책인 것이다.

우리들은 오직 오직 살기 위하여 보다는 잘 살기위하여 언제나 또 어디서나 최후의 진지에서 혈전(血戰)하는 용사와 같이 항상 끝까지 정성을 다하는 노력이 필요하다. 우리는 이러한 인생을 자각하고 조선인인 것을 의식하고 피압박 민중의 하나인 것을 체험하는 그 때부터 억압, 박해에 대한 쉴 새 없는 정전(征戰)을 이미 각오한 바 있다.

조선인 노동대중의 문맹타파운동은 최근 자못 신경향(新傾向)을 조성하고 있다. 그것의 보편화가 하나의 방책(方策)이다. 농민과 도시노동자들의 운동을 분리하는 것이 하나의 시대적 요구이다. 그것을 단행하는 것도 매우 옳은 일이다. 문맹의 타파와 운동의 분리는 모두 현재에 있어서 가능하고 또 할 수 있는 일이다. 그리고 조선을 보다 더 잘 분석하고 이해하는 것도 필요하다. 가장 긴요하되 가장 무심하게 버려두는 측면이 있으니 곧 조선인의 기술적 경제적 생산력을 증진하도록 주도면밀한 노력이 매우 긴절(緊切)한 바이다. 투쟁을 고조하는 선구자가 항상 이것을 무심하게 버려두는 것은 싸움의 책략으로서도 거칠고 엉성한 것이다.

세계 문명제국의 자본적 제국주의는 다시 안정적인 활동을 자랑하고 있다. 그러나 그에 대한 반발운동과 민족해방운동의 기세도 의연히 올라가고 있다. 오! 동지들아 우리들은 많은 말을 하기보다는 차라리 많은 행동이 필요하다. 서로 더불어 이 반동(反動)의 최중(最中)의 신 일 년(新一年)에 선처(善處)하기를 약속하자(『조선일보』, 1926년 1월 1일, 1면 3단).

○ 1926년 1월 1일 양이쇄국의 희비극

『조선일보』에 「양이쇄국(攘夷鎖國)의 희비극(喜悲劇): 병인양요 사담(丙寅洋亂史談)」이라는 제목의 글 기고했다. 병인(丙寅)년 새해를 맞아 60년 전인 병인년 흥선대원군 때 있었던 병인양요의 역사적 의미를 소개하고 당대 사람들의 각성을 촉구하는 글이다. 병인양요와 신미양요는 대원군의 쇄국정책을 강화하는 계기가 되었고 이는 당시 세계의 흐름이었던 개방과 개국의 길에서 벗어나 조선망국의 원인이 되었다고 평가하고 있다.

고종황제 초기 흥선 대원왕이 섭정(攝政)의 위세로 천하의 물자를 거두고 궁밖에 인부를 불러서 경복궁의 크고 거대한 공역을 단행할 때 노역이 피곤해서 원망과 한탄을 느낀 인부들은 이렇게 노래를 불렀다. '이화(李花)는 두리둥둥 백운간(白雲間)하니'라고. 태조가 한양의 왕업을 창건한 이후 오백년에 선인(仙人)의 하늘과 땅을 상징하는 이 이화(李花)는 마치 매서운 바람과 찬 서리를 만난 듯이 백운 간에 떠 달아나기를 저주함이었다고 한다.

경복궁 중건의 정치적 득실은 묻지 말자. 다만 그것이 당시 백성 원성의 원인을 짓고 저주(咀呪)의 소리를 내게 한 것만은 사실이었다. 그러나 경복궁의 건조로 인한 거대한 공역 중에 자못 중대한 역사적 사건이 돌연 발생했다. 그것은 대원왕(大院王)의 천주교 학살로 인하여 돌연 침략의 호기회(好機會)를 만들려고 한 당시 나폴레옹 3세 제국 치하에 있는 프랑스 북경주재 공사 베로네는 급히 로즈제독에 명령해 동양함대 소속 함정 12척으로 수천 명의 육전부대를 싣고 한강 하류 강화 일대에 침입하게 했다. 그리하여 대원왕은 대소 3만 수천의 병력을 지휘하고 3차의 전투를 치러 마침내 그를 패퇴(敗退)하게 했으니 이것이 병인양란(丙寅洋亂)이다.

프랑스가 이때 쉽게 물러난 것은 단순히 군사적 이유보다도 정치적 이유가 많았다. 대원왕의 양난 평정은 그로 하여금 양이쇄국(攘夷鎖國)의 방침을 한층 견고하게 했고 5년 지난 후 신미양란(辛未洋亂) 즉 로저스 제독이 인솔한 7척의 미국함대 격퇴는 이내 오만한 경향이 더 커지게 하여 개국진취(開國進取)의 좋은 기회를 잃고 마침내 조선패망의 가까운 원인을 만들었다. 금년은 프랑스의 내침(來侵)이 있은 지 60년, 다시 병인(丙寅)의 새해를 맞이하니, 지금과 옛날의 사실(史實)을 들어보아 또한 깊은 감개(感慨)는 없는가? 이에 병인양요(丙寅洋亂) 역사이야기를 쓰니 천하에 생각이 있는 사람과 함께 느끼는 바가 있기를 바란다(『조선일보』, 1926년 1월 1일, 6면 1단).

○ 1926년 1월 1일 이중과세

『매일신보』에 이중과세(二重過歲)[1]에 대한 의견을 피력했다. 매일신문에서 양력설을 쇠는지 음력설을 쇠는지 묻는 질문에 대한 답이다. 민세는 서울 종로구 평동집에서는 양력설을 쇠고 고향이자 큰형이 어른인 평택 고덕 두릉리 시골집에서는 음력설을 쇠고 있다고 답했다.

누가 보아도 진실하여 보이고 어느 때 보아도 인생의 깊은 고개를 힘들어 넘는가 싶은 조선일보 주필 안재홍 씨를 방문한 즉 안

---

1) 양력설과 음력설 두 번을 지냄.

씨는 자기가 신문기자라서 그런지 기사쓰기에 필요하도록 말을 해준다. 나는 집이 시골도 하나 있고 서울도 하나 있는데 서울집에는 내가 제일 어른이라 양력으로 설을 쇠게 되고 시골집은 나보다도 더 큰 어른이 계심으로 그 어른의 생각을 따라 음력으로 설을 쇠게 됩니다. 그리고 본즉 나도 이중으로 설을 쇠고 있다고 할 수 있으니 결국 우리 가족 중에도 신파(新派)는 양력 과세를 하는 모양입니다만 어느 설이든지 설 쇠는 것 답게 설을 쇠지 못합니다 (『매일신보』, 1926년 1월 1일, 2면 4단).

○ 1926년 1월 2일 김교헌을 애도함

『조선일보』에 독립운동가이자 대종교 2대 교주 무헌 김교헌 선생을 애도하는 글을 썼다. 대종교 2대 교주 무원(茂園) 김교헌(金敎獻, 1868~1923) 서세 2주기를 맞아 쓴 추도의 글이다. 무원은 민세의 고향 평택과 연접한 경기도 화성시 비봉면 출신으로 서울서 성장했다. 부친은 공조판서 김창희이다. 1885년 문과에 급제 성균관 대사성 등을 지냈다. 1898년 독립협회에 가입했고 이후 신민회 회원들과 교유하며 조선광문회에 들어가 박은식, 장지연 등과 함께 고전 간행사업에 참여했다. 1916년 9월 나철의 뒤를 이어 대종교 2대 교주에 취임했다. 1918년 11월 해외에서 선언된 대한독립선언서에 가장 먼저 서명했고 같은 해 12월 대종교인으로 구성된 북로군정서군을 조직 총재에 서일을 임명 적극적 무장투쟁을 전개 1920년 김좌진의 청산리대첩 승전에 크게 기여했으나 일본군의 토벌작전으로 독립운동 기반이 붕괴되자 병을 얻어 서거했다. 저서로는 『신단실기』, 『신단민사』 등이 있다. 무원은 평택과 인접한 경기도 용인 출신의 유근과 함께 기독교에서 대종교로 개종한 초기 안재홍의 삶과 단군연구에 큰 영향을 끼친 인물이다.

　　고 무원 선생 김교헌 씨가 북간도에서 돌아가신 지 이미 3년 오늘로써 그 2주년의 제(祭)를 기념하게 된다. 씨는 경성 명문의 출신으로 스스로 범상함을 넘어서는 영광스러운 명예를 누릴 수 있는 처지에 있었다. 그러므로 조선의 형편이 어려움에 임하여 씨는 남과 다르게 마음과 힘을 떨쳐 일으키지 아니할 수 없었다. 씨가 근엄 과묵한 타고난 성격으로 역사에 정통하므로 항상 문교의 사업에 몸과 마음을 다한 지 오래 되었다. 당시 조선인의 국제적 환경은 스스로 진흥하는 국수사상이 더욱 현저함을 보게 되었으며 홍암 나철씨 등이 대종교를 중광(重光)할 즈음에 씨가 처음부터 끝까지 협력하였고 홍암이 구월산에서 순도(殉道)함에 임하여 곧 그 뒤를 이어 계속하게 된 것은 당연한 일로써 이 방면의 일에 뜻이 있는 자 누구나 옳다고 인정할 것이다. 지나간 1919년 기미년에 한성에서 의를 일으키고 천하가 모두 함께 행동을 취할 때 씨가 만주의 동포들과 계획하여 곧 조선민족의 뜨거운 요구를 널리 알렸으니 안팎의 인사 모두 그를 한목소리로 지지한 바 있었다. 씨가 평소의 오랜 연구로 학식을 많이 쌓아 조선민의 고대의 경사(經史)를 저술하니 지금까지 아무도 손대지 아니한 일이었다. 씨가 당당하게 서거한 후 벌써 급작스럽게 3년의 탄식을 발하게 하니 그 민족적 손실을 위하여 애도하나 하늘이 정한 법칙은 드디어 삶과 죽음의 평탄한 길을 내지 못할 바이다(『조선일보』, 1926년 1월 2일, 1면).

○ 1926년 1월 4일 새해를 맞아

『조선일보』에 「새해를 맞이하여서」라는 주제의 글을 1월 6일까지 3회 연재했다. 새해를 맞아 조선사회에서 우리말에 일본말을 섞어서 사용하는 일이 많아지고, 음력설과 양력설을 함께 지내는 것으로 인해 발생하는 경제 거래상, 가정 경제상 손실이 있음을 비판하고 아이들의 미래를 위해 우리말을 사용하고 전 세계 공통인 양력을 사용하자고 주장하고 있다.

　　이 사이의 조선처럼 어수선한 사회는 없습니다. 곧 한결같지 못한 뒤숭숭한 조선이라고 이름 짓고 싶습니다. 국경지방에서는 무장단의 습격이 계속 생기고 시골에서는 소작 농민의 싸움이 있고 서울과 다른 도회에서는 노동하는 이들의 동맹파업이 일어나니 이것도 매우 어수선한 일입니다. 이러한 일은 조선 사람의 정치적, 사회적 사정이 매우 어수선하여 하나에 돌아가지 못하기 때문입니다. 정치적으로 사회적으로 하나에 돌아가고 또 하나로 통일되려면 조선 사람 대다수 원하는바 희망대로 사회가 새로 조직되지 아니하면 해결될 수 없는 문제입니다. 그러나 지금 이 문제를 길게 말할 겨를이 없습니다.

　　정치적으로 사회적으로 어수선한 현상은 우리보다 몇 갑절이나 행복스러운 생활을 하는 나라에서도 거의 쉴 새 없이 생기는 일이니 여기에 인생으로 항상 쉴 없는 싸움이 있는 것입니다. 그러나 우리의 보통의 생활 곧 이른바 일상생활에 관하여 우리는 매우 어수선한 생활을 하고 있습니다. 그리고 좀 신식으로 눈 뜨면 눈뜰수록 더욱 어수선한 정도가 더 심하여집니다. 바깥출입할 때에는 양복, 집에 와서는 조선 옷을 입는 것 같은 것은 그것의 가장 현저한 경우이지만 이러한 예는 모든 의복, 음식, 거처, 의·식습관까지도 모두 그러한 것을 이루 다 들어 말할 수 없습니다. 그 중에도 우리의 자연스러운 사상, 감정을 발표하는 기관인 말에 관하여서도 일본 말을 섞지 아니하면 말할 수 없는 것같이 되는 것은 아마 이 사이의 조선 사람들의 큰 병통이 될 것입니다.

이러한 어수선한 사회사정을 가장 잘 대표하는 것은 조선 사람의 설 명절 지내는 일입니다. 음력설을 지켜 여전히 갑자을축(甲子乙丑)을 찾습니다. 그리고 또 양설을 위하여 모든 공식의 절차를 다 합니다. 이것이 금전거래에도 영향을 미쳐서 남과 거래하는 이가 이중의 고통을 당하게 되는 바이지마는 그는 다만 남과 거래하는 데만 아니라 모든 경제상 곧 가정 생계 상에도 적지 않은 손해가 되고 각자의 정신상 손실과 무용한 정력 소모라는 점으로 보아서 전 민족적으로 생각할 때에는 매우 큰 손실이 되는 것 입니다. 이는 곧 민족적으로 사회적으로 급히 개량을 단행하여야 할 것입니다(『조선일보』, 1926년 1월 4일, 3면 6단).

O 1926년 1월 6일 새해를 맞이하여

『조선일보』에 「새해를 맞이하여서」라는 주제의 글을 3회 기고했다. 세계적 생활을 하는 조선이 되기 위해서는 묵은 습관을 버리고 양력설을 쇨 필요가 있다고 강조하고 있다.

조선 사람의 하고 있는바 이중생활의 가지가지는 이루 다 셀 수 없습니다. 어머니라는 말을 집에서 쓰다가 학교에 가서 "오까상"을 찾지 아니할 수 없고 "안녕하십니까"란 인사말 외에 "오하요"의 입내 내는 소리를 하지 아니하면 아니 될 어린이들의 교육상으로 받는 고통이 얼마나 그 연약한 뇌를 해롭게 할는지는 상상만 하여도 여간 큰 문제가 아닙니다. 이따위의 문제는 모두 우리의 생활이 얼마나 어수선한 것을 표시하는 것인 동시에 이중생활의 고통이 우리에게 중대한 손실이 되는 것을 알 것입니다. 어느 점으로 보든지 우리는 우리의 사람사람의 생명이 제대로 잘 발전하기를 위하여 우리의 어린이들의 장래의 생이 제대로 잘 자라도록 하기 위하여 이러한 이중생활을 되도록 속히 깨쳐 버리고 고쳐 나아가야 할 것입니다.

양력설은 세계의 문명한 나라의 거의 전부가 지키는 설인지라 지금의 세계적 생활에는 온갖 관계되는 날짜를 모두 양력 날짜대로 따지게 됩니다. 세계적 생활을 하는 우리로서는 남과 같이 그것을 따라가는 것이 합당합니다. 양력설이 겨울과 봄의 한 고개를 꼭 타지 못한 것은 한 허점이 될 것입니다. 그러나 일 년 동안 일정한 한도가 있는 궤도를 한 바퀴 돌아오는 동안을 꼭 마련하여서 만든 양력의 날짜는 매년 언제든지 그날그날쯤의 절후와 기후의 관계가 거의 똑같게 됩니다. 양력은 그 날짜와 절후가 매우 규칙 있게 들어맞습니다. 이 점으로 보아서라도 양력설을 지키고 양력을 쓰는 것이 매우 자연에 합당합니다. 양력설을 일본 사람의 설이라는 것은 맞지 않는 말입니다. 일본도 서양 제도를 본받아 온 것이요 조선도 이것을 고치자 할 뿐입니다. 또는 이러한 세계적 제도를 채용하는 데는 그러한 명분론 같은 것은 너무 묵은내 나는 소리입니다. 하물며 양력은 전 한국 시대부터 칙령으로써 반포하고 새로 시행하기로 한 것이니 그러한 논란이 더욱 이유가 안 됩니다. 우리는 필요치 않은 묵은 습관을 깨쳐 버려야 합니다. 양력설을 지킵시다. 그리하여 설부터 하나에 돌아가고 하나로 통일하기로 합시다(『조선일보』, 1926년 1월 6일, 3면 5단).

○ 1926년 1월 15일 노마연잔두

『조선일보』에 「시평: 노마연잔두(駑馬戀棧豆)」를 기고했다. '노마 연잔두(駑馬 戀棧豆)'란 진서(晉書) 선제기(宣帝紀)에 나오는 고사로 늙은 말이 우리 안의 콩을 그리워한다는 뜻으로 쓸모없는 것을 가리킨다. 민세는 이 글을 통해 식민통치에 타협적이므로 실력양성을 주장하는 세력에 대한 비판과 동시에 비타협 민족주의자와 사회주의 진영도 융합 능력이 부족함을 우회적으로 비판하고 있다.

분해(分解), 정리(整理) 정전(征戰)! 이것은 올해 일 년 동안 조선의 운동선상에서 진행되기를 바라는 전부다. 우리는 분해(分解)를 역설한다. 매우 이상한 것 같지만 순정한 주의(主義)를 위한 진정한 결합이 아니고 정실적(情實的)인 전통관계에 의해 구차스러운 결합을 지속하는 것은 도리어 운동노선을 혼란하게하고 또 전투력(戰鬪力)을 위축하는 위험이 수반하는 까닭이다. 그런고로 분해하라고 힘주어 말한다.

민족운동자나 사회주의운동자나 또는 주제넘게 지사의 반열에서 한가롭게 지내는 자나 모두 색채 선명하고 태도 정확하게 분해(分解)하라. 분해해야 하는데 분해(分解)하지 않는 것은 오직 늙은 말이 우리 안의 콩을 그리워하는 것 같이 타성적인 헛된 명예를 못 믿어 할뿐인 까닭이다. 그것은 도리어 죄악(罪惡)이다.

분해를 역설한다. 그러나 이는 곧 재정리를 위한 분해를 역설함이다. 분해를 위한 분해는 물론 아무 의미가 없다. 오직 정리 즉 진정한 단합을 재현하여 우리의 투쟁력을 더욱 강하게 하기 위함일 때 비로소 의의와 가치가 있는 것이다.

서울에 있는 사상(思想) 각 단체가 진정한 주의를 위해 새해부터 단합을 위해 새로이 발기했다하니 매우 시의적절한 운동선상에서 없어서 아니 될 긴절(緊切)한 문제이다. 단합을 위해서는 오직 각자가 품은 바 주의와 현재에 닥친 공동의 목표만을 똑바로 보는 것이 중요하다. 그리고 이 진정한 신단합(新團合)을 위해서는 정실적(情實的)인 전통의 관계(關係)를 희생(犧牲)하는 것도 어찌할 수 없는 일이다. 선구자를 자임하는 여러분! 과연 단합(團合)하느냐? 오늘날의 단합은 곧 시급한 진전단합(陣前團合)을 뜻한다. 이 결심이 있는가?

'늙은 말이 우리 안의 콩을 그럽게 생각하여(駑馬 戀棧豆)' 오직 주저하고 우물쭈물하며 옛날의 값싼 명성과 명예에 못 믿어 하는 바 있는 것은 매우 남성적인 진정한 기품을 잊어버리는 것이다. 이는 매우 비겁하고 무기력한 짓이다(『조선일보』, 1926년 1월 15일, 1면 1단).

○ 1926년 1월 21일 연합바자대회

『조선일보』에 「연합 바자대회를 시작하면서」라는 글을 썼다. 『조선일보』가 주관한 제1회 서울지역 8개 여학교 연합 바자대회를 축하하며 바자대회의 의의를 쓴 글이다. 바자대회가 다양한 수예품의 제작과 전시, 판매를 통해 여성들의 능력을 향상시키고 사회성 함양에 기여할 것이라고 평가하고 있다.

지난해부터 준비하여 오던 경성 시내에 있는 8개 여학교의 연합바자대회는 곧 열리었습니다. 새해 첫머리 서울의 한복판인 중앙청년회관에서 이 바자 대회가 매우 성대하게 되리라는 것을 생각하면 우선 흥미 깊은 일입니다. 각 여학교의 누이님, 따님들의 애쓴바 결정으로 생겨난 모든 수예품이 말과 같이 만자천홍(萬紫千紅)의 때 아닌 꽃으로써 일반 보는 분들의 눈앞에 진열될 것을 생각하면 우리로 하여금 먼저 무한한 흥미를 가지게 하는 일입니다. 우리는 이것이 조선에 첫 번인 일인 것을 위하여 또는 작품을 내놓으려고 애쓰게 된 여러분들을 위하여 그리고 또 이것이 심상치 아니한 의미가 있는 일인 것을 위하여 할 수 있는 대로 성대하게 끝까지 잘 진행되기를 빌어서 마지않습니다.

바자 대회 같은 것은 드물지 아니한 일입니다. 그러나 경성 시내에 있는 고등 정도의 모든 학교를 다 연합하여서 하는 일이니 부피로 보아서 자못 큰일이거니와 이러한 부피 곧 분량으로만 보아서 그 의미와 가치의 크고 적은 것을 판단하는 것은 아닙니다. 다만 이 누구나 다 하고 언제든지 할 수 있는 이 바자 대회 같은 것도 그 일에 종사하는 이들의 생각이 어떠한 데 따라서 그 의미와 가치도 매우 달라지는 것입니다. 그리고 우리는 이 조선 여성 학생들의 첫 번의 시험으로 된 이 일에 대하여 남다른 의미와 가치를 부여하고 깨닫기를 재촉하는 것입니다.

조선의 여성들은 매우 부지런한 그리고 또 매우 총명하고 재주 많은 천질을 가졌습니다. 그러나 여러 가지 사회 사정으로 그들은 이러한 천질을 잘 발휘하지 못하여 왔습니다. 그리고 그의 연구하고 종사하는 범위도 매우 좁았습니다. 더욱이 그들 기예 방면의 풍부한 타고한 소질을 의미 있고 유익하도록 발휘할 기회는 도리어 제한되고 방해되던 경향조차 매우 많았습니다. 이것은 매우 불가한 일이었습니다. 여성들의 우미한 예술적 정조를 일층 잘 발휘하기 위하여, 기예(技藝)에 함께하는 경제 의식을 도와주기 위하여 이것을 장려하지 아니할 수 없습니다. 그리고 연합 개최에 관련한 여성들의 사회성을 함양시킴과 서로서로의 정당한 경쟁심을 고취

시키기 위하여 이것을 장려하지 않을 수 없습니다(『조선일보』,
1926년 1월 21일, 3면).

○ 1926년 1월 22일 연합바자대회

『조선일보』에 「연합 바자대회를 시작하면서」를 2차 기고했다. 자
선시장, 즉 바자(bazar)는 공공 또는 사회사업의 자금을 모으기 위해
벌이는 시장이라는 뜻의 페르시아어에서 유래했다. 여기서는 바자
의 내력을 이야기하면서 특히 바자가 서양에서 온 것이 아닌 옛 신
라 6부 여성들의 길쌈과 8월 한가위 놀이에서도 이와 유사한 특성을
발견할 수 있다고 언급하고 있다.

　이제 바자대회의 생겨난 내력을 자세히 이야기 하고자는 아니
합니다. 바자는 자선시라고 번역되는 바거니와 반드시 구경 오는
분들의 동정 깊게 흥정하여 주기를 빌기 위해서만 하는 것은 아닙
니다. 바자의 내력을 캐는 이보다도 차라리 옛날 옛적 조선의 고
유하던 어떠한 아름다운 풍속을 추억하면서 더욱더욱 이 바자대회
를 흥미 깊게 또 가치 많게 보고자 합니다. 신라 6부의 여자로서
진행되던 길쌈의 일과 8월 한가위의 놀이는 이 바자대회와 비교하
여 보아서 매우 인연 깊은 문제입니다.
　길쌈하고 바느질하고 자수를 놓고 수공으로 할 수 있는 집안의
세간을 만들어 내는 것은 조선 여성들의 기예적 경제적 활동의 중
요한 수단이었습니다. 농촌의 여성들이나 공업지의 여성들의 이러
한 활동은 또 서울의 가정부인이나 학창에 잠겨 있는 젊은 여성
여러분의 생각에 넘치는 일이 많습니다. 그러나 조선 여성들의 기
예적 활동이 촉나라 비단이나 오나라 깁을 찬란하게 짜내는 중국

의 여성들의 그것에 비하여 아직 부족함이 있는 것은 사실입니다.

온갖 하부따에(羽二重)²⁾와 문채(文彩) 많은 비단들을 짜내는 일본의 여성들에 비하여서도 아직 많은 손색이 있는 것도 사실입니다. 이러한 원인을 길게 말할 수 없겠지마는 어쨌든 지금부터 조선 여성들은 더욱 더 기예적 방면을 개척하여 나아가야 할 것입니다. 이러한 필요로 보아서도 바자대회 같은 것은 가장 시기에 적절한 일입니다.

신라 6부의 여성들이 두 패로 갈라서 서로 각각 길쌈에 힘쓰다가 가을바람 새로운 달이 사람의 마음을 깨끗하게 하는 음력 8월의 보름날을 기회로 그 공적을 비교하여 승부를 다투고 인하여 서로서로 친하게 지내는 것은 옛일이로되 매우 흥미가 새로운 우리의 자랑할 일입니다. 조선의 가배절이란 것은 곧 이러한 깊은 인연이 있는 것입니다. 학창에 있는 젊은 여성들이 각각 그 할 수 있는 재주를 다하고 정성을 모아서 만들어 낸 온갖 물건들은 크나큰 한 집 안에 모아 놓고 서로 비교하여 가며 많은 사람 앞에 공개하고 또 요구하는 이에게 팔게 된다는 것은 이러한 역사적 의미로나 또 현대적 의미로나 매우 취미 깊고 가치 많은 일입니다.

타래버선, 수놓은 주머니, 베갯모, 수놓은 방석, 자리옷, 마고자, 수 앞치마, 턱받이, 팔 받침, 괴불,³⁾ 골무, 책상보, 이불보, 목도리, 속옷 그밖에 온갖 기예를 다한 예술적인 물품이 회장에 가득하게 나옵니다. 무엇이나 모두 조선의 향토냄새 나는 그러나 현대식의 문화를 상징하는 사랑스러운 물품들입니다. 그러나 그것은 여러 따님 누님들인 아기씨들과 선생님이 남보다 나아 보자는 지지 않겠다는 아름다운 생각을 가지고 불밤을 새워 가며 지어낸 것인 것

---

2) 견직물의 일종으로 얇고 부드러우며 윤이 나는 순백색의 비단.
3) 어린이들이 주머니끈 끝에 차는 노리개. 괴불주머니.

을 생각하면 이 만자천홍의 가지가지 꽃은 곧 문화적으로 또 경제적으로 새 시대의 의식에 눈떠 가는 또 발전하여 가는 조선 여성들의 생명의 드러냄 그것으로 깊고 또 큰 의미를 붙일 겸 하여 예찬의 정을 금치 못하는 바입니다(『조선일보』, 1926년 1월 22일, 3면).

○ 1926년 1월 26일 황해기자대회 축전

언론인 단체인 무명회를 대표해서 황해기자대회에 축전을 발송했다.

민중 운동의 반영으로 언론 자유와 권위를 보장, 신장하며 동업자간(同業者間)의 친목과 통일을 목적으로 하고 지난 26일부터 황해기자대회가 개최되었는데 황해도내 조선어신문잡지 기자 80여 명의 출석으로 초유의 대성황 중에 임시의장 노선형(魯善亨) 씨의 개회선언으로 순서에 의해 아래와 같은 의안과 위원을 선거하였는데 각지로부터 답지한 축하 글과 축전을 낭독한 후, 오후 4시 반에 무사히 폐회하였는데 다음날인 27일, 28일도 계속해서 대회를 진행한다고 한다.

축전을 보낸 단체

황주기자단 강원기자단 무명회 무명회 안재홍 조선일보사(『시대일보』 1926년 1월 29일 3면 1단).

○ 1926년 1월 31일 무명회 신년회

오후 7시 명월관에서 열린 무명회 신년회에 위원장 자격으로 참석해서 개회사를 했다.

재경 각 언론 관계자의 회합인 무명회에서는 이미 보도한 바와 같이 1926년 신년의 간친회를 31일 오후 7시부터 시내 돈의동 명월관 본점에서 개최하였는데 정각에 위원장 안재홍 씨로부터 개회를 선언하고 금년도 기자 대회 개최에 대한 간단한 이야기가 있은 다음 즉시 식탁을 열어 50명 다수 회원이 한결같이 웃고 즐기며 밤이 늦도록 흥을 다하였는바 회원들로부터 여러 가지 여흥이 있어 더욱 성황을 이루었다(『조선일보』, 1926년 2월 2일, 2면).

○ 1926년 2월 1일 조선농민 3호 설문

『조선농민』 3호에 설문에 답을 했다. 『조선농민』은 1925년 12월 『개벽』 창간 편집인 이돈화를 발행인으로 창간된 농민 종합잡지로 후에 발행인은 이성환이 맡는다. 1930년 6월 통권 38호로 종간됐다. 민세는 3호에 아래와 같은 3가지 설문조사에 답했다. 농촌청년들에게 당부하는 내용으로 농촌에 머물면서 농민들의 지혜를 계발하고 이를 위한 구체적인 실천으로 농민관련 독본이나 소설, 신문 등의 간행이 필요함을 주장하고 있다.

질문 1.농촌청년에게 간절히 기대(期待)하고 싶은 일은?
답: 농촌 청년들의 도시 집중은 환영하지 않습니다. 농촌에서 그네가 살고 있는 부락과 경작지에서 항상 소박한 농민들과 함께 작업하며 가르쳐 이끄는 일에 노력할 것입니다. 부득이해서 농촌에 떨어져 있음이 아니라 결심하고 농촌에 머물러야할 것입니다. 눈앞의 성과를 급히 하는 것 보다는 농민들의 순결한 지혜를 계발하는 것이 매우 좋을 것입니다. 새사회로 전환하는 시대의 중추세력을 짓는 데는 학자, 신사 등 지식계급보다도 소박하고 정직한 지

혜가 있는 노역자(勞役者)들이 더 긴요한가 생각합니다. 그들에게 문자(文字) 지식을 비롯해서 새 문화를 이해시키는 것이 물론 필요합니다.

질문 2. 농촌 청년을 위해 반드시 실행하고 싶은 일은?

답: 선구자로 자임하는 자는 그의 교양(敎養) 획책(劃策)도 모두 농촌에 치중해야할 것입니다. 우선 그의 첫 번째 할일로 농민계발(農民啓發)을 목표로 농민독본, 농민문고, 농민소설, 농민잡지, 농민신문 등을 될 수 있는 대로 간행하도록 하는 것이 좋겠습니다. 그리고 농민에 대하여는 일반적 문화계발(文化啓發)과 기술 향상을 조금도 등한시해서는 아니 될까 합니다.

질문 3. 농촌 청년에게 현대적 수양을 위해 권하고 싶은 책이나 잡지는?

답: 내가 권하고 싶은 서적은 불행히 적당하다고 할 것을 아직 스스로 읽어보지 못했습니다. 일본어서적에 적당한 것이 있겠으나 조선문으로 지은 저서 혹은 번역한 책이 있어야 하겠습니다. 우선 『조선농민(朝鮮農民)』 잡지로 그들의 요구에 응하게 해도 좋겠지요(『조선농민』 3호, 1926년 2월).

○ 1926년 2월 3일 노백린 장군 추도회

오후 4시 중앙기독교청년회관에서 열린 노백린 장군 추도회 참석했다. 노백린(盧伯麟) 장군(1875~1926)은 신민회와 대한민국 임시정부 국무총리, 참모총장 등을 지내며 조선의 독립에 힘썼다. 1926년 1월 22일 상해에서 서거했으며 민세는 이날 추도회에 참석 추도사를 낭독했다. 주요 발기인으로는 동화약품 사장을 지낸 민강을 비롯하여 이상재, 유성준, 박동완, 유억겸, 홍명희, 최남선, 설의식, 한위건, 오세창, 권동진, 이갑성, 허헌, 최린, 이종린, 한기악, 구자옥, 신흥우, 윤치호, 신석우, 김성수, 송진우, 이승복 등이다.

상해 객창에서 한 많은 최후를 지은 계원(桂園) 노백린(盧伯麟) 씨의 전일 지기(知己)와 사회유지는 노 씨의 애달픈 마지막을 추모하며 애도하기 위하여 오는 3일 오후 4시에 중앙기독교청년회관에서 추도회를 개최하리라는데(『시대일보』, 1926년 2월 1일, 2면 6단; 『조선일보』, 1926년 2월 1일, 2면).

○ 1926년 2월 12일 노농노국의 동진문제

『조선일보』에 「노농노국(勞農露國)의 동진문제 (1)」을 연재했다. 사회주의 러시아의 동진 정책은 중국 군벌 장쭤린(張作霖)의 펑텐파(奉天派)와의 사이에 충돌을 유발하게 될 것을 예상하는 글이다. 또한 사회주의 러시아의 동진이 가져올 국제 정세의 여러 변화상황에 대한 관심을 촉구하고 있다. 사회주의 러시아가 혁명 성공 이후 세계 공산주의 확산을 위해 동진운동(東進運動)을 하고 있다고 국제정세를 분석하고 조선인의 입장에서 이런 상황을 엄정하게 바라보고 바른 의견을 가질 이성과 지혜가 필요함을 역설하고 있다. 이 글은 2월 15일까지 4회 연재했다.

예전 1월 하순에 노농러시아와 일본의 후원 하에 있는 장쭤린(張作霖) 씨의 펑텐파(奉天派)와의 사이에 동중철도문제(東中鐵道

問題)를 중심으로 연출되었던 충돌의 서막을 쓴 바가 있었다. 그리고 지금부터 러시아와 펑톈파의 충돌과 그로 인한 일로(日露)의 충돌은 더욱 심각 또 확대됨이 있을 것을 논단(論斷)하고 이 노농러시아의 동진운동(東進運動)이 남아있는 최대의 역사적인 깊고 묘한 이치를 짓고 있는 것을 덧붙였다. 지금까지 반 개월에 러시아와 펑톈파의 충돌은 비록 표면의 소강(小康) 상태를 유지했으나 그 내부에 얽혀있는 복잡한 사태는 대수롭지 않게 끝날 수가 없는 문제다. 그것은 노농러시아가 그 사상적 동진(東進)을 단념하거나 또는 펑톈파(奉天派)의 군벌(軍閥)이 러시아와 협치(協治)하는 것을 전제로 하지 않고는 도저히 예상할 수 없는 문제이기 때문이다. 그러나 이 두 가지가 모두 불가능한 일이기에 러시아와 펑톈파의 충돌은 드디어 평범하게 끝날 수 없을 것이다.

노동러시아의 동진운동에 관해 우리가 논의한 바를 이해하지 못한 사람들이 있다고 하는데 그것은 우리들 관심 밖의 일이다. 전시 공산주의에 있어 그 구세력의 파괴와 무산자 독재권의 확립에 한가할 겨를이 없었던 러시아인은 그의 국내에 있어서 신경제 정책의 채용으로 무산정권의 경제적 지배 하에서 농공 등 산업의 성장을 힘써 계획하고 한편으로 그의 사회변혁의 세계적 전개에 한결같은 마음으로 힘썼다.

저들은 대전란 후 근본적 대동요를 일으킨 중부 유럽과 서부유럽의 자본주의 경제조직의 기초가 다시 안정의 지경에 돌아가고 정치적 형세 또한 소강한 시기에 들어감을 볼 때 그 발길을 돌이켜 동방으로의 진출을 힘써 행하기로 한 것이다. 이는 세계적 일대사실(一大事實)이며 또 인류의 장래를 위해 최대한 역사적으로 오묘한 이치를 품고 있는 것이다.

우리들은 자기의 입지에서 엄정하게 의견을 가질 이성과 지혜가 필요하다. 또한 세계의 현재 흐름을 확실하고 똑바르게 볼 필요가 있다. 더욱이 노농러시아의 동진은 역사적 전환의 일대 묘한 이치를 감춘 바라고 볼 때 더욱 정확한 또 명확한 관찰과 서술이 필요하다. 이것은 물론 비방 혹은 중상모략이 필요하지 않다. 노농러시아는 동방으로의 진출이 가장 가능한 원대하고 좋은 대책이라고 결정했다. 그리고 다만 관념운동(觀念運動)이 아니고 자신의 본진(本陣)에서 강고한 독재정권을 꽉 움켜쥐고 있음과 같이 앞으로 가는 진지(陣地)에서도 또한 확고한 힘을 실천하는 운동만이 확고한 실현성이 있는 것을 경험한 저들은 이제 외몽고(外蒙古)와 동중철도(東中鐵道)에서 실험함과 같이 그의 동부시베리아에서도 그를 실현하고자 한다. 우리는 이것을 제대로 보고 제대로 평가할 필요가 있다. 다만 이것을 객관적 견지에서 확실히 비판하고자 함이 있을 뿐이다(『조선일보』, 1926년 2월 12일, 1면 1단).

O 1926년 2월 13일 매국의 원흉 이완용 병사

『조선일보』에「이완용 병사」관련 시평을 썼다. 친일파의 거두 이완용(李完用, 1858~1826)이 병사하자 그 소회를 썼다. 이완용은 경기도 성남시 백현동 출신으로 친척 이호준의 양자로 들어가 관직을 시작 미국 참사관, 김홍집 내각 학부대신 등을 지냈다. 1905년 내각 총리대신으로 을사늑약을 주도하고 한일강제병합 조약 체결에도 앞장섰다.

이런 공로로 일제로부터 작위를 받았다. 이완용은 1909년 12월 22일 명동성당에서 벨기에 황제 추도식에 참석했다가 이재명 의사(1887~1910)의 칼에 허리와 등을 찔리기도 했다. 이 의거로 이재명 의사는 사형선고를 받고 1910년 9월 30일 24세의 젊은 나이에 순국했다. 민세는 이완용을 남송 출신의 정치가이자 간신으로 악명 높은 진회(秦檜, 1090~1155)에 비유했다. 이완용은 권세에 영합하고 독특하고 간교한 지혜를 발휘하니 이천 수백만 대중을 반역(返逆)하는 매국(賣國)의 원흉(元凶)이라고 평가하고 있다.

송조(宋朝)의 천하를 팔았던 진회(秦檜)는 마침내 자리에 누워 끝내 삶을 마감했다. 이제 구한국 마지막 총리대신으로 일한병합(日韓合倂)의 조선 측 당사자였던 후작(侯爵) 이완용(李完用)도 또한 자리에 누워 끝내 삶을 마감했다. 현대의 여러 나라에 이러한 종류의 인물을 찾을 수 없으니 그는 현대의 진회인 자이다.

매국노(賣國奴)의 죄명은 그에게 몰아갔다. 그는 이제 타고난 수명으로 일생을 마쳤다. 시신에 채찍질을 하는 것은 도리어 비겁함을 느끼게 한다. 그가 지병인 천식증으로 폐렴 합병증이 발생해 죽음의 원인을 지었다 하니 옛날 이재명의 칼이 오히려 원인을 만든 것이다. 그러나 그의 나이 이미 69세이니 오래 사는 것의 가운데쯤을 얻은 자이다.

일본은 동양평화의 구실로써 한국을 병합하였다. 이는 큰 사실이다. 이완용(李完用)은 일본의 꼭두각시가 되었다. 이것 또한 큰 사실이다. 그가 임금의 외가인 특권 벌열(權閥)의 가문에 들어와 양자가 되었고 그것이 인연이 되어 정계에서에 비약했다가 마침내 만세(萬世)에 씻지 못할 매국(賣國)의 죄를 저질렀다. 그의 간흉(奸凶)함은 능히 권세에 영합(迎合)하고 독특하고 간교한 지혜를 발휘하니 친러(親露)로부터 친일(親日)에 돌변하고 마침내 이천 수백 만 대중을 반역(返逆)하는 매우 악한 일의 주모자가 된 것은 오로지 그 간흉(奸凶)한 타고난 품성에 기인한다.

그와 송병준(宋秉畯)은 모두 매국(賣國)의 원흉(元凶)이다. 송

병준이 병으로 죽자 참정권을 입에 올려 말하는 그의 남은 무리들
이 완전 패배했고 이완용이 병으로 죽으니 남을 것은 오직 관직을
즐기고 있는 몇몇 자손이 있을 뿐이다(『조선일보』, 1926년 2월
13일, 1면 1단).

○ 1926년 2월 20일 인도청년환영회 발기인

오후 6시 조선교육협회 주관으로 2월 조선을 방문한 인도청년 빠
파솔라 씨, 뺌가라 씨 등 '인도청년 환영회'에 이종린, 신석우, 박동
완, 한기악 등과 함께 발기인으로 참여했다.

인도청년환영회는 20일 오후 여섯 시부터 시내 남대문통 식도
원에서 개최한다는데 회비는 2원이라는 바 당일에 지참할 것이며
이에 참가코자 하는 이는 20일 오후 세 시까지 서면이나 전화로
시내 수표정 조선교육협회(朝鮮教育協會) 강인택 씨에게로 통지해
주기를 바란다 하며 발기인의 씨명은 다음과 같다.

인도청년초대회 발기인

유진태 남궁훈 여운홍 안재홍 이종린 한신교 이갑성 한기악 구
자옥 박동완 최원순 박희도 허헌 박승철 최규동 조동식 정광조 차
상찬 오상준 신석우 홍병덕 김동성 이승복 정열모 강인택 유창환
유억겸 이을 김용채 유홍종 박승빈 박계양 신명균 유정렬 김영학
김홍작 이관용 백관수(『조선일보』, 1926년 2월 20일, 2면).

○ 1926년 2월 20일 인도청년환영회 참석

오후 6시 인도청년 환영회에 참석해서 이종린 씨와 함께 축하 인

사를 했다. 민세는 인사에서 15세기 이후 서양 세력의 아시아 침략에서 인도가 큰 고통을 받은 사실과 천오백 년 전 조선의 불교인과 인도의 승려 사이의 교류 등 역사적 사실을 언급하며 인도 3억 민중의 행복을 빌었다.

　　남다른 설움과 학대를 받아가며 오직 '샤타그라하'(진리파지: 眞理把持)를 3억 대중의 신조로 삼는 인도의 청년 두 명을 맞으니 처지가 같고 희망이 같은 재경 각 단체의 유지나 개인을 합하여 각 계급의 인사 50명은 지난 20일 오후 여섯 시부터 시내 식도원에서 환영회를 열었다.

　　이종린 씨의 처지가 같고 설움이 같은 우리는 멀리 인도로부터 온 진객 두 청년을 성심껏 환영한다는 간곡한 식사가 있은 후 이어 식탁으로 옮기어 주객 간에 깊이깊이 쌓인 가슴을 헤치고 즐거운 간담이 있은 후 빠파솔라, 뻠가라 양군이 차례로 일어서서 "지금 조선 동포의 이 뜨거운 환영은 우리 아시아 사람이 아니고는 얻어 볼 수 없는 더욱이 처지가 같은 우리의 사이가 아니고는 얻어 볼 수 없는 바입니다. 우리는 조선 동포의 친절한 환영을 고국 동포에게 전할 터입니다. 인도와 조선 두 민족 사이에서 바삐 자유의 빛이 비추기를 힘쓰고 또 빕니다"라는 뜻깊은 답사가 있었다.

　　안재홍 씨는 15세기 이래 서양 세력이 동점하기 시작한 뒤로 동양의 모든 국민이 모두 그 침략 하에 쓰러지게 되었으되 오직 인도가 가장 그 화를 먼저 받게 된 역사상 사실로부터 유럽의 대전란 후에 동방민족의 반역운동이 세계적 중대한 현상인 것을 말하여 양 민족의 공동한 운명이 스스로 남다른 우정을 가지게 된 이유를 말하고 다시 1천 오륙백 년 이전부터 조선의 불교와 인도의 승려들이 서로 교통하던 옛일을 말하여 이 뒤에도 두 민족의 관계

가 매우 깊다고 한 후 끝으로 멀리 인도의 3억 민중의 행복과 건투
를 빌며 동시에 우리가 하고 싶은 말을 다하지 못하며 또 듣고 싶
은 말을 다 듣지 못하는 그 점을 충분히 그대들 동포에게 전하라
는 극히 정중한 감상담을 했다.

한신교 씨가 환영의 뜻을 표하고 이어서 끝으로 그대들 양군의
자전거 두 바퀴에 조선의 사정을 싣고 돌아가서 전하여 달라는 뜻
깊은 인사가 있은 후 놓기 아까운 듯이 산회되니 때는 열 시경이
었다.

당일 출석 인사(착석 순)

유진태 남궁훈 김영학 유창환 신명균 이병화 권정기 허만화 차
상찬 이을 여운홍 정광조 박승철 안재홍 이종린 박승빈 유정렬 정
렬모 허헌 유억겸 박계양 김필수 구자옥 임성집 유홍종 오상준 이
기설 최규동 백관수 김용채 조동식 이창휘 손낙형 한신교 김기영
이길용 김동성 백명곤 홍순주 지경운 박여한 김홍작 강인택 신석
우(『조선일보』, 1926년 2월 22일, 2면).

○ 1926년 2월 23일 제1회 가투대회

저녁 7시 종로중앙기독교청년회관에서 열린 제1회 가투(歌鬪)대
회 참석해서 강연을 했다. 가투대회는 시조를 적은 종이쪽을 가지고
하는 부녀자들의 놀이다. 이 놀이는 1920년대부터 1940년대에 유행
했다. 이 날 열린 대회가 최초의 대회였다. 1940년 1월 제12회를 끝
으로 막을 내렸다. 가투(歌鬪)는 읽는 쪽과 집는 쪽이 각 100장씩인
데 읽는 쪽에는 시조 한 수가 모두 적혔고 집는 쪽에는 종장만 적었
다. 4명 한조로 시조를 부르는 사람(창수: 唱手)은 읽는 쪽을 차지하
며 심판을 겸하고 읽어 내려가는 동안 그 시조에 해당하는 집는 쪽

을 찾아내는 이가 득점하고 잘못하면 벌점을 받았다. 이 시기에 정초의 부인 놀이와 정월 민속놀이로 발전했다.

안재홍은 제1회 가투대회에 참석 시조에 대한 이야기와 여성의 취미 향상 등 가투대회 개최 취지에 대해 축사와 시상을 했다. 한국 최초의 여기자 최은희 씨의 증언에 의하면 민세도 시조 외우기를 즐겨 신문사에서 내기를 하면 늘 1등을 했고 시조 100수쯤은 거뜬히 외울 정도의 기억력을 가지고 있다고 했다.

경성여자기독청년회와 본사 후원의 제1회 현상여자가투대회는 예정과 같이 23일 하오 7시에 종로청년회관 3층에서 열렸다. 일기의 불순함도 헤아리지 아니하고 정각 전부터 담박한 차림차림으로 모여드는 젊은 부인들과 묘령의 처녀들로 대만원을 이루었다.

먼저 주최 측 유각경 여사의 간단한 사회가 있었고 본사 안재홍 씨의 시조에 대한 이야기와 건조무미한 우리 조선 가정의 취미 향상과 오락 사상을 넓힘에 도움이 되게 할 뿐 아니라 일반 여자계의 친목을 도모하는 의미에 있어 본 대회를 열게 되었다는 취지의 말이 있은 후 한패를 넷씩으로 선수의 추첨을 행한 뒤에 오랫동안 맹렬한 연습이 있은 선수들은 각기 승리를 기약하고 침착한 태도로 자리를 정하니 장 내외 공기는 일층 긴장하였다.

제1회, 제2회, 제3회를 차례차례로 한윤명 여사의 유창한 낭독 아래 서로 기술을 다투어 싸운 명장들은 준결승전에 이르러 더욱 필사적 기운을 다하여 한 장을 잃으면 또 한 장을 따고 두 장을 따면 또 석 장을 잃는 등 이와 같이 백열된 가운데 선수는 물론이요 일반 관중의 맘까지 조마조마하게 하였다.

최후 우승 결정은 밤 11시경이었다. 이와 동시에 준결승전에 떨어진 최마리아, 오정애 양 선수 사이에 다시 경기를 행하여 3등을 결하매 12장을 이겨 오정애 여사가 3등을 차지하였다. 본사 운동 기자 이길용 씨의 심판 보고가 끝난 후 안재홍 씨가 상품을 수여 하였으니 1등으로 현옥남 양에게는 강화 돗자리, 2등 이정애 여사 에게는 전주 특산인 참대 화로, 3등 오정애 여사에게는 색상자와 공주 참빗 둘이었다. 식이 끝나자 흥미 있는 벙어리 유희와 정신 여학교 댄스 선생 이병삼 씨의 독무가 있었고 끝으로 왔던 손님들 에게 수수 적기 제비를 뽑아 상을 타게 하였으며 간단한 밤참을 베푼 후 대성황리에 폐회하였으니 길고 긴 겨울밤은 어느덧 자정 을 넘어 20분을 지났다(『조선일보』, 1926년 2월 25일, 3면).

○ 1926년 3월 19일 민립대학 촉성운동

민립대학 촉성운동에 참여했다. 민립대학 기성운동은 1922년 이 상재, 이승훈, 윤치호, 김성수 등이 준비회를 결성하고 1923년 3월 2일 중앙기독교청년회관에서 총회를 개최했다. 전국적 호응 속에 1923년 말에는 전국 100개소에 지방부를 설립했다. 그러나 1923년 여름 수 해와 9월 일본 관동지방 대지진, 1924년 여름 수해 등으로 농촌 경제 의 어려움이 생겨 추진에 어려움을 겪었다. 이에 조선 민립 대학 운 동 활성화를 위해 안재홍을 비롯하여 이종린, 박승철, 구자옥, 최원 순, 한기악 등이 대표로 민립대학기성회집행위원회와 교섭 운동을 다시 촉진하기로 했다.

조선 민립 대학의 기성 운동이 한번 일어난 뒤로 해내 해외를 물론하고 일시에 모두 호응하여 그 기세가 자못 웅장한 바 있던 것은 일반 세상 사람들의 기억이 아직 새로운 바이어니와 각 지방에 지방부가 설립된 것이 100여 곳이요 문서상으로는 200만을 넘는 기금의 의연 승낙이 있었다가 그간 여러 가지 천재지변과 기타의 방해에 인하여 그 운동이 전혀 침체된 지 벌써 수삼 년에 이 사업에 종사하던 이는 물론이요 일반 민중들까지도 매우 궁금하게 생각하는 바이다.

벌써 달포 전부터 이 일을 매우 염려하여 시내 각 방면 유지의 사이에 알선하는 이가 있어서 어떠한 방법으로든지 이 운동은 확실한 결과를 보도록 촉진할 필요가 있다 하여 그 기간 수삼 차의 회합을 거듭하였고 민립대학기성회 집행위원회 편의 의향과 방침을 알아볼 필요가 있다 하여 이종린, 박승철, 구자옥, 최원순, 한기악, 안재홍 제씨를 대표로 교섭케 하였던바 기성회 편과도 의사가 대개 소통되어 추후로 그 실행 방법을 신중히 강구한 결과 아직도 지방 인사의 의향을 알아볼 필요가 있다 하여 지금부터는 지방 인사의 의향을 듣기로 하고 형편 되는 대로 촉진 운동을 단행하리라는데 홍성설, 이갑성 제씨는 이 사업의 촉성을 더욱 열심 강구하는 중이다(『조선일보』, 1926년 3월 19일, 2면).

O 1926년 4월 10일 서울학생구락부 강연

저녁 7시 30분 종로 중앙기독교청년회관에서 열린 서울학생구락부 주최 초청 강연에 이종린과 함께 강사로 참여 '사적으로 본 조선인의 기질'이라는 주제로 강연을 했다.

시내 재동 18번지에 있는 서울 학생 클럽에서는 10일 저녁 7시 반에 종로 중앙 기독교 청년회관에서 다음과 같은 연사를 초빙하여 제2회 학생 문제 대 강연회를 연다는 데 회원은 물론이고 일반

학생과 인사의 많은 청강을 바란다고.

　연제 및 연사

　사적으로 본 조선인의 기질 안재홍

　학생의 본분과 풍기 이종린(『조선일보』, 1926년 4월 10일,
2면).

○ 1926년 4월 18일 진위행

　『조선일보』에 「진위행」이라는 제목으로 기고를 했다. 민세는 4월
12일부터 4월 26일까지 영호남 기자대회 개최를 계기로 서울을 출발
해서 대구 부산을 거쳐 마산, 통영, 하동과 지리산, 남원, 전주에 이
르는 영호남 기행을 다녀왔다. 첫날은 일정에 변경이 생겨서 고향인
경기도 진위군에서 하루를 묵게 된다. 이 때 고향 진위군(현재 평택
시)의 옛 지명 유래와 역사인물에 대한 내용을 글로 정리해서『조선
일보』에 실었다.

　조선에는 사치스러운 신사라는 말이 일부 인사의 사이에 있는
줄을 안다. 사치스러운 사람의 일이 아니지만 바쁘기 그지없어서
몸과 마음의 피로가 때로는 극도에 가까울 때가 있다. 휴양 겸 여
행하기를 벼른 지가 오랜 것이지마는 항상 그 단행할 기회를 얻지
못하였다. 이번에는 경남기자대회가 마산부에서 열리므로 핑계 좋
은 김에 경부선의 선로를 따라 여행을 단행하기로 했다.
　4월 12일 모처에서 열어 준 만찬에서 대강 저녁밥을 먹고 바로
바쁘게 마산까지 직행하려 하였더니 13일부터 개최되는 줄로만 기
억하였던 경남 기자 대회가 16일로 연기된 줄을 알고 내친 김에
남행을 감행하기로 한 것이 이 진위(振威)행을 지은 인연이다.

고향을 사랑하는 것은 인지상정이라 지나는 길에 글로 고향 진위에 관하여 써보려 한다. 예전에는 삼남 통로의 역참(驛站)의 소재지가 되어서 남조선 인사에게는 꽤 소개되었지만 최근에는 평택미의 산출지라고 하거나 혹은 수원성의 남쪽에 있다고 설명을 붙이기 전에는 먼 데 사람은 빨리 알아주지 않는 무명 소읍이다.

자기의 시골인 까닭에 온갖 것을 다 알아보았다. 동국여지승람에는 고구려 연달부곡(淵達部曲)이라고 하였으니 문헌에 나타나는 최고의 명칭이다. 고구려가 성할 때에 그 판도가 멀리 계죽 이령에 미쳤으나 그는 일시의 일이요 한수 이북으로 혹은 김포 반도까지가 그의 세력 범위였던 즉 연달의 명칭이 언제까지 사용되었는지는 자세히 알 수 없다. 여기가 백제의 영지(領地)요 또 신라와의 쟁탈지를 지었던 것은 명백하다.

연달의 이어서 송촌활달(松村活達)의 명칭이 있었고 신라 이후 부산(富山), 금산(金山)의 명칭이 있었으니 달(達)과 활달(活達)은 고어에 산 혹 봉의 뜻이다. 삼국사 지리지를 보더라도 달의 의역이 산으로 사용되어 여진 만주의 방어에는 산봉을 합달(하따)이라 칭하니 지명의 고증이 매우 멋이 있다.

연(淵)을 '감'이라 할 수 있으니 유수(流水)가 '감'돌아서 물이 괴어있는 곳을 연(淵)이라 하기 때문이다. 연과 부(釜)(가마)가 말소리가 유사하고 달과 산은 동일한 어의이니 연달과 부산은 같은 말의 다른 해석이다. 지금 진위 구읍 북방 수리에 부산동(釜山洞)이 있는데 속명에 '가마뫼'이다.

송촌활달은 부산으로 대역된 것이니 송과 김이 말소리가 가깝고 활달이 산인 것은 앞의 설명과 같다. 고려 이후에 진위(振威)라 칭하니 이는 조선의 지명이 한자화한 시대의 일이다. 정거장에 내려서 도보로 들어가니 언제 지세를 평하였던 바와 같이 구릉이 낮고 평평하며 평범한 농촌의 광경이 소위 가거지가 아닌 것을 깨닫게 한다. 십수 년래로 주민들의 자각과 당국의 장려가 있어서 식림과 재상이 자못 성행되어 간혹 울창한 송림을 보게 되더니 수삼 년래 송충이 해를 입어 소나무 숲이 쇠하여 없어진 곳이 적지 않다. 앞으로는 적송, 흑송 등의 단순림보다는 밤나무 등을 혼합한 잡목림을 장려할 필요가 있을 것이다.

일찍이 소년 시기에 진위 출신 인물을 찾아본 일이 있었다. 군 폐합 이전의 진위는 장대한 소군이 있었거니와 고려 고종 4년에 군민 이장대(李將大)라 하는 자 몽고란의 시기를 타서 반란을 일으켜 정국 병마사인가를 자칭하고 당시 수원, 광주 2주의 관군과 수개월을 큰 싸움을 하였다 하는데 그의 옛전쟁터가 필자의 원적지인 촌락의 근처에 있다. 이러한 인물쯤이 가장 걸출한 사람일까 하고 쓴웃음으로 지은 일이 기억된다.

다만 군내 도처가 모두 옛전쟁터의 유적으로 채워 있어서 평택 영신 송장 등지는 여말 왜구가 교대로 침략한 땅이라고 역사책에 실려 있고 그 외 임진왜란에도 적과 조선군의 전적이 도처에 흩어져 있다. 여말에는 서해로 들어오는 왜구들이 아산만으로부터 바다 가까운 곳에 출몰한 것이고, 임진란에는 삼남의 통로를 지은 이유로 혹은 호서의 큰길로부터 김포 고양 일대에 연결하던 관계로 모두 전란지를 지어서 지금까지 토성 혹은 민보(民堡)의 유지를 많이 남겼다.

갑오년 청일전쟁 때에도 또한 아산만으로부터 상륙한 청병이 성환의 평야에서 일본군과 교전하여 패전을 보았으니 당시 소총과 대포의 소리가 부근 주민의 간담을 서늘케 하였다는 것은 지금까지도 항상 회상하는 이들의 이야깃거리를 짓는 바다. 우연한 관계로 고향에서 하루의 편안한 생활을 한 것만은 의외의 수확이다

(『조선일보』, 1926년 4월 18일, 2면).

○ 1926년 4월 20일 춘풍천리

「춘풍천리」라는 제목으로 남도 기행문을 썼다. 16일 영호남 기자 대회를 위해 고향 진위를 떠나 경부선을 타고 가는 주요 도시의 봄 풍경을 묘사하고 있다. 이날 성환을 거쳐 부강, 신탄진, 대전을 지나 심천, 추풍령, 직지사, 김천, 대신역까지의 여정을 담고 있다. 이 글은 해방 후 「춘풍천리」라는 제목으로 국정교과서에 실려 학생들의 사랑을 받았다.

백년의 한(閑)이 반드시 인생 생활의 극치는 아니겠지만 마치 말 같이 바쁜 생애는 이름 높은 한양의 봄색도 즐길 날이 없었다. 작년 봄과 같은 때는 유명하다는 창경원의 벚꽃조차 충분히 즐길 겨를이 없이 지냈다. 이제 마산행의 기회로써 춘풍 천리 남국의 봄소식을 전하게 된 것은 덧없는 인생에 분에 넘치는 한가로운 일이라고 할까?

남원 가는 이 도령의 행색은 아니지만 늦은 밤 한강을 넘는 진위로 가는 기차에는 철길 부근의 봄색을 엿볼 수가 없었다. 고향에 머무르는 하루 조상 묘에 가득하여 쓸쓸한 할미꽃을 보았고 복숭아꽃 살구꽃 개나리 행화 등은 아직 꽃봉오리가 터져 보려 하는 즈음이었다.

다시 경부선 차 중의 사람이 되니 각각으로 접근되는 남국의 봄색은 앉아서 산수의 아름다운 경치에 놀고 있는 듯하게 한다. 청일전쟁의 명소로 나의 인상에 남아있는 성환역의 부근에서는 벌써 연한 녹색을 바라보는 버드나무가 올라온 모양을 보았다. 민요에 나오는 천안 삼거리 능수버들을 생각한다. 부강에 오니 황량한 촌락에 살구꽃이 활짝 피었고 개나리도 아주 한창이다.

신탄강 머리에 두건 쓴 뱃사공이 좁고 긴 나룻배에다 4, 5명 흰옷 입은 남녀를 싣고 물이 깊은 푸른 강물을 건너려 하는 것을 보며 무르녹은 시심에 잠기려 하였다. 대전역을 지나 사방에 솟는 산악을 바라보며 한참 장엄한 기분을 돋는 중에 나무꾼이 아이와 함께 길가에서 쉬는데 초망에는 마른 풀이 한 짐이요 옆에는 선명한 진달래꽃이 한 묶음이다. 활짝 핀 진달래꽃은 여기서 처음이다.

심천까지 가서 절벽의 한 중간에 매달려 있는 진달래꽃을 보았고 큰길가 일대에 다시 활짝 핀 진달래를 찾을 수 없었다. 나는 꽃을 사랑한다. 그러나 꺾기를 즐기지 않는다. 꽃은 봄의 중추이고 생명의 표식이다. 무릇 생명을 가지고 생명을 예찬하는 자 누구든지 꽃을 좋아할 것이다. 그러나 모처럼 때 만나 핀 꽃을 한 손으로 꺾어버리는 것은 잔혹이 심한 자이다. 꽃을 사랑할진대 차라리 그 정원이나 촌락에 옮겨 심어둘 것이요 그 힘이 없으면 차라리 두고 볼 것이다. 꽃을 꺾으니 그 선연한 꽃의 향기를 상함이요 하물며 시들은 뒤에 티끌과 함께 버리기는 더욱 할 수 없는 일이다. 봄의 꽃, 가을 단풍 무수한 관상자들이 한 다발씩 꺾어 들고 다니는 것을 보면 애석하기 짝이 없는 바이다.

추풍령을 넘는다. 일대 산악이 완연한데 북으로 흐르는 계곡물은 오히려 만만한 기세를 보인다. 추풍령은 경부선 중 가장 높은 지점을 이루었다. 백두의 정간이 속리산에 미쳐서 역행하여 한남과 금북의 여러 산맥을 이루었고 차령으로부터 남쪽으로 달린 산맥은 호남 일대에 뻗쳤으니 추풍령은 즉 속리로부터 서행하는 중간 지대이다. 조선의 기후가 추풍령을 분계로 삼아 남북이 다른 바 있거니와 추풍 이북에는 물이 북쪽으로 흐르고 추풍 이남에는 남쪽으로 흐르는 것도 매우 흥미 깊은 현상이다.

추풍령을 넘어 남하하는 도중 직지사라 하는 산간 작은 역이 활짝 핀 개나리에 파묻혀 있다. 바쁜 여행에 이 산간의 정토(淨土) 직지사의 아름다운 경치를 찾아볼 수 없는 것이 못내 섭섭한 일이다. 김천역에 당도하니 비로소 활짝 핀 벚꽃을 볼 수 있었다. 이것이 남국 봄색의 제일경이라 할 것이다. 대신역을 지나니 오후에 집으로 돌아가는 아동들이 손마다 한 다발씩의 진달래를 들고 즐거운 듯이 지껄이며 돌아가는 모습이 매우 마음을 기쁘게 한다 (『조선일보』, 1926년 4월 20일, 2면).

ㅇ 1926년 4월 21일 경산 밀양을 지나 부산까지

이 날 경산, 밀양, 삼랑진을 거쳐 부산진에 도착한 후 동래온천에서 1박을 했다. 여행 중 1925년 여름 일어난 낙동강 지역 대홍수를 회고하며 안타까운 감정을 표현하고 있다.

남으로 경산역을 지난다. 경산은 경부 큰 길 근처 중 평택역과 함께 미곡 산출이 풍부한 곳이거니와 금년은 오래가는 봄 가뭄으로 인하여 경산의 평야 일점 이삭을 볼 수 없다. 청도를 거쳐 밀양역에 도착했다. 밀양강 일대에 수석이 점철하고 용두, 종남의 모든 산이 촉촉하게 높은 하늘에 솟았는데 좌우가 넓은 영남루가 밀양강 안에 반듯이 서서 넓은 광야의 경치를 삼키는 듯하다. 밀양 일찍이 즐겁게 놀던 땅이요 사방에 다양한 지인이 많은지라 여행객의 추억을 일으킴이 많다.

삼랑진에 다다르니 벚꽃이 구름 같다. 구름같이 늘어선 담백한 벚꽃의 무리에는 물가의 복숭아꽃이 사이사이 끼어 있어 점점 붉은 교태(嬌態)가 견줄 데가 없다. 벚꽃이 일본의 국화인 것은 물론이거니와 꽃으로 인물에 비긴 것이 많으니 모란이 부귀인, 연꽃이 군자, 국화가 은사, 매화가 한사 혹 숙녀, 장미가 소인, 해당이 미인, 도화가 유녀라고 하는 것은 꽃을 아는 사람이면 모두 짐작하는 바이다.

유천 밀양 일대 산이 계속 이어진 곳에 비로소 대나무 숲을 바라보며 선명한 남국 정조를 일으키게 되었더니 삼랑진 이남에는 더욱 무성한 대나무 숲이 곳곳에 다 있는 것을 보겠다. 물금 귀포 등 역을 지나 부산진까지 왔다. 삼랑진 부근부터는 질펀한 낙동강의 하류가 거의 항상 기차와 병행하게 된다.

작년 여름 낙동강 하류의 대홍수에 인하여 대저면 일대의 주민들이 모두 어별(魚鼈)[4]을 얻었다 하더니 지금에도 강줄기를 따라 벌여있는 일대의 촌락은 오히려 쓸쓸한 풍경이 마치 전란 후의 시가를 보는 것과 비슷하다. 작년 8월에 부산까지 왕복하는 길에 기차로 이 지역을 통과하며 처연한 재해지 부녀의 울음소리를 듣고 문득 시름에 잠기고 마음이 상해 돌아가서 8~9일 간의 곡보(哭譜)를 썼더니 오래지 않아 본 신문은 정간(停刊)의 불행을 당하였다. 이 재해의 표상인 울음의 족보를 쓴 것이 인연이 좋지 못한 일이라 하여 언론인들 간에 가끔 비웃음을 받았으므로 이번에는 될 수 있는 대로 환희의 봄빛을 널리 독자에게 소개하면 싶다.

대구 부근에서부터 기온이 조금씩 높아져서 자못 침울한 기분이 깊었다. 부산진에 내려서 아득한 부산항의 바다색을 바라보니 심기일전 자못 시원함을 깨닫게 한다. 부산진 역 앞에 내리니 뜻밖에 한 지인이 대구에서부터 함께 차를 타고 그곳까지 왔고 동래

---

4) 물고기와 자라.

온천으로 향하는 전차에서 다시 한 지인을 만났다. 이번 길은 간단히 홀로 다니며 한가함을 얻고자 하였으므로 지인 제씨에게도 통지하지 못하였다. 추억 많은 좌수영 남문루 등 지점을 지나 동래성을 남쪽으로 두고 온천장 속으로 푹 파묻혀버렸다(4월 15일 씀. 『조선일보』, 1926년 4월 21일, 2면).

O 1926년 4월 16일 경남기자대회 강연

저녁 8시 영호남 기행 중 4월 16일 저녁 8시 마산에서 열린 경남기자대회에 참석해서 '시대 순응과 세 표준'이라는 주제의 강연을 했다.

경남기자대회 제1일인 16일 저녁 8시부터 수좌(壽座)에서 각 본사로부터 도착한 연사들의 신문강연회(新聞大講演會)가 개최되었는 바 경찰 당국에서는 신경이 과민해져 당일 낮부터 주의(注意)가 엄중(嚴重)하여 한때는 금지의 말이 있었다. 입추(立錐)의 여지(餘地)없이 만원이 된 후 정각부터 아래와 같은 각 연사가 일반에게 많은 감상을 주었다.

연재와 연사

본위의 전환(轉換) 언론의 힘 개벽 본사 이돈화(李敦化)

시대 순응과 세 표준(標準) 조선일보 본사 안재홍(安在鴻)

신문의 사명 언론의 권위 시대일보 본사 홍남표(洪南杓)

(『시대일보』, 1926년 4월 23일, 3면 3단).

O 1926년 4월 19일 통영 청년회관 강연회

오후 8시부터 통영청년회관에서 '남조선의 일각(一角)에 서서'라는 제목으로 강연을 했다.

지난 16일 마산에서 개최된 경남기자대회에 참석했던 조선 안 재홍 씨와 본보 홍남표 씨는 그 대회를 마치고 18일 오후 11시 그 곳에서 통영으로 갔고 이를 기회로 삼아 조선일보 지국 주최와 동 아일보 지국 후원 하에 지난 19일 오후 8시부터 대화정(大和町) 청년회관내에서 강연회를 개최 한바 정각 전부터 사방으로 모여드 는 청중은 입추의 여지가 없었으며 김상현(金相顯) 군의 개회사로 비롯하여 북경에 유학중인 양명(梁明) 씨로부터 '중국혁명의 전도 (前道)'라는 연재로 장시간 열변이 끝나자 홍남표 씨가 등단해 '시 대의 변천은 이러하다'는 연설의 열변이 있은 후 안재홍 씨로부터 '남조선의 일각(一角)에 서서'라는 제목으로 일반 청중에게 많은 느낌을 주고 11시에 폐회하였다(『시대일보』, 1926년 4월 23일, 3면 3단;『동아일보』, 1926년 4월 24일, 4면 1단).

○ 1926년 4월 21일

쌍계사 경남전남 양도기자대회 강연

오전 10시 30분 쌍계사 경남전남 양도기자대회 참석 축사를 하고 오후 5시에 '일념봉공(一念奉公)의 기자생활(記者生活)'이라는 주제 로 강연을 했다.

경남 전남 양도기자대회를 하동 쌍계사(雙溪寺) 등에서 개최하 게 된다 함은 누차 보도 하였거니와 주최 측인 하동 순천 광양 세 군 기자단에서 수개월 동안 준비에 분주하였던바 예정과 같이 지 난 20일 오후 3시 50분 하동 쌍계사 팔영루(八詠樓)에서 영호 양 남기자대회가 개최되었는데 대회를 참관하기 위하여 멀리 경남 전 북 전남 각 지방에서 온 수백 명의 방청객을 위시하여 회장 내를 포위한 수십 명의 정사복 순사의 경계로 회장은 자못 장엄한데 그 날 오후 6시에 휴회되었으며 여흥으로 골계(滑稽)신문을 시간마다 발행하였다.

영호양남기자대회는 지난 21일에 계속 개회되었는데 수십 명의 정사복 경관은 여전히 회장을 포위하여 살기등등한 가운데 예정한 오전 10시 30분에 집행위원 조동혁(趙東爀) 씨의 사회로 개회되어 문태규(文泰奎) 씨의 회원 점명과 정순제(鄭淳悌) 씨의 회록낭독 이 끝난 후에 조선일보 특파원 안재홍 씨의 열렬한 축사가 있었다.

이어서 조선, 본사 양신문사 특파원 안재홍, 홍남표 씨를 청하 여 같은 날 오후 5시 신문대강연회를 열었는데 다수의 청중은 장 내 장외 대혼잡을 이루었으며 정사복 경관의 엄중한 경계 속에 두 연사는 아래의 주제로 각각 장시간의 열변을 토해 일반 청중에게 많은 자극을 주었다.

일념봉공(一念奉公)의 기자생활 안재홍. 이 모음의 열매 홍남표 (『시대일보』, 1926년 4월 28일, 3면 1단; 『조선일보』, 1926년 4월 28일, 1면; 『동아일보』, 1926년 4월 28일, 4면 1단).

○ 1926년 4월 22일 남조선 기행

『조선일보』에 「남선기행 여행 중의 수필 (1)」이라는 제목으로 기 고했다. 남도 민중들의 생활상을 현장에서 살펴보고 있다. 우선 백 의의 불편함과 폐지 필요성을 강조하고 있다. 민세는 3년 후인 1929년 4월 『조선일보』 부사장 시절에 생활개신운동을 주창한다. 이 때 백의 와 망건 폐지를 통해 의복의 간소화 필요성을 강조하고 전국적인 확 산에 힘쓴다. 이 글에서는 가뭄과 홍수로 고통 받으며 논밭에서 노 동하는 민중들의 고달픔 삶을 묘사하고 제대로 된 치산치수의 필요성도 언급하고 있다.

진위의 고향 마을에서도 최근 기아를 못 이길 지경에 있는 자가 많다는 말을 들었거니와 철길 따라 각지 이러한 비애는 없는 곳이 없을 것이다. 흰옷 입은 사람이라고 별로 기쁜 명칭도 아니지마는 천리를 행하여 오직 흰옷 입은 무리가 주로 움직이는 것만 보게 되니 조선인은 분명히 흰옷을 입는 사람들이다. 백의(白衣)를 숭상한 지가 오래다 하거니와 고대부터 흰옷을 애용하였는지는 의문이다. 고려시대에는 흰색은 서방의 금색(金色)이요 조선은 동쪽 목(木) 위치에 있는데 백의를 숭상하는 것은 매우 불길한 일이라고 목(木)의 본색인 푸른 옷을 장려하자는 아무개 조정 신하의 의논이 있었다. 백의 폐지의 운동은 그 연원이 오랜 것을 알 것이다. 그러나 백의가 다시 널리 유행하기는 근대의 일이라 한다. 이 엷고 엷은 흰옷이 비바람에 견디지 못하고 때와 더러움을 잘 타고 그로 인하여 행동상, 경제상 막대한 손해를 미치게 하니 백의를 폐지하고 춘하의 계절에 국한하는 것이 매우 좋을 것이다.

넓은 들 좁은 두렁에서 썩은 풀을 깎고 있는 흰옷 입은 사람이 있다. 매우 굶주린 기색이다. 산비탈 푸른 보리밭에서 농촌의 젊은 아낙네들이 잡초를 매다가 기차가 닿는 것을 보고 우두커니 서 있다. 궁핍과 무료에 깊이 빠진 단순한 그의 가슴에는 표현되지 않는 큰 슬픔이 있을 것이다. 신작로를 고쳐 쌓는 사람, 대홍수에 토사가 덮인 전답을 수리하는 사람, 남북 각지 흰옷 입은 무리의 노동은 매우 부지런한 노력을 깨닫게 한다. 1년의 수확을 위한 희망의 첫걸음이라고 기뻐하였다. 그러나 황폐한 논과 들에서 쓸쓸히 노동하는 그들은 얼굴에 핏기 없는 누르스름한 얼굴빛이 있을 뿐이다.

최근 십 수 년에 경부선길 각지에는 자못 소나무 숲이 무성하게 되는 것을 보았더니 이번에는 도리어 민둥산과 황폐한 밭이 도처에 널리 가득한 것에 놀라게 된다. 삼림의 보람이 얼마큼이나 기후를 조화하여 가뭄을 방지하는지는 별도 문제로 하고서라도 붉은 민둥산이 비오는 시기에 있어서 도도한 탁류로 논과 들의 농작물을 망치는 것은 세상 사람들이 항상 목격하는 바이다.

홍수의 때에 제방이 한 번 터지면 부근의 밭이 모두 일면의 모래사장으로 변할 것은 필연한 일이다. 필자가 일찍 부여의 송월정(松月亭)에 앉아 백제의 옛강산을 전망한 바 있었거니와 오정대 일대의 백마 강변은 왼쪽 언덕의 논과 들보다 높기가 수십 척으로 마치 가공한 수도(水道)를 보는 것 같았다. 이러한 현상은 하천 있는 곳에서 왕왕히 발견할 수 있는 바이다. 치산치수와 산미증식은 현 조선 통치 당국의 일대 방침이라 한다. 이 치산치수와 산미 증식 등의 정책이 얼마나 조선의 경제적 사정과 정치적 추세를 변동케 함이 있을는지는 자못 주목할 문제이다(『조선일보』, 1926년 4월 22일, 2면).

○ 1926년 4월 23일 동래온천과 동래성

『조선일보』에 「남선기행 여행 중의 수필 (2)」이라는 제목으로 기고했다. 늦은 시간 동래온천 숙소에 도착해서 밤새 유흥객들의 시끄러운 소리 속에 아침까지 자고 일어났다. 15일 아침 남화의 대가 의재 허백련의 작업실을 방문했다. 허백련은 1891년 생으로 민세와는 동갑이다. 일본 메이지대 출신으로 광주에서 작품 활동을 하며 민세와는 신간회로 인연이 있던 광주 YMCA 창립자 오방 최흥종 목사와 함께 무등산 자락에 삼애학원을 세워 인재를 육성했다. 민세는 17년 전에도 이곳 동래성을 답사했다. 당시 임진왜란 때 동래성을 지키다 순절한 송상현 부사의 이야기에 크게 감동했다. 숙소인 동래호텔이 조선인 경영자의 운영상 여러 어려움으로 일본인 손에 넘어가는 과정을 서술하면서 일본의 조선에 대한 경제적 침략을 우회적으로 비판하고 있다.

차중에서 얼마큼 피곤에 지친 몸으로 늦게 여관에 들어갔다. 이날은 음력 3월 3일이라 유흥객이 매우 많고 일본인 유흥객이 더욱 많아서 응접실에서는 예기(藝妓)들의 샤미센(三味線)5) 소리와 함께 환락의 소리가 밤 깊도록 그칠 줄이 없다. 저녁을 먹은 후에 온천에서 목욕하고 두터운 이불 속에서 아침까지 계속 자버렸다. 좌우의 객실에서는 젊은 남녀들의 요란한 정담(情談)이 잠들기 전까지 고요함을 그리워하는 피곤한 고막을 건드린다.

15일 아침이다. 느지막하게 일어나 세수하고 원고를 써 보낸 후 동래 지국을 방문코자 문밖에 나서니 뜻밖에 강주한 씨가 자동차에서 내린다. 강 씨는 동아일보 진주 지국장으로서 돌아오는 길에 마산에서 기자 대회에 참석하고자 함이라 한다. 다시 의재 허백련6) 씨가 봉래관에 체류함을 듣고 잠시 방문하였다. 허 씨는 봉래관의 방 하나를 빌려 식사는 별처에서 하면서 전념으로 작품을 내고 있는 중이다. 이번 미술전람회에 출품할 것도 준비되었다 한다.

전차로 동래성에 들어가니 성벽은 헐어서 치워진 지 오래거니

---

5) 일본 전통 악기.
6) 허백련(許百鍊)(1891~1976) 전남 진도 출신의 화가. 조선말기 화가인 허련(許鍊)의 아들 허형(許瀅)에게 운림산방에서 그림을 배웠다. 일본으로 유학가 메이지대학 법학부에서 수학했다. 1922년 제1회 조선미술전람회에서 수상하면서 화단에 이름을 떨쳤다. 최흥종과 함께 삼애학원을 설립하고 농업기술학교를 세워 인재를 육성했으며 노년에는 단군 신앙에도 깊은 관심을 가졌다.

와 시가의 규모는 그다지 변동된 것이 없다. 구 객사(客舍)의 앞에 다다르니 '동래도호아문'이라는 구 현판은 의연히도 그렇게 걸렸는데 좌우에 보통학교의 교사가 들어 있다. 지국을 찾으니 지국장 백광흠 씨는 그동안 부친상을 당한 지 수일에 자못 비통의 기색을 벗지 못하였다. 한동안 회담한 후 점심 식사를 대접 받고 돌아왔다. 어제 부산진에서 약속한 경남은행의 서상호 씨는 사고로 인하여 방문하지 못한다고 한다.

소년 시대의 받은바 인상은 일생을 지배하는 것이 되어서 어느 곳을 가든지 묵은 인상이 되살아나서 그것이 곧 감흥의 중심을 삼는다. 17년 전 처음으로 동래성에 와서 수일간을 체류하던 때에는 성벽이 오히려 건재하였으므로 남문루에 오르면 임진왜란의 의인 송상현 선생의 곧은 의지를 추억하면서 남문을 우러러 보던 바 있었다.

내가 투숙하는 동래 호텔은 구 산해여관으로 진주의 자산가 모 씨가 경영하던 바였으나 마침내 실패하고 일본인에게 팔리게 된 것이다. 진해의 빈집을 헐어다가 이 집을 짓고 정원과 기타의 설비를 합하여 전후 십 수만 원을 썼는데 일본인 숙객은 많이 오지 아니할 뿐 아니라 조선인 숙객은 피차간에 자제함이 없이 서로 정해진 규칙을 문란하게 하는 바 있다. 하물며 미인을 끌어 탕에서 음탕하게 노는 것을 일삼을 때 동년배 간에 발견됨을 싫어하여 일본인 여관으로 가게 된다고 한다.

그 외에도 일본인에 의하여 지배되는 탕원은 여러 가지 방법으로 이용을 막히게 되어 할 수 없이 막대한 손해를 보고 일본인에게 팔린 후 다시 금일의 번창을 보게 되었다 한다.

경향 각지 수리 사업 광산 혹 교통 운송의 업 등이 태반이나 이러한 경로를 밟아 일본인의 손바닥에 들어가되 일본인의 손바닥에 들어가면 반드시 곧 번창하니 한 여관의 쇠망사로서도 족히 권력으로부터 떠나 있는 조선인의 경제적 파멸의 비애를 설명할 것이다. 이곳에는 벚꽃이 활짝 피어 일반 유흥객의 외에 남녀 학생들이 소풍으로 온 자가 매우 많다. 벚꽃마다 나무패가 달렸다. 가서 보니 '꺾고서 벌 받는 것보다는 쳐다보고 즐겨 하라'는 표어이다. 이는 동래경찰서원의 머리에서 짜낸 경치 보호의 묘안(妙案)인 것을 알았다. 이 관광지에서도 경찰이 벌로 으르고 협박함이 아니고서는 견디지를 못하는 문명을 자랑하는 20세기의 사람들도 별로 큰소리할 낯짝도 없어 보인다. 밤에는 내방한 서너 명 벗과 함께 수시 환담하다가 취침하였다(4월 15일 씀.『조선일보』, 1926년 4월 23일, 2면).

○ 1926년 4월 29일 부산에서 마산으로

『조선일보』에 마산으로 가는 기행문을 연재했다. 부산을 떠나 마산으로 가는 길이다. 가는 길에 본 조선 여학생들의 우아하고 단정한 태도와 일본 남학생들의 거친 장난을 대비적으로 묘사하고 있다.

16일 아침이다. 6시에 일어나서 욕실에 가니 미인을 데리고 온 일본 여행객의 남녀 혼욕(混浴)이 있다. 모처럼 만난 나체 미인이지만 체격이 빈소하고 피부색이 핏기가 없어 아름다운 곳이 없으니 유감이다. 동양 여자의 신체의 구조는 몸체가 둥글고 수족이 짧으므로 과연 그 나체미가 부족한 것을 체험하였다.

조식 후 바삐 원고를 써서 부치고 출발키로 하였다. 허의재 화백에게는 일폭 화를 청하기로 한 후 강 군과 마산까지 동행키로 하고 자동차에 올랐다. 부산진까지 40전이니 전차보다 15전이 비싸다. 봉래교를 건너니 중학생 한무리 100여 명이 줄을 섰고 그 뒤에도 흰 저고리 검은 치마의 여학생들이 전후 4~5 대열이고, 일본인의 남녀 소학생도 몇 차례나 온천장으로 향하는 것을 보았다. 조선인 여학생들의 우아하고 고요한 태도는 얌전이 오히려 지나치는 것 같다. 뒤로 보니 자줏빛 댕기가 봄바람을 받아서 가벼이 나부끼는 것이 형언할 수 없는 풍치가 있다. 조선 여자복이 우아하고 아름다운 것은 정평이 있는 바이다. 일본의 학생들은 모두 죽장과 목봉을 들고 길 가운데로 마구달리며 자동차를 향하여 흙덩이를 던지고 목봉으로 차창을 후린다. 여기에도 학생의 기질을 볼 것이다.

동래와 부산에는 아는 지인이 자못 많은데 이번에 한 사람도 방문하지 못하고 그대로 출발하니 매우 미안하고 섭섭한 일이다. 부산진에서 한 지인을 만났고 삼랑진에서 다시 몇 명을 만났다. 작년 수해 때 이재민 동포에게 러시아에서 온 구제금을 분배코자 출장한 구제회의 배덕수 씨도 중간에서 차를 함께 탔다. 낙동강 철교를 건너서 마산까지 오는 길에 좌우에는 광활한 풀밭이 있는데 매년 침수되므로 인하여 개간하지 못한다 한다(4월 16일 글씀. 『조선일보』, 1926년 4월 29일, 1면).

○ 1926년 4월 30일 진해 군항과 벚꽃

진해에서 배편으로 진행 군항 일대를 답사했다. 일본의 '사쿠라'는 담홍(淡紅)한 색채가 자못 사람의 정열을 끄는 바 있거늘 조선의 '사쿠라'는 천홍(淺紅)한 색채가 있는 것으로 다른 특성을 가지고 있다고 봤다.

17일 오전에 강주한 씨와 함께 자동차 편으로 진해까지 가기로 하였다. 통상의 유람객이 진해를 가는 것은 벚꽃을 보기 위함이다. 진해만은 동양의 대표적 서양식 항으로 항내에는 세 척의 군함을 집어넣을 만하다 하거니와 이제 일본이 이곳에 군항을 설치하고 나가사키 현 사세보(佐世保)항과 호응하여 남해의 제해권을 유지하는 근거지를 삼고 있으니 이것이 일차 보지 아니할 수 없는 이유이다.

옛 마산에서 마산역까지는 시내 자동차로 5전이면 간다. 자동차에서 내리자 조선철도회사 출장소에 가서 진주, 마산 간의 왕복 패스를 얻고 배의 출발 시간이 여유가 있으므로 시가를 잠깐 살펴보았다. 마산은 벚꽃의 명소이거니와 벚꽃은 벌써 다 졌다. 그러나 마산 신사에는 문 안으로 보이는 벚꽃이 자못 황홀하여 아름다운 경치가 있고 마산교 일대의 벚꽃은 푸른 시내를 끼고 동서로 늘어져 아직도 며칠의 남은 기운이 있다. 잔교(棧橋)의 옆에 물가에 지은 정자가 있는데 일본인이 경영한다고 했다. 거기서 점심을 먹고 50전에 왕복 선표를 사니 배는 정오에 출발한다. 배 위에서 다시 두 사람의 동행자를 만나니 우리의 일행은 4인이다. 갑판 위에 최고 좋은 곳을 점하여 해산(海山)의 풍경을 빈틈없이 바라보기로 하였다.

구마산을 거쳐서 다시 승객을 싣고 그대로 남향하여 푸른 산과 파도의 한 중간을 질러 나간다. 서쪽을 바라보니 서산 일대에는 소나무 숲이 자못 울창하고 바다 가운데로 보이는 일본 중포병대의 사옥들과 바닷가의 연병장은 저들 군국적 배치의 큼을 알게 한다. 이 땅은 원래 러시아인의 경영지였다. 일본과 러시아가 전쟁을 하기에 곧 돌아갔고 일본이 이어서 이를 경영하여 지금 중포병대의 주둔지가 되었으며 사관의 관사들은 아울러 시설이 자못 견고하다.

저도의 동으로 빠져 산봉우리를 몇 번이나 끼고 돌아 진해 요항 (要港)[7]에서 배에 내리니 배로 운행한 시간이 약 1시간이었다. 탄탄한 큰길로 행하여 진해 요항(要港) 서문으로 들어가니 집총한 해병이 지키고 있다. 소나무 숲이 어울려 푸른 곳에 뒤로 북산을 등지고 앞으로 만의 입구를 비워 흙으로 만든 제방이 거침없는 것은 곧 군사적 대비의 치밀한 것을 알 것이다. 콘크리트로 축조된 장벽을 끼고 동쪽으로 가서 진해 방비대의 영사를 관람하니 안내하는 병사가 친절히 설명한다. 영내에는 야포와 해군포가 있을 뿐이다. 구내에 벚꽃이 만발하였다. 청향이 코를 건드려 자못 상쾌한 느낌을 준다. 마침 방비대 주최의 올림픽 대회가 있어서 부근 일대가 사람 속에 묻혔는데 일본인 남녀가 거의 전부이다. 조선에 일본화한 도시가 많지만 진해같이 일본화한 도시가 없고 벚꽃 제일의 땅이라 할 수 있다.

무사 꽃은 '사쿠라'라고 일본인이 자랑하는 바이거니와 조선의 벚꽃은 일본의 '사쿠라'와는 다르다. 일본의 '사쿠라'는 담홍(淡紅)한 색채가 자못 사람의 정열을 끄는 바 있거늘 조선의 '사쿠라'는 천홍(淺紅)한 색채가 있다. 조선에 이주한 일본인은 그의 품위와 정열이 아울러 저열하여 자연의 인간성이 마멸된 특수화한 부류들이다. 벚꽃의 변태는 곧 이를 상징함과 같다. 일본엔 '사쿠라' 조선엔 '벚'이니 조선에서 '사쿠라'라고 부르는 것은 일본화한 부산물이다.

조선에서도 자래로 벚나무를 귀중하게 알았으니 벚나무가 활재료에 쓰이고 벚껍질은 활껍질와 총껍질을 입히는데 쓰였다. 우이동은 경성 벚꽃의 명소를 지었거니와 그는 모두 활재료의 소용을

---

7) 교통, 수송, 군사 등에서 중요한 항구.

위한 옛날 병기 제조기관의 소관이었다. 이것을 '사쿠라'라 하고 바라보고 예찬하는 것은 조선인의 천박성을 표함이라 할 것이다. 휴게소에 앉아 차를 마실 때 봄바람이 닿는 곳에 떨어지는 벚꽃은 나의 뺨을 후린다. 나는 망연자실 했다 (4월17일 씀.『조선일보』, 1926년 4월 30일, 1면).

○ 1926년 5월 1일 진해 시가

『조선일보』에「재등만 배타면서」라는 제목으로 진해지역 기행문을 썼다. 이 지역 새로운 길을 만들면서 조선 총독의 이름을 따서 지은 것에 대해 비판하고 있다. 이런 작명은 일본인의 봉건적 침략의식을 가장 적나라하게 표현한 것이라고 주장하고 있다. 또한 이런 행위는 조선인의 민족적 모욕감을 조장할 뿐이라는 것이다.

> 동양의 대표적 서양식 항구요, '사쿠라'의 명소인 진해는 해산(海山)의 풍경으로 말 하더라도 확실히 조선 유수한 명승지이다. 북동서 세 방향으로 큰 산에 소나무, 회화나무가 울창하고 남으로 거제와 가조도의 모든 섬은 마치 해상 전설의 산이 여기라는 듯이 모두 푸른 파도 아득한 밖에 둘러 있어 천연의 배치가 이미 깊고 풍광이 자못 웅장 화려하며 중간에 모든 건축물과 수목의 식재를 가장 인위적 기교를 가하였으며 시가지의 설정이 또한 깨끗하고 규모가 있어 금수강산은 곧 이곳을 위하여 지어낸 명사인가 생각나게 한다.
> 벚꽃과 푸른 소나무가 어울려 비추는 곳에 다시 은행나무의 가로수가 있고 향나무 숲이 있고 풍수(風樹)가 있고 멀리 해군장교 관사촌의 일대에는 붉게붉게 복숭아꽃까지 활짝 피어 있어 영롱함

이 이어진 경치는 사람으로 하여금 아득한 마음을 갖게 하는 바 있다.

항내에는 각종 준설선이 있어 아직도 해상을 정리하기에 급급한 바 있고 2척의 구축함은 물결 가운데 그 웅장한 모습으로 머물러 있다. 일본인 남녀 모두 시끄럽게 뛰며 "천지가 내 것이로다"라고 하는 것이 고약한 일이다. 다만 내륙의 교통이 오직 선로가 마산으로 통하게 되고 연안 항로로 부산, 여수 각지에 연락하는 바 있으니 이것이 하나의 단점이다. 최근 다시 여기로부터 창원에 달하는 진창철도의 부설이 있으니 이것이 완성되는 날에는 한층 교통이 편리해질 것이다.

도보로 시가지에 나아가니 수백 년 풍상을 겪어온 노거수를 중심으로 한 개 공원이 있고 이 공원을 중심으로 다시 방사형의 시가를 구성하여 8조의 통로를 지었다. 경찰서 우편국 등이 각각 한 구역을 차지하였으니 동양에서는 오직 다롄(大連)항이 이러한 규모로 되었고 다른 곳에서는 볼 수 없는 바라 한다.

요항(要港)의 서문 일대로부터 동부 시가 전 지역에 빈집이 많아 한 특색을 지었다. 일로전쟁 직후 현 사이토 마코토(齋藤實) 조선총독이 해군에 있을 때 나고야의 아무개 일본인 부호가 이 항이 경남도청이 이전될 후보지라 하여 시가지의 대발전을 예기하고 건축회사를 발기하여 많은 가옥을 건축하였던바 마침내 예측한 바가 틀려 막대한 손해로 넘어졌다고 한다.

동부 일대 한산한 시가에는 일본의 명물인 유곽(遊廓)이 있어서 성(性)에 사로잡힌 유녀(遊女)들이 때로 가로에서 방황함을 보게 된다. 듣건대 함대가 입항하는 때는 해병으로 이곳에 오는 자가 폭주하여 주야가 없이 같이 자게 됨으로 일인의 창기가 일일 수십 인의 남자를 접하게 된다 한다. 지옥의 극단인 것이다. 해병의 영사와 유곽, 무수한 빈집은 곧 일본이 자본적 군국주의 국가로 다른 나라 통치를 가장 잘 설명하는 일대 파노라마라고 할 것이다.

필리핀에는 미국인 주둔병의 정조 유린으로 필리핀 여자를 엄마로 한 2천 5백 인의 가련한 고아가 있어 매년 삼만 원의 교육비를 요한다고 한다. 미국인 부호가 이것에 대해 기부하기를 거절하고 육군의 비용으로 지출함이 옳다고 주장한다니 미국은 국가적 자본 재벌이라 육군비용의 충분한 지출에 의지해서 정조 유린을 마음대로 하되 유곽(遊廓)의 설치와 일일 수십 번의 성관계를 필요로 하지 아니 하니 자본력이 풍부한 곳이 능히 정의 인도를 고양하게 되는 것이다. 일본인은 빈궁함이 육군비용의 별도 지출을 힘입을 수 없는 지라 성의 만족에 대하여 오히려 소비절약을 권장할 수밖에 없는 것이다. 양국이 모두 자본적 제국주의를 역행하는 터이라 대조해보니 자못 쓴웃음을 지을 수밖에 없다.

동북으로 안민현을 바라보며 다시 큰 길로 돌아서 재등만에서 배를 타고 마산으로 돌아간다. 오후 4시 30분의 일이었다. 안민현은 부설 중에 있는 진창철도의 통과지로 방금 수도(水道)를 뚫는 중이라 하거니와 왕년 아리요시(有吉) 씨가 조선의 정무총감으로 오며 안민현으로 신작로를 놓게 하고 이름 지어 유길치(有吉峙)라 하였다 하니 유길치와 재등만(齋藤灣)은 좋은 대조이다. 이것은 인간의 이름 부르는 버릇을 가장 노골적으로 드러낸 것이요 일본인의 봉건적 침략의식을 가장 적나라하게 표현한 것이다. 저들은 신공황후(神功皇后)의 삼한정벌을 말하고 혹은 임나일본부를 거침없이 말 하는 바 있으니 그것은 허망한 정복욕이 고대에 소급한 것이다.

재등만(齋藤灣)과 유길치(有吉峙)같은 것은 그의 유치함에 웃을 만한 천박한 표현이라할 것이다. 명산과 뛰어난 경치 높은 누각과

큰 집에 이름을 기록하고 가는 것은 이름 부르는 버릇의 가장 유
치한 행동이다. 재등만 유길치 등 지명으로 저들 국가적 영예를
후세까지 기념하기를 바라는 그 유치함 웃지 않을 수 없다. 다만
남은 것은 조선인의 민족적 모욕감을 조장할 뿐이다(4월 17일 씀.
『조선일보』, 1926년 5월 1일, 1면).

○ 1926년 5월 2일 마산 추산 공원

『조선일보』에 「통영에서」라는 제목으로 경남 마산을 지나 통영
가기 전까지의 소회를 썼다. 마산에서 열린 경남지역 기자대회 모임
에 참석한 후 추산공원에 올라 마산항의 풍경과 느낌을 적고 있다.
이날 저녁 6시 30분 배를 타고 통영으로 떠났다.

진해에서 돌아오자 동래서부터 함께 한 강군은 진주에서 재회
하기를 약속하고 정거장에서 작별하였다. 여사에 돌아오니 객실에
는 미인을 동반한 풍류랑들이 만원이고 객실에 새로 들온 사람은
"가족회의에서 동의를 얻어야지" 하고 쓸데없는 말을 지껄인다. 그
것은 반드시 미성년자의 재산처분, 그 중에도 토지의 저당 설정 혹
은 매도 등 수속을 뜻함일 것이다. 풍류랑과 토지저당 문제 등은
또한 지금 사회상의 한 면이다.

밤에는 경남기자대회 간친회가 마산공원에 있었으나 불시의 강
우로 매우 분위기 없이 마쳤고 18일에는 마산 시민유지가 개최한
대회원 일동의 환영 연회가 추산공원에 열렸다. 나는 강군과 진주
로 출발하고자 하다가 많은 사람들의 만류로 하루를 더 머물러 참
석하였다. 추산은 조선인 중심시가인 구마산 배후에 있는 무학 산
록 대지도 공원의 후보지에 지은 명소이다. 대지에 올라서니 모든

마산항의 형세와 풍경이 비로소 한눈에 들게 된다.

마산과 노비산을 앞에 놓고 동부 일대의 평원에는 보리밭이 전
개되었고 일편의 수전(水田)을 볼 수 없다. 보리 추수 후에는 곧바
로 물을 이용하여 벼농사에 착수한다하니 남조선에는 거의 없다.
이모작의 경작으로 북부 조선과는 다른 바이다. 중부 조선일대에
도 이모작이 유망한 땅이 많을 줄 생각한다.

서쪽에 자산동이 있으니 고운 최치원의 탄생지라 한다. 서방으
로 월영대(月影臺)의 기록이 있고 그곳에는 문창대라는 암석이 있
으며 고운이 심었다는 감나무가 있어 말라죽은 지 오래라 하나 바
빠서 가보지 못하였다. 구 마산의 중앙에는 높은 건축물이 있어
구조가 자못 특수하니 그는 형무소이고 또 유곽(遊廓)이다. 시가
의 중앙에 형무소와 유곽이 있는 것은 마산의 한 명물이라 한다.
자산동 일대로 유곽을 옮기려 하였으나 일본인 심상소학교 건축지
로 기선을 빼앗기고 구 마산 부두의 동측 수면을 매립해 그곳으로
이전 할 계획이라 한다. 이익에 약빠른 일본인 시미즈(淸水)는 그
것을 예상하고 매축공사에 착수키로 하였다 한다. 시미즈(淸水)는
진주에 사는 자로 지난 몇 년 동안 저울을 그릇되게 사용해 일시
문제의 초점이 되었던 사람이다. 최근 동경 정계에는 소위 송도유
곽사건으로 자못 크고 작은 난리를 일으키는 중이거니와 마산시를
위해서는 하루라도 이 유곽과 형무소의 이전을 단행하여야 할 것
이다.

시간이 되어 개회되매 간단한 인사말이 있었고 주객의 환락으
로 되었다. 이곳에서 마산 미인을 많이 대면하였거니와 끄슬린 피
부색은 북쪽의 그것과는 다른 독특한 교태(嬌態)가 있다. 다만 조
선의 선구자들이 득의의 때가 더디고 그들의 미인이 시집 갈 날이
아득하니 이 점으로서는 그 운명의 기구함에 이의가 없을 것이다.

통영의 동료들 권유에 의하여 시대일보사의 홍남표 군과 함께 그곳을 방문하기로 하고 저녁 6시 30분에 다시 배위의 사람이 되어 마산항을 출발하게 되었다. 창창한 낙조가 서산에 넘어가고 으스름한 빛이 해산의 일대에 어울릴 때 부두에서 전송하는 동지들을 남겨두고 슬그머니 배가 늘어선 중간을 헤쳐 나아가는 정회는 아득하고 말로 표현할 길이 없다.

저도의 서쪽으로 빠져서 어느덧 만밖에 뜨니 돌아보매 동서 시가지의 번쩍번쩍 빛나는 등빛이 마치 해상의 선경(仙境)을 바라보는 듯이 사람으로 무한한 정서를 자아내게 한다. 마산은 수일 만 남의 땅이고 통영의 산수 또한 예전부터 동경하던 장소라 이제 일행 6~7인과 함께 마산에서 통영에 간다. 일행은 모두다 능력 있는 청년 동지, 아아 그러나 꺾을 수 없는 환희 중의 비애의 사람들의 만남과 재회(4월 19일 씀. 『조선일보』, 1926년 5월 2일, 1면).

O 1926년 4월 27일 관서 기자대회 신문 강연회

『조선일보』에 관서기자대회 신문강연회 참석 예정 기사가 실렸다.

다음달 5월 6, 7, 8일 3일간 평안도 영변에서 개최되는 관서기자대회에 만반준비는 벌써 완료되어 남으로 평양 진남포, 동으로 덕천 맹산 북으로 강계 벽동 초산 신의주 각지에서 다수 참가하여 실로 2백여 명을 예정한다하며 대회 신문강연은 각기 본사에서 연사를 교섭한 후 결과 양사에서 연사 1인씩 아래와 같이 특파하기로 결정되었다.

1. 언론계의 자유와 사회의 필요 조선일보사 안재홍
2. 기자 자격에 대하여 동아일보사 최원순

(『동아일보』, 1927년 4월 27일, 4면 6단).

○ 1926년 4월 28일 최후의 제왕

『조선일보』에「최후의 제왕」이라는 제목으로 순종의 죽음에 대한
애도의 글을 썼다. 순종의 서거에 대해 그가 온갖 세상과 시국의 변화
를 함께 만났고 이제 돌아가시니 무한한 애통의 마음이 든다고 썼다.

　　병인(1926년) 4월 25일 오전 6시에 순종황제가 돌아가시니 53세
라. 경술변국(庚戌變局)후 17년이고 융희건원(隆熙建元)후 20년이
다. 한양 조선조 창업후 535년이며, 조선건국 기원으로 따지면
4259년이다. 이제 쓸쓸히 돌아가셔서 천하의 민중과 함께 슬픔과
쓸쓸함과 애통함을 금할 수 없으니 아아 융희제(隆熙帝)의 돌아가
심은 곧 반만년의 역사와 이천삼백만 민중의 비참한 불행을 상징
하는 조선 마지막 제왕의 운명이 분명하게 드러난 것이다. 천하의
민중 모두 이 슬프고 애통한 마음을 견줄 데가 있으랴.
　　조선 마지막 제왕(帝王)으로서 융희제가 임금의 자리를 계승한
것은 곧 조선 역사가 마지막에 접근하는 제1장을 기록한 것이었
다. 그러나 만일 경술(庚戌)의 절대적인 변국(變局)을 말할진대 어
찌 다만 29 왕릉(王陵)의 슬픔으로만 표현할 뿐이겠는가? 애통(哀
痛)이 문득 천하에 미치게 되니 아아 통곡하라 통곡할지어다. 생
각하건데 융희제(隆熙帝)와 함께 산 조선의 현하 민중은 온갖 세
상과 시국의 변화를 함께 만났고 이제 그의 돌아가심을 만나 또한
무한한 애통의 마음으로 애도하게 되었다. 아아! 만천하의 애도(哀
悼)하는 민중으로 더불어 삼가 조선 마지막 제왕의 죽음에 통곡하
고자 한다(『조선일보』, 1926년 4월 28일, 1면 1단).

○ 1926년 5월 2일 통곡하는 군중 속에 서서

『조선일보』에 「통곡하는 군중 속에 서서」라는 제목으로 순종의 인산일을 맞아 추모 기고를 했다. 순종황제를 위해 첫 상복 입는 날에 조선인은 향토 전체에 걸쳐 피어오르는 불꽃과 같이, 순종의 애통으로 하여금 뭉쳐 전조선의 위대한 역사적 신기축(新基軸)을 만들자고 호소하고 있다.

5월 1일은 돌아가신 순종황제를 위해 첫 상복 입는 날일이다. 모든 경성의 흰옷 입은 사람들은 온통으로 들끓어 나온다. 창덕궁 밖, 돈화문 앞의 시가는 수만 군중에 묻혀버렸다. 정오까지 모인 사람이 십만을 돌파하였다 한다. 금호문(金虎門)으로부터 외전(外殿) 일대에는 애도하는 옛신하들이 끊임없이 이어진바 있고 돈화문(敦化門) 밖에는 수많은 군중의 통곡하는 소리 사람으로 하여금 문득 애처롭게 눈물을 흘리게 한다. 엄중히 경계하는 경찰대는 거의 도열을 지어서 군중으로 하여금 정지함이 없게 한다. 이 통곡과 엄중한 경계는 서로 떠나서 해석할 수 없는 일대사실(一大事實)이다. 조선인의 통곡, 각자의 골수(骨髓)로부터 솟아나오는 민중적 애통(哀痛)은 무엇을 의미함일까

"황공하게도 뉘우치며 한탄함을 억누를 수 없나이다"라고 애도의 조사를 올린 모 시의 시민들이 있다 한다. 이 뉘우침은 회고적 감상에 의한 민족적 슬픔의 탄식을 하소연 하는 소리이다. 이것이 통곡하는 일부 민중의 진정일 것이다. 그리고 마지막 제왕(帝王)으로서 돌아가신 비극적 사건에 대해 조선인 참패의 역사와 마지막 운명을 상징하는 것이다. 조선인의 심각한 비애(悲哀)를 각자의 신상에서 발견하고 또 체험하는 것이 통곡하는 대부분 민중들

의 진정일 것이다. 그들의 통곡은 진정한 슬픔이요 지극한 아픔이다. 그러므로 순정한 슬픔일 것이다. 조선인 동포여! 모두는 그 순정한 슬픔으로 슬퍼하는가?

조선인 동포여! 통곡하여 슬픔이 절정에 이르러 비로소 가슴이 시원한 것을 깨닫는 것은 통곡을 발산하는 자이다. 이는 감상적으로만 통곡하는 낮은 수준인 것이다. 아침에 통곡하고 저녁에 노래하는 자는 찰나에 통곡하는 자이다. 깨어서 방종 하는 것은 자폭적(自暴的)으로 통곡하는 자이다. 오직 통곡하여 통곡의 뜻을 체감하고 깨어서 결심할 바를 알며 결심하여 지속할 바를 지키는 것이 있은 후에 진애(眞哀), 지애(至哀), 순애(純哀)의 상징인 통곡은 영원한 의의가 있고 가치가 있고 또 만고에 기념(紀念)이 되는 것이다.

아아, 조선인이여! 이 향토 전체에 걸쳐 피어오르는 불꽃과 같이 전 조선인의 천하에 울려 넘어가는 통곡, 그의 애통으로 하여금 뭉치어 불꽃과 같이 전조선 위대한 역사적 신기축(新基軸)이 있게 하라(『조선일보』, 1926년 5월 2일, 1면 1단).

○ 1926년 5월 3일 마산에서 통영으로

『조선일보』에 「통영에서」에서 라는 제목으로 기고했다. 마산항을 떠나 통영으로 가는 다도해의 풍경을 묘사하고 있다. 통영에 내려 새벽 6시에 어시장을 구경하고 어촌 사람들의 순박한 모습을 보며 이들을 기만하고 우롱하여 사회에 해독을 끼치는 집단들을 비판하고 있다.

마산서 배를 타고 두룡포 돌아드니 청산은 병풍이고 녹수는 거울이라 아마도 이 강산은 고인의 시를 모방한 것이다. 마산으로부터 통영까지 가는 해산의 풍광은 산수의 경치와 아름다움이 참으로 비길 데가 없다. 통영이 삼남수군통제사영의 소재지로 인해 생긴 이름인 것은 누구나 다 아는 바이거니와 두룡포는 통영이 성립되기 전의 명칭이다. 18일 저녁 우리배가 마산의 만 입구를 빠져나오는 때에 나는 선실에 들지 않고 뱃머리에 나서서 연해의 풍광을 감상키로 하였다. 보름달이 낮처럼 비췄는데 담담한 하늘에는 구름조차 없고 오직 드문 별이 왕성하게 사방에서 반짝일 뿐이다.

남포만에 떠서 서남으로 작은 반도를 끼고 돌 때, 돌아보니 진해의 시가에서는 수많은 붉은 빛이 번쩍번쩍 광채를 발한다. 해면이 자못 넓어서 제법 넓은 바다에 떠 있는 듯 하나 네 둘레에 둘러 있는 뾰족한 봉우리는 의연히 몸이 아주 큰 호수에 있는 것을 속살거린다. 오늘의 바람세기에 파도가 심하지 않은 것은 이 까닭이다. 밤의 해상이라 추위가 심하므로 두 개의 타올로 머리와 목을 싸매고 바람 보호 안경을 쓰고 의연히 선두에서 바라본다. 배는 서면으로 돌아서 가조도와 고성의 해협으로 빠져 나간다. 깜빡이는 등대의 전기불빛이 바다에 밤 나그네로 더욱 쓸쓸한 기색을 돕는다.

선실을 들어가 보니 함께 하는 벗들은 수일간의 바쁜 일정에 수면이 부족하였던지 좌우로 쓰러져 뒤엉켜서 자고 있다. 나는 다시 나와 오른쪽 뱃머리에 걸터앉았다. 일찍이 일본의 세토나이카이(瀨戶內海)를 배로 건너던 일이 있었거니와 좌우에 푸른 산과 숲이 없는 것이 큰 손색이다. 다도해의 풍광을 일컫는 자 많거니와 천연한 배치로는 참 뛰어난 경치라고 할 것이다. 이 근처로부터 전남 해각(海角)을 돌아 충남의 서해안에 미치기까지 모두 크고 작은 섬을 이루었으니 이곳에 만일 울창한 삼림을 꾸미게 된다면 그야말로 해상 신선이 사시에 와서 노는 인간의 별천지라고도 볼 수 있을 것이다.

좁은 목을 지나 다시 물이 거센 해면에 뜨니 사방으로 고성의 푸른 산색이 달 아래 푸르러서 시원한 풍정이 말할 수 없다. 올해 일을 생각하여 적막한 오늘의 해상을 거저가기 섭섭하다. 때는 저녁 10시 20분 선실에 잠깐 쉬고 통영 입항의 광경을 보고자 하였더니 어느덧 잠이 들어 입항 후에 깬 것은 유감이다. 잠들었던 눈을 부비고 좌우를 살펴보니 병속과 같이 널브러진 온화한 항내에 인가가 수면을 향하여 둘러있고 화려한 등불이 불야성을 지은 것이 마치 해중의 별세계를 온 것같이 생각난다. 마중 나온 여관사람들을 따라 남청여관에 투숙하기로 했다. 들으니 통영은 어시장(魚市場)의 광경이 제일 볼만 한 것이라고 했다. 내일 아침에 보기로 하고 저녁 먹은 후에 취침하였다.

19일 아침에 6시에 일어나 일강 홍군과 함께 어시장을 보려간다. 오른쪽으로 한참 돌아 공설어시장에 들어가니 모양 좋은 물고기는 예전 말이요 그야말로 용궁의 손님이 되었는가 생각난다. 알기 쉬운 숭어, 새우, 가오리, 목대, 가자미, 상어, 도미, 복, 오적어, 해삼, 낙지, 복도미, 준치, 딱정가오리 이런 것은 다 젖혀 놓고 이름 모를 어류가 퍽 많다. 계속 물어가며 수첩에다 적는다. 도미와 같되 빛이 검고 등허리에 가시가 억센 것이 있다. 옆에 있는 어촌의 소녀에게 물어보니 "이거는 감숭이!"하고 '감' 음에 악센트를 넣어서 꾸밈없이 대답하고 두 볼에 미소를 띠는 것이 매우 순결무구하게 보인다.

삼뱅이, 꽁치, 빼드라치, 물치노램이, 남태, 참치, 뽈락이, 호륵이, 멸치, 수굼이 무엇무엇 할 것 없이 대체로 무던히 많다. "야? 짱엡니더" 남자의 대답이다. "함 무세으찌 하요?" 고기값을 묻는

말이다. "즈, 믈, 적어쌋노?" 이렇게 의아해한다. 이런 말을 들을
때에 향토의 순박한 동포들을 기만하고 우롱하는 단발한, 양복장
이들이 수 십년내 사회의 해독을 얼마나 지었는가 그것도 심상치
않게 들린다(4월 19일 씀. 『조선일보』, 1926년 5월 3일, 1면).

○ 1926년 5월 4일 통영 세병관

『조선일보』에 「통영에서」에서 라는 제목으로 기행문을 연재했다.
통영 세병관을 찾고 통영의 활발한 사회운동과 자개공업, 수산업에
대해 관심을 표했다. 저녁에 청년회관에서 강연을 했다.

〈사진 16〉통영 한산도 제승당에서(1926.4.19)
앉은이 앞줄 맨 오른쪽이 안재홍

여관에 돌아와 잠시 쉰 후 아침밥을 먹고 다시 시찰을 시작한다. 뜰 앞에 모란은 벌써 망우리가 굵어서 오래지 않아 벌어지려 하고 개나리와 앵두는 꽃이 이미 떨어져서 입이 한창 파랗다. 경성 근처에는 오월의 모란이라 하거니와 음력 3월 상순에 벌써 이만큼 된 것은 남국의 절기가 이른 것을 알 것이다. 시가에 나서니 암벽 상에 야생으로 자라는 동청수(冬靑樹)에 신록이 흐르는 듯 하는 것도 적이 눈에 새롭다.

세병관(洗兵館)을 찾기로 하였다. 여항산의 중턱을 깎고 굵기가 두어 아름 되는 느티나무 기둥으로 사십 오간의 길이가 긴 대건축을 이루어 짜임새가 웅장하고 위엄 있으며 규모가 아주 크다. 올라가는 길은 푸석한 응회암을 깎아 수십의 계단을 놓았고 섬돌과 장벽에도 똑같은 석재를 썼으니 토지의 지역생산물을 이용함이다. 수백 년 풍상에 시달리어 느티나무 기둥도 표면은 태반이나 산화(酸化)되었다. 이제는 통영의 공립보통학교가 되어 1천 2백여 명의 학동을 수용하였다.

충무공이 한산도 제승당에서 전후 머물렀고 이곳은 평난 후에 통제사 이경준의 창설이다. 뜰 밑에 두 동의 옛건물이 있어 하나는 군수의 관사로 되었으니 통영은 지정군으로 일본인이 재임하는 고로 이 우대가 있는 것이다. 세병관의 좌우로는 당시 수병의 영사가 있고 그의 주택이 있었더니 지금에는 물론 없어졌다.

여항산은 벽방산의 줄기로 통영의 진산(鎭山)을 지었다. 동쪽으로 정량리와 서쪽으로 착량굴까지 거의 십 리나 되는 땅에 시가가 길게 연접하였으니 총호수 4천 230여에 약 이만의 인구가 살고 있다. 경남에서는 부산, 마산의 다음이고 진주와는 백중을 다툴 만하다. 일본인이 8백 호에 약 3천에 달한다하니 세력의 가볍지 아니함을 알 것이다. 바닷가 평탄한 땅은 모두 해면을 매립하고 아래는 석축을 쌓았으니 대부분이 일본인의 점령이다. 이곳에 각종 사회단체가 있고 여성 운동도 자못 가관처가 있거니와 서양풍으로 된 청년회관이 세병관의 서방 대지에 높게 솟아 있는 것은 이곳 인사의 자랑이라 할 것이다. 청년 동지 제씨 은근하게 맞이하는 우의에 더욱 감사하다.

자개 공업과 수산업은 통영의 두 가지 특색이다. 수산물 총액이 1년에 8백만 원에 달하고 그 중 멸치의 생산액이 2백만 원에 상당하다 한다. 경남의 수산액이 전 조선에서 제일이고 통영의 수산액은 또 경남의 제일이다. 이 강산 이 물산에 다시 순후건실한 인물들로써 하니 통영의 장래를 축복하고 싶다. 만일 통영으로부터 고성, 삼가에 나와 거창으로부터 김천에 달하는 철도의 부설이 있다 하면 이 땅의 발전은 예상하기 어렵지 않을 것이다. 다만 앞서 언급한 모든 군에는 곳곳에 중첩한 산악이 동서로 가로지르는 바 있어 공사의 곤란함을 면치 못할 것이다. 서남으로 바라보니 미륵산 울창한 수림 속에 용화사의 대가람이 은근하게 비춰 그림 같고 서산일대 저수지 부근에는 흙제방을 중심으로 여러 겹의 보리밭이 비기여 있다. 용화사 부근에서 물을 끌어서 이곳에서 배수하는 것이라 한다.

동지 제씨와 함께 한산도를 두루 돌아보고 돌아오는 길로 충렬사에 참관하였다. 이날은 음력 삼월 팔일로 마침 충무공의 탄신일이라 이 곳 인사의 헌다례(獻茶禮)가 있었다. 충렬사는 통제영 밖 한적한 땅에 있으니 황량한 사당에는 다만 푸른 대나무가 삼삼할 뿐이다. 저녁에는 청년회관 강연회에 임하니 연사는 양명 씨와 일강 홍 형과 나 세 명이다. 산회한 후 자리에서 이야기가 있은 후 취침했다(4월 19일 씀. 『조선일보』, 1926년 5월 4일, 1면).

O 1926년 5월 5일 한산도 제승당

『조선일보』에「통영에서」에서 라는 제목으로 기행문을 연재했다. 충무공의 탄신일을 맞아 임진왜란을 승리로 이끈 이충무공의 한산도 유적을 답사했다. 이 날 제승당을 돌아보고 충무공의 위업을 생각하며 감개무량하다는 소회를 적었다.

　　한산섬 달 밝은 밤에 수루에 홀로 앉아
　　큰 칼을 옆에 차고 깊은 시름하는 차에
　　어디서 일성호가는 남의 애를 끊나니

　　충무공 이순신이 한산도에서 읊은 시다. 한산도는 통영의 동남 10리 바다에 있어서 현재 일개 면으로 편입되었으니 크지 않은 섬인 것을 알 것이다. 통영에 세 개의 고적이 있으니 하나는 통제영의 구청사인 세병관이고, 하나는 충무공을 위하여 오랜 세월의 한을 보전케 하자는 충렬사이고, 하나는 즉 이 한산도의 제승당이다. 세병관 내에는 옛날 운주당이 있었으니 그는 수군 참모처를 이름이고 한산도의 제승당은 그 당시 충무공이 실제로 머물면서 해구(海寇)를 소탕하는 사령부를 삼았던 곳이다. 그런 고로 충무공의 고적을 보려 하는 자 한산도를 보지 아니할 수 없으니 통영이 통영이 된 이유는 한산도가 있는 까닭이다.

　　19일 오전에 바쁘게 시내 구경을 마친 후 제씨는 우리를 위하여 한산도행을 차린다. 처음에는 수상경비선을 빌리기로 교섭하였으나 의견이 어긋나는 일이 있어 아니 되었고 한척의 범선(帆船)으

〈사진 17〉 한산도 충무공 기념비 제막식에서(1948)
앞줄 왼쪽에서 두 번째가 안재홍, 세 번째가 정인보

로 떠나게 된다. 동행하기로 하였던 양명 씨는 사고가 있어 작별하니 유감이다. 씨는 거제도의 인사로서 방금 북경에 유학중이다. 여러 가지 준비에 시간이 걸려서 오후 1시를 지나서 비로소 출발한다. 일행은 11인이니 시대, 동아, 조선의 세 지국 제씨와 이곳 동지 제씨들이다. 그리고 이 일행의 왕복에 대하여 청년단장 김씨가 특별히 많은 호의를 표한 것은 매우 감사할 일이다.

뱃전이 마주 닿은 한복판에서 삿대질을 하여 빠져나가 노를 저어 중류에 떠서 비로소 줄을 당겨 돛을 단다. 배가 빠르기 살과 같다. 남망산의 기슭으로 돌아 장자도 아래로 들러서 다시 미륵도 쪽으로 꺾어 간다. 바쁜 한 몸 이제 해산(海山) 아름다운 이곳에서 돛배를 빌어서 평소 동경하던 땅으로 향하니 흔쾌하기 비길 데가 없다. 만 입구에 떠서 보니 여항산 색이 연기 속에 선명한데 세병관의 웅장한 짜임새가 덩그렇게 올려다 보이고 동장대 부근에는 새파란 가을보리가 우거진 향기로운 풀과 같이 깔렸다. 공주도 작은 섬을 점탈하기를 노리고 있다는 일본인의 탐욕사를 들으면서 방화도 부근에까지 나왔다. 서쪽은 일본인의 어업촌이 해곡을 끼고 스스로 별천지를 지었으니 오카야마현(岡山縣) 사람들의 이주지라 한다.

수산물의 대부분이 저들의 손에 돌아감을 짐작할 것이다. 점점 만 밖으로 나와 바라보니 서남해상에 크고 작은 모든 섬에 봉우리가 수려하여 부용꽃이 물결의 중심에 떠있는 듯, 해갑도의 서쪽을 지나 위산도 만 입구에 들어가니 세찬 바람은 간데없고 물결조차 잔잔하다. 바라보니 한산의 제봉이 높게 남동서 삼면으로 둘러서서 천연한 가로막을 이루었다. 해갑도의 좌우에는 각각 하나씩 높은 봉우리가 깎은듯이 솟아 있어 천연의 군사 요충지를 만들었으니 이는 제승당의 소재지이다.

노송이 있고 대숲이 있고 굴참나무, 신나무, 느티나무, 윤일나무가 있어 모든 활엽수도 대개는 다 잎이 피었다. 그러한 중간에 눈같이 하얀 배꽃이 있고 밝은 복숭아꽃도 있어 은은하게 비쳐 이어지는 것이 과연 별천지 같다. 강상(江上)에 좌우가 넓은 고각(高閣)이 있어 곱고 화려한 색채가 스스로 장엄하게 보이니 제승당의 편액(扁額)은 크기가 십 수척이다. 일행은 모두 신발을 벗고 대청 위에 올라 관람한 후 제사담당자가 있어 창호를 여니 충무공 초상은 웅장하고 근엄함이 문무(文武)의 재주를 겸한 그분의 풍모임에 걸 맞는다. 다만 이것이 옛날 원본이 아니고 일본인 사진사가 복사한 것이다. 매우 유감이다. 대청 위에서 바라보니 해갑도를 만(灣) 입구의 중심에 놓고 좌우로 산악이 높고 고요한 것과 내외 바닷길의 요긴하고 이로운 것이 더욱 절호의 군사 진지인 것을 믿게 한다. 때는 오후 3시 30분 일행은 굶주림이 심해 모두 제승당의 곁방에 죽치고 앉아서 점심밥을 먹는다. 한 통의 밥이지마는 일행 11인의 범을 잡을 청년들은 이것으로 배를 채울 수 없다. 식사를 마친 후에 곧 제승당 뒤로 돌아 유허비를 본다.

제승당 뒤에는 한 그루의 늙은 괴목이 있어 중간이 텅 비었고 가지가 오른쪽으로부터 부러졌는데 석축으로 잘 보호하였으니 충무공이 심은 것인가? 제사담당자가 능히 대답하지 못한다. 유허비는 당후 수십 보에 있으니 순조 17년의 건립이다. 비각 외에는 대나무 숲이 드물게 섰고 동쪽으로 5~7그루의 봄꽃이 스스로 피고 떨어지는 경치 유한하기 짝이 없는데 다만 새가 지저귀는 소리 천고의 역사를 말하는 듯하다. 아아, 나는 다만 감개무량하다. 참 감개무량하다(4월 19일 씀.『조선일보』, 1926년 5월 5일, 1면).

○ 1926년 5월 6일 한산도의 봄바람

『조선일보』에 「통영에서 한산도의 봄바람」이라는 제목으로 기고했다. 충무공과 한산도의 인연을 소개하고 임진왜란 당시 한산대첩의 승전 상황을 정리했다. 그러나 충무공 탄생일을 맞이하여 청년들이 그 뜻을 기억하기 위해 이곳에 오는 이가 없어 안타까움을 표하고 내년 봄 이 날에는 반드시 청년제군의 감격에 쌓인 기념(紀念)행사가 있기를 바란다는 소회를 적었다.

한산도가 통영의 앞바다에 있어서 거제, 가조, 양면, 미륵 모든 섬이 좌우로 둘러막고 밖으로 다시 소죽 좌사리의 모든 열도가 둘러싸고 있어 천혜의 요새지를 이루었다. 서쪽으로는 사량과 남해도의 노량을 지나 전남좌수영 반도에 통하고 동쪽으로는 마산의 외양을 지나 천성, 가덕으로 다대, 부산에 통하니 당시 바닷길의 요충에 재앙을 만나 돌아가는 적군을 격파하던 충무공으로서는 이 한산도로써 절호의 기지를 삼았음이 당연하다. 충무공 실기에 의하건대 선조 계사년(1593년) 6월 21일 호남으로부터 한산도에 진을 옮겨왔다 하였고 갑오, 을미, 병신을 지나 정유년(1597년) 정월 원균의 참소(讒訴)를 만나 나포되기까지 전후 4년 간 머물렀던 곳이다.

임진년(1592년) 7월 초팔일에 충무공이 고성 견내량에 있는 적선 70여척을 유인할 때 정예 병사로 추격하게 하고 방화도에 섶을 쌓아 불을 놓으며 문어도에 사람을 시켜 한산도 만 입구를 수로로 속였는데 적선은 방화도의 불빛을 바라보며 선로를 돌리어 개미목에 이르러서 비로소 속은 줄을 알았으나 이미 중간에 들어서 마침내 1척도 돌아간 자 없이 참패를 당하였다 한다. 이것은 충무공 출사후 제2차의 대승첩이다. 이튿날 9일에는 또 적선 42척을 안골포에서 파하였다. 한산만내에는 지금도 왕왕히 백골을 해저에서 건진다고 한다. 들어보니 근심스러운 마음 한 편의 고전 장문을 읽는 것 같다. 넓고 넓은 천지간에 오히려 두려워 안심할 곳이 없는 오늘날을 생각하면 그야말로 소리 없는 눈물이 계속 흘러내림을 금할 수가 없게 한다. 훗훗한 봄바람이 슬그머니 두 뺨을 건드리고 잔잔한 물속 무심하게 청산을 잠그고 있는데 기울어진 햇빛은 고요히 동쪽 봉우리에 걸려 있다. 내 어찌 감개를 이기랴? 뉘 또한 이 감개가 없으랴?

다시 범선을 타고 출발하려할 때 통영경찰서원 일행은 경비선을 타고 마침 도착하였다. 해갑도를 다시 지나 순풍에 돛을 다니 살같이 닿는 형세 기선을 따를 수 없는 바이다. 약 사십 분에 통영에 돌아 왔다. 해갑도는 당시 전첩한 뒤에 갑주(甲冑)를 풀고 더위를 피하던 곳에서 명칭을 얻었다 한다.

그 길로 곧 충렬사를 찾으니 여항산 서남 한적한 곳에 있어 문전에는 두 줄로 심어 놓은 봄꽃이 한참 피어버렸고 사의 좌우에는 삼삼한 푸른 대가 스스로 거인의 큰 절개를 사모함과 같다. 오늘은 3월 8일 충무공의 탄일이다. 동편 행랑에는 참배자가 과일과 포를 나누고 노인들의 주례가 있다. 돌아보매 예스러운 유교 의복의 인사들이고 신진 청년은 한 사람도 없다.

충무공의 인물은 이에 평론함을 기다리지 않거니와 수군의 정돈에 힘써 노력하였고 한 몸으로 홀로 싸운 지 7년 무술년(戊戌年, 1598년) 11월 19일 노량에서 전사하기까지 기구한 운명을 겪으면서 오히려 국가 민생을 위하여 힘써서 충성을 다하였으니 오호 천하 민생을 걱정하는 자 어찌 이 분의 영령을 경조(敬弔)치 아니 하랴. 이제 그 탄생일을 맞이하여 청년의 선구자로 이곳에 오는 자가 한 사람도 없으니 그를 생각하지 않기 때문일 것이다. 내년 봄이 날에는 반드시 청년제군의 감격에 쌓인 기념(紀念)이 있기를 바란다.

원장 김정우 씨는 백발의 노신사이다. 과거에 성균 박사의 직에 있었고 한학의 조예가 깊은지라 우리를 인도하여 사우(祠宇)를 참관케 하고 공의 내력을 서술할 때 오열하여 눈물지려 한다. 마친 후에 기념키 위하여 일행이 사우의 앞뜰에서 촬영하고 착량굴을 보려 하다가 시간이 부족하므로 그만두었다. 착량굴은 일본인의 소위 대각굴이니 육지도로부터 미륵도의 만 입구에 쫓겨 들어온 일본병이 이곳을 뚫고 부산 해상으로 탈주하고자 하던 곳이라 한다(4월 19일 씀. 『조선일보』, 1926년 5월 6일, 1면).

○ 1926년 5월 7일 고성 사천을 거쳐 진주로

『조선일보』에 「진주 촉석루 위에서」라는 제목으로 연재했다. 통영을 떠나기 전 나전칠기 공작소와 수산학교를 탐방했다. 8시에 자동차를 타고 고성읍을 거쳐 사천읍을 지나 진주에 도착하는 여정과 주변 풍광을 소개했다.

　　20일 이른 아침 바쁘게 일어나서 세수한 후에 통영의 특산인 나전칠기 공작소를 본다. 이는 수공업이다. 조선인은 모두 가내공업의 상황을 넘지 못하였다. 듣건대 일본인이 주식회사를 조직하여 약 20인의 직공으로 꽤 대규모의 공작을 한다 하나 바빠서 못 가보았다. 그 길로 다시 수산학교를 돌아보기로 하였다. 남망산 동쪽 해안에 있어서 매우 한적한데 시간이 일러서 교직원이 없고 숙직 교원도 마침 부재중이다. 교내를 잠깐 둘러보고 곧 돌아왔다. 을(乙)종의 실업학교로 어로, 양식, 제조의 3개 과가 있고 금년까지 3회 41명의 졸업자가 있어 모두 어업조합 도·군·면 등 수산부에 종사한다 한다. 이 땅에 이 학교는 매우 합당하다. 조선 부원(富源)의 중심이 수산에 있으니 이 방면에 뜻이 있는 인물과 그 중소 기술자가 많이 나와야 할 것이다.

　　출발 시간이 바빠서 아침밥을 먹지 않고 8시에 곧 자동차를 탔다. 전송하는 제씨를 작별하며 운전대에 앉아서 길 따라 이어지는 강산을 감상하기로 한다. 이날에 분분한 봄비가 남풍에 후려쳐서 풍광이 자못 쓸쓸하다. 정량리 해안을 확 돌아서 북서로 달아난다. 여항산의 뒷등을 보고 그 너머에 있는 동지 제씨의 우의(友誼)를 그리워하며 얼굴에 차가운 바람을 받으면서 세차게 달아난다. 왼쪽으로 굽은 바다요 오른쪽으로 산기슭이라 양장구곡(羊腸九曲)과 같이 생긴 길을 굽이굽이 감돌아 달아 날 때 굽은 바다가 홀연히 오른 편에 있는 것을 보니 통영이 반도로 여기서부터는 다시 반도의 동해안인 것을 알게 한다. 간 지 수십 리에 길은 점점 조용한 곳으로 빠져 줄곧 굽은 땅을 타고 달아난다.

고성읍에 도착하니 때는 오전 9시 30분이다. 무량 불암 제산이 주위에 둘러섰고 중간에 일대 평원이 전개된 형세가 마치 작은 대구의 모습이 있다. 지국을 방문할 겨를이 없으므로 명함에 인사말을 써서 사람 편에 부치고 곧 다시 출발한다. 고성은 깊은 바다라고 평한 옛사람의 말을 수긍케 할 지역이다. 이 일대에는 산악이 모두 말쑥하여 수목이 적은데 간 지 6~7리에 싱싱한 흑송림이 적송과 어울려 푸르렀다. 물으니 고성공보의 실습림이라 한다.

이곳으로부터 산세 더욱 웅장한데 의연히 굽은 땅을 타고 긴 계곡을 따라 서북으로 달아난다. 깎아 잘린 낭떠러지에는 편마암과 수성점판암의 석층이 수십 리에 걸쳐 계속 이어졌다. 지리산 일맥이 취령 황치로부터 진주의 망진산을 거쳐 사천을 지나 고성에 오고 다시 함안 창원으로 김해에 달아나서 소위 낙남정맥을 이루었으니 지금 이 산맥의 굽은 땅으로 꿰매어 나가는 것이다. 이 일대에 촌락이 자못 쇠약하고 사는 사람이 희소하며 장방형으로 두 칸 혹 세 칸의 전퇴(前退)를 달아 지은 초가가 보기에 극히 빈곤하다. 수십 리를 가니 한 점의 꽃도 없고 서경관 주재소가 있는 오산동 부근에서 살구꽃과 벚꽃이 마주 서서 적이 고담한 심경을 위안한다.

60여 리를 가니 산세 꽤 평순한데 시냇가에는 포플러 식목이 있고 길가에는 조가 푸르고 자운영이 보리밭에 섞였으니 외래문화와 인연이 있는 땅인 것을 짐작했다. 수삼 리를 행하니 한눈에 보이는 평야에 시가가 즐비한 곳은 사천읍이다. 규모 자못 크다. 옛날 임진의 역에 경성에서 패퇴한 적군이 남해안에 이어서 지킬 때 시

마즈 요시로(島津義弘)가 사천에 주둔하니 이게 그 땅이다. 지국을 향하여 명함를 우송하고 곧 다시 출발한다.

중간에 자동차가 고장이 있어 지체하고 곧 달아나기 십 수 리에 흙산이 있어 사방공사를 베풀었고 아카시아 나무를 가득 심었다. 이 고개를 슬쩍 넘어 길이 높은 둑의 위에 얹혔고 앞에는 물이 깊고 푸른 긴 강이 동으로 흐르는데 북으로 큰 들이 터졌고 서쪽으로는 진주 시가에 누각이 아름답고 고운 바 있다. 그대로 남강의 다리를 건너서 내리며 지국을 찾았다. 점심을 먹은 후에 진주를 유람하고자 촉석루에 올랐다(4월 20일 씀. 『조선일보』, 1926년 5월 7일, 1면).

○ 1926년 5월 9일 진주 촉석루

『조선일보』에 「진주 촉석루위에서」라는 제목으로 연재했다. 이날 촉석루에 오르고 임진왜란 때 의기(義妓) 논개의 사당이 있는 논개사를 방문했다. 1593년 진주성 싸움에서 순국한 논개의 절개도 기렸다.

통영에서 고성읍까지 50리, 사천읍 70리 사천에서 진주성까지 30리 합 150리이다. 사천읍을 지나 비는 개었다. 12시에 진주에 도착하여 점심 후 전에 약속한 강주한씨와 본보 지국장 김재홍 씨와 함께 진주의 정황을 살펴보기로 한다. 이곳에서 하룻밤 쉬고 충분히 회복하자 하였더니 양남 기자대회가 오늘부터 쌍계사에서 개최된다 하므로 당일에 직행하기로 하고 바삐 진주의 개황(槪況)만 본다.

구 북문 턱으로부터 중앙 시가를 통하여 남문 턱에 나와 중요한 건축물들을 손으로 가리키면서 광석루가 있는 강위의 대지에 올랐다. 서남쪽으로 망진산이 있고 북과 동으로 비봉산, 선학산 등이 있어 삼태안 같이 삼면으로 산악이 둘러섰고 동쪽으로 남강 유역을 따라 평탄한 넓은 들이 있으니 옛날 도시의 위치로는 적당하다 할 것이다. 다만 산악에 나무가 없이 말쑥하여 헐벗은 몸과 같다. 연료의 부족으로 산림이 더욱 벌채된다 한다.

남강 북안의 일부의 대지로부터 평야에 성벽을 쌓았으니 읍성식에 산성식을 가미한 건축이었다. 이제 성벽은 거의 전부가 없어졌거니와 동서로 좀 길되 남북이 좁아서 곽재우의 소위 "3리 밖에 안 되는 외로운 성을 어떻게 방어하겠습니까?"의 말을 수긍케 한다. 남강 일대가 천혜의 참호들이 둘렀고 그 이외의 삼면은 평야의 고성으로 성외에 산악을 공격하니 적군에 포위되면 성내의 형세가 은폐될 바 없는 지라 방어에 곤란함을 알 것이다.

공·사립학교와 각종 사회단체가 있는 것은 일반이 잘 아는 바이거니와 다년간 문제되었던 일신고보가 작년 여고보로 된 후 최근에 와서는 도당국으로부터 일본인 교무주임 두기를 은근히 권유하여 적이 문제가 된다 한다. 최근 중등교원에 일본인 중용의 지시가 있어 사회의 물의를 일으키는 바, 이러한 짓은 개선하는 것이 매우 좋을 줄 생각한다. 높은 대의 오른편 신사의 옆에는 구상품 진열관의 빈집이 있고 서쪽에는 구도청 청사가 있다. 도청 이전 당시 진주 시민의 분노가 극도에 달하여 일시 자못 소란 상태에 미쳤거니와 조선인 시민에게는 그다지 큰 영향도 없는 모양이고 군과 부로부터 조선인 부호의 이주자가 많아서 내용이 도리어 충실한 바 있다 한다. 남강에는 가교공사가 적지 않게 성취되었으니 그것도 도청 이전의 교환조건이다. 말과 같이 잠깐 보고 떠나는 길이라 시찰한 바 없거니와 진주 인사들의 노력이 먼저 이 진열관의 빈집에 조선인의 생산품을 채우게 하면 좋을 것이다.

진주가 옛날 경상 우도의 웅주(雄州)로서 방금에도 2부 11군의 중심도시를 짓고 있거니와 만일 오주 철도의 기획이 완성되어 전북 남원으로부터 철도가 이 땅에 도달하고 다시 거창으로부터 김천에 연결하는 철도망 완성이 있을 것 같으면 그 발전이 매우 유망할 것이다.

높은 대에서 조금 내려가면 강안 암벽 상에 높은 누각이 있으니 즉 촉석루다. 누 아래 암석의 경사가 급하여 약 10 여장(丈)에 달하고 암벽 앞에 부딪혀 돌아가는 남강의 물이 패어서 연못을 이루니 수심이 자못 예측하지 못하겠다. 왼편으로 암벽을 내려가 민물의 위에 몇 개의 반석이 있어 수면에 올라오기 쉬우니 곧 의암이다. 옛날 임진란에 의기 논개가 적장을 안고 떨어져 죽음으로 이 명칭이 있는 것은 설명함을 요하지 않을 바이다. 이러한 바위의 위에 소각(小閣)에 단청이 아주 새로워 뜻이 높고 아담하여 스스로 특이한 바 있으니 즉 논개사다. '의기논개의 문'이라고 흰 분으로 쓴 것이 더욱 눈에 뜨인다. 촉석루의 서쪽에 다시 사우(祠宇)가 있어 문을 잠그고 고요하고 쓸쓸해 인적이 없으니 그는 곧 의기사로서 진주의 기녀(妓女)들이 매년 제사를 지낸다고 한다. 기녀에게 청을 하지 아니하면 관람할 수 없다 하거니와 바쁜 길에 그 인연이 없다.

이에 그 당시 역사를 생각하며 다시 촉석루에 올랐다. 돌아보매 역대의 현판은 거의 철거되고 기둥 위에 걸린 주련(柱聯)조차 거의 전부가 없어졌다. 진양성변 촉석루에 당시의 참극을 상징하는 일편 시구가 홀로 그 흔적을 보전하고 있는 것이 더욱 많은 쓸쓸한 감정을 돕게 된다(4월 20일 씀. 『조선일보』, 1926년 5월 9일, 1면).

○ 1926년 5월 10일 진주대첩

『조선일보』에 「진주 촉석루위에서」라는 제목으로 연재했다. 1593년 진주성 함락 때 순국한 장수와 병사들의 충절을 기렸다.

총호수가 4,540여 호요 인구가 23,120명이니 영남의 웅주(雄州)인 진주도 양으로는 결국 작은 도시이다. 그러나 진주로 하여금 많은 이들의 입에 회자(膾炙)하고 많은 이의 마음에 새겨져 깊고 깊은 인상에 스스로 잊지 못하는 것은 국민적 비통한 기억이 드디어 쓰러질 수 없음으로 인함이다. 미인의 눈물이 있고 국사(國士)의 한이 있고 다시 6~7만 민초의 갚지 못한 피가 도도한 남강의 물과 함께 오히려 오늘날까지 만인의 마음을 돋게 하는 바 있다.

임진년(1592년)과 계사년(1593년) 사이에 조선에 3대첩이 있었으니 충무공 노량의 전과 권율 행주의 첩과 김시민 진주의 지킴이다. 갑오강화(1594년)를 논의할 때에 저들 진주의 역을 들어 장졸 3만 여명의 죽은 것을 말하였다 하니 과장한 바 있을지나 그의 대강을 알 것이요 호소카와 다다오키(細川忠興)가 진주성에서 크게 패함을 알리니 히데요시가 나고야에서 크게 화냈다 하니 또 그 상황을 알 것이다. 임진년 10월 초 3일부터 10일까지 전후 7일간의 주변 공격전이 있어 몹시 놀랄 큰 싸움은 마침내 저들이 무수한 시체를 남기고 바삐 흩어져 달아났으니 이것이 진주의 일대 기념이다. 그러나 병사 유숭인이 성 밖에서 전사하고 수성장 김시민은 또한 승리와 함께 전사하였으니 승리가 또한 비통의 기록이다.

1593년 6월 29일에 진주성이 함락하니 세 장수의 전사와 논개의 절개를 세움이 모두 이때의 일이고 진주성 피눈물의 역사가 여기에서 생겼다. 저들 병사 6만여 명이요 고니시(小西), 가토오(加

藤) 이하 십 수 명의 제장수가 모두 집합하였으니 김시민에게 완전 패함을 복수하고자 함이었다. 21일로부터 29일까지 전후 9일간의 격전이니 진주의 공방전은 처참을 극함에 달하였다 한다.

28일의 격전에 용장 황진이 죽고 29일의 최후의 혈전에 장윤이 또한 넘어지니 형세 더욱 위험함을 말함이다. 함락하는 최후 밖에서 분전하다가 죽은 것은 우병사 최경회의 전사이다. 촉석루 중에 앉아 좌우의 권유를 물리치고 '내 마땅히 이곳에서 죽으리라'고 남강에 몸을 던져 죽은 것은 창의사 김천일(金千鎰)의 순국이다. 활과 화살이 다 되었으되 죽창으로 육박하다 넘어졌다는 의병부장 이잠의 최후가 매우 또 강개한 자이다. 동문 성벽이 무너지니 활과 화살을 내던지고 다시 창과 칼을 잡아 병사와 함께 돌진하다가 성이 이미 함락하고 전우가 모조리 넘어지거늘 오히려 사방으로 전전하다가 형세가 궁해진 곳에서 좌우에 두 적을 끼고 뛰어 강물에 빠지며 크게 소리쳐 말하기를 "김해부사 이종인이 예서 죽노라"고 한 것은 오랜 시간이 지난 후에 듣는 자가 오히려 줄줄 눈물지게 하는 바이다.

6만 명의 남녀가 모두 다 죽고 진주성은 빈터가 되었으니 그 모습이 비참하지 아니하랴? 촉석루로부터 남북 강안에 붉은 시신이 서로 걸치고 푸른 강에서 무봉에 이르기까지 5리 사이에 죽은 자가 강에 막혀 내려갔으니 그 모습이 비참하지 아니하랴? 적막한 강산은 그 때의 흔적을 남겼거늘 세상이 한가로운 오늘날에 홀로 우뚝 고색창연한 누상에 섰으니 나라를 위해 죽은 미인의 눈물과 수많은 사람의 원혼을 어찌 또 위로하지 않겠는가? (4월 20일 씀. 『조선일보』, 1926년 5월 10일, 1면).

○ 1926년 5월 11일 충신과 의인

『조선일보』에 「하동에서」라는 제목으로 연재했다. 진주성 싸움과 그 희생정신은 왕실을 위하고, 그 국민을 위하고 천하 민생 불합리한 세력의 밑에 억압받는 계급을 위하여 노력한 것이니 근본의 정신에 있어서는 충신인 자와 의인인 자와 현대의 지성인 민중혁명의 선구자까지 모두 하나로 정성을 다하는 참된 마음에서 나온 것이라고 하며 그 뜻을 기렸다.

진주에 볼 것이 많거니와 돌아오는 길에 들리기로 하고 떠난다. 창렬사를 참관하지 못한 것이 유감이다. 지난 기미년에 이 곳 남녀들의 운동이 매우 컸었고 오랜 기간 철창에서 간난을 함께한 사람이 많다. 그리고 각 신문지국에 종사하는 제씨는 양남대회에 이미 출석하러 갔고 지기로서 남아 있는 사람은 적다. 오후 2시 출발 자동차로 하동군 화개를 향하여 출발한다. 인상 깊은 진양의 땅을 급히 보고 가니 무엇인지 매우 부족한 것 같다.

10월 10일과 6월 29일은 진양 인사로서는 특별히 기념할 날이고 6월 29일은 더욱 국민적 침통(沈痛)의 기념(紀念)으로 잊을 수 없는 날일 것이다. 조선인이 지나간 때에 이러한 비통의 기념을 생각지 아니하였으니 그것이 부흥의 날이 매우 멀어진 이유이다. 조선 백성 강산 곳곳마다 승리와 비통의 자취가 국민적으로 잊을 수 없는 사건 다만 하나 둘이 아니거늘 선인들이 이를 유의치 아니하였으니 조선인이 드디어 금일의 형세에 길들여지는 큰 원인을 지었다.

이순신의 바른 충절과 절개가 족히 모든 이들의 기운을 높이는 바 있거늘 그의 사우(祠宇)가 남해 한쪽 한적하고 외진 산야에 묻

히어 아무 국민적 추앙의 대상이 되지 못하였다. 제승당의 재실에
는 오히려 주자학의 성리학으로 병풍을 꾸몄으니 이것이 소위 문
(文)과 무(武)를 함께 사용하는 오랜 시간의 책략을 위한 것이냐?
유생이 수백 년 간 쓸모없는 당쟁의 근원이었거늘 국가를 지키기
위해 충성을 다한 용사들의 사우(祠宇)는 오히려 냉대를 면치 못
하였다. 진주 혈루사가 책으로 쓰이지 아니하고 6월 29일이 이 지
방 인사들마저 잊어버리게 된 것은 곧 조선의 쇠퇴 역사를 말하는
것이다.

왕실을 위하고, 그 국민을 위하여 천하 민생 불합리한 세력의
밑에 억압받는 계급을 위하여 노력하고, 항쟁하게 되니 근본의 정
신에 있어서는 충신인 자와 의인인 자와 현대의 지성인 민중혁명
의 선구자까지가 모두 하나로 정성을 다하는 참된 마음에서 나온
것이다. 그들로 하여금 그 처지를 바꾸어 놓으면 곧 동일한 길을
선택하게 되었을 것이다. 급히 내닫는 자동차가 서장대의 밑으로
몰아 강풍을 무릅쓰고 달아나는 동안 진양의 산천은 벌써 대덕치
의 저쪽에 잠기고 말았다(4월 20일 씀. 『조선일보』, 1926년 5월
11일, 1면).

○ 1926년 5월 12일 하동 화개장터

『조선일보』에 「지리산 쌍계사」라는 제목으로 연재했다. 진주를
떠나 자동차로 하동을 향했다. 화개에서 정종명을 만나 함께 저녁
늦게 쌍계사에 도착했다.

오후 2시 진주 시가를 떠난 자동차가 하동을 향하여 빠른 속력
으로 달아날 때 센바람이 얼굴을 후려쳐 안경이 아니면 눈뜨기 어

려웠다. 수십 리를 행하여 남강의 상류를 건널때 가교 공사가 진행 중이고 배에 자동차가 오르니 승객이 앉은 채로 배는 강을 건너며 차중 유일한 여성인 부산의 한 미인은 "얄궂어라"를 연발한다. 마동현을 넘고 또 간지 수십 리에 대덕산을 넘는다. 전부 십수 리가 될 구불구불한 비탈길을 감돌아서 정상으로부터 다시 이편 비탈을 내려간다. 지리산을 동쪽으로 달린 산맥으로 섬진과 낙동의 분수령을 형성하는 대덕산맥은 평범하지 아니한 산줄기이다. 무릇 계곡이 험하고 산봉우리가 수려한 곳을 만날 때마다 미인의 시원한 목소리로 두려워 탄성을 지름이 끝이 없을 사이 차중에는 뜻하지 않은 봄바람이 일어난다. 세상의 미인들에게 감사할 일이다.

비탈을 다 내려가 쏟아지는 계곡을 끼고 달아날 때 삼삼오오의 남녀 학동(學童)들이 간소한 옷으로 책보를 끼고 돌아오는 것은 더욱 호젓했던 마음으로 화기를 돋게 한다. 그리고 긴 산의 부근이 되어 곳곳에 수림이 덮여 있는 것이 또한 매우 즐겁다. 9~10 리를 가서 하동읍에 들어가니 때는 오후 5시를 지났다. 기자대회의 일행은 오전 11시에 이곳을 떠났고 각사 지국에는 학동(學童)들이 지키고 있다. 경리에게 명함을 주고 여러 가지 사정을 이야기한다. 승객을 기다려 화개 행을 할 터인데 한 명의 동행자가 없다.

강산과 시가를 잠깐 돌아본다. 양경산을 등지고 섬진강에 임하여 동남으로 다시 큰 들이 펼쳐졌는데 산하가 자못 웅장하고 바람의 기운이 또한 화창하여 천혜의 승지(勝地)인 것을 깨닫게 한다. 시가가 동서로 늘어져있어 자못 정비된 기풍이 있고 주민들도 매우 활기가 있어 보인다. 이곳은 최근 각종의 민중운동이 자못 활발한 바 있으니 그러할 일이다. 옛 객사(客舍)의 앞에는 배롱나무와 흰매화가 섞어 핀 곳에 남국 봄색이 바야흐로 무르녹는 것을 기쁘게 한다. 최근 섬진수리조합이 인가되었다고 공고가 붙어서 관리들은 매우 자랑거리를 삼는다. 이 수리조합으로 인하여 조선인 농민들이 얼마나 이익을 받을지는 의문이어지만 지방을 위하여 필요한 일이다.

오래지 않아 정종명8) 여사와 강아그냐 양이 자동차편에 진주로부터 왔다. 만남을 반기면서 세 사람이 일행으로 화개 행을 한다. 섬진강을 옆에 끼고 그의 왼쪽 기슭을 따라 줄곧 달아난다. 산간의 강풍이 차갑기가 겨울 같은데 강줄기 위아래 흰모래가 중천에 솟아 그야말로 먼지 세계를 연출한다.

화개동에 내리니 가구는 20여 호에 불과하나 골짜기의 시장으로 사람과 말이 자못 끊이지 않고 경관 파출소가 있어 주의를 게을리 아니한다. 이곳에서 지리산 유역을 다하고 다시 섬진강을 따라 강의 입구에까지 내려간다. 하동 악양의 풍경이 자못 천하에 저명함을 들은 지 오래거니와 이를 볼 여유가 없다.

저녁밥을 먹은 후에 두 사람과 함께 도보로 쌍계사 들어가니 때는 저녁 7시 30분. 산하가 이미 황혼 속에 묻혔다. 밝은 달빛을 타서 계곡 흐르는 곳으로 좁은 길을 찾아간다. 물가의 돌이 웅장화려하고 십 수 길의 벼랑이 있고 벌려선 늙은 나무가 손바닥 같은 논밭이 있는 곳에 다시 몇 칸 초가집들이 돌담 속에 쌓여있는데 황량한 창의 불빛 속으로 아이들이 즐겁게 이야기하는 소리가 새어나오는 것이 매우 그립다. 길가에는 때때로 늦게 돌아오는 나무꾼이 있고 산에 놀러갔다 오는 풍류랑도 있고 비틀 걸음에 투덜거리는 취한도 내려오니 최근 산중의 번화를 상상할 만하다. 흙다리를 건너 돌문에 이르니 즉 쌍계석문이다. 좌우에는 다시 한 길 남짓의 장승이 있다. 이날에 쌍계사에서 잔다(4월 21일 씀.『조선

---

8) 정종명(鄭鐘鳴, 1896~?) 경북 경주 출신으로 간호사이며 여성독립운동가. 근우회 집행위원과 의장을 지냈다.

일보』, 1926년 5월, 12일 1면).

O 1926년 5월 12일 중국남경교육시찰단 환영회

오후 2시 30분 남대문 식도원에서 열린 중국남경교육시찰단 환영
회에 참석 축사를 했다. 이날 조선과 중국의 역사상 관계와 오늘날
의 처지에 대해 이야기했다.

강소법정대학(江蘇法政大學) 교무장(敎務長) 왕백추 씨를 단장
으로 한 중국 남경 교육시찰단(南京敎育視察團) 일행이 경성에 들
어와서 각계를 시찰하는 중이라는 것은 이미 보도하였다. 12일 오
후 2시부터 시내에 있는 유지 교육자와 언론계와 기타 각계 단체
의 유지인사 약 30인이 남대문통 식도원에 모여 이 시찰단의 환영
회를 열었다. 박승빈 씨가 주최 측을 대표하여 개회한 취지와 환
영하는 뜻을 간단히 말한 후 주빈 측으로 단장 왕백추 씨가 간곡
히 감사하는 뜻을 말하여 두 번째 조선에 온 감상을 진술한 후 식
탁을 대하여 주객이 환담을 했다.

안재홍 씨가 일어나 조선과 중국의 역사상 관계와 오늘날의 처
지를 들어 약간 말한 바 있었고 주빈 측으로 다시 학영청 여사가
처음으로 외국에 나온 감상과 조선에 와서 받은 기쁜 인상을 말한
바 있었다. 오성연합군 총사령부(五省聯合軍總司令部) 고문 호서
화 씨의 감상담이 있은 뒤에 마지막으로 단장 왕백추 씨가 잔을
들어 주최 측의 건강을 빌며 떠날 길이 바빠서 충분히 정다운 이
야기를 하지 못함이 유감이라는 뜻을 말했다. 일동이 모두 잔을
들어 서로 건강을 빌고 별실에서 기념사진을 찍은 뒤에 산회하였
다(『조선일보』, 1926년 5월 13일, 2면).

○ 1926년 5월 13일 지리산 쌍계사

『조선일보』에 「지리산 쌍계사 목련화 그늘에서」라는 제목으로 연재했다. 이날 쌍계사에 들어가 하루 자고 아침 일찍 사찰과 주변 풍광을 둘러보았다.

진주 화개의 사이가 140리, 화개에서 쌍계사까지 10리 걸린다. 20일 아침 통영을 떠난 후 약 300리를 와서 쌍계사에서 잤다. 쌍계석문을 지나 수십 걸음을 가니 좌우에 수십 개 천막을 치고 남녀 점원이 온갖 물품을 외치며 판다. 붉은 모자에 긴 칼을 차고 왔다 갔다 하는 경관의 수가 의외로 많은 것을 놀랐다. 목교를 지나 제일문을 들어가니 삼신산 쌍계사의 현판이 있고 다시 금강문을 지나 천왕문으로 들어가 팔영루 앞에 오니 양남기자대회의 회장으로 가득 막을 둘러쳤다. 때는 오후 9시 30분이다. 회원 제씨와 상대하여 한참 이야기 한 후 피곤하므로 곧 취침한다.

매년 춘기 곡우(穀雨) 전후면 고로쇠 물을 먹기 위하여 각지의 남녀가 지리산에 모여드니 고로쇠 물은 곧 백화수이고 나무를 도끼로 찍고 즙을 취하여 음료에 제공하되 능히 신경통과 피부병을 고친다 하니 고로쇠 물 먹는 것이 일대 풍치를 이루어 각 계층의 남녀들이 산중으로 모이고 이로 인하여 밤에 놀러 나온 남자들과 여인들이 그 사이에 함께하는 바 있어 명산의 신령스러운 경치가 환락장으로 바뀌니 이 또한 인간의 뛰어난 일이라고 할까? 양남기자대회장에서 못 본 제군들이 이곳에 모이매 하동의 경찰서에서는 서장 이하로 대부분이 본 절에 이전하여 주지실의 한편에 본부를 두고 경비가 자못 삼엄하다. 폭주한 촌객들로 침실이 매우 부족하여 제씨가 모두 둘러서 잠을 자고 나 오직 나그네라서 세 사람이 각각 한방에서 잤다.

21일 아침에 일어나 계곡에 나가 넓은 바위에 앉아 세수하고 작은 폭포에 목을 축이니 시원한 물맛이 비길 데가 없다. 아침 식사 후에는 먼저 경치의 일반을 본다. 쌍계사는 동봉에 의하여 서향으로 앉았는데 팔영루와 대웅전은 모두 건축이 굉장히 훌륭하고 대웅전 대뜰 아래에는 진감국사비가 있으니 고운 최치원이 칙령을 받들어 집필했다. 머리 부분이 깨진 것을 다시 모은 것이다. 절의 좌우로부터 두 개의 계곡물이 흘러내려 제1문 밖에서 합류하여 석문의 저 아래로 솟구쳐가니 쌍계(雙溪)의 명칭이 이것으로 생겼다.

금당의 앞에 팔상전 청학루 등의 건축이 자못 굉장하고 크며 '세계일과조종육엽(世界一顆祖宗六葉)'의 8자는 추사 김정희의 친필로서 자획이 아직도 새롭다. 절앞 광장에는 수백 년 묵은 은행나무가 있고 늙은 괴목이 있어 모두 연록이 해사한데 팔상전 주위에는 울창한 사철나무의 병풍이 있고 한참 피는 산다화의 숲이 있다. 자미화와 백매화와 홍도화가 영롱하게 채색을 이루었다. 더부룩한 가란(假蘭)의 포기가 무수하게 자라나고 수십 그루의 모란은 몽우리가 머지않아 터질 듯 한데 상당히 핀 목련화가 좌우로 벌려 서서 스스로 신령스러운 경치의 봄색이 보통이 아닌 바 있게 한다.

이날은 마침 음력 3월 10일 곡우(穀雨) 날이라 고로서 물을 먹으러 온 사람들이 제일 많다 한다. 대회가 있으므로 멀리가지 않고 쌍계사로 돌아 왔다. 사원 도처에 모란이 많고 목련화의 풍려한 허울이 가장 봄빛의 으뜸을 짓는다(4월21일 씀. 『조선일보』, 1926년 5월 13일, 1면).

○ 1926년 5월 15일 쌍계사 영호남 기자대회

『조선일보』에「지리산 쌍계사 목련화 그늘에서」라는 제목으로 연재했다. 이날 영호남기자대회에 참석했다. 오후 5시에 '일념봉공의 기자생활'이라는 주제로 강연도 했고 지리산 특산인 고로쇠약수도 마셨다.

오전 10시를 지나 기자대회는 영루로부터 옮겨 동편 행랑 작은 방에서 열린다. 제2일의 계속 회의이다. 전남 경남으로부터 참석한 사람이 60 여명이고 방청자가 수십 명이며 경관석에도 3~4인이 모여 있다. 의안 상정에 들어가서 제1부와 제2부의 각종 결의문이 차례대로 가결되었고 기타 특별한 사항에 관하여는 지리산, 백운산 등 일본제국대학 연습림 편입에 관한 문제와 연초전매제도 실시 후 경작자의 고통 등에 관한 지방사정을 각신문사에서 조사 발표하기를 요구하자는 결의가 있었다.

지방에 숨어있는 관리의 부정과 백성의 고통을 확실히 적발하여 일반 세상에 발표할 일, 기사는 도시만을 중심으로 하지 말고 농촌에 치중할 일, 신문·잡지의 출판자유를 구속하는 각종 법령의 개정을 촉구할 일 같은 조건은 가장 일반의 주목을 끌만한 문제이다. 권력의 밑에 유린되는 조선의 민중은 허다한 관리의 부정과 백성의 고통 속에 신음하되 여기에 항쟁하거나 혹은 그 생명과 자유를 스스로 보장할 길이 없고 오직 언론 기관이 이를 적발·규탄함이 있을 뿐이다. 그러나 구시대의 유물인 신문조례가 언론을 압박하는 심대한 방해로 활용되니 이는 반드시 빠른 개정이 있어야 할 것이다. 그리고 기사가 도시 중심으로 치우치는 것도 매우 부당한 일이라 할 것이다.

지리산, 백운산의 삼백만 정보의 산하는 산림이 연습림으로 편입되어 도쿄(東京), 교토(京都), 규슈(九州)의 제 대학이 이를 관리 이용하되 향토의 주민들은 이를 이용할 자유가 없게 되었으니 이는 간단히 논평할 수 없는 바이거니와 부근 십 수 군민이 가장 심한 고통을 겪는다고 한다. 연초 전매에 관한 지방민의 고통도 심상치 아니한 바 있다. 이러한 실제 문제에 있어서 언론기관은 금후 노력을 요함이 매우 많다 할 것이다. 금일 시대사의 일강 홍군은 통영으로부터 도착하여 회의에 참석했다.

정오가 지나 무사히 폐회하고 일동은 점심을 먹은 후에 잠시 자유의 행동을 취하기로 한다. 거실로 돌아와 나는 문갑(文匣)을 대하고 원고를 썼다. 금년은 기자대회가 있고 따라서 하동경찰이 대거 모여 있으므로 풍류랑과 유흥객으로 오는 사람이 매우 감소한 편이라고 한다.

오후 5시부터 신문 강연이 있어 홍군과 함께 간단한 강연을 하였다. '일념 봉공의 기자생활'이라는 연제였고 방청인을 합하여 자못 성황이었다.

지인 제씨와 함께 다시 경내를 거닐어 고로쇠물 흥정을 한다. 석유 관으로 한통에 1원 30전을 주고사서 각자 모두 시음한다. 엷은 차색으로 된 즙이 맛이 꽤 떫고 한 번에 몇 잔을 계속 마시니 설사하지 않고 도리어 상쾌함을 깨달으니 청량음료로서도 자못 좋다. 이 지역 인사에게 들건대 '고로쇠나무' 즙이 경칩 때에 먹으면 매우 효용이 있다 하니 고로쇠 물 먹는 것과 동일한 일이려니와 나무의 이름을 조사하지 못하였다. 손님들이 헤어지니 다시 고로쇠 물을 마시면서 원고를 쓴다(4월 21일 씀. 『조선일보』, 1926년 5월 15일, 1면).

○ 1926년 5월 16일 목련화 그늘에서

『조선일보』에 「지리산 쌍계사 목련화 그늘에서」라는 제목으로 연재했다. 쌍계사 목련화의 아름다움을 황홀하게 느끼고 그 감상을 썼다. 이 날 짧은 일생으로 오히려 만세에 썩지 않는 존귀한 가치를 남기려 하는 곳에 인생의 고통도 있고 생명의 감격도 있다고 소회를 밝혔다.

목련화는 남국의 식물이다. 북국에서 이를 보기 어렵다. 연꽃이 꽃의 군자인 자이거니와 그보다도 불교의 상징화로 유명하게 되었다. 깊은 산, 높은 지대에서 연꽃을 볼 수 없거니와 만개하는 목련을 보는 것이 자못 황홀한 정감이 돋는 바 있다. 목련이 남국의 식물이거니와 연화(蓮花)도 원래 남국의 식물이다. 북국의 연못에서 오히려 향이 십 리에 들리는 연꽃을 볼 수 있지마는 남국의 연꽃이 가장 풍토에 걸맞은 자이다.

연(蓮)이 남국이 산지인 고로 인도에는 연이 많다. 석가여래 연으로써 고해에 오염되지 않는 인생을 비유하니 연이 불교를 상징하는 꽃이 된 이유이다. 불교에서 연을 존중하는 것과 같이 기독교에서는 백합을 진귀하다 한다. 들에 핀 백합꽃이 솔로몬의 영화보다도 더욱 아름다움의 생명을 자랑한다는 것은 예수가 산상수훈에서 예증한 바이다. 팔레스타인의 훗훗한 평야 허다한 백합을 피워 그 순백한 색상과 향기로운 향취가 자못 사람의 정열을 끄는 바 있다. 이 땅으로부터 일어나 인생 최고의 가치를 설파하던 열정적인 예수가 예로써 백합을 든 것은 당연한 일이다.

모든 중생이 모두 꿈속에 잠겼을 때 홀로 깨어 달과 별이 밝게 비추는 고요한 밤에 거닐 때에는 스스로 초연한 감개가 있고 또

고독의 비애도 일으키게 되는 것이다. 온 세상이 다 흐린 데 나 홀로 깨끗하고, 모든 사람이 다 취했는데 나 홀로 깨었다고 굴원(屈原)이 어부사(漁父辭)를 빌어서 스스로 그 외로운 마음을 의지했으니 그가 필경 어복(魚腹)에 장사(葬事)하고 만 것은 오로지 이 까닭이다.

높은 산의 신령스러운 봉우리 위에 솟아올라 삼라만상을 눈앞으로 굽어봄이 스스로 장엄 숭고한 뜻이 있겠지만 초연히 독존한 곳에는 스스로 또 무한 적막한 비애가 있는 것이다. 석가와 예수 제씨가 모두 인생의 높은 경지에 입각하여 구부려 인생을 구하고자 일생을 노력하니 그들에게는 깨달음 철저한 곳에도 오히려 이 비애가 있었던 것이다.

그러나 인생의 높은 경지로부터 구부려 중생을 구하고자 하는 곳에 현대적 민중과는 갈등되기 쉬운 병폐가 생기는 것이다. 시드는 꽃, 지는 달, 흐르는 물, 쓰러지는 이슬은 모두 무상과 환멸의 표상인 자이냐? 고요한 밤 깊은 산에 밝은 달 고운 꽃이 서로 비쳐 광염(光焰)을 돋우는 곳에 황홀한 정감과 높고 푸른 뜻과 이상은 오히려 무한한 생명의 감격이 없을 수 없다.

인생은 짧되, 예술은 길다고 하였다. 짧은 일생으로 오히려 만세에 썩지 않는 존귀한 가치를 남기려 하는 곳에 인생의 고통도 있고 또 웅숭깊은 생명의 감격도 있는 것이다. 일체가 변환되는 무상한 비애의 가운데에서 오히려 항구하게 뻗쳐 변함이 없는 대우주의 생명을 예찬하면서 영원한 정도(征途)에 나아가 인생행로를 개척코자 하는 곳에 현대 청년의 바꿀 수 없는 강고한 결심이 있는 것이다(4월 21일 씀. 『조선일보』, 1926년 5월 16일, 1면).

○ 1926년 5월 17일 지리산 불일암

『조선일보』에 「지리산 불일암」이라는 제목으로 연재했다. 이 날 쌍계사를 떠나 지리산 명소인 불일암에 다녀왔다.

　　이 날은 쌍계사를 떠나 지리산 명소를 대강 두루 다녀보고자 한다. 이 명산 영경에서 많은 동지와 수일의 교분를 맺고 이제 각자 헤어지려 하니 끝없는 슬픔의 정이 있다. 원래는 지리산 최고봉에 치달아 운해 6만 리의 장관을 바라보고자 하는 생각이었는데 시일이 바쁘고 천왕봉 반야봉의 제봉우리에는 아직도 쌓인 눈이 깊고 추위가 심해서 오르기가 아주 어려워 주저하지 아니할 수 없고 또 전남으로 향하여 처음 대하는 지방사정을 한번 살펴보는 것도 필요한 일이어서 진주로 돌아가기를 단념하고 반야봉을 거쳐 구례군 화엄사로부터 순천, 광주 등의 지역으로 향하기로 결정하였다. 그리고 이날은 불일암으로 다녀서 칠불암에 가서 자려고 한다. 떠나기 전에 먼저 쌍계석문에 내려가서 고운 최치원의 필적을 보았다. 비록 풍우에 시달린 바 있으나 자획이 아직 또렷했다. 불일암까지 동행을 약속한 사람 많았으나 먼저 떠나가게 하고 나는 약간의 대화로 뒤떨어졌다.

　　추후로 새로 온 사람과 함께 서너 명이 뒤를 쫓아간다. 국사암 뒤에 있는 봉우리로 들어가 비교적 평탄한 길로 올라간다. 약간의 봉우리를 넘고 분지를 지나고 숲이 엉성한 사이로 빠져서 간다. 길가에는 파랗게 자리 올라오는 원추리가 있고 두견화의 시들은 떨기가 있고 만발한 복숭아꽃이 있어 높은 산에 오른다는 기분이 더욱 깊어진다. 쌍계사와 불일암의 사이는 10리의 거리이거니와 중간의 경치는 적이 평범하다. 비탈길을 오르기가 거저도 숨이 찬

데 그 중에는 우렁찬 목소리로 걸음걸음 장단을 맞춰서 춘향의 옥
중가를 가장 청승스럽게 하는 풍류객의 길동무도 있어 일단의 풍
치를 돕는다.

걸음을 재촉하여 올라가는 동안 사람에게 놀란 큰 노루가 뒷발
로 흙을 차면서 위봉을 향하여 잡목 숲 속으로 내닫는 것도 자못
쾌활한 맛이 있다.

불일암에 다다르니 먼저 온 제씨들이 모여 있었다. 주지승이 차
를 내오고 정답고 친절하게 접대한다. 세 칸의 작고 초라한 초가
암자요 왼쪽에는 다시 세 칸의 초막(草幕)이 있다. 뒤로 높은 봉우
리가 솟아있고 앞으로는 수백 척의 깎아지를 듯 한 절벽에 위치했
는데 청학봉 백학봉의 양봉이 계곡을 끼고 버티어 서있다. 불일암
동쪽으로 지리산 제일이라고 추칭(推稱)하는 자 있으니 그는 아직
비교할 수 없으나 산수의 아름다움은 매우 빼어난 곳인 것을 단언
할 만하다(4월 22일 씀. 『조선일보』, 1926년 5월 18일, 1면).

○ 1926년 5월 18일 불일암의 유래

『조선일보』에 「지리산 불일암」이라는 제목으로 연재했다. 고운
최치원이 창건한 암자 불일암의 유래를 소개하고 있다.

신라 헌강왕 2년에 고운 최치원이 쌍계사로부터 돌아다니다가
이곳에 오니 계곡의 수려함을 사랑하여 이 암자를 창건하게 하였
다 하니 금년까지 약 1093년의 사이이요 국사암 창건이 성덕왕 22
년이라 하니 불일암이 국사암보다 늦기 약 10년이다. 때는 오전
11시 권하는 뜨거운 차를 마신 후에 칠불암행을 하려 한다. 보성
의 최창순 씨가 길동무의 인연을 지었다. 고개를 넘어 내려오니

일대 분지가 토양이 비옥하여 개간하면 전답이 되겠는데 지관의
말이 불일암에 불리해서 개간하지 않아 불일암의 빈곤이 자못 심
한 모양이다. 내려오는 중간에 계곡의 부녀가 산나물을 캐느라고
바구니를 들고 나무 그늘에서 웅크리고 다니는 양이 매우 가엾게
보인다. 물어보니 산채를 팔아서 생계를 삼음이라 한다.

두류산 양단수를 예 듣고 이제 보니
도화 뜬 맑은 물에 운영(雲影)조차 비춰도다.
아이야 무릉이 어드매뇨 예가 거기인가 하노라

남명 조식이 지리산에 놀아 그 빼어난 경치를 예찬한 시조이다.
두견화도 좋고 철쭉도 좋고 산중 잡화가 가치 아닌 것이 없겠지만
계곡 이르는 곳마다 활짝 핀 복숭아꽃이 끊일 줄이 없는 것이 더
욱 절경인 감이 깊다. 무릉도원을 사모하는 것은 은둔적인 조선인
의 도피 심리를 말함이거니와 그들에게는 산중 별계를 찾아 안온
한 일생을 누리고자 하는 갈망이 일찍이 그친 때가 없었다.
쌍계사에 돌아오니 대회 회원 제씨는 점심밥이 한창이다. 점심
밥을 재촉해서 먹고 곧 칠불암행을 떠난다. 순천군의 박병두 씨가
새로 길동무를 허락하니 일행은 3명이다. 산문에 나서서 일시에
악수로 작별하니 일동은 화개로 내려가 하동읍으로부터 출발하기
로 하고 우리 3명은 쌍계 석문으로부터 서북으로 돌아 칠불암행을
짓는다. 도진호, 박영진 두 사람이 석문 밖까지 와서 석별의 정을
표한다. 도씨는 쌍계사 보명학교장이니 박씨와 함께 모두 해외에
유학하였고 문화운동을 위하여 힘을 다하다가 지금은 산문에 정주
하여 탐구에 뜻을 두고 한편으로 교육에 진력하는 중이거니와 이
번에 정답고 친절한 정과 의리에 감사할 바이다(4월 22일 씀.『조

선일보』, 1926년 5월 18일, 1면).

○ 1926년 5월 19일 지리산 세이암

『조선일보』에 「지리산 칠불암」이라는 제목으로 연재했다. 이 날 칠불암을 답사했으며 가는 길에 세이암(洗耳巖)의 유적도 둘러보았다.

길을 나선지 5~6리에 쌍계사로부터 함께 한 학동(學童)은 모자를 벗어 경례를 하고 산봉우리가 깊은 곳 오른쪽 촌으로 올라간다. 소나무와 대나무가 어울려 푸르고 배꽃이 눈발같이 흰 중간에 닭이 울고 개 짓는 소리 그야말로 무릉도원이 이런건가 하는 생각난다. 학동의 그림자가 보리밭 가로부터 솔대숲 속으로 잠기기까지 바라보며 시내 물을 끼고 북으로 향하여 가 용강리 촌점에 다다르니 길가에 모정(茅亭)이 있다. 서너 명의 촌노인들이 모였으므로 모정에 앉아 가는 길을 묻는다. 하늘에 닿은 듯 한 이어지는 봉우리를 가리키며 "동북으로 벽소령을 넘으면 안의, 거창으로 가는 길이고, 서북으로는 칠불로 들어가는 길이니까요"하는 어조가 마치 광대의 말보 같다.

길가 시내에는 제지용 닥나무를 담근 것이 있고 마포, 길쌈하는 가마가 있고 보리밭 고랑에는 연초 끝틀과 사이짓기한 닥나무의 낮게 벤 등걸이 흩어져 있는 것이 매우 흥미 있게 보인다. 이곳은 연초가 특산이고 하동 종이의 산출도 또한 유명하다 한다. 시내 위에는 제지소인 초가집도 있다.

지명을 묻고 지방 사정도 묻는다. 운수동, 화랑촌은 구름 속으로 있는 마을 이름이고 층층 겹친 산의 위에 걸린 길은 농로라 한다. 계곡 각지 전답이 혹 6~7평으로 수십 평, 백여 평에 불과한

배미9)인대 매 배미에 반드시 3~4척 내지 십 수척 높이의 석축으로 두렁을 지었으니 인력이 많이 들었음을 짐작할 것이다. 다만 풀과 가지를 꺾어 비료만 주면 수리는 매우 편리하고 이모작으로 수입이 풍족하므로 땅값이 자못 비싸서 현금에도 일 두락10)이 백 원이나 되며 거의 전부가 소작농의 경작이라 한다.

길을 간 지 십 리 남짓 촌점에 이르니 수십 인 행객이 안팎에서 시끄럽게 떠든다. 이곳에는 세이암(洗耳巖)의 고적이 있는 까닭에 잠깐 쉰 다음에 벽소령 가는 길로 5~6길 들어간다. 동쪽이 자못 넓고 기운이 거침없는데 만발한 복숭아꽃은 가득 만첩산중점점홍(萬疊山中點點紅)을 자랑한다. 물소리 시끄러운 곳에 암석위로 건너뛰며 구비를 한참 돌아가니 십 수 길의 석벽이 오른쪽에 벌어 섰고 중간에 평탄한 반석(盤石)이 위아래로 늘어 놓였으며 가장 넓은 자리에 세이암(洗耳巖) 세자가 있으니 즉 최고운의 친필이라 쌍계석문의 필적보담 매우 아름다운 멋이 있다.

암벽 위에는 많은 이름 중에 전 판서 최익현(崔益鉉)의 글자 모양이 뚜렷하나 면암 최 선생이 아닌 것은 물론일 것이다. 상의와 모자를 벗고 한창 세수하는 중에 질풍(疾風)이 모자를 날려 세이암(洗耳巖) 아래에 떨어졌다. 지팡이로 당겨 흔들어 씻어 말이 "물이 맑으니 모자를 씻으리라"하니 뜻밖에 감흥이 많았던 경험이다 (4월 22일 씀. 『조선일보』, 1926년 5월 19일, 1면).

○ 1926년 5월 20일 칠불암 야자방

『조선일보』에 「지리산 칠불암」이라는 제목으로 연재했다. 세이암

---

9) 논두렁으로 둘러싸인 논 하나하나의 구획.
10) 논이나 평의 단위.

을 떠나 아자방으로 유명한 칠불암을 답사했다. 칠불암은 보광전의 법당이 있고 정면으로 보설루가 있고 서행랑은 벽안당이니 즉 유명한 아자방이고 동행랑은 설선당으로 정방형의 배치가 사방의 산세와 합치되는 바 있어 매우 가지런하고 정돈된 느낌이 있다고 소회를 밝혔다.

세이암에서 칠불암으로 올라가는 길은 점점 비탈이 높아진다. 다시 산등으로 넘어가서 자작, 단풍, 느티, 해나무와 기타 잡목림 속으로 산봉을 오르기 몇 번에 범왕리 촌락을 동북으로 바라보며 산대나무가 쭉 깔린 굽은 등을 돌아서 비로소 곱고 아름다운 누각이 산중턱에 솟은 것을 보니 해동 제일선원의 커다란 현판이 보설루 정면에 걸려 입산자의 첫인상을 짓는다. 절앞에 영지(靈地)[11]가 있어 일찍 들은 바 있으므로 먼저 살펴보니 사원으로부터 육칠십 칸 밖에 있는 7~8평의 작은 땅으로 사원의 그림자가 물속으로 비추는 것이 꽤 볼만한 것이라 한다.

북쪽에 산을 의지하여 보광전의 법당이 있고 정면으로 보설루가 있고 서행랑은 벽안당이니 즉 유명한 아자방이고 동행랑은 설선당으로 정방형의 배치가 사방의 산세와 합치되는 바 있어 매우 가지런하고 정돈된 느낌이 있다. 계곡의 아름다움은 거의 없고 구례의 백운산이 멀리 보이는 경치가 불일암과 비슷하다. 산세 이미 높고 바람 기운에 따라서 차가워 쌍계사 부근과는 반일 이상의 차이가 있어서 홍도화와 목련화는 망우리 채 달려 피어볼 생각도 없는 듯 배롱나무, 은행나무는 아귀도 터지지 아니하여 쓸쓸한 기분이 겨울과 같다.

11) 신령스러운 땅.

산하 천리 이르는 곳마다 수많은 벚꽃을 보았고 여기에서 비로소 근화(槿花)를 본다. 무궁화라고 한자로 쓰지만 무궁(無窮)은 조선의 원어이다. 남조선 사람들은 무궁이 꽃이라 하니 무궁을 이름이 아니고 일본어에 근을 무구게(木槿-ㅅグゲ)라 하니 고조선어에서 물려받아 내려옴이다. 조선을 근역(槿域)이라 하니 근(槿)이 많기 때문이거니와 중국 산동성 일대에까지 오히려 근화가 분포되어 흔히 묘지에 있다.

꽃이 단판으로 되어 넉넉한 맛이 없고 통상으로 홍근(紅槿), 백근(白槿), 자근(紫槿) 등이 있으나 색과 모양이 매우 기력이 없고 향취가 없을 뿐 아니라 한여름에 피기 시작하여 백화난만(百花爛漫)한 봄빛으로부터 뒤떨어지며 꽃피는 기간 비록 길지만 활짝 피는 사이를 제외하고는 꽃모양이 매우 빈약하고 작아서 꽃 하나의 수명이 하루에 불과하여 소위 근화일조(槿花一朝)의 꿈을 말하게 되니 국화로서 매우 옳지 않은 자이다.

잠자리를 정한 후 다시 고로쇠 물을 사서 각각 몇 잔씩 마시고 저녁을 먹은 후에 아자방(亞字房)을 보려간다. 주지 양용은 화상이 나와 맞이함에 감사를 표했다. 입산한 지 44년에 일찍이 속세의 일을 모른다 했다. 눈썹이 하얀 것을 보니 연세의 많음을 짐작하겠다. 아자방의 유래를 들은 지 오래거니와 신라 효공왕 8년에 담공선사가 구조한 후 지금까지 1,808년에 일찍이 개조한 일이 없었다. 중앙의 오목한 십자부와 양측의 높은 아자부는 높이의 차가 약 2척에 달하되 불 땐 후 덥기는 전부가 균일한 것이 신기한 일이라 한다. 실내는 작년에 수리하여 요철부의 벽면을 돌로써 장식하고 위에는 4개의 용관(龍管)을 만들었으며 장판에는 팔엽연화형(八葉蓮花形)의 백동(白銅)으로 꾸며 자못 아름다움을 간직했다. 저녁에 용은화상이 다시 숙소에 나와 지리산의 형세와 사원 개창의 유래를 말하고 입산 이후 40여년의 경력을 말한다.

옛날 가락국 김수로왕이 천축황후 허 씨를 맞이하니 그가 즉 성모이다. 그의 친형 장유화상이 후를 따라 동래하였고 후에 또 성모가 9명의 자식을 낳으매 원자(元子)는 왕위를 계승하였고 둘째는 허 씨 성을 계승하였으며 그밖에 7명은 모두 처음으로 선술(仙術)을 배우고 불교를 숭배하여 장유화상과 함께 사찰을 개창하였다 한다. 사천의 기룡사, 합천의 가야산, 지리산의 불일암이 모두 그들 입산 수련하던 곳이다. 마지막으로 이곳에 와서 성불(成佛)하니 칠불의 이름이 여기에서 비롯되었다(4월 23일 씀. 『조선일보』, 1926년 5월 20일, 1면).

○ 1926년 5월 21일 반야봉 가는 길

『조선일보』에 「지리산 칠불암」이라는 제목으로 연재했다. 이날 지리산 반야봉을 오르기로 했다. 산속에 은거하고 있는 노인을 만나 과도한 소작료로 인해 어려움이 크다는 하소연을 듣는다.

23일 아침 피곤한 중에 하루 밤을 쉰 일행은 오늘에 취할 일정을 세운다. 서남으로 연곡을 지나 연곡사(鷰谷寺)의 옛 사적을 보고 구례 화엄사로 가는 것이 하나요, 동북으로 벽소령을 넘어 영원사(靈源寺) 수석을 보는 것이 또 하나다. 영원으로 돌아서 천왕봉까지 가기로 하면 6,700척에 달하는 지리산 최고봉에 오르게 되는 것이나 시일의 관계로 단념했다. 만일 서북으로 반야봉을 지나 영호 일대 해산(海山)의 풍광을 한눈에 보고 다시 화엄으로 내려감이 또 하나다. 그러나 주지 이하 제승은 반야봉행의 어려움을 이야기 하고 자못 열심히 단념하기를 권한다. 이리하여 2원을 주기로 하되 안내자가 한 사람도 안 나선다. 이에 떨쳐 일어나 세 사람이 오르기로 한다.

일행은 다시 고로쇠 물을 가득 마시고 지팡이를 다시 짚고 반야봉행을 떠날 때, 주지 양용은 화상이 봉 밖에 나와 석별하며 "만일 반야봉 위가 쌓인 눈이 심하고 행로를 찾기 곤란하거든 오직 계곡 물을 따라 내려오는 것이 안전합니다."라고 말했다.

세 사람이 암자의 서북 기슭으로 돌아 한참 가는 동안 산세의 웅장함과 골짜기가 외진 것이 갈수록 더했다. 산중턱을 내려 계곡에 도달하니 이곳이 칠불암 이래 가장 낮은 곳이다. 반야봉까지 다만 아주 가파른 언덕을 올라서 쉬지 않기 수십 리였다. 이때 기후가 따뜻하고 햇볕이 밝게 비춰 등산하는 사람의 심회가 자못 기쁜 바 있다. 이에 버드나무 가지를 꺾어 풀피리를 만들어 세 사람이 한꺼번에 부니 오늘 하루 신선이 된 기분은 속세에서는 싫어하는 일이다. 오래지 않아 한 쌍 부부가 산위에서 내려오기에 길을 묻고 떠난다. 풀피리를 거두어 주머니에 넣고 버드나무를 주워 흐르는 물에 던졌다.

초동들을 만나 물어보니 이곳이 연동이고 산대나무를 베는 것은 해태조합에서 수용하는 죽렴(竹簾)으로 해저에 쳐서 해태를 머물게 하기 위함이란다. 지리산 도처에 이 시누대가 덮여 있다. 시누대는 작은 대나무다. 다시 봉우리를 올라 간 지 몇 리에 또 초가집이 산 중턱에 있다. 가서 보니 주량(柱梁)이 별이 없고 오직 긴 나무를 정자형으로 포개어 장방형의 토실을 짓고 중간에 구획만 두었을 뿐이다. 방안에서는 두건을 쓴 백수옹이 짚신을 삼고 있고 마당에서는 주부(主婦)가 노파와 함께 면사(綿絲)를 매고 있으니 방적을 준비함이다. 작은 아이가 곁에 있어 왜놈이라 부르며 울려 한다.

노옹에게 물으니 들에 살던 사람으로 생계가 없어 입산한지 오래지 않았다 한다. "세금 없는 곳이 있습니까? 1년 내 농사지어 지주를 주고서도 도적놈 소리를 듣지요. 세상에 주인 없는 것이 있습니까? 감자도 소작료를 바치는데 이석 삼십 두 일석 십오 두 층층으로 낸답니다. 보조원과 순사를 피하여 두메 속에 왔더니 노루와 산돼지가 보조원 순사라우" 이렇게 계속 짚신을 삼아가며 풀 없이 하소연하고 있다. 주부는 고로쇠 물을 내어 권하므로 각각 한 사발씩 시음한다. 매우 시원하고 담담하되 맛이 떫으니 진품인 것을 알 것이다(4월 24일 씀. 『조선일보』, 1926년 5월 21일, 1면).

○ 1926년 5월 22일 반야봉 모험기

『조선일보』에 「반야봉 모험기」이라는 제목으로 연재했다. 오르는 길에 눈이 쌓이고 인적이 끊어져서 어려움을 겪는다.

시내 건너 또 시내요 봉우리 올라 또 봉우리이다. 발밑에 구름 일고 숲속에 바람칠 때 어디서 접동새 우는 소리 남의 애를 끓게 한다. 구불구불한 길이 암석의 오른편으로 감돌아가고 풀숲은 좌우에 우거졌다. 우르르 쾅! 쏴! 하는 것은 솟구치는 물소리이고 우수수와! 하고 위세 좋게 울려 울리는 것은 센 바람이 골짜기에 들어 숲이 흔들리는 소리이다.

그러나 초가집의 폐허에서 의심나는 기로를 만나 주저하고 있는 때쯤에는 이미 물소리 새소리도 다 멀어지고 오직 찬바람이 세게 불고 하늘이 을씨년스러웠다. 머리를 제쳐 우러러보니 높은 봉우리 아래에 검은 구름이 일어나며 찬바람이 으스스하게 뺨을 긁어 지나간다. 갑자기 오른쪽 봉우리 위에 나무꾼의 노래가 들리므로 반겨 큰소리로 불러 가는 길을 물어보려 하니 노래가 뚝 그치며 나무꾼은 풀숲으로 몸을 숨기고 이내 나오지 않는다. 대학 연습림의 순찰하는 사람인가 겁냄이다.

강풍을 피하여 점심을 먹으니 침체되었던 원기가 일시에 회복된다. 공기가 희박하고 온도가 낮은데다가 비가 많이 내려 적지 않게 피로를 느꼈다. 기록하기 위하여 만년필을 뽑으니 잉크가 스스로 솟아나오니 또한 대기가 희박한 까닭인 것을 깨달았다. 회복된 원기로써 토봉에 올랐다. 토봉은 반야봉의 하봉이고 그 다음이 중봉 또 다음이 상봉이다. 봉머리에 두개의 선바위가 있어 완연히 토이(土耳)와 같으니 봉이름이 이것으로 인함인가? 비를 무릅쓰고 암각에 올라서니 운무(雲霧)가 더욱 어두운 중에 높낮이를 헤아릴 수 없고 오직 살을 에는 듯한 날씨에 오래 머물기가 어렵다. 강풍에 휘날릴까 두려워하며 걸음을 조심하며 내려왔다. 때는 정오였다.

석영의 암맥이 도처에 퉁겨진 것을 보면서 화재에 타다 남은 바위 부근 집의 폐허를 보면서 간지 십 수 리에 길 가는 중에 우뚝 선 절벽을 지나고 우뚝 솟은 석문을 비켜가고 높은 봉우리와 절벽 위에서 떨어지는 흰 폭포를 보고 최형과 함께 돌아보며 "쾌활하니 반드시 오르겠다"라고 말했다. 이런 때마다 애써 반야봉 산행 중지를 권했던 박형의 노련함이 없어서는 아니 되었다.

십 수 리를 가는 동안 층암의 사이와 쌓인 눈 위에 통행한 흔적이 있었음으로 무릎이 빠지는 눈 중에서도 한가히 담소하면서 지난다. 몇 시간을 가서 봉의 북쪽 기슭에 도달하니 사방에 길이 없고 적설이 삼사 척(尺)에 달한다. 운무 중에 이미 동서를 구분하지 못하고 혼자 결단하여 말하기를 이쪽은 북이라 운봉지방이니 길을 잃을 수 있으니 불가하다. 서남으로 돌아 화엄을 향하리라. 서로 이끌어 오른쪽 기슭으로 돌아간다. 쌓인 눈이 엄청난데 인적이 끊어졌고 길 같은 흔적도 전혀 안 보인다. 한 발을 눈 속에 빠뜨리고 또 한 발을 다시 디딜 때에 두 발이 함께 빠지고 엎드려 손발을 함께 쓰니 기력 쇠함이 걷잡을 수 없다. 여섯 일곱 걸음의 지점에 임시로 지은 집이 있으니 작업자가 잠시 머무르는 곳이다. 십 수 보의 봉 아래에는 절벽이 운무 중에 솟았고 통로는 사방이 끊어졌다. 이곳은 묘향대다(4월 24일 씀.『조선일보』, 1926년 5월 22일, 1면).

○ 1926년 5월 23일 반야봉 모험기

『조선일보』에「반야봉 모험기」이라는 제목으로 연재했다. 산에서 조난을 당해 물길을 따라 하산을 결심했다.

산에 오르는 시기가 아니라는 주지의 말을 물리치고 눈 중에 반야봉에 올랐으니 그 모험인 자이냐? 모험을 위한 모험이 아니었고 신령하고 멋진 경치 거저 돌아가기 아까운 마음에서 나온 것이 그 동기이다. 당시의 정경은 확실히 조난이었다. 때로 자못 위험한 생각까지 하였으니 사실이 조난이라 할 것이다. 그러나 5천척쯤의 높은 봉우리에서 운우풍설(雲雨風雪) 속에 방황하였기로 조난으로써 이름짓기는 너무 마음이 약함을 표함이라 이를 모험기로써 명명한 이유이다.

묘향대에서 길을 잃고 사방으로 산길을 찾는다. 의논하여 "골에 눈이 없으니 남쪽 바위인 증표요 하물며 오늘 남풍이 불거늘 바람이 정면으로 오니 이를 쫓아 남하하면 구례의 화엄사일 것이다. 이렇게 암석 사이로 마른 풀을 밟아 내려간다. 그러나 적설은 곳곳에 있고 절벽을 만나 내려갈 수 없고 혹은 쓰러진 나무가 종횡

(縱橫)으로 걸쳐 있어 도저히 통행할 수 없다. 한 번의 절망 속에 석문(石門)까지 올라오는 동안에는 피로가 더욱 심해지고 석문을 빠져나가 오던 길인가 하고 찾아 연동 방면으로 돌아가려하니 적설이 허리까지 묻혀서 험난하기 짝이 없다.

일행 중에 최창순 씨는 강인하고 용감함이 제일이다. 큰 소리를 질러 위험을 알리고 산막(山幕)을 찾아 쉬자고 제안한다. 아픈 다리를 끌고 다시 산막에 찾아 들어갔다. 긴 나무를 걸쳐 지은 집에 한 칸의 온돌이 있고 지붕도 긴 나무를 잘라 덮었으니 비록 황량하기 그지없으나 족히 비바람을 피할 수 있었다. 방안에 한 개의 사기등이 있고 철냄비가 있고 짚깔개 뜯어 만든 창호가 있다. 마치 호랑이 이야기에 나오는 장면과 같이 처량 가득한 정을 일으킨다.

아궁이에 불을 피우고 산막 밖으로 나가 나무부스러기를 운반한다. 목공이 일시 머물렀던 곳이다. 이러한 연료는 비 가운데도 풍족하다. 최형은 큰 소리를 질러 위험을 알렸다. 산위에 구름과 안개가 깊고 비바람이 매우 심한데 통로가 안보이니 쌓인 눈 때문이다. 적설이 심한 곳에 위험을 헤아릴 수 없으니 지쳐서 눈 가운데에 빠지면 마침내 큰 난리가 있을 것이다. 여기가 거의 꼭대기요 연료가 풍족하니 산안에서 비바람을 피하며 불을 놓아 구원을 부르짖으면 밤불이 멀리 보이고 밤소리가 멀리 들리는 것이니 부근 수십 리에 비록 인가가 없더라도 반드시 구조대가 올 것이다.

불을 쪼여 추위를 쫓고 다시 세 가지 대책을 말한다. 제1은 산막에 머물러 운무가 거둘 때까지 있어 뜻한 바대로 되지 않으니 구원을 기다리는 것이고 제2는 옛길을 찾아 연동 방면으로 돌아가는 것이고 제3은 세찬 물길 따라 계곡을 내려가 절벽을 만나지 아니하면 인가를 만나기를 기대함이다. 결국 3의 방책을 단행키로 한다.

산막을 떠난다. 박 형이 자귓밥을 아궁에 넣고 불기운을 따뜻하게 하며 "낭떠러지가 있어 하산이 절망의 상황이 되면 다시 이 불로 도움을 받겠지"라고 말했다. 나는 옷가지와 이불을 정리한 후 성냥갑을 안전하게 넣고 지인의 서신은 봄옷 안에 봉하여 습기를 막고 기념 채취한 것을 주머니에 구겨 넣고 걸음걸음 계곡을 따라 내려간다. 때는 오후 3시 30분이었다(4월 24일 씀. 『조선일보』, 1926년 5월 23일, 1면).

○ 1926년 5월 24일 지리산 와운리

『조선일보』에 「반야봉 모험기」라는 제목으로 연재했다. 하산을 결심하고 내려가다가 여러 어려움을 겪고 남원군 산내면 백사골에서 인가를 만나 와운리에 도착했다. 이 날 1916년 중앙학교 시절 강화도 마니산 정상 답사의 어려움을 회고하고 있다.

물에 떨어진 최 형은 급히 나와서 의연히 힘차게 앞으로 간다. 나는 청려장을 굳게 잡고 양화 신은 채로 쫓아 내려간다. 내려간 지 거의 수십 리에 돌대들보 하나가 사람이 만든 것과 같이 수십 칸 이어지니 마치 네 마리 용이 몰래 다니는 것과 같다. 알고 보니 이곳은 사곡이라 지명이 곧 지형을 말함이다. 얼마를 지나 한마음으로 힘차게 가는 곳에 비로소 한 마리 물새가 물길을 쫓아 올라옴을 보매 일행이 모두 반가워 하니 높은 봉에서 떠나 멀어짐을 믿음이라. 다시 행하여 하나의 풀로 지은 작은집을 시냇가에서 만나니 통행자가 있었음을 기뻐하였다.

이윽고 양쪽 계곡물이 좌우로 합하여 골짜기가 자못 크므로 사방으로 인가를 찾는다. 암석 위에 앉아 주머니를 더듬으니 하나의 싼 종이가 있고 해태포가 감잎과 같다. 3인이 나누니 쓴웃음을 금하지 못하겠다. 바위 아래 마른 곳에 쌓여있는 낙엽을 모아 불을 피워 추위를 막고자하나 6~7개의 성냥을 다 붙여도 습기로 인하여 다 꺼진다. 바라보매 석양이 이미 고개를 넘고 깊은 골짜기 속에 비바람이 더욱 컴컴한 데, 이어지는 봉우리는 절망의 기색을 일으키게 한다. 이윽고 숲이 엉성한 사이로 산비탈의 위에 서 너 개 밭이 있는지라 환호하는 사람들이 "밭이 있어요"라고 감탄하며 말했다. 급히 더 걸어가서 초가집을 만나니 사람의 소리가 없다. 소리쳐 부르기 여러 번에 사람이 나와서 이유를 묻는다. 사방을 돌아보니 마을이 전혀 없고 깊은 산속에 오직 이 한집이 있을 뿐이다. 반야봉 등반에서 길 잃은 이야기를 하니 계속 놀라면서 방 안으로 인도한다.

이곳은 남원군 산내면 백사골이라 하니 즉 사사동이다. 주인은 김 모씨로 공주 인 씨인데 이곳에 와서 목공으로 일을 한다. 방안에 들어가니 천정까지 4~5척이고 지붕의 흙이 없으며 바닥에 망석을 깔고 좌우에 목재를 쌓았고 마포(麻布)의 길쌈을 부업으로 하는 광경이다. 젖은 옷을 벗고 누워 피로함에 쉬고 목마름이 심한 데 곧 밥을 내어온다. 3인이 대식하니 잠깐 사이에 다 먹었고 식염에 저린 야채, 고추장을 청했는데 웃고 없다고 이야기 한다. 계속 감사의 인사하며 휴대품을 지우고 다시 고개의 험준한 길을 걸어서 와운리를 찾아간다. 와운리에 도착하여 한 주점에 투숙하니 사람들이 모여서 일행의 모험을 경탄한다. 와운리로부터 묘향대까지 사십 리에 평야에 비하면 수 십 리를 간 것이다. 비록 이곳의 주민이라도 쉽게 통행하지 않는 험지(險地)이라고 극구 칭찬한다. 두 사람이 막걸리를 가득 부어 모험을 축하므로 이에 한 잔 유쾌하게 술을 마셨다.

이날에 비바람이 하늘에 가득하고 안개가 사방에 깔렸는데 드디어 수많은 갖은 고통을 겪고 겨우 인가에 찾아들게 되니 왕년 병진의 봄(1916년)에 강화군 전등사로부터 마니산 참성단에 오를 때 비바람에 어지럽고 안개로 흐릿하여 일행의 고통이 견줄 데가 없었더니 오늘 반야봉행에 다시 이 비바람으로 인하여 실패했다. 식후에 검사하니 두 손에는 무수한 찰과상이 있고 왼쪽 무릎에는 타박상, 오른쪽 무릎에는 멍이 들고, 상하 의복은 대부분이 더러웠다. 이날 와운리 도착은 오후 8시였다(4월 24일 씀. 『조선일보』, 1926년 5월 24일, 1면).

O 1926년 5월 25일 지리산 실상사에 들러

『조선일보』에 「실상사에 들러」라는 제목으로 연재했다. 지리산 남원의 대표 사찰인 실상사 경내를 둘러봤다.

와운리 촌가게에서 모여 오는 이웃 사람들에게 산촌 생활의 어려운 이야기를 듣고 모든 산림이 대학연습림으로 편입된 후 생활에 더욱 위협된다는 사정을 듣는 중 목침을 베고 누우니 몸은 이내 깊은 잠들었다. 집이 두 시내 중간에 있어서 옆으로 다리가 있고 시원한 물소리가 새벽꿈을 깨게 한다. 아침밥을 먹은 후에 화엄사행을 단념하고 구례, 순천으로 광주를 시찰하는 것도 다 그만두고 남원 전주로 경성에 직행하기로 하고 실상사를 거쳐 운봉읍으로 향하기로 한다. 이곳이 옛 운봉이고 인월역에서 황산대첩의 큰 전쟁터를 보는 것이 또한 흥미 깊은 일인 까닭이다.

오전 9시에 떠난다. 쌍계사로부터 반야봉까지 줄곧 올라가고 또 올라가는 길이더니 반야봉부터는 내려가고 또 내려가는 길이다. 사동에서 내려오는 시내 물을 쫓아 금포정의 촌락을 지나 송대사의 폐허에 오니 오히려 서너 개의 부도(浮圖)가 있고 한 개 석비가 있다.

길을 떠난 지 십 리쯤에 한 개 촌점(村店)에서 쉬고 박 형은 짚신을 산다. 5~6명의 촌객(村客)이 모여 앉아 주모를 대하여 술을 마신다. 긴 계곡을 끼고 내려가니 산악이 꽤 수려하고 골짜기가 넓으며 수석이 매우 아름답다. 소동 폭포라고 암벽에 글자가 새겨져 있는 입석리 부근에는 아름다운 풍광이 자못 뛰어나다. 이 물이 동북으로 흘러 함양, 산청을 거쳐 진주 남강에 들어간다. 배꽃, 복숭아꽃이 곳곳에 피어있고 돌담 안에서 배틀 소리가 들려온다. 초동(樵童)에게 길을 묻고 평평하고 넓은 들판을 가로 질러 긴 숲이 연한 녹색으로 휘돌아두른 곳에 누각이 가지런하게 배치된 실상사(實相寺)를 찾아 들어간다.

작은방에 누워 잠깐 쉬고 책상을 빌려 원고를 쓴다. 약사전 앞뜰에서 수십의 부녀들이 시끄럽게 떠드니 중간에 젊고 예쁜 여성도 있다. "가면은 가고 오면은 오지"하는 호남류의 타령이 여성의 목소리로 나와 그 억양의 경쾌함과 선율의 섬세함이 외지인이 따라서 하는 것을 허락하지 아니할 바이다. 우연히 보니 일행이 전부 부녀이고 대부분 양가(良家) 집안의 여성이거늘 시적 정취가 우러난 여자가 자기 흥에 겨워 그리함이고 가곡(歌曲)을 맞춰 춤을 추니 동작이 매우 법도에 맞으니 쌍계사에서 듣던 느린 늙은 여자의 가곡과 대비하여 다시 지방 풍속을 짐작할 것이다. 옛날 백제 사람이 매년 사월에 모여 가무(歌舞)하여 하늘에 예를 표하였다 하니 오히려 그 남은 풍속을 볼 것이다.

점심을 먹은 후에 실상사 승려의 인도로 사방을 돌아본다. 보광전(寶光殿), 약사전(藥師殿)이 중요한 건물이다. 약사전 내에는 약사여래의 철상이 있으니 신라 흥덕왕 3년에 제작된 것으로 수법이 매우 정교 치밀하고 규모가 자못 웅장한 바 있으니 비전문인이 옛 예술을 말할 수는 없으나 귀중한 국보라 할 것이다. 높이가 사척(尺) 오 촌(寸)이고 그 무게가 삼천 근(斤)이라 한다. 본사가 신라 법흥왕 3년에 창건되었으니 지금까지 1,411년이다. 중간에 고려 말에 있어 약 200년간 폐사가 되어 철불이 황무지 중에 있어 농부가 그 오른쪽 팔을 꺾어 기구를 만들어 왼쪽 팔이 좀 완전하고 오른쪽 팔은 오금 이하가 없어졌다. 보광전 앞뜰에는 6층탑이 있으니 홍척국사가 실상사를 개창한 기념물로 지금까지 보전되었다. 검붉은 구리로 만든 향로가 있어 조선조 초기의 제작으로 자못 정교하고 뛰어난 작품이다. 절 앞에는 수철국사의 비각을 중수하기 위해 공사가 한창이다. 홍도화, 배롱나무가 산다화와 어울려 피었다. 반야봉의 눈 가운데로부터 다시 짙은 봄색이다(4월 24일 씀. 『조선일보』, 1926년 5월 25일, 1면).

○ 1926년 5월 26일 화수리 황산대첩비

『조선일보』에 「운봉 화수리 황산대첩 전적지에서」라는 제목으로 연재했다. 실상사를 지나 인월역을 거쳐 고려 말 이성계의 황산대첩 전적지인 화수리를 답사했다. 황산대첩 승전의 과정과 그 의의를 서술하고 있다.

봄색이 짙은 실상사 앞뜰에서 아름다움을 노래하는 여성들을 뒤로 두고 황산을 향하여 떠난다. 흥미 깊은 일이다. 때는 오후 2시경 평야를 지나 벌써 4~5리를 갔다. 계곡이 넓고 크고 누런 소나무가 우거진 곳에 촌락이 자못 넉넉하고 풍성한데 돌아보니 실상사의 뒤 삼정산의 중턱에는 뜬구름이 흰 목련과 같이 비껴 있어 아름답기 그지없이 보인다. 도로가 가파른 언덕의 옆으로 통해 석축이 높기가 때로 6~7척(尺) 이상에 달하니 인력을 씀이 많은 것을 알겠다. 길가 암벽에는 군수, 참사관, 면장, 주재소장 등의 신작로 기공문이 새겨 있다.

길을 더 가서 모정(茅亭)에 앉으니 옆에 복숭아꽃이 있고 대나무 창밖에 주모가 봄나물을 다듬는다. 경기 읍촌에서 모정의 명칭이 있지마는 외따로 떨어져 있는 정자요, 모정은 없다. 영호남 각지에 반드시 모정이 있으니 보통의 푸른 띠가 아니고 속어에 '달'이라 하는 것으로 정했다. 중부 조선에도 죽창(竹窓)이 이미 희귀하고 북부 조선에는 비록 사치를 좋아하는 자라도 별로 죽창이 없다. 오직 영호 양남 각지에 죽창이 아니면 창문이 없으니 지방의 산물을 이용함이고 그것이 곧 지방의 풍속을 만든 것이다.

인월역에 잠깐 들러 시가를 잠깐 살펴보니 마침 장날이나 해가 진 뒤라 매우 한적하고 평야에 시내에 임하여 좋은 교역의 장소를 만들었다. 호구가 4~5백을 넘는다. 그 길로 곧 가서 어스름이 짙은 속에 왼편으로 황산의 빼어난 봉을 쳐다보며 화수교의 철철 흐르는 물소리를 왼편에서 들으며 들어가니 이 촌락은 즉 화수리이다. 이곳이 황산대첩의 전쟁터요 이 씨의 화수비가 있으므로 이 이름이 생겼다. 작은 아이가 안내하는 데로 한 가게에 들어가서 저녁밥을 먹고 잠시 원고를 쓴다. 특별한 우대로 젊은 주부의 침실을 얻었는데 "더 나은 방이 없습니까"하고 물었는데 벽 하나를 사이에 두고 늙은이가 불쾌하다고 혼자 퉁명을 부리는 것이 매우 우스웠다.

아침밥을 먹고 떠나기를 약속했기에 새벽 1시경부터 주부가 밥을 짓고 밤을 새면서 죽창을 두드려 "호랑이가 울어서 이런가 봅니다"라고 말했다. 짐승의 성난 소리를 듣고자 창밖으로 나가는 지인이 있었다. 들어보니 성난 짐승 소리가 아니요 암수 노루가 북쪽 산 계곡에서 서로 맞춰 우는 것이다. 떨어져서 우는 소리가 학의 울음을 듣는 것과 같았다. 다시 한참 자고 6시에 아침 식사를 한 후 7시에 떠난다. 안내자를 얻어 황산대첩의 진지(陣地)를 한번 보고자 운봉성으로 가고자 함이다.

화수의 평야가 넓기가 8~9리이니 중간에 시냇물이 있어 황산의 바로 아래로부터 인월역을 향하여 남쪽으로 흐르고 황산 일대의 산악이 동북으로 가로 막고 팔량치의 험한 지세가 동으로 비었으며 중간에 평평한 넓은 땅이 펼쳐져 전개되어 마을 뒤에는 오히려 평지의 강이 남북으로 흐르는 바 있으니 타고난 좋은 전쟁터였다.

당시의 왜구가 함양으로부터 팔량치를 넘어 남원산성을 치고 물러나 운봉에 불 지른 후 인월역에 머물러 기세 자못 창궐하거늘 태조 이성계, 변안열 등과 함께 남하하여 황산의 서북 기슭 정봉에 올라 적의 세력을 살피고 험한 곳에 들어가 적을 꾀었다. 적이 말과 창을 가지고 갑자기 나타나 힘들게 싸운 지 여러 번에 마침내 참패했다. 오직 60~70명이 살아남았다 하니 황산의 대첩은 곧 이를 말하는 것이다.

태조의 지위와 명망은 이로써 더욱 높아 왕조를 개창함은 대부분이 실로 여기에서 원인하였다. 한양조의 최후는 지금 모든 조선사의 최후를 짓고 있거니와 왜구를 대파함에 흥하여 임진의 난에 크게 상한 바 있었고 현대의 억압이 또한 일본으로 쫓아오게 된 것은 우리들이 그 결론을 내림에 말이 없게 하는 바이다(4월 25일 씀. 『조선일보』, 1926년 5월 26일, 1면).

○ 1926년 5월 27일 운봉성에서

『조선일보』에 「운봉 화수리 폐군된 운봉성에서」라는 제목으로 연재했다. 황산대첩비를 돌아보고 운봉성으로 향했다.

　화수리 뒷산 언덕에는 황산대첩비와 사적비가 있다. 구질(龜質)과 용두(龍頭)가 수법은 비록 거친 듯 하나 높이가 한 길 남짓 넘어 상당히 웅대한 맛이 있다. 황산대첩비가 아지발도(阿只拔都)를 쏘아죽인 기록에 머물러서 이조 발상의 한편을 구성하였으나 지금은 이 씨 일가에 의하여 비각의 수리에 급급하다. 어휘암이 있는 화수강의 서남쪽 몇 리 지점에는 합미성의 옛터가 있으니 대첩 당시의 진영(陣營)으로 부근에 이러한 고적이 많다.

　화수리 일대는 비록 평야이지만 해발이 매우 높아 바람의 기운이 상당히 차갑고 거친 풀이 가득한 평원의 길로 걸어감에 오히려 당시 쌀쌀하고 매서운 기운이 느껴지는 것 같다. 여기서부터 운봉성이 십 리라고 하니 꽤 가깝고 탄탄한 큰길이다

　운봉성에 들어가니 사방의 산이 그리 높아 보이지 않는다. 원래가 해발 2,000척(尺)에 가까운 대지라 바람의 차가움이 화수리 부근보다 심하다. 청주의 상당산성(上黨山城)과 함남 안변(安邊)의 신고산(新高山)이 운봉 고원 두 군의 읍치와 마찬가지로 모두 높은 지대에 있는 시가이었거니와 상당은 거의 폐허에 들었고 운봉도 이미 일개 면이 되어 있다. 지명을 생각하고 지형을 보면 고대 명명자의 뜻도 알겠다. 시가가 비록 고요하고 쓸쓸하나 오히려 편안하고 사람들의 피부색이 모두 하얀 자 많으니 기후의 영향을 받음이다. 남원행 자동차가 있으나 출발 시간이 남아 시가를 살펴본 후 객점(客店)에서 쉰다.

운봉이 비록 산간벽지 작은 읍이지만 영호남에 있어서 동으로 함양에 통하고 다시 남북 교통의 요충이 되었으니 옛날 임진의 역에도 권율 이외 제장이 항상 머물렀던 곳이다. 운봉 영장(令長)이 남원 부사의 생일잔치에 이몽룡을 위하여 식사를 차리는 노고를 다하였다는 춘향극에 소개하여 직명이 널리 일반에게 알려진 바이거니와 영장의 구청사는 지금 면소와 우편소 등으로 이용된다. 운봉성에는 약간의 사회단체가 있으나 활기 있는 운동은 후일에 기대할 것이다(4월 25일 씀. 『조선일보』, 1926년 5월 27일, 1면).

O 1926년 5월 28일 남원성 광한루

『조선일보』에 「감회 많은 남원성」이라는 제목으로 연재했다. 남원에 도착해서 시장을 둘러보고 춘향의 이야기가 전해오는 광한루를 찾았다.

오전 11시 객점에서 나와 자동차를 달려 남원성으로 향한다. 얼마 지나서 서북으로 봉밖에 나서니 남원산천이 발밑에 내려다보이는데 비록 산에 나무와 풀이 없지만 바람의 기운이 매우 밝고 교룡산성(蛟龍山城)의 우뚝한 두 봉우리가 더욱 아담하게 보인다. 끝없이 굽은 길을 조심하여 가느라고 속력이 매우 더디다. 솔숲이 울창하던 산골짜기로부터 말쑥하게 땅거죽 벗은 산천을 대하니 매우 쓸쓸한 맛이 있다. 간 지 1시간 지나 문득 요천(蓼川)의 상류를 건너 동문을 거쳐 남원성에 들어간다. 평평한 넓은 들에 성벽이 둘러있고 인가가 자못 빽빽하니 남부지방의 큰 고을인 것을 수긍하겠다. 그러나 쓰러진 담, 무너진 지붕에 자빠진 비석이 길가에 묻혀 쓸쓸한 느낌이 또 퇴락한 기분을 일으킨다. 50리쯤 되는 길에 두 시간 가깝게 걸려 오후 12시 반에 도착하니 군산여관이 정류소 앞집이라 투숙하기로 한다.

곧 본사 지국을 찾으니 지국장 박기영 씨는 여행 중이다. 이후로 영계 박권영 씨가 와서 점심밥을 대접해 우의(友誼)를 다 한다. 식사 후에 최창순 씨와 시가를 돌아보기로 하니 박병두 씨는 이미 구경을 했고 또 피로가 심하므로 여관에서 쉬었다. 마침 장날이라 시장 상황을 본다. 땔감용 대나무, 대나무 그릇을 비롯하여 대나무 제품이 많은 것과 저린 생선, 미역, 해초 말림, 기타 해초류 등 수산물이 많은 것이 특색이다. 좁쌀 시장에 가보니 빈민들을 고객으로 두 되, 세 되 내지 다섯 되의 흥정이 가장 많다. 우시장에 들어가니 수백 마리의 황소가 팔리기를 기다리는데 암소는 매우 적다. 일을 많이 하기도 황소이고 도살장에 먼저 가기도 또 황소이니 이는 수컷의 불행이라고 하겠다. 땔감용 대나무 같은 것은 통상 제품으로 일반 농가의 쓰임에 적당하다고 생각된다. 남원의 이 날 하루의 거래액을 알고자 했으나 그 자료가 없었다.

남원의 특산물이 지리산 놋쇠밥그릇, 무명, 술 등이라 한다. 향토에서 나는 물품을 사랑하므로 자세히 보아도 보통의 점포에서는 찾을 수 없었다. 남문 밖으로는 일대의 과수원이 있어 배와 복숭아가 일반 과수와 섞여 피었는데 모두 일본인의 경영이라 한다. 남원의 호수가 1,000여 호인데 일본인이 100호 미만이라 하며 포목상 같은 것은 중국인의 세력이 어느 정도 있는 듯하다. 통영에서도 중국인 포목상의 세력이 어느 정도 있던 것을 보았거니와 이러한 현상은 조선 도처에 있다.

옛날 도호부 청사인 이층의 누각에는 대방고부(帶方古阜)의 현판이 있으니 까닭모르는 옛사람의 장난이다. 맞은편으로 삼정구폐기념비(三政舊弊紀念碑)가 있으니 한양조 말년의 정치 문란을 말함이다. 구 객사인 용성관(龍城館)은 짜임새가 자못 웅장하고 화려하니 큰 고을이던 모습이 남아있다. 지금은 보통학교 교사로 이용되어 800명의 학동(學童)을 수용하지만 오히려 부족하여 매년 입학난이 있다고 한다. 바깥 촌 지역에 8개 학교가 있으나 취학 아동이 드물어서 상당히 걱정이라 하니 최근 공황으로 인한 생활난이 얼마큼의 영향 있음을 미루어 짐작할 수 있다.

옛집의 폐허를 지나 옥중(獄中) 미인의 애끓는 슬픈 이야기를 생각하며 바쁜 걸음으로 광한루(廣寒樓)를 찾았다. 지금은 전주지방법원 남원지청의 청사로 쓰이고 있다. 옆으로 오작교(烏鵲橋)는 고색창연(古色蒼然)한 옛 건축의 붉은색 문으로 연못의 위에 걸쳐 있고 바닷속 세 산에 대응한 듯이 세 개의 작은 섬을 모아 섬마다 수양을 심었다. 광한루 앞 가장 큰 섬에 있는 영주각 건물이 자못 맑고 깨끗한 바 있다. 속세의 죄악 밑에 짓밟힘이 없이 지금의 수많은 민중으로 오히려 가득한 동정을 끌게 하는 성춘향과 이몽룡의 설화는 이 땅에 와서 보니 더욱 알맞고 적절한 느낌을 일으키게 한다.

춘향의 집터가 있느냐? 없다. 사당이 있느냐? 없다. 그러면 그 이야기는 있느냐? 그것도 없다. 그녀는 가공의 여인으로 문인들의 마음과 머리가 그를 그려내었을 뿐이고 이 땅에 일찍이 이 여인은 없었다. 이몽룡이 아니거늘 춘향을 그리워하고, 옛날에 이미 춘향이 없었거늘 오늘에 와서 춘향을 찾고, 춘향 이미 현실의 사람이 아닌 줄 단정하였거늘, 오호, 춘향이 공(空)하고 몽룡이 공(空)하고 옛사람이 공(空)하고 내 또한 공(空)하고 하늘과 땅, 강과 산이 모두 공(空) 하였는가? 흘러가는 요천(蓼川)의 물, 쉼 없이 남쪽으로 계속 흘러가니 섬진강에 쌓이는 물결 남해로 움직여 흘러가는가? 서풍 지는 해에 교룡산성의 산색을 왼쪽으로 바라보며 걸어가

니 만인총(萬人塚)은 임진왜란 죽은 장수와 군사들의 충혼(忠魂)
과 의로운 기백이 머문 곳이다(4월 25일 씀. 『조선일보』, 1926년
5월 28일, 1면).

O 1926년 5월 29일 남원성 전투와 만인총

『조선일보』에 「감회 많은 남원성」이라는 제목으로 연재했다.
1597년 정유재란 시기 남원성 함락과정의 슬픈 역사를 소개하고 있
다. 당시 8월 16일 밤 적군 남서문으로 돌입하니 북문 내에 머물렀던
조선과 명나라 양군 51,000여 명은 모두 전사하였으며 성내외 관사
가 모두 재터미로 변했다고 한다. 또한 남원군을 한사군 지역의 하나
였던 대방군이라고 하는 것은 역사적 사실이 아님을 강조하고 있다.

임진·정유의 왜란이라 하는 자가 조선 각지에 허다한 참화의
역사를 남겼으니 그 중 유명한 것으로 영남의 진주 함락전과 호남
의 남원 함락전이 그 으뜸이다. 진주의 함락이 갑오년(1594년) 6월
29일이고 남원의 함락은 정유년(1597년) 8월 16일이니 즉 소위 정
유재란의 시기에 생긴 참화이다. 정유년 8월 우키다 히데이에, 시
마즈 요시히로 등 제장수 5만 명의 큰 병력으로 운봉을 지나 남원
에 향하고 이때에 이순신이 이미 나포되매 남해의 지킴이가 없어
졌다. 적이 길고 크게 진을 쳐 모두 그 참화를 받았으니 남원의
패배가 실로 여기에 기인함이다.
그 해 8월 초순에 사천, 남해, 초계, 함안의 모든 적이 점차 남
원에 가까이 다가오고 패한 군사를 거느려 남원성으로 퇴각한 병
사 이복남 등은 명나라 장수 양원의 2천명 병사와 함께 위태로운
방어전을 계속하였다. 원천으로부터 성수령에 나아가 적의 세력을

보니 그 엄청남을 놀랄 만 하였고 성중 군민은 도망간 자가 많았다 하니 진주전 당시에 비해 오히려 사기 낮았음을 알 수 있다. 12일부터 방암봉에 오른 적군은 기세를 돋워 성에 대한 공격을 시작하니 격전이 계속된 지 4일간에 많은 참화(慘火)가 연출되었다. 14일에 적의 세력이 더욱 치열하여 16일 밤 이경(二更)에 적군 남서문으로 돌입하니 북문 내에 머물렀던 조선과 명나라 양군 51,000여 명은 모두 전사하였으며 성내외 관사가 모두 재터미로 변했다 한다.

우리가 붓으로 참화의 역사를 써도 다함이 없고 이 쌓이는 비통한 기억을 되풀이하고 싶지 않다. 그러나 감회 많은 남원성에 쓸쓸한 행색으로 부질없이 고개 위의 흰 구름을 보고 돌아서는 나의 가슴에는 어찌 무한한 슬픔이 없을 수 있겠는가? 남원성이 동남쪽으로 요천(蓼川)에 임하였으나 얕은 물이 족히 걸을 수 있을 것이고 삼면의 성벽이 모두 평야에 있어서 돌 수 있는 읍성식으로 되었다. 성중 북부에는 광활한 논밭이 있어 사람이 드물고 북동서 삼면으로 봉우리가 성 밖에 둘러서서 성중의 형세를 물샐틈없이 보게 되니 고립된 군사와 약한 병졸로 방어 전쟁을 함이 어려운 바 있음을 알 것이다. 올라가 북성 아래에 이르니 버드나무 가지의 옆에는 여덟 충신 사적비가 있고 남으로 수십 보에 커다란 무덤이 낮고 물이 있는 밭 중에 있으니 즉 당시 죽은 장사들의 공동무덤이다. 매년 봄과 가을에 이곳 사람들의 제향이 있다 한다. 내 최형과 함께 모자를 벗고 무덤 위에 올라 숙연히 말이 없는 지 한참 있다가 그대로 여관에 돌아왔다.

남원군을 대방(帶方)의 옛 땅이라 하는 자있으니 옛날 신라가 당나라 병사와 연대해 백제를 멸망시키매 당나라 장수 유인궤가 대방주자사의 칭호로써 여기에 머물렀던 까닭이다. 대방군이 낙랑

의 남부에 있어 제현이 부속되었으니 한강 이북 임진강 일대로 추
정한 것이 가장 가까운 바이고 요사(遼史), 수서(隋書) 등 제서에
는 요동(遼東), 요서(遼西)의 지점으로 의한 바 있다. 때때로 거짓
으로 꾸미는 것에 근거할 수 없다. 정인지가 고려사를 저술하며
남원부를 대방군 운운의 문자로써 기록하여 드디어 허망한 허물을
끼치게 된 것이다. 대방 옛 땅의 현판은 매우 참을 수 없는 것이다.

남원이 철도의 교차지로 장래가 매우 촉망되나 아직 그 실현을
보지 못하였다. 만일 이로 인하여 전주, 광주, 진주, 상주 등 제
지역으로 교통이 연결된다 하면 괄목할 발전이 있을 것이다. 지금
에는 시가 비록 조밀하나 쓸쓸한 기색을 벗지 못하였다. 각종의
사회단체가 있으나 바쁜 여정에 방문을 단념하고 여관에서 휴식하
고 있다(4월 25일 씀.『조선일보』, 1926년 5월 29일, 1면).

O 1926년 5월 30일 남원에서 오수로

『조선일보』에「오작교야 잘 있거라」라는 제목으로 연재했다. 이
날 저녁에 대구감옥에서 함께 옥고를 치른 남원의 박권영 씨 집을
방문해 회포를 풀었다. 다음날 자동차편으로 전주로 향했다. 전주로
가는 길에 오수를 지나며 충견(忠犬)인 오수견 이야기를 소개하고
있다.

밤에 박권영12) 씨 자택에 같이 가서 한참 따스한 이야기를 한
후 친절한 마음에 늘 감동하며 돌아왔다. 예전 감옥에서 만나 닭

---

12) 박권영(朴權永)(1898~1967) 남원의 독립운동가. 장수군 산서면 독립운동을
주도했다. 1920년 상해임정 1주년 기념 만세운동을 주도하다가 체포 옥고를
겪었다.

고기 죽먹기를 약속하였는데 오늘밤 그것을 이루는 아름다운 우정에 참 기뻐할 일이다. 씨는 방금 양말 공장을 경영하는 중인데 매우 부지런하게 노력하는 것이 또 마음에 든든하였다. 피로한 몸으로 여관에 돌아와 누우니 쌍계사를 떠난 이후 처음으로 도시의 여관에서 편안한 잠을 얻었다.

26일 아침 8시 자동차편으로 전주를 향하여 떠나니 박·최 두 형은 곡성을 지나 순천으로 향하므로 여러 날 함께 한 길이 여기서 헤어지게 된다. 박·권 씨가 하루를 더 묵어 남원의 제씨와 만나기를 권했으나 경성을 떠난 지 여러 날에 돌아갈 길이 급하므로 곧 출발하기로 하고 두 분의 호의에 의해 다시 그 아침 식사에 응하였다. 일행 세 사람이 여관을 떠나 여유 있게 다시 광한루에서 논다. 고요한 물속에 잠긴 수양버들의 그림자를 보며 그대로 오작교에 나서나 자동차가 경적을 울려 타기를 재촉하므로 급한 걸음으로 올라탔다. 북문거리 얼른 나와 향교 앞을 지나 전석 고개를 쉴 새 없이 넘어간다. 돌아보니 남원성의 시가는 향교재에 가리었고 교룡산의 쌍봉조차 문득 시선 밖으로 사라져 버린다.

광한루야 잘 있거라 오작교야 나는 간다 하는 것이 가사의 일절인가 기억된다. 남원성이 이 지역의 큰 고을이지마는 정유재란 함성의 참사(慘死)가 있어 사람의 감회를 더욱 끌고 광한루와 오작교의 풍경이 아름다움 없음이 아니지만 이것을 보금자리로 한 일편 사랑이야기에 의하여 다시 모든 사람들에게 입으로 퍼져나가는 바이다. 국민적 사랑이야기와 미인의 슬픈 이야기가 서로 어우러져 무한한 정서를 지어내니 이것이 남원성으로 하여금 감회의 고향이 되게 하는 이유이다.

전석고개 일대에는 흙거죽을 벗은 산의 모양이 매우 쓸쓸하고 흙이 흘러 내려 계곡과 하천 위가 매우 높아졌으니 홍수의 피해를 짐작하겠다. 최근 사방공사(砂防工事)를 시행하고 산에 버드나무를 촘촘히 심었으니 10년 이후면 숲의 상태가 아름다울 것이다. 얼마쯤 가니 이미 숲이 된 곳에는 낙엽과 마른 풀 채취 금지구역이라는 푯말이 있다. 토지의 보안을 위하여 필요한 일일 것이다. 듣건대 10년 계획으로 남원 일대의 숲만들기를 실현할 당국의 예정이 있다 한다.

동남으로 웅장하고 화려한 지리산맥을 바라보며 간 지 수십 리에 공립보교가 있는 곳에 잠깐 쉬니 즉 오수역(獒樹驛)이다. 옛날 명견(名犬)이 있어 취해 누워있는 주인을 위하여 타들어오는 들불을 방지하고 기진하여 죽으니 후에 깨어난 주인이 슬퍼하여 개를 장사지내고 무덤 위에 나무를 심으니 그 지명이 여기에 기인함이라 한다(4월 25일 씀. 『조선일보』, 1926년 5월 30일, 1면).

O 1926년 5월 31일 임실을 지나 전주로

『조선일보』에 「전주에서 발이봉 지는 해에」라는 제목으로 연재했다. 전주 일대를 둘러보고 그 풍광과 소회를 썼다.

지나간 기미년 운동에 오수사건이라 하는 것이 자못 거대하였고 이로 인하여 수난을 당한 인사가 많았다. 그 분들의 집이 이 부근에 있고 한번 방문하라는 권유를 받은 일까지 있었음으로 거저 지나가기 섭섭하다. 자동차 위에서 명함에 짧은 소식을 적어 우체통에 던지고 그대로 출발한다. 길가의 많은 비석을 보며 서북방을 향하여 줄곧 달아난다. 전승지의 직함도 있고 전 참봉, 주사, 의관, 면장, 주재소장 할 것 없이 다양한 직함을 머리에 쓴 석비가 거리에 늘어선 게 보인다. 고성 도중으로부터도 적지 않게 보았지만 이곳은 더욱 심한 것 같다. 최창순 씨의 말에 의하면 보성 한 개 군에만 250 여개의 석비가 있는데 갑신정변 이전이 80 여개, 갑신정변 이후 경술 이전 27년간에 80 여개로 석비의 풍조가 매우 유행되었다 한다. 환경의 변동으로 만족되지 못하는 공명욕(功名慾)의 발작일 뿐 아니라 일반 사람들의 영합(迎合) 심리가 얼마큼이나 여기에 더해짐을 짐작할 것이다.

임실읍에 들어가니 긴 계곡을 앉고 동서로 이어진 시가가 자못 깨끗하다. 바쁜 걸음으로 본사 지국을 찾으니 지국장은 전주로 갔고 노신사가 있으므로 명함을 두고 지나간다. 왼쪽 언덕위에 짜임새가 치밀한 저택(邸宅)을 바라보고 하루 한가한 때가 있으면 세상일을 잊고 앉거나 누워 보고 싶은 생각을 하며 지체 없이 달아난다. 관촌역을 지나 좌우로 심은 길가의 붉은 수양버드나무를 보니 흙에 습기가 많은가 보다. 구불구불해서 매우 험난한 마치(馬峙)를 넘어서 점차 아름다운 산수의 중간으로 잠겨 간다. 남쪽을 출발한 이후로 다시 야생의 대숲을 볼 수 없으나 길가의 인가에서 의연히 죽창 많은 것을 보겠다.

추천(楸川)을 옆에 끼고 발이봉(發李峯)을 쳐다보며 빠른 말같이 긴 계곡으로 빠져 어느덧 풍남문의 편액(扁額)이 덩그렇게 달린 남문가를 비켜 놓고 정류장에 내려 곧 지국을 찾았다. 시내 각지에는 25일 오전 6시 융희황제(隆熙皇帝) 위독에 빠지신 게시문이 붙어 있으니 본사의 전보에 의해 지국에서 임시로 삼가 알림이다. 출발 당시 제일로 염려되는 것이 이 어른의 편치 않으신 병의 상태였고 불행히 만일의 경우에는 조선 마지막 제왕으로서 상을 당하신 어른께 삼가 애도의 글을 올리고자 했다.

이날 지국 2층에는 마침 전북청년연맹의 총회가 있었는데 당국으로부터 집회금지의 조치가 있어 절대로 개회를 불허하므로 매우 실망 중에 주저를 하고 있다. 초행인 고로 부근 형세와 시가의 대강을 살펴보기로 하고 안내하는 분을 따라 서쪽 다가산(多佳山)에 올랐다. 비 앞에 활터로 바꾼 신사(神社)에는 좀스러운 배치가 다닥다닥 붙어서 언제 보든 가슴이 답답한 풍경이다. 기전여학교, 신흥학교 등의 건물과 아울러 서양 선교사들의 밝게 빛내는 별천지가 그의 북쪽 강에 널브러졌고 동남으로부터 서남에 만들어진 시가는 3,000여 호 정도로 사는 사람과 어울려 적이 넉넉하고 풍성한 맛이 있다.

남고산성, 만경대, 발이봉, 건지산, 오목대, 완산, 다가산, 추천, 경기전, 조경전 이렇게 산천과 건물을 하나씩 바라보고 추천(楸川)의 하류로부터 멀리 익산평야의 넓고 큰 기세를 바라보며 산하의 추세 저절로 여기서 일어나 북으로 옮겨간 이 씨의 옛 일을 수긍케 하는 암시를 주는 것 같다. 우뚝한 풍남문을 기점으로 옆에는 가톨릭교회의 첨탑이 솟아 있고 시가 일반이 초가가 반이 넘는데 중앙의 일본인 주거지가 예와 같이 넉넉하고 풍성함이 있고 옛 진위대 영사에는 도립기업소가 있고 복판에는 정구장을 만들어 거의 일본인이 독점으로 쓰는 곳이라고 한다. 다가산 아래 추천의 연변에는 호안 공사가 한창 진행 중이므로 흰옷 입은 노동꾼이 지게를 지고 왕래하는데 상류 남문밖 천변에는 빨래하는 늙은 여자가 방망이질이 한참이며 푸른 물결을 이용하여 누런 조를 정선하여 백사장 위 망석을 깔아 말리는 것이 호북(湖北) 농업지대의 도시인 것을 연상케 한다.

근심하는 마음에 오로지 곧 경성에 돌아오고 싶으나 오후 8시가 아니면 차편이 없으므로 자못 바쁜 중에 기다리게 되었다. 지국장 이용기 씨와 함께 점심밥을 먹고 인도하는 데로 중앙여관에 들어갔다. 마침 한가하고 조용하여 머무는 사람이 적음으로 피로

한 몸으로 누워버렸다. 도연맹의 사무로 이용기 씨는 매우 바쁜 중이므로 잠시 인사하고 떠나고 나는 다시 창을 대하여 원고를 쓴다. 마침내 다시 옷과 이불을 정리하고 남문로로 나서서 추천(楸川)을 끼고 발이봉(發李峯)을 향하여 한벽루(寒碧樓)에 올랐다. 아아, 고요히 지는 해가 발이봉에 가득 담긴 그때(4월 26일 씀. 『조선일보』, 1926년 5월 31일, 1면).

○ 1926년 6월 1일 전주 한벽루

『조선일보』에 「전주에서 발이봉 지는 해에」라는 제목으로 연재했다. 이날 한벽루(寒碧樓)에 올랐다. 발이봉 지는 해를 보면서 조선 왕조의 창건자 이성계의 고향인 전주에서 마지막 임금 순종의 서거를 애도했다.

호남 제일관은 안으로 보는 풍남문(豐南門)의 명칭이다. 긴 세월에 까맣게 솟은 이층 적루를 지나 호안 공사의 새 방축을 디디고 얼마쯤 가니 발이봉의 남쪽 기슭 옥류동의 비탈에 있는 한벽루(寒碧樓)에 올랐다. 많이 퇴락하여 현판조차 없어졌다. 아래에는 평평하고 넓은 암벽이 5~6길 떨어져서 남원의 만마동서 쏟아 내린 물이 40여 리를 행하여 이곳에 이름이니 조약돌이 쭉 깔린 계곡으로 흘러 물이 맑기가 주옥과 같다.

발이봉의 이어진 산이 동서로 뻗어서 아름답고 웅장함이 평양의 모란봉과 비슷하지만 규모가 오히려 거대하고 고덕산이 옥류동과 떨어져 마주섰으니 울창한 숲이 겹겹이 펼쳐있다. 숲의 옆으로 옛 성이 남북으로 펼쳐졌는데 넘어가는 햇빛을 받아 천년의 묵은 자취 아직도 새로운 듯, 높은 북장대는 북쪽 봉우리의 꼭대기에 우뚝 서서 끝없는 비장한 뜻을 차고 있으니 여기는 곧 남고산성(南固山城)의 유적이다.

고덕산의 한 맥이 북으로 떨어져 높은 대지를 이루니 즉 오목대(梧木臺)이다. 대의동 뒤에는 목조 옛 집터가 있고 복판에는 태조 고황제의 석비가 있으며 대 아래 시가에는 경기전이 있으니 이조 용흥(龍興)의 땅이다. 태조 이성계 운봉 황산에서 왜구를 대파하고 이름을 떨치고 돌아올 때 오목대 위에서 지내면서 종친과 연회를 하던 곳이다. 발이봉 지는 해가 반 천년 전 용흥(龍興)의 꿈 자취를 애도할 때 돌아가신 마지막 제왕 순종(純宗)을 추억하여 흩어지는 천하의 민생을 슬퍼하니 봄빛을 자랑하는 이때에 홀로 탄식하는 마음이 없겠느냐?

발이봉은 발산이니 산모양이 바리와 같은 것이 그 이유이다. 남고산성에는 견훤의 옛 성터가 있다 하니 후백제의 백일몽은 내 감상하고자 아니한다. 비사벌 완산주는 백제와 신라가 쇠퇴하고 흥한 기억이고 순의군 절도사와 안남대도의부는 왕 씨의 지나간 혼적이라 한다. 선조 정유재란때 양원이 남원에서 패하거늘 진우충이 수천 병으로 이곳을 지켰으나 마침내 함께 패하고 죽는 참화를 지었다. 고종 때 갑오 동학당의 사변에는 그 전란의 본거지를 지었다.

북으로 건지산이 서쪽으로 가연산에 그치니 전주의 크고 험한 진지라 하나 미처 답사할 시간이 없었다. 한벽루 비탈을 내려와 월당 최학사의 유허를 찾으니 우거진 대나무 숲에 남국의 기분을 알려주고 싶다. 추천(楸川)의 물이 옥류동으로부터 서쪽으로 흘러 다가산의 동쪽 기슭에서 북으로 꺾여 멀리 삼례역에까지 가서 안천의 물과 합류하니 만경강이 그의 시작으로 즉 김제평야의 물길을 이루었다. 최근 만경강 치수사업으로 황해도의 재령강과 아울

러 문제되는 곳이다. 호안(護岸)공사가 한벽루 앞에서 서북 유랑
지대까지 거의 수십 정(程)에 미치는 대공사이다. 전주 특산인 부
채제작소를 보고 큰 종이가게를 돌아보고 종이 우산이 진열된 점
포에서 견고하고 우아한 작품인 것을 새롭게 수긍하며 여관에 돌
아왔다. 전주 종이 우산같은 것은 매우 실용적인 좋은 물품이라
할 것이다(4월 26일 씀. 『조선일보』, 1926년 6월 1일, 1면).

○ 1926년 6월 2일 마지막 황제

『조선일보』에 영호남기행 마지막 글을 연재했다. 이날 전주를 떠
나 이리, 대전을 거쳐 서울에 도착해서 바로 돈화문앞 순종의 서거
를 애도하는 민족적 슬픔을 현장에서 보면서 애도했다.

4월 26일 오후 8시 여러 벗의 전송에 감사하면서 전주역을 떠나
이리까지 오고 이리에서 다시 대전까지 오고 대전에서 또 경성까
지 왔다. 전주에서 두 명의 친한 벗을 차중에서 만났고 이리역에
서는 오랜 동안 떨어져 지냈던 오랜 벗을 만나 두계역까지 이야기
하며 왔다. 이리까지는 전북철도회사의 경철이니 동요가 꽤 심하
나 자동차 여행에 비하면 오히려 편안하다. 전북평야에 막막한 형
세를 캄캄한 차창으로 가끔 내려다보면 침묵에 잠긴 농촌의 밤 풍
속화를 보는 것처럼 심경에 어른거린다. 이리 대전 사이는 지난
날 다녀온 적이 있던 땅이다. 밤이 점점 깊어 더욱 차창 속에서
편안함을 탐내게 된다. 대전에서 몇 시간 동안 여관에서 누웠다가
자정을 지난 2시 가깝게 출발하여 수면 중에 수백 리 강산을 지나
고 다음날 아침에 깨어보니 진위, 수원의 산악들은 평야의 경계선
에 높아졌다 낮아졌다 한다.

경성에 들어오자 가볍게 아침밥을 먹고 비통한 기분이 가득한 시가를 지나 곳 신문사에 갔다. 돈화문 앞에 갔다. 흰옷 입은 남녀의 군중이 슬픈 기색으로 몰려든다. 보초병 같이 늘어선 순사 추격의 명령을 기다리는 듯 한 말 탄 순사들은 초조한 기분 중에 경계가 매우 엄중하다. 모든 사람들이 통곡하는 한 귀퉁이에 우두커니 섰다. 북바쳐 나오는 그들의 울음은 골수에 맺힌 국민적 회한의 최종의 감격이다. 회고적인 감상이 그들의 부칠 수 없는 하소연으로써 나옴이다. 그들의 참패한 역사에서 시작된 무한 분노의 정이 부자연한 억압의 밑에 침울한 저주의 소리로 쏟아 나오는 것이다. 그들은 조선 반만년의 허구한 생활의 묵은 경험을 다시 생각하고 자기의 가장 크고 높으신 상징으로 이 마지막 제왕의 죽음을 슬퍼하는 것이다. 그리고 그는 갈까 말까 죽을까 살까 하는 알 수 없는 역사의 새 앞길에 대하여 자아를 격려하는 소리이다.

산악이 크고 곱더라. 봉우리가 수려하더라. 강과 바다 해가 끝이 없는데 풍광이 아름답더라. 이것이 모두 조선민족이 편안하게 살고 성장하던 수천 년의 낙토(樂土)이더라. 그러나 듬뿍 실린 봄빛에 기뻐하는 것보다 도리어 무한 비통을 자아내게 하더라. 도시에서 농촌에서 바다 가운데에서 계곡에서 곳곳마다 이 세상의 험한 풍상을 겪으면서 오히려 암담한 앞길에 슬퍼하는 수많은 동포를 만날 때마다 표현할 수 없는 무언의 비극은 끊일 새가 없더라. 만일 그 산하와 대지 피땀으로 개척하고 수호하던 선조들의 옛 자취를 답사하며 오늘까지 편안하지 않은 참화의 지속을 생각하면 타오르는 근심의 불꽃을 주체할 길이 없더라. 번창한 시가, 물 흐르는 계곡에 귀염 많은 어린 아이들을 보며 축복하는 속살거림이 끝나기 전에 문득 슬프고 침울한 마음이 들어 그들 장래의 운명에 의심을 품게 되더라. 우리의 재앙일 때 멍에를 그들의 시대에까지 물려줄까 두려워함이라.

어려우면 어찌하며 쉽다 한들 돌아가리
물결에 실린 배니 애쓰 없이 절로 가리
갈수록 까만 바다 참 한마음 아니고야
(4월26일 씀. 『조선일보』, 1926년 6월 2일, 1면).

O 1926년 6월 6일 심춘순례를 읽음

『조선일보』에「심춘순례를 독함 (1)」기고를 했다. 육당 최남선의
남도기행문인『심춘순례(尋春巡禮)』를 읽고 그 소회를 적었다. 조선
심(朝鮮心)은 이제까지 수천 년 오직 조선 사람이 품어왔고, 써왔고,
길러온 것으로 다른 민족에게 볼 수 없고 기대할 수 없는 독특한 개
성으로 조선연구에 대한 육당의 열정을 높게 평가하고 있다.

"조선의 국토는 산하 그대로 조선의 역사이며 철학이며 시며 정
신입니다. 문자 아닌 채 가장 명료하고도 정확하고 또 재미있는
기록입니다. 조선인의 마음의 그림자와 생활의 자취는 고스란히
똑똑히 이 국토의 위에 박혀있어 어떠한 풍우(風雨)라도 마멸치
못하는 것이 있음을 나는 믿습니다."
이는 육당 최남선 씨가 저술한『심춘순례(尋春巡禮)』[13]의 권두
(卷頭)에 서문으로 쓴 최초의 일절(一節)이다. 간결한 문장 안에는
숨길 수 없는 정열이 있고 소원이 있고, 걱정의 껍질을 깨뜨리고

---

13) 1926년 출간된 육당 최남선(1890~1957)의 남도 기행문이다. 1925년 3월 하
순부터 50여 일간 지리산 주변 남한 각지를 기행하고 신문에 연재후 문집으로
간행했다.

내딛는 개창(開創)의 충동이 있음을 볼 것이다.

조선심(朝鮮心)이라고 할 자 있으니, 이제까지 수천 년 오직 조선 사람이 품어왔고, 써왔고 길러온 바로 다른 민족에게 볼 수 없고 기대할 수 없는 독특한 개성을 이름이다. 이는 맹목적 주관도 아니고, 배타적 자존심도 아니며 조선인이라는 특수한 그릇이 오랫동안 담고 있는 무엇으로 바꿀 수 없는 스스로의 마음이다. 전환되는 세상의 흐름에 개신(改新)되는 생활을 조선 사람에게 요한다 할지라도 이 조선심의 본질만은 반드시 그 신생활의 위에 작용하여 고난을 바꾸는 성패에 영향을 주는 바 클 것이다. 조선의 땅이 멀쩡하고 똑똑히 우리의 발밑에 널브러져있으니 금수(錦繡)의 산하, 남달리 아름답다는 유치한 차별상을 떠나서라도 뒤로 천겁(千劫) 앞으로 천겁(千劫) 오히려 이 땅에서 많은 인과응보의 생활에 매어있는 것이니 조선의 국토는 나의 자양분을 섭취하는 둘도 없는 토대이다. 조선심의 존귀한 바 있음을 믿는다면 조선 땅의 찬미는 또 당연한 일이다. 만일 견해가 서로 다르고 주의가 달라서 틀린다 하더라도 이 조선심을 사랑하고 그 원류를 드러내 밝히며 조선 땅을 찬미하고, 흙과 돌과 먼지 속에 묻혀버린 선조들 생활의 의의 깊은 자취를 뒤지고 더듬어내는 것은 매우 귀중한 사업이 됨을 의심할 여지가 없는 것이다. 그리고 만일 이로써 이미 임무를 삼고 그것을 위하여 온갖 희생을 하는 인사가 있다면 식자는 모두 다 아낌없이 경애의 뜻을 표할 것이고 육당(六堂)과 같은 이는 확실히 그 제일인(第一人)이요, 그의 저작은 모두 다 이러한 것이다. 최근에 간행한 『심춘순례(尋春巡禮)』는 그 중 중요한 책이다(『조선일보』, 1926년 6월 6일, 1면).

○ 1926년 6월 7일 심춘순례를 읽음

『조선일보』에 「심춘순례를 독함 (2)」 기고를 했다.

육당의 목적은 다만 회고적 감상도 아니고 풍경의 묘사도 아니고 황폐한 조선땅 속에 남아 있는 옛날 문화와 선민 생활의 자취를 더듬어 내어 그 묵은 의의를 천명하고 새로운 생명을 창작하고자 하는 것이다. 무등산 석림에서 고대 신앙의 숭엄한 신물(神物)인 것을 답사하고 변산의 입석에서는 모범적 신단(神壇)인 것을 칭찬하고 감탄하며 담양의 대석장에서 소도(蘇塗)의 옛 의미를 밝히고 도솔산 내원암에서 '붉'과 미륵 원시신교와 불교 등 신구신앙의 충돌을 추론하며, 불티 쓰레 서래 소리 백암 송광의 모든 지역에서는 언어 변천의 경로와 틈을 찾아서 문화의 전파와 변화의 유래를 엿보니 모두 옛날 문화와 선인 생활의 묻혀가는 정체와 본질을 끄집어내고 닦아세우기에 일찍 게으른 기색이 없다.

문화는 당초부터 인류적, 세계적인 것이다. 아무것도 문화의 이동성, 보편성, 침투성을 막을 것이 없다. 또 아무 것이고 문화의 구원성 즉 저절로 이루어지는 교섭과 무한한 수명을 제한할 것이 없다. 그리고 문화사상에서 제외된 조선 문화학의 해부대상에 오르지 못한 조선을 학적으로 검토, 천명, 개발, 성립하게 하여 인류 문화와 그 역사에서 떨어진 일부를 보완케 하고 세계문화의 총체를 구성케 하고자 함이 자기가 조선인인 학도로서 지극한 소원이고 사명이라 한다.

그리고 옛조선을 중심으로 만주, 몽고, 시베리아, 중앙아시아, 바이칼, 일본에 미치기까지 아울러 세계 5대 문명계통에 대비할 '불함문명'의 일대 계통이라고 주장하는 것이 육당의 언어학, 설화

학, 비교종교학 등의 검토 결론이라 한다. 매우 존귀한 학구적 일
대 시험이요『심춘순례』같은 것에서 그의 작은 서술도 볼 것이
다. 최종으로 씨의 집성 요약한 일대 저작이 그의 연구한 바를 발
표함이 있기를 촉구하고 싶다(『조선일보』, 1926년 6월 7일, 1면).

○ 1926년 6월 10일 순종황제의 장례

『조선일보』에 순종의 인산(因山)[14]을 맞아「재궁(梓宮)[15]마저 가
신다」는 제목으로 추모의 글을 썼다. 이 마지막 날에 길을 떠나는
순종의 관을 보내며 각 사람 각자 마음대로 슬퍼하지 아니할 수 없
고 울고 뛰지 아니할 수 없을 것이라는 애도의 뜻을 표하고 있다.
순종황제의 장례식에 일제는 3·1운동 때와는 비교되지 않는 철통
같은 경계와 폭압적 탄압을 했다. 그러나 이 날을 기해 6·10 만세운
동이 일어났다. 연희전문학교, 중앙고보, 중동학교 학생 등 2만 4천
여 명이 조선독립만세를 부르고 격문을 뿌렸다.

　　순종황제(純宗皇帝) 인산(因山)의 장의를 거행하니, 비통의 소
　　리 진역(震域)[16] 삼천리에 넘치고 회한과 근심의 마음은 전 조선
　　인 이천 3백만 대중의 가슴에 차도다. 지난 4월 25일에 황제 돌아
　　가시매 5월 1일로써 성복(成服)의 장의를 이루어 대중의 통곡이
　　이미 모든 산하를 눈물로 적신 바 있거늘 오늘 다시 인산(因山)의
　　대의(大儀)가 있어 귀한 몸 드디어 궁궐을 떠나시고 관마저 청산
　　으로 가시니 영원히 이별하는 민중의 비통은 이때에 더욱 피울음

---

14) 황제나 임금의 장례식.
15) 죽은 이의 시신을 모시는 관(棺)을 말함.
16) 조선을 가리킴.

을 울고 하늘을 부르는 지극하고 진지한 감격에 사무치게 되는 바이다.

아아, 이천삼백 만 조선의 민중아! 우리는 이제 우리 마지막 제왕을 영원히 이별함을 맞이하여 다시 역사적 유래를 말하고자 아니하고 선조로부터 전해오던 장의법을 말하고자 아니하고 이 어른으로 하여금 오르내리는 영(靈)이 모든 백성의 애끓는 간곡한 정을 굽어 살피시기를 말할 겨를도 없도다. 다만 이 마지막인 이 날에 길을 떠나시는 관을 보내오며 각 사람 각자 마음대로 같은 경우로 슬퍼하지 아니할 수 없고 울고 뛰지 아니할 수 없는 진순(純眞)의 정을 각각 그 자신에게서 체험하지 아니할 수 없도다.

모든 귀하고, 천하고, 부유하고, 가난한 조선 사람들은 모두 슬퍼하거라 울거라 그 각각 울지 아니할 수 없느니라. 좋은 집에서 잘 입고 잘 먹는 사람들도 울거라. 모든 식자와 청년과 마음이 있는 자들도 울어라. 평생 품고 있는 지극한 소원과 불같이 타오르는 이상은 이 어른의 기구(崎嶇)하던 일생과 한가지로 항상 실의(失意)의 눈물 속에 잠겨버리지 않았는가? 모든 가난한 자, 외로운 자, 괴로운 자, 세상이 귀찮은 자, 기쁨을 경험하지 못한 자, 그 몸을 둘 곳이 없는 자는 각각 자신의 선 자리, 앉은 자리, 넘어진 자리, 억매인 자리에서 마음껏, 기운껏, 목청껏 울지어다. 가슴치고 발 구르고 몸부림하고 울지어다. 이 어른의 역사가 한걸음씩 향하여 가던 그대로 당신들의 운명도 걸음걸음 암담한 세계로 갔었느니라. 아아, 조선의 마지막 조선 인민이 되었으니 오늘날 마지막 제왕의 마지막 길에 임하여 어찌 마지막 애통을 다하지 아니하리오. 이 날 이 날! 청산을 향하여 떠나가시는 관을 바라보며 삼가 옷깃을 여미고 경건한 마지막 애사(哀辭)를 받들어 올리노라(『조선일보』, 1926년 6월 10일, 1면).

○ 1926년 6월 15일 6·10만세운동

『조선일보』에 「구구한 책임론」이라는 제목으로 글을 썼다. 순종의 인산일에 기해 일어난 6·10 만세운동과 검거사건을 보면서 조선의 민심을 고려하지 않은 일제의 엄중한 경계가 큰 저항을 불러왔다고 비판하고 있다.

당시 6·10 만세운동으로 일제 경찰에 붙잡힌 학생들은 서울에서만 2천 백 명, 전국에서 1천 명이 넘었다. 6·10 만세운동은 3·1 운동에 이은 전국적 시위의 추진, 민족주의자와 사회주의자의 연대로 이듬해인 1927년 2월 15일 창립한 일제하 최대의 항일민족운동단체 신간회(新幹會)의 토대가 되었다. 또한 학생운동의 고양에도 큰 영향을 끼쳐 1929년 11월 3일 광주학생운동에도 큰 자극을 주었다.

6월 6일 대검거 사건(大檢擧事件)과 6월 10일 만세사건(萬歲事件)에 관해 보통의 일본인과 일부 위정당국자의 사이에는 어떠한 책임론이 일어난 모양이다. 이미 사건이 있었으니 책임론이 일어나는 것은 필연적인 일이다. 학무당국과 경찰당국이 모두 그 책임자로서 여러 입에 오르내린다 한다. 그럴 듯도 하지마는 실로 그렇지 아니한 천박한 소견이다. 그보다도 이로써 보통 일본인들의 조선에 대한 무성의(無誠意)를 비난하지 아니 할 수 없다. 법이론적 견지로 보아도 우리들은 또한 저들의 첫 번째 책임론을 주장할 수 있고 더욱 쓸모없는 엄중 가혹한 경계로 사람들의 마음에 큰 저항심을 불러일으킨 경무 당국의 책임을 규탄하고자 한다.

이 문제에 관해 우리는 힘써 냉정하고 객관적 비판을 통해 세상의 뜻있는 사람들의 헤아림에 함께하며 또한 위정당국의 반성을 촉구하고자 한 바 있다. 조선인 대중의 영원한 편안함과 근심에 대해 저들 당국자들이 얼마쯤의 성의가 있었는지 우리가 구태여 헤아릴 필요가 없다. 냉정하고 객관적 비판은 마땅히 서로가 부지런히 경청함이 필요하다고 믿는다. 무릇 예속(隸屬)의 관계가 있고 압박(壓迫)이 있어 지위와 생활의 차별이 있는 곳에 불평과 반항이 있는 것은 면할 수 없는 상황과 형세다. 저들 우월한 지위에 있는 자들의 편벽된 횡포심리(橫暴心理)는 항상 자기중심의 완고한 독선에 갇혀서 스스로 사태를 제대로 보는 아량과 총명함이 없는 것은 곧 동서고금 항쟁이 있는 곳에 반드시 따라 다니는 큰 화근이라 할 것이다.

우리가 여러 차례 비판한 것처럼 동요되는 조선의 인심은 일찍이 안정된 바 없었고 저들의 민족적 처지는 곧 시국의 변동성(變動性)을 충분히 포괄하고 있으니 이에 관하여 양 민족의 현실적 모든 관계가 근본적으로 개신(改新)되기 전에는 정도의 차이는 있을지라도 온갖 형식으로 동요 또는 항쟁은 계속 될 것이다. 양 민족의 앞길에 대해 근본적 해결책이 매우 긴급하다(『조선일보』, 1926년 6월 15일, 1면 1단).

○ 1926년 6월 18일 인천영화학교 기금모금 음악회

오후 8시 30분 인천영화학교에서 열린 기금모금 음악회에 참석 축사를 했다.

인천사립 영화학교(永化學校)는 작년부터 학급을 확장하는 동시에 교실을 증축하여 아동교육에 미비한 점이 없이 되었으나 운동장이 협소하기 때문에 훈련상 불편이 많으므로 동교 선생 홍호 씨는 운동장을 확장하려고 백방으로 주선 중이던바 이번에 그 학교 부근의 땅을 매입하기로 되었는데 만분의 일이라도 그 경비에 보충할까 하여 오는 18, 19 양일을 두고 매일 오후 8시 30분부터 산수정공회당에서 18일에는 강연회, 19일에는 음악대회를 인천 네 신문사지국 후원 아래에 열기로 되었으며 연사와 악사는 조선 굴지의 명사를 망라하였는바 연사의 씨명 또는 연제와 악사의 씨명은 아래와 같고 당일 입장요금은 대인 평균 50전, 학생과 소아는 평균 30전이다(인천)

　　연사 김영섭(연제(演題) 시대의 요구와 고려청년), 안재홍(연제
　　　(演題) 미정)
　　악사 홍영후, 김형준, 박경호, 백명곤, 홍재유 외 6인
　　(『조선일보』, 1926년 6월 17일, 2면; 『시대일보』, 1926년 6월
　　18일, 3면 3단).

○ 1926년 6월 25일 스코필드 박사 환영회

오후 8시 30분 명월관에서 열린 스코필드 박사[17] 환영회에 참석 축사를 했다

　　이번에 서울에 온 의학박사 스코필드 씨의 환영회는 25일 오후 4시부터 명월관 본점에서 열렸다는데 사회유지 60명이 모여 성황이었다. 5시 30분에 식탁이 준비되자 본사 사장 이상재(李商在) 씨의 환영사가 끝난 후 윤치호(尹致昊) 씨와 동아일보의 최원순

17) 스코필드(F.W. Scofield, 1889~1970) 캐나다의 선교사로 세브란스 의전에서 세균학을 강의했다. 1919년 3.1운동 때 화성 제암리 학살 사건의 보고서를 만들어 일제의 만행을 세계에 알렸다. 1920년 일제의 강압으로 귀국했다. 1926년 6월 조선을 다시 찾았다.

씨 본보의 안재홍 씨 천도교의 이종린(李鍾麟) 씨와 사회유지 오병옥 구영숙 씨 등의 환영사가 차례로 끝난 후 스코필드 박사의 답사가 있었다. 박사는 캐나다에 있을 때에 넉넉지 못한 살림에서 다시 조선을 한번 와보고자 하는 생각으로 다섯 해 동안을 여비를 저금하였으나 오히려 넉넉지 못하여 일 년 동안을 더 여비 저축에 노력하여 금년에야 온 것이라 하며 씨는 조선말을 잊을까 하여 매일 조선 말을 연습하였다는 이야기까지 있어서 서로 간에 정답게 이야기를 나누고 화기애애한 중에 오후 8시 30분에 흩어졌다(『조선일보』, 1926년 6월 26일, 2면).

○ 1926년 7월 1일 한양조 오백년 총평

『개벽』 7월호에 「한양조 오백년 총평(總評)」이라는 제목으로 글을 썼다.

역사를 논하는 것은 쉽지 않은 일이다. 이것을 가볍게 생각하는 것은 옳지 않을 뿐 아니라 도리어 무모(無謀)에 가까운 일이다. 외교사, 문학사 등 특수화한 일면을 논하는 것은 전문적 식견이 필요한 것만큼 도리어 간단하고 쉬운바 있지만 일반적으로 논평하는 것은 쉬운 일이 아니다. 이미 완비한 사료가 있고 혹은 완성된 사서가 있다면 실제에 의하여 논하는 것이 그다지 어렵지도 않겠지만 조선에서와 같이 사료가 완비되어 있지 못하고 완비했지만 정리되지 않은 경우에는 이것을 논하는 것이 매우 어렵다.

한양조 오백년사와 같은 것은 여러 시대의 기록이 거의 완비되어 있지만 자료가 넓고 많아, 많은 사람마다 다 볼 수 없고, 이미 정리해서 완전한 역사책을 쓴 사람도 드물어 이것을 논함도 쉽지 않다. 하물며 바쁜 시간에 몽롱한 옛 기억을 힘입어서 겉만 꾸며 논술하고 마는 것은 매우 학구적 양심(學求的良心)에도 어그러지고 처세의 방식에도 서투른 짓이겠지만 이제 잠깐의 여가를 빌어서 이 요구에 응하는 것이다(『개벽』71호, 1926년 7월, 「한양조오백년 총평」).

○ 1926년 7월 4일 명령교육 방침

『조선일보』에 「시평: 명령교육(螟蛉敎育) 방침」이라는 제목으로 글을 썼다. 조선인을 흡수 융화하고자 하는 일선융화의 교육방침은 결국 모두 조선인을 무골한(無骨漢)으로 만들기 위한 명령(螟蛉)[18] 교육이라고 비판하고 있다.

6월 10일 만세사건(萬歲事件)으로 기소된 학생은 경성대학에 입학함을 절대 불허하기로 결정하였다 한다. 전과자가 된 이상 학교로서 받을 수 없다 함이 그의 이유이다. 이러한 학무당국의 방침에 의한 명령이 도 학무 당국을 거쳐서 시내 각 학교 당국에 전달한 바 있다. 각 학교 당국은 이로 인해 직간접의 협박을 받고 있는 중이다. 미처 생각하지 못한 곤란(困難)이라고 할 것이다.

동요되는 조선의 시국에 있어 솔직하게 그 의사와 심정을 표현하는 학생들의 태도가 그들의 개인적 책임을 말하는 것 보다는 대세(大勢)의 시킴으로 인한 것을 살필 만한 식견과 성의가 있어야 할 것이다. 더군다나 묘령(妙齡)의 학생들로 하여금 스스로 형옥(刑獄)에 뛰어들게 하는 마음을 이해할 만한 동정심(同情心)이 있

---

18) 의붓자식을 뜻함.

어야할 것이다.

'일선융화(日鮮融和)'가 경성대학 설치의 근본 뜻이라는 것을 개교의 벽두(劈頭)에 선포한 당시 조선 위정의 수뇌(首腦)가 있었다. 저들은 학(學) 그것을 위하는 것보다는 일선융화(日鮮融和)를 촉진한다는 정략적 도구로서 이용하고자 하는 불순한 동기에서 나옴이다. 일본인에게 조선인을 흡수 융화 하고자 하는 비열한 집단적 이기심을 만족하기 위한 것이 소위 일선융화의 원뜻인 것을 생각할 때 저들의 교육방침이란 것은 결국 모두 조선인을 무골한(無骨漢)[19]으로 만들기 위한 의붓자식 교육을 의미하는 얼빠진 자의 일인 것이다(『조선일보』, 1926년 7월 4일, 1면 1단).

O 1926년 7월 7일 야구팀 광릉군 환영회

오후 8시 30분 명월관에서 열린 야구팀 광릉군환영회(廣陵軍歡迎會)에 참석 환영사를 했다.

경기가 다 끝난 후 본사에서는 저녁 7시부터 광릉군 환영회(廣陵軍歡迎會)를 명월관 본점에서 열고 양군 관계, 심판, 기타 인사 등 약 40여 명이 모여 본사 주필 안재홍 씨의 환영사와 광릉 야구 부장 야평(野平) 씨의 답사와 중앙교장 최두선 씨의 축사로 화기가 있어 힘찬 가운데 흉금을 터놓고 이야기 한 후 저녁 9시 30분에 헤어졌다(『조선일보』, 1926년 7월 9일, 2면).

---

19) 줏대 없는 사람.

○ 1926년 7월 7일 조선농민사 이성환 결혼식

오후 8시 30분 상춘원(常春園)에서 열린 조선농민사 이성환[20] 씨 결혼식 피로연에 참석했다.

조선 농민사(朝鮮農民社) 이성환(李晟煥) 씨와 신진 여류문인 조보희 씨의 결혼 피로연이 지난 10일 오후 3시 동대문 밖 상춘원 (常春園)에서 100여명의 친구들 축하 속에 열렸다. 두 분의 장래 를 비는 축사와 축전이 실로 많았다. 개벽사 이돈화 씨, 동아일보 사 최원순 씨, 조선일보사 안재홍, 김준연 씨 외 다수의 친우들 축 사와 재미있는 여흥도 있었다(『조선일보』, 1926년 7월 12일, 3면).

○ 1926년 7월 8일 허시모 사건

『조선일보』에 「허시모(許時模) 사건과 일본인 논평」이라는 제목 으로 글을 썼다. 허시모(Haysmer) 사건은 1925년 평안남도에서 활동 하던 미국인 선교사가 조선 어린이의 뺨에 도적이라는 글자를 새겨 넣어 조선인들의 반감을 샀던 사건이다. 여기에서는 그 죄과를 규탄 하면서도 조선과 미국의 민족적 우의(友誼)의 지속을 위해 엄정한 조치로 일단락 짓는 것이 좋겠다는 의견을 피력하고 있다.

Haysmer(허시모-許時模)의 조선소년 사형사건(朝鮮少年 私刑 事件)에 관해 이미 국내외 조선인의 뜨거운 의분(義憤)을 일으켰 고, 사법당국의 출동을 보기까지 되었다. 사법관의 조처는 우리가

---

20) 이성환(李晟煥, 1900~?) 1922년 『개벽』 동인으로 활동했으며 조선농민사 상 무와 주간, 천도교청년당 중앙 집행위원을 지냈다.

그것을 감시할 수 있고, 간섭할 수는 없는 일이다. 사죄 배상, 소환 요구 같은 것은 머지않아 전부 관철되기를 기대한다. Haysmer가 한 일이 비록 개인의 일이나 미국인으로서 조선인에게 커다란 모멸감(侮蔑感)을 일으킨 것이다. 그의 비인도적 행위가 스스로 국내외에 공분(公憤)을 일으킴은 당연한 일이다. 그가 미국인이고 또 기독교 선교사인 까닭에 한층 더 보는 사람에게 특별한 충격을 주어서 남다른 비난을 받고 또 민족적 감정을 불러일으킴도 적지 않았다. 그러나 우리는 분노를 분노로 드러내고 그 죄과를 규탄하면서도 이로써 민족적 우의(友誼)를 상하게 할 문제가 아니라고 생각하고 쌍방의 엄정한 조처로 일단락 짓기를 바라는 바이다.

모름지기 인도적 해악이 있는 곳에는 사이가 나쁘더라도 공통의 의분(義憤)을 일으킬 수 있으니 일본인이 격분을 크게 일으키는 것 또한 필연적이라 할 것이다. 그러나 소위 낭인(浪人)이라고 하는 일본인들과 일선융화(日鮮融和)를 상품으로 하는 상애회(相愛會) 일파와 제휴로 일본국민을 내세우며 지나치게 격분하는 태도를 보이는 것은 거의 전례가 없는 사태로 도리어 웃음거리의 느낌마저 없지 않다.

우리는 반세기에 걸쳐 유례가 없는 민족 간 우정을 가진 미국민에 대하여 Haysmer 사건으로 갑자기 커다란 간극(間隙)을 초래할 것이라고 생각하지 않는다. 최근 빈발하는 경향이 커진 미국인 선교사 등의 실책문제에 관해서는 조선 사람의 민족적 감정에 상처를 주지 않고 유종의 미를 거둘 수 있기를 촉구한 바 있다. 더욱이 이번의 사건과 같은 것은 비록 개인의 일시적 죄과라 할지라고 사태가 자못 가볍지 않아 선교사 모두의 성의 있는 조처로 물의(物議)가 확대되는 일이 없기를 도모해야 할 것이다. 그리하여 조속히 평정한 상태로 나아가는 것이 여러 가지 의미로 매우 현명한 일인 것이다. 우리들은 먼저 미국인 선교사 모두에게 충고하는 것이다(『조선일보』, 1926년 7월 8일, 1면).

○ 1926년 7월 31일 대만독립운동

『조선일보』에 「시평: 대만독립운동」이라는 제목으로 글을 썼다.

대만에 독립운동이 발각되어 중심인물이라고 할 자가 동경의 경시청(警視廳)에 검거되었고 비밀문서도 압수되었다 한다. 새로운 일도 아니고 물론 놀랄만한 것도 없다. 그들은 당연한 일을 하였고 또 필연적 형세에서 나온 것이다. 그들이 중국인과 조선인의 뜻있는 사람들과 연락하여 자못 조직적 계획이 있었다고 하니 현대 약소민족 해방운동의 필연적 길을 밟은 것이다.

대만어는 중국의 푸젠성어(福建省語)와 거의 공통된다. 그들은 대개 푸젠성(福建省)에서 작은 배를 타고 해협을 건너서 항상 봄처럼 푸른 섬나라를 개척한 것이다. 그들이 인연이 깊은 중국 사람들과 힘을 합해 대만의 독립을 성취하기로 획책한 것은 당연하고 또 필연적인 일이다. 옛날 정성공(鄭成功)이 삼번(三藩)과 힘을 합해 청나라에 반항했고 일청 전쟁중 팽호도(澎湖島)와 함께 일본 해군에게 점령되어 시모노세키조약의 결과 완전히 일본에 할양된 후 오늘날까지 31여년에 근심 많은 세상을 보낸 대만인의 생활로 이번의 사건이 생겨나지 아니할 수 없던 것이다. 다만 그들의 앞길이 매우 어려운 것만은 부인할 수 없다.

과거 1913~14년 대만인의 독립운동 시도가 자못 거대한 바 있고, 1916~17년에 걸쳐 나준(羅俊)을 수령으로 한 일파가 푸젠성(福建省), 광동성(廣東省), 상하이 각지 인사와 힘을 합쳐 대규모의 독립운동을 계획했다. 그 일이 미연에 발각되어 봉기한 자 모두 감옥에 끌려가서 매일 수십 명씩 1개월 이상 길게 이어진 사형 집행은 울분이 쌓이게 만들었다. 크고 작은 오백여 개의 무덤은 슬퍼하는 과부와 고아, 쓸쓸히 근심하는 실의에 빠진 군중들에 의해 조성되었으니 이것은 일본의 대만 통치사상 씻을 수 없는 얼굴을 찡그리게 하는 기록이다(『조선일보』, 1926년 7월 31일, 1면).

O 1926년 8월 1일 중국정세 시평

『조선일보』에「평단만필」이라는 제목으로 8월 2일까지 글을 썼다.

최근 동양과 서양의 정국이 매우 한산하다. 프랑스의 재정난으로 인한 정변(政變)이 웬만큼 세계인의 주목을 모은 바 있으나 그것조차 문제 삼기가 중요하지 않다. 문제되는 것은 광동(廣東)의 장제스(蔣介石)가 10만 동지의 병사를 모아 중원을 정벌하고 자유평등의 국가를 건설하겠다 함이고 또 하나는 오장연합군(吳張聯合軍)이 국민군 공격에 전력을 다하기 어려운 이때에 2만의 일본병이 중국병으로 변장하고 남구공격(南口攻擊)에 참가하게 된다는 소식이다.

중국 역대 일찍이 남방으로부터 일어나 중원을 정벌한 나라가 없었으니 천하의 형세가 시키는 바이다. 명나라 장수 오삼계(吳三桂)[21]가 광동에서 일어나 청나라에 반항하였으나 삼번(三藩)의 난(亂)은 자기를 지키기에 급급했고 적극적인 힘을 표현할 수 없었다. 중국의 동북방이 하나는 펑위샹(馮玉祥)이 의지하는 옛 땅이

---

21) 오삼계(吳三桂, 1612~1678) 1644년 만주 여진족을 끌어들여 청나라를 세우는 데 협력한 인물. 후에 삼번의 난을 일으켰다.

고, 하나는 장쭤린(張作林)이 의지하는바 요동의 평원으로부터 산해관의 중요 지점을 노리고 있다.

위페이푸(吳佩孚)가 전에 무한에 의지하여 그 근본을 삼고 자못 병사들의 마음을 얻은 바 있으나 펑위샹(馮玉祥)의 반란 때문에 산해관의 패배가 있었다. 전에 장쭤린(張作霖)이 관동청을 찾아서 아옥(兒玉) 도독과 회담한 바 있는데 그 결과는 일본군 2만이 장을 원조해서 국군을 토벌하기로 하고 그 일부는 벌써 황고둔(皇姑屯)에서 변장을 하고 북경을 향해 출발했다고 한다(『조선일보』, 1926년 8월 1일자, 1면).

○ 1926년 8월 4일 과거를 회고하면서

『조선일보』에 「과거를 회고하면서」라는 제목으로 글을 썼다. 한일강제병합과 그 이후 무단정치와 문화정치를 거쳤지만 여전히 일본에 의한 조선 통치는 경찰행정에 의해 좌우되고 집회, 결사, 출판, 언론의 자유가 억압되고 있다고 강조하고 있다.

일한병합(日韓倂合)의 형국이 닥치고 조선의 운명이 결정된 후 조선인의 언론기관은 모두 폐쇄되었다. 제국, 황성 두 신문이 폐간되고 매일신보가 매수되어 넘어가고 진정한 의미로서 언론기관은 모두 없어졌다. 테라우치(寺內) 씨의 무단정치가 전 반도를 강압하여 2천만 조선인의 사회가 불 꺼진 듯 잠잠하고 캄캄하던 때에 조선인은 다만 한숨을 내쉬고 눈살을 찌푸리고 쳐다보며 발끝을 서서 디디고 다녔다. 그들에게는 자유라는 것이 없었다. 결사, 집회, 출판, 언론 할 것 없이 입 하나 손 하나 발끝 하나 옴짝달싹할 수 없는 조선의 사회는 참으로 적막했다. 그들은 자유 없는 천지에서 숨 막혀 죽을 것 같았다.

어느덧 한 10년이 되었다. 유럽의 대전란은 모든 인류로 하여금 일대 동요를 일으키게 되었다. 실망과 넋을 잃은 가운데 다만 방황과 저주가 있을 뿐 조선인들은 일시에 불끈 일어난 바가 있었다. 기미운동(己未運動)이 그것이었다. 이 운동이 당시 세계약소민족들의 갈망하던 윌슨 씨의 민족자결주의에 의하여 웅대한 기세를 돋운 것은 물론이거니와 그것에만 원인이 있다고 주장하는 사람은 천박한 견해를 가진 자 아니면 지극히 조선인을 모멸하는 자이다. 그들 조선인의 가슴 속에서 뭉치고 터져 나올 듯 한 불평이 10년을 1기로 기회를 만난 김에 일대 폭발을 이룸이다.

사이토(齋藤氏) 씨의 문화정치가 시작되었다. 공동묘지가 소위 민원(民怨)의 일대 원인이라는 부패한 유학자들의 발언에 의해 사설 묘지 규정이 좀 완화되었다는 것이 일종의 우스갯소리가 되었고 실과교육을 학동(學童)의 과목으로 하는 것이 불평의 원인이라 하여 그것을 많이 수정했다는 것이 또한 식자들의 평이다. 부면협의원제(府面協議員制)를 비롯해서 도평의원(道評議員) 선거 같은 것이 문화정치의 산물이라고도 할 것이요 태형의 폐지, 일본과 조선의 차별폐지를 표방한 것 등은 좋으나 나쁘나 문화정치의 산물이라고 할 것이다.

그러나 그 중에서도 눈에 띄도록 좀 달라진 것이 있다하면 부분적으로 결사 집회 출판 및 언론의 자유를 허락하였다는 것이다. 그러나 조선의 통치는 대개가 경찰행정에 의해 좌우되는 느낌이 있다. 집회 결사 출판 언론의 자유는 이어서 압박되고 또 제한된다. 무단정치로의 역전이라고 할는지, 무단정치였다고 할는지 어쨌든 테라우치(寺內) 씨 시대로 뒷걸음치는 것은 사실이다. 많은 자유란 모두 다 없어지고 전조선이 다시 캄캄한 세상을 만드는 것도 중대한 실험이다(『조선일보』, 1926년 8월 4일, 1면 1단).

○ 1926년 8월 6일 안정이냐 동요냐

『조선일보』에 「안정이냐 동요냐」라는 제목으로 국제정세에 대한 글을 썼다.

대전란이 끝난 지도 벌써 8년째이다. 끝없이 급히 바뀌는 현대 사회로 10년 가까운 세월이 되었다. 1924년 2월 1일 맥도날드 내각에 의한 영국의 노농러시아 승인은 공산주의 국가도 어쨌든 안정된 것을 증명한 것 같았다. 같은 해 8월 16일 런던회의에서 '도스안'의 성립과 1925년 10월 16일 로카르노에서 조인된 유럽의 안전보장조약 성립은 또 독일문제를 중심으로 항상 재앙의 실마리를 일으켰던 유럽의 정국도 소강상태를 얻게 되었고 세계의 정세도 그만큼 진정된 것을 나타낸다.

이와 동시에 1924년 12월 4일 수립된 볼드윈 씨를 수반으로 하는 영국의 보수당 내각은 신흥계급에 대한 구세력의 승리를 뜻함이고 전란의 전후를 통해 한창 융성한 힘을 자랑하는 미국의 위대한 존재는 곧 자본주의를 위한 중산층의 지주와 같은 것이었다. 그리하여 세계는 다시 안정을 기뻐하게 되었다. 안정은 곧 정복계급의 안정이요 신흥계급의 인내 혹은 굴종을 의미한다. 저들은 자본주의의 안정을 부르짖었다. 동양도 그러하였고 일본도 그러하였다. 그러나 안정이냐 동요냐는 하나의 문제이다.

공산화의 소리와 그 토벌의 소리가 함께 울려 나오는 중국의 정치상황을 평하기는 한 두 번이 아니었고 일본의 정치상황도 항상 검토하고 있다. 그러나 그들은 한참 안정을 자랑하는 듯하고 반동

의 철추(鐵椎)를 마음대로 내두르는 것에 비해 일본 사회의 실정
이 그대로 안정되었는지는 갑자기 수긍하기 어렵다. 볼셰비키즘의
무리와 생디칼리즘의 무리, 또 아나키스트의 무리가 어느 정도 숨
을 죽이고 있는 것이 사실이다. 오래두고 말썽 되는 노동농민당이
공산파를 배척하고 우익으로 정계에 나서려고 하는 것은 그러한
사태의 현저한 일례이다. 그러나 이로 인해 앞서 언급한 각종 주
의와 사상이 일본 사회에서 소멸된다고 볼 수 없다. 따라서 그것
이 곧 일본의 사회적 안정을 증명한다고도 볼 수 없다. 진원지상
에 있는 관동일대가 살살 움직이면 대지진이 엄습하는 것처럼 일
본의 사회적 진원(社會的 震源)은 전혀 소멸된 것으로 볼 수 없다.
일본 사회가 그다지 안정되었다고 볼 수 없다. 차라리 그 내면으
로 어떠한 침융작용이 쉴 새 없이 진행됨을 걱정할만 하지 아니
한가? (『조선일보』, 1926년 8월 6일, 1면).

○ 1926년 8월 8일 조선사 문제

『조선일보』에 「조선사문제」라는 제목으로 글을 썼다. 조선인에게
는 우선 조선 역사를 알릴 필요가 있고, 조선사를 깎아 말하는 사람
들에 대한 비판을 하고 있다. 일제가 주도한 조선사 편수(編修)의 문
제점을 지적하고 단군말살론을 비판하고 있다.

조선인에게는 우선 조선 역사를 알릴 필요가 있다. 이 역사에
정통함에 의해 병합(倂合)의 의의가 명료하게 될 것이다. "한갓 조
선 역사를 봉하여 두는 것은 좋지 못하다"는 조선사의 권위라는 일
본인의 말이다. 조선인에게 조선사를 잘 알려야하는 것은 너무 당
연한 일이니까 다시 운운할 여지가 없다. 그러나 그 어의인즉 우

리가 생각하는 바 필요성과는 매우 다르다.

이를 해설하는 자는 이렇게 말한다. "건국 이래 적나라한 조선사에 정통한 사람이라면 병합이 도저히 안 할 수 없는 실정을 충분히 양해하였으려니와 이것을 알지 못하는 사람들은 무슨 이유로 병합하는지 그 의의를 알지 못하는 것도 무리가 아니다." 이것은 일부 일본인의 말이지만 이러한 견해를 가진 일본인은 제법 많이 있을 줄 믿는다. 이 생각이 바로 되었는지 잘못 되었는지는 좀 더 사려가 있는 사람이면 직관적으로 판단할 수 있을 것이다.

조선사를 깎아 말하는 사람들은 소위 사대사상이 조선인에게 골수에 박혀 내려온 것을 들추어낸다. 근세 여러 세기의 사적(史蹟)으로 보아도 그러할 것이요 극동반도에 있어서 북으로 변방지역과 닿아있고 서쪽으로 한족의 대국과 인접하며 동남으로 해양국가 일본을 제어하고 늘 뛰어난 자와 사악한 자들이 몸을 일으켜 도적질할 때마다 커다란 전쟁의 상처를 입은 것도 사실이다. 우리는 자기 마취의 사대성을 끄집어내거나 선민선철을 들먹이며 감상적 명분론에 빠지는 것은 우리의 앞길을 개척하는 데 큰 도움이 되리라고 생각하지 않는다. 자기 생활의 과거를 살피는 것이 그 미래를 해석함에 매우 필요하지만 현재와 미래의 모두를 지배하는 것이 아니기에 그들이 생각하는 바가 매우 허망한 썩어빠진 유학자들의 논리라고 단언한다.

형평운동(衡平運動)이 조선에 있고 수평운동(水平運動)이 일본에 있다. 서양에는 백인의 틈에 끼인 유색인종의 운동이 있다. 이 운동을 하는 사람들은 모두 수백 년 동안 거듭거듭 쌓여온 억압과 착취 등에 피맺히고 눈물어린 과거를 돌아보며 더욱더욱 뜨거운 해방의 충동을 일으키는 것이다. 그들로 하여금 과거의 참담했던 역사를 알면 알수록 무한한 반항의 의욕이 돋아나는 것이다. 그들

로 하여금 자기 역사를 알면 영원히 원치 않는 멍에를 메고 억압의
자물쇠 속에서 웃고 있는 자가 되겠는가? 조선사를 이르는 저들의
소견은 허망하다 할 것이다. 저들이 워낙 제국주의 국가의 주구(走
狗)를 짓는 자들이니 구태여 비판한들 무슨 쓸데가 있는가.

　최근 조선의 당국자들은 짧지 않은 시일에 적지 않은 공력을 들
여서 조선사의 편수(編修)[22]를 일단락 지었다. 수천 페이지에 달
하는 방대한 양이다. 우리가 아직 전편을 통독하지는 않았으나 적
지 않게 틀린 곳이 있었다 한다. 단군을 말살하거나 그 사실을 뒤
섞는 일이 적지 않았다 한다. 저들이 스스로 자랑할지는 모르나
대개 매우 쓸모없는 짓이다. 아프리카와 아시아 대부분 지역에서
백인을 초월적인 사람으로 생각하고 그에 항거하기를 생각조차 못
했던 사람들이 최근 벌떼 같이 일어나 그 해방을 다투게 되니 인
간다움이 있는 곳에는 반드시 이 억압에 반항하는 해방의 투쟁이
있을 것이다. 어찌 역사론을 운운하겠는가. 저들의 주장하는바
대개는 쓸모없는 논쟁에 불과하다(『조선일보』, 1926년 8월 8일,
1면).

○ 1926년 8월 12일 인간가치의 등락

『조선일보』에 「인간가치의 등락(騰落) 1」이라는 제목으로 글을
썼다.

　인천거래소와 경성거래소의 합병문제가 적지 않게 관계있는 사
람들의 입살에 오르내린다. 합병의 가부를 논하고자 하는 것이 아
니다. 다만 거래소에 들어가서 많은 사람들이 목통이 찢어지도록

---

22) 책을 편집하고 수정함.

값을 부르는 동안 시세의 오르고 내림을 생각한다. 시세의 절대적 안정을 바랄 수 없는 일이다. 그러나 만물의 영장이라고 뽐내는 인간의 가치도 그 등락을 걷잡을 수 없는 경우가 많다. 이렇게 한가로운 붓으로 인간 가치의 등락을 쓰는 것부터가 인간의 존엄성을 상하게 하는 것이니 인간의 가치가 현대에 와서 얼마큼은 떨어진 것을 나타낸다.

종교가가 말하기를 사람은 신의 아이라고 신의 아이이면 즉 천자(天子)이다. 종교가가 한번 나섬에 천하 모든 사람들이 모두 천자가 되었고 인간의 가치는 하늘만큼 올라갔다. 종로의 거지도 모양은 허름할망정 제법 큰 힘을 가진 천자와 함께 신의 아이인 영광을 얻었다. 진화론자가 말하기를 사람은 원숭이의 자손이라고 아니 아메바의 자손이라고 천자로부터 서자에 이르기까지 모두 원숭이의 자손, 아메바의 자손이 되었다. 그들의 말에 의하건대 신이 흙으로 아담을 만들고 콧구멍으로 영혼을 불어 넣었다는 유대인의 신화는 거짓말이고 사람은 분명히 아메바라는 가래침덩이 비슷한 원시생물로부터 올챙이 때 개구리 때를 다 지내고 비로소 맨 위에 우뚝 선 신사 숙녀 재상 제왕에까지 진화한 모양이다. 인간 가치의 대폭락이다. 최근 미국에서는 진화론 금지를 법률로 정한 주가 여러 곳이다. 미국인은 이기기를 좋아하는 국민이다. 무엇이든지 세계 제일을 자랑하는 판이니 모처럼 뽐내는 판에 아메바의 자손이란 별로 반갑지 않은 일이다. 진화론의 금지는 그들에게 당연한 일일까?

"이놈 상놈의 나이 양반의 나이의 반이나 되느냐?"하고 새파란 양반의 소년이 머리카락이 하얀 상놈의 노인을 막대하던 시절이 있었다. 이 점으로 보면 천한 인간의 값이 귀하다는 자의 반만도 못 가던 것이다. 그러나 임금에서 하층천민에까지 적지 않은 층계가 있었으니 물론 하층천민과 임금의 가치 고하는 지수(指數)가 없다시피 들릴 것이다. 계급 제도가 조선에만 있음이 아니다. 다만 가까운 예로서 조선 사례를 들은 것이다. 동학란이 생기고 일진회가 생기고 또 헌병보조원이 생겨서 조선의 양반이라는 자가 여지없이 결단 났다는 우스갯소리가 있다. 요컨대 인간의 가치가 아무리 높다 해도 알아주는 사람을 만나야 비로소 높은 것이다 (『조선일보』, 1926년 8월 12일, 1면).

O 1926년 8월 14일 인간가치의 등락

『조선일보』에 「인간가치의 등락(騰落) 2」이라는 제목으로 글을 썼다. 남성들에 의해 학대받는 여성들의 처지를 언급하고 그 개선을 촉구하고 있다.

보통의 인정으로 보아 남존여비의 기풍은 전 인류 사이에 가득하다. 즉 남자의 인간가치가 여자의 인간가치보다 높다고 할 것이다. 노동임금으로 말하더라도 여직공의 임금은 남자보다 싼 경우가 흔하다. 능률의 관계도 있지만 여자인 까닭에 싸게 쓰려는 경향도 없지 않다. 값나가지 않는 남자보다 값 많이 나가는 여자를 낳기 좋아하는 저속한 인정을 거저 나무랄 수 없다. 클래오파트라의 어여쁜 콧부리에 영웅 안토니우스가 사지가 축 늘어져 옥타비아누스가 로마의 천하를 다 뜯어가는 것도 막지 못하고, 부인 폼파이어의 요염한 미색은 루이 14세로 하여금 유럽을 제패한 프랑스의 국운이 나날이 기울어져 가는 것도 정신 차릴 새 없었으니 이는 모두 천하 국가로 한 여성이 바꾼 것이다. 누가 말하기를 여자의 값이 남자와 같지 못하다고 하겠는가?

최근 소식에 의하면 술빚을 변상하고자 일금 백 원에 애처(愛妻)를 판 자, 또 약간의 여비를 얻고자 정처(正妻)를 청요릿집에 판 자가 있다. 이따위 남성들에 의해 천시 학대되는 여성은 그 수를 알 수 없을 만큼 많다. 그러나 남자를 사는 사람이 없기에 여성을 파는 자 있으니 그도 또한 여자의 가치가 귀해서 그런 것인가? 쌀쌀하고 각박한 세상을 개탄할 일이다(『조선일보』, 1926년 8월 14일, 1면).

O 1926년 8월 19일 인간가치의 등락

『조선일보』에 「인간가치의 등락(騰落) 3」이라는 제목으로 글을 썼다.

한 푼에 두 마리 씩 팔리는 참새 한 마리도 조물주의 뜻이 아니고는 땅에 떨어질 수 없다고 하며 세상의 부로써도 인간 생명의 가치를 바꿀 수 없다는 것을 역설한 예수는 인간의 가치를 그 절정에까지 높인 것이다. 그러나 성자들에 의해 높여지고 옹호되었던 인간 삶의 가치는 세상의 강자, 폭자, 부자, 권력자에 의해 간간히 여지없이 유린되었다. 존귀한 인생이지만 애꿎게도 가치의 폭락을 당하고 있다.

도척(盜跖)[23]은 인간의 간을 날것으로 먹었다고 한다. 식인의 풍습은 중국 역대에 많이 존속되었다. 먹는 자의 가치가 얼마나 높은지 알 수 없으나 먹히는 자의 가치는 먼지나 쓰레기처럼 짓밟히는 것이다. 네로는 비극시의 소재를 얻기 위해 번영한 로마시를

---

23) 악한 사람의 상징. 옛날 큰 도적으로 부하 9천 명을 거느리고 천하를 다니며 태산 기슭에서 사람의 간을 회로 썰어 먹었다고 함.

불 질렀다. 그러나 자기의 죄악을 감추기 위해 수만 명의 이민족을 가지각색의 참형으로 살육했다. 폭군 네로의 앞에는 화려한 도시 로마의 시민들과 수만 이민족의 인민들이 한 문장의 가치도 안 되게 보였다. 15세기말 콜럼버스가 신세계를 발견한 후 백인들은 부를 개척하기 위해 흑인 노예의 채용을 장려할 때 마치 그리스인이 짐승을 포획하는 방법으로 구타 결박 살육 폐기로 한 점의 자비로움도 없었다. 수단에서 아비시니아 일대에는 잡혀간 찌꺼기 흑인의 시체로 해골이 산처럼 쌓이는 참상을 이루었다. 저들 아프리카인은 문명의 정도는 달랐을망정 강력한 폭력 앞에 가치의 모멸당함이 말로 표현할 수 없었다. 스페인이 신세계를 개척한 지 50년에 1천 만의 토착민을 살육 혹은 죽음에 이르게 했다 (『조선일보』, 1926년 8월 19일, 1면).

○ 1926년 8월 20일 창경원 매각설

『조선일보』에 「창경원(昌慶苑) 매각설(賣却說)과 안동별궁(安洞別宮)」이라는 제목으로 글을 썼다.

국상 전후에 시작된 모종의 큰 문제로 인해 이왕직(李王職) 내에서는 심상치 않은 사태가 점점 확대되어 가는 중이고 사이토(齋藤) 총독의 진퇴 문제까지도 생겼다 한다. 야인(野人)으로 궁중의 일은 알기도 어려워서 오리무중(五里霧中)에 들어가 있는 것 같은 느낌이 있다. 일금 백만 원의 예산을 세워 동경에 이왕저(李王邸)[24]를 신축하고자 소전(篠田) 이왕직 차관이 일부러 동경까지

---

24) 1910년 한일 강제병합 이후 대한제국 황실을 격하에 이왕가(李王家)로 불렀다. 이왕가의 집을 뜻함.

갔다하니 머지않아 동경에는 이왕저(李王邸)의 건축과 준공을 볼 것이다. 정치적 입장에서는 중요한 의미가 없다하더라도 이왕직을 중심으로 한 크고 작은 직제와 체계의 인물들의 생계상 적지 않은 영향이 미칠 것은 분명한 흐름이다. 그리고 병합 이후 20년에 아직 궁궐의 규범을 유지하여 오던 끝에 한발 한발 구한국의 생활 표식을 바꾸려하는 것이 일반 민중에게 주는 자극과 충격 등이 결코 가볍지 않으니 그들의 처리와 인심의 반향은 가장 주시할 만하다.

이제 다시 생각나는 것은 창경원(昌慶苑)과 귀족회관(貴族會舘)의 매각설이다. 가난을 못 견디는 소위 귀족배(貴族輩)가 궁여지책으로 그런 계획을 생각해내었다 한다. 창경원은 140만 원에, 귀족회관을 15만 원에 모두 매각해 버리고 그 수입이 되는 약 150만 원의 금액으로 자기들의 빈궁한 상황을 구해달라고 동경정부에 청원한 일이 있었다. 필요하면 신기한 발명도 생긴다지만 빈궁한 처지에 여간 필요한 일이 아니었겠지만 그 대책으로는 말과 같이 궁여지책이요 신통한 발명(發明)이라고 할 수 없다.

창경원 매각 계획과는 매우 다르되 그와 유사한 심리에서 나온 일이 있으니 종친청년회의 계획으로 종실에 국한한 출자로 견직주식회사(絹織株式會社)를 설립하고 안동별궁(安洞別宮)을 무상으로 얻어서 충분하게 이용하겠다는 것이다. 지금에 와서 안동별궁이 왕실에 무용한 것임에 물론이고 그대로 비어두는 것도 극히 무의미한 일이니 그것을 무상임대하며 유용하게 활용하는 것은 좋은 일이라 반대할 이유가 없다. 다만 전주이씨(全州李氏)로 집단을 삼고 이를 하나의 단위로 어떠한 사업을 하는 것은 좀 이상한 감이 없지 않다. 씨족 연원을 특히 숭상하는 조선이 아니고서는 볼 수 없는 일이고 더욱 조선의 종친이 아니고서는 얻을 수 없는 문제이다. 그들이 부지런히 정성을 다해 성공함이 있어야만 할 것이다(『조선일보』, 1926년 8월 20일, 1면).

○ 1926년 8월 25일 백년대계와 목전문제

『조선일보』에 「백년대계와 목전문제(目前問題) 1」이라는 제목으로 글을 썼다. 조선인이 당면한 해결과제인 물산장려운동의 필요성과 소규모의 기계공업, 각종 수공업, 특수한 농작물, 가축류, 기타 부업품 개발과 같은 것도 소홀히 할 수 없는 과제임을 역설하고 있다.

논자는 항상 백년대계(百年大計)를 말한다. 백년대계가 오히려 좀스럽다 하면 나는 차라리 만세장책(萬世長策)을 말하려 한다. 인생 백년 바쁘기가 번갯불 같으니 백년대계뿐이 아니라 자손만년 확고한 번영 대책을 강구하는 것이 선각자의 마땅한 의무일 것이다. 다만 이런 일이 바쁘게 하면 쓸모없는 호언장담으로 그치고 말게 되는 것이 큰 단점이다. 호언장담이 반드시 불가능한 것이 아니고 얼마만큼의 성실함이 함께하고 또 실현 가능성이 있는가가 문제이다.

목전의 모든 문제를 가볍게 여기고 마는 곳에 마찬가지로 호언장담이 되는 일이 많다. 그러기에 우리들은 이제 백년대계와 함께 눈앞의 문제를 강구함이 급하다는 것을 주장한다. 목전문제의 하나로 조선인 산업문제가 있다. 최근 조선통치당국은 조선물산장려(朝鮮物産奬勵)를 운운하고 있고 조선인 유지로서도 다시 조선물산장려에 노력하고 있다. 전자(前者)는 조선의 물산장려를 위하는 자로서 건듯 하면 일본인을 본위로 하려는 자요, 후자(後者)는 조선인의 산업을 장려하고자 하는 자로서 산업적으로 조선인 최후의 자존운동을 시험하고자 하는 것이다. 자존운동으로 성공이 어렵다고 할진대 가능한 한도에서 최후의 노력을 시험하는 자라고도 볼 것이다. 현재 실제로 물산장려의 계획에 관계되는 상업가 제씨가 이 의식이 있고 또 성의 있는 노력을 가졌다는 것은 별문제로 하고서라도 조선인 물산장려가 생존운동의 중요한 목표가 되는 것은 부인할 수 없다.

조선인이 생산한 물품을 먹고 쓰자는데 인위적으로 국한한다는 것은 도리어 방책의 빈곤한 측면이 있지만 조선인의 생산을 무슨 방법으로든지 다소간 장려할 길이 있다면 그것은 서슴지 않고 단행해야 할 것이다. 우리가 일찍이 소규모의 기계공업과 각종 수공업이 얼마쯤이나 발전될 여지가 있는지 논한 적이 있지만 이 두 가지 문제 이외에 특수한 농작물, 가축류, 기타 부업품 같은 것으로 조선인의 생계를 도울 방책을 만들기 위해 온갖 노력이 필요하다. 이에 대해 다만 언 발에 오줌 누기라고 눈앞의 시급한 문제에 대해 배척해서는 안 된다(『조선일보』, 1926년 8월 25일, 1면).

○ 1926년 8월 26일 백년대계와 목전문제

『조선일보』에 「백년대계와 목전문제(目前問題) 2」라는 제목으로 글을 썼다. 조선인의 손으로 소규모 공업을 일으켜야 하며 직물업, 요업, 화학공업 같은 것이 조선인의 손으로 발전시킬 필요성이 있다고 강조하고 있다.

조선인의 농촌은 파멸된다. 토지는 차차로 외래인의 수중에 들어간다. 조선인의 상공업은 진흥하지 못한다. 도리어 점점 쇠퇴하여진다. 일시 호황에 의해 떼 지어 생겨나온 기업과 기관들은 차차 몰락하고 있다. 주식망국론(株式亡國論)을 듣게 될 지경이었다.

지금쯤은 조선인으로서 기업을 운운하는 것이 얼마나 세상물정 모르는 사람의 일인 것 같이 생각된다. 전곡(錢穀)의 수입이 있는 자로서 알뜰히 지키고 다소의 이자로 자연 증식을 기다리는 자가 가장 현명한 치산가(治産家), 이재가(理財家)와 같이 생각되었다. 이것은 국가 권력을 업고 들어오는 자본주의 경제조직의 침식 작용에 의해 필연적으로 진행되는 역사적 과정인 것은 많은 논자가 지적하는 바와 같다. 그리고 기업 당사자가 천박한 마음과 서투른 기량과 숙련되지 못한 경험과 바삐 성공하려는 태도로 사업 자체를 그르쳐 도산하는 파국을 짓는 일도 많았다. 그러므로 조선인 산업의 실패는 사회 환경의 영향이 큰 원인이요 각 개인의 인격적, 인위적 결함이 또 하나의 원인을 지은 것이다. 그러므로 현하의 정세를 논함에서 이 두 가지 원인중 하나라도 간과해서는 안 될 것이다.

조선인의 손에 소규모 공업을 일으킬 수 있는 것은 확실하다. 직물업, 요업, 화학공업 같은 것이 조선인의 손으로 얼마쯤은 발전될 가능성이 있다. 화학공업 중에서도 보통 일용잡화와 식료품 등은 비교적 대자본이 필요치 않고 소규모 경영으로 발전하게 할 여지가 있을 것이다. 이러한 사업에 급격한 성공을 단념하고 소규모로 틈틈이 전진의 공을 쌓는 것이 가장 이 시대에 처하는 바른 대책이다.

안 되기로 하면 백 가지가 다 허사요, 불가능하다고 할진대 오직 파멸을 기다릴 수밖에 없다. 조선의 문제가 얽힌 지 오래고 수많은 민족의 경험한 바를 본받으려 함도 여러 가지이다. 복잡한 인생생활의 종합체로 조선인의 사회는 그 생활 각 방면에서 여러 민족과 여러 시대의 경험한바 각종의 조건을 참고할 필요가 있다. 덴마크인이 최근 번창하는 이유도 참고할 것이며 독일인이 과거 경험해 오던 정신적 단련의 길도 찾아보아야 할 것이다(『조선일보』, 1926년 8월 26일, 1면).

○ 1926년 8월 30일 일본의 이민정책

『조선일보』에 「일본의 이민정책」이라는 제목으로 글을 썼다.

입추 처서가 다 지나서 아침저녁으로는 슬슬 불어오는 바람이 제법 가을이 무르녹은 바 있게 한다. 며칠 전인가 외국에 보도된 일본의 이민정책이라는 것이 일본의 각 신문에 발표되었고 추후로 국내외에 다소의 논평도 있었다. 일본의 국가적 쇠퇴와 번영이 일일이 우리에게 심대한 관계를 미치지 아니함이 없지마는 이민정책 같은 것은 더욱 우리와 심각한 관계가 있으니 좌우간 편안하게 있을 수 없는 현하의 한 문제이다. 이 이민정책의 성명으로 영국도 기뻐하고 미국에서는 대만족이고, 캐나다 같은 데서도 이러니저러니 하고 해롭지 않다는 비평이 있는 모양이다. 이렇게 영미제국이 기뻐하고 만족하는 노릇을 해 본 경우는 일본인으로서는 자못 드문 일이 아닌가 생각된다.

일본 외상은 의회에서 "환영하지 않는 나라에는 이민을 보내지 않겠다"고 성명을 발표했다. 내무성에서는 북해도의 개척 계획을 비롯하여 소위 내국이민계획을 착착 실현하고자 꾸물거리고 있는 터이다. 24일 영국의 데일리그라푸지는 그 사설로 '일본의 고결한 태도'라고 하여 일본의 신 이민정책은 영제국의 안전보장에 중대한 관계가 있음을 주장하고 일본이 이러한 태도를 취한 것은 민족적 체면을 자제한 것으로써 그 정신은 민족적 자부심보다도 훨씬 고결하여 서구 제국이 일본과 동일한 처지에 있는 때에 좀처럼 흥내 낼 수 없는 얌전한 태도라고까지 추커세웠다.

23일의 워싱턴 특전(特電)은 "일본 정부가 이민정책을 변경하여 외국에 이민을 보내는 것보다도 북해도, 대만, 기타의 영지에 주민을 보낼 방침이라는 보도에 접하여 미합중국의 관헌은 만족하고 있으며 국무성은 하등 공식 성명은 아니 하지만 일미관계를 위태케 할 만한 오해와 충돌은 이로 말미암아 많이 완화되리라고 믿고 있다'고 하였다. 1906년 일미신사협약 이래의 이주를 견지하는 일본의 고결한 태도에 대하여 미국민의 만족하는 정도를 짐작할 만하다.

하여튼 백인국가 사이에 배일(排日)의 기풍이 잔뜩 찬 것만은 분명한 일이다. 이러한 배일의 기풍에 기인한 해외이민정책의 변경과 아울러 그의 내국 이민 계획은 직접으로 조선인 생활에 중대한 관계가 있는 것은 물론이다. 이에 관하여 일본의 국민들은 항상 백인종의 편협을 비판하고 때로는 아시아 민족의 분기(奮起)를 재촉하는 일도 있지만 이것은 아마 조선인 2,300만 대중과 함께 어우러진 일본의 인민들의 금후 영원한 번민과 항쟁거리가 될 것이다(『조선일보』, 1926년 8월 30일, 1면).

○ 1926년 8월 31일 일본의 이민정책

『조선일보』에 「일본의 이민정책」이라는 제목으로 글을 썼다. 1천만 일본인의 조선이주정책을 강력하게 비판하고 있다.

작년 스즈키(鈴木)군사령관이 귀국하는 도중 조선에는 금후 1천만의 일본 이민을 수용할 수 있다고 이야기하여 적지 않게 조선의 인심을 충동하게 한 바 있었다. "일본 이민 1천만 조선으로 가!

엇!"하고 군대에게 행진 명령을 내리듯 하므로 1천만의 일본인이 꾸역꾸역 조선의 산하로 건너 들어올 수 있을는지는 알 수 없다. 그러나 조선의 미개간지와 모래벌판의 개척, 기타 토지의 개량, 산미의 증식, 대규모 공업의 홍성, 어업촌의 번창 등으로 될 수 있는 대로 일본인을 많이 이주시킬 뱃심이라 하더라도 1천만 인의 이식 가능 주장은 아직은 수긍하기 어렵다. 대만에는 약 57만 여의 일본인이 이주하고 조선에는 방금 실제 숫자가 정확하지 않으나 약 40여만 명 내외라고 하거니와 1천만인이 무더기로 건너오기는 도저히 불가능할 것이다. 조선인을 만주, 시베리아로 쫓아 보내고 그 대신에 일본인을 산명수려한 조선의 금수강산에 이사 와서 살게 하자고 국가 경영의 큰 방책을 강구해보던 때가 있던 줄로 기억하지만 이 노정객의 두뇌도 복잡한 모양이어서 도저히 신통한 안(案)이라고 감탄할 수 없다.

지금도 토지개량주식회사란 자에 알뜰하게 물질 결합의 전형을 보여서 발기인 무엇 무엇 할 것 없이 일본인의 꽁무니에 붙어서 이윤을 함께 나누고자 하는 자가 많다. 과거에도 은행, 철도회사, 전기회사 등에 이러한 전례가 없는 것은 아니지만 물질 결합책이란 것이 발표된 오늘날에 있어서 그런 것을 보는 것이 더욱 그 형식이 분명한 것 같은 느낌이 있다. 그러나 물질 결합의 책이 그들로서 좋은 방책이 아닌 것은 다음 문제로 하고 저들 소위 내국이민정책이라는 것이 조선에 큰 기대를 할 수 없는 것은 물론이다. 만일 구태여 방책을 애써 행하려하면 조선인의 생활을 더욱 방해하고 조선인의 평화를 더욱 파괴하여야 할 것만은 분명하다(『조선일보』, 1926년 8월 31일, 1면).

○ 1926년 9월 1일 김우진 윤심덕 정사문제

『신민』 17호(1926년 9월호)에 「정사문제비판(情死問題批判)」이라는 제목으로 글을 썼다. 여류 가수 윤심덕과 극작가 김우진이 현해탄에 몸을 던져 자살한 사건에 관해 언급하고 있다. 여성에 대해 너무 남달리 수군거리고 손가락질 하는 것이 사회의 큰 병폐이며, 신여성에 대해 입에 오르내려 마침내 문제의 여자가 되게 하는 것도 그 죄가 사회 안에 있다고 강조하고 있다.

정사(情死)문제는 우리 조선에 있어서도 부부의 개인 문제를 떠나 이제 일반 사회문제화하고 있다. 즉 우리의 청년남녀들은 정사(情死)를 하나의 문화 특산물과 같이 오해하는 경향을 보이는 것이 적지 않은 유감이다. 윤심덕 김우진 두 사람의 정사문제에 관해 나는 별로 아는 정보가 없다. 두 사람과 다 친분도 없는 터이고 인물이 어떠한 지도 자세히 알길도 없다. 다만 이에 관해 상상되는 바에 의해 조금 적는다.

첫째, 윤·김 두 사람이 피차에 잊지 못하고 떨어질 수 없는 순수하고 뜨거운 애정에 의해 꼭 죽었는지가 의문이다. 두 사람은 관계를 맺은지 7~8년이나 되었고 중간에 적지 않은 간격과 단절이 생겼으니 문외한의 입장에서는 애정이 그다지 순열(純熱)하였다고 볼 수 없다. 두 사람이 소위 끌어안고 정사(情死)했다는 것은 각자가 당해온 실의, 고뇌, 불만, 비애 등으로 도저히 죽음을 선택할 수밖에 없게 된 때에 서로 간에 합의한 동반자로서 결정하게 된 것이라고 한다.

둘째, 죽기 전 윤 양은 비록 악단의 샛별로 사람들의 입에 회자(膾炙)되었더라도 사회적으로 보아 그녀가 총아(寵兒)라기보다는 차라리 버린바 되고 핍박(逼迫)받는 사람이었다. 예전의 염문 사건으로 인해 북쪽으로 가서 방랑하다가 다시 고향에 돌아와 연극계에 나서게 될 때까지 그녀는 확실히 윤락(淪落)의 비애를 통감할 만큼 정신적으로 고통을 받았을 것이다. 그녀의 성질이 무던히 낙천적이라고 하지만 시시덕거리는 너털웃음 속에는 참을 수 없는 환멸의 비애를 감추고 있었던 것으로 짐작한다. 그녀가 이처럼 되었으니 심기일전하도록 새로운 분야를 개척하기에는 어려움이 있었다. 그녀는 독서삼매경이나 수도원 생활이나 물결치는 대로 윤락생활이나 그것이 아니면 죽음의 한길을 구할 수밖에 없었을 것이다. 만일 신뢰하는 남성과 함께 은둔 속에 사랑의 생활을 함으로써 그 자신을 구할 수 있었을는지는 모르나 그것이 불가능하니 죽을 수밖에 없었을 것이다.

김 군으로 말하면 아무리 유리하게 보아주더라도 의지박약(意志薄弱)이라고 아니 할 수 없다. 유수한 부호의 큰아들로서 친자 간의 무이해, 부부간의 애정 없는 결합과 이를 중심으로 한 주위의 사정이 그로 하여금 불평, 불만, 고뇌, 비애를 느끼게 한 것은 충분히 짐작할 수 있다. 그러나 윤 양과의 애정이 얼마나 뜨거운 정도까지 갔는지는 단정하기 어려우나 김 군이 윤 양을 위해 죽지 않으면 안될 만큼 깊게 얽혔다고 볼 수 없다. 즉 가정을 중심으로 생긴 온갖 불평과 비애가 절망의 상태에 빠지게 했고 다시 자기에게 돌아온 상처 입은 애인과 마주쳐서 함께 죽음의 길을 간 것이다.

여성에 대해 너무 남달리 수군거리고 손가락질 하는 것이 사회의 큰 병폐이다. 더구나 신여성에 대해 찧고 까발리고 입에 오르내려 마침내 문제의 여자가 되게 하는 것도 대부분 그 죄가 사회에 있다고 할 것이다. 더구나 상당한 교양이 있고 정조관념이 많이 변화된 신여성으로 하여금 적당한 배우자를 만나지 못하고 항

상 고독의 광야에서 정신적 방랑을 하고 있게 하는 것은 사회적으
로도 크게 우려할 만한 현상으로 윤 양과 같은 사람을 만들어내기
퍽 쉽다.

조선의 민족적 지위가 청춘남녀로 하여금 건듯 하면 사회를 저
주하고 현실을 부인하는 절망의 길로 들어가기 쉽게 한다. 요컨대
애정의 생활에 치우쳐서 주위 사정을 돌아보지 않고 거의 돌아설
수 없을 만큼 인생의 막다른 골목까지 깊게 들어간 후에 거듭거듭
몰려오는 전통과 인습의 박해 속에서 할 수 없이 넘어지는 것은
그 경우로 보아서는 동정할 일이요 개인의 의지로 보아서는 마침
내 비난하지 않을 수 없는 문제이다(『신민』 17호, 1926년 9월).

○ 1926년 9월 13일 『조선일보』 기념일

『조선일보』에 「조선일보의 기념일, 환희로부터 긴장에」라는 제목
으로 글을 썼다. 조선일보 혁신 2주년과 새로 준공된 신사옥을 기념
하는 내용으로 언론으로 조선인의 해방을 구하고 시대를 구하는 존
귀한 임무를 계속하겠다는 다짐을 피력하고 있다. 『조선일보』의 네
번째 이전 사옥은 종로구 견지동 111번지로, 1926년 7월부터 1933년
4월까지 사용했다. 지금은 농협은행 종로지점으로 사용하고 있다. 동
아일보 옛 사옥과 함께 현재도 유일하게 남은 일제시기 조선인 운영
언론사 건물이다.

우리는 9월 13일로 두 가지 기념을 축복하게 되었다. 첫째는 본
보 혁신 제2주년을 기념함이며, 둘째는 최근 준공된 신사옥을 위
하여 기념하고자 함이다. 돌아보니 본보의 창간은 이미 7년이나
시일이 지나 그 동안 무수한 파란을 겪어왔으니 전 경영자의 시대

에 있어 4년여의 노력과 업적이 자못 큰 바 있었다. 경영의 주체를 바꾸고 일체를 혁신한 지 또 2주년에 시국의 침체함이 바야흐로 수많은 어려움이 아울러 덤비는 바 있음에도 불구하고 마침내 견실한 위치와 장족(長足)의 진전을 이루어 오늘로 이 두 가지 기념을 축복함에 스스로 금석지감(今昔之感)을 품게 하는 바 있다. 이는 함께하는 사람들의 최선의 노력과 만천하 독자 또는 일반의 보살핌이 헛되지 아니해서이다.

세계에 처하여 조선인이 되었고 금일을 떠나서 시대를 해석할 수 없으니 조선인인 것을 본위로 현대의 대세에 순응하고 격렬한 경쟁의 파도 중에 자아의 생존을 확보하고자 함은 우리들 필연의 노력이요 운동의 방향이 당연 여기에서 출발할 것이다. 옛날 기미년에 전국의 전민중이 동일한 목표로 일어나 그 선조의 정신이 연면(延綿)하여 끊이지 않으니 그것은 첫째 각 개인이 개성아(個性我)로 자각이요 민족아(民族我)로 또 자각함이요 그리하여 피압박 민중으로 편안히 지낼 수 없기 때문이다. 자아에 눈뜨고 또 합리적인 생존을 주장하게 된 민중은 한발한발 시대와 환경에 반응하여 나감이 스스로 국한될 바 없는 것이다. 조선인으로서 피압박 민중으로서 이중의 또 한 가지인 조선인의 해방을 구하는 운동은 확실하고 저지할 수 없는 방책이다.

피압박 민중들의 계급적 각성과 그 운동이 현대의 커다란 특색이라고 할 때 피예속 국민의 민족적 각성과 그 운동은 현대의 커다란 특색이다. 더욱이 모든 아시아 대다수의 피예속 국민을 움직이는 커다란 조류는 전자와 함께 더욱 뜨거워지려는 후자의 운동이다. 이는 낙후된 국민들의 회피할 수 없는 필연의 운명이요 또 엄숙한 책무로 의심할 바 없는 시대의 특색이다.

만천하의 동포와 선구자들이 답답한 탄식에서 면밀한 깊은 연구에 돌아오고 다양한 이론으로부터 하나가 되는 현실에 돌아와 필사의 각오로 부지런히 한길을 찾고 각각 다른 길에서 세찬 대분기(大奮起)의 날을 준비하기를 부탁한다. 그리고 시대를 구하는 존귀한 임무는 일찍이 하루의 한가함도 허락지 않는다.

창간 7년의 세월은 길지 않다. 혁신 2주년의 기간은 더욱 짧다. 위엄 있는 건축은 비록 조선인 언론계의 초유의 기쁨일임에도 불구하고 또한 크게 자랑함에 만족하지 않을 것이다. 그러나 더욱 굳건한 의지와 점진적 노력은 이것으로 또한 중요한 계단을 삼는 것이다. 우리는 안장을 한 말을 풀 줄이 없는 마지막 전쟁터에 서 있는 무사와 같이 더욱 전의(戰意)를 고무(鼓舞)하여 일념으로 직진할 필요가 있다. 아아, 작년의 오늘 이를 기념할 만 하였지만 불행히 발행정지의 재앙을 만나 도리어 근심 중에 지냈다. 이는 곧 현재 조선에 있어서 언론기관으로 위험한 처지를 드러내는 것이다. 그러나 창간이래 7년간 3차례 정간의 재앙을 치렀으니 고심참담(苦心慘澹)한 바는 옛날과 지금이 한결같은 것을 알 것이다. 우리는 가득한 정성으로 스스로 희망의 길을 개척하여 나감이 있을 뿐이다(『조선일보』, 1926년 9월 13일).

○ 1926년 9월 17일 독서의 의의

『조선일보』에 「마검호독서호(磨劍乎讀書乎)」라는 제목으로 글을 썼다. 칼을 가는 마음으로 독서에도 매진할 것을 강조하고 있다. 청년들이 각각 전쟁의 선두에 나서는 각오와 마찬가지로 독서하는 사람이 되기를 촉구했다. 젊어서 배우지 않고, 성장해서도 배우지 않고, 힘써 싸우지 않고 늙어감에 의지해 원망하고 한탄하는 사람은 적(賊)이라고 썼다.

'십년마일검(十年磨一劍)'이라는 한시가 있다. 세상의 불평을 풀고 긴 시간을 두고 무기를 단련하는 것을 말한다. 십 년을 두고 간 칼이 서릿발같이 시퍼렇고 닥치는 대로 베어지지 않는 것이 없다. 그러나 십 년에 한칼을 가는 것은 칼로써도 무섭지만 십 년 동안 칼을 갈고 벼르는 사나운 일념은 칼날 이상으로 무서운 것이다.

무릇 개인이나 국민이나 일개 계급집단이나 적개심이 있을 때에는 반드시 그것을 풀 방법을 강구하여야 하며 적개심이 반드시 필요한 것은 아닐지라도 자기의 생존을 확고하게 하고 그것을 방해하는 세력을 배제하기 위해서는 투쟁능력을 양성해야 한다. 검을 갈고 있는 것은 그 방책의 한 조건이라 할 수 있는 것이다. 그러나 그런 병기를 준비하는 것만이 투쟁 능력을 양성하는 것이라고는 볼 수 없다.

때는 벌써 중추절이 가까웠다. 하늘은 높고 말쑥한데 가을바람이 가득하니 가을의 뜻을 깊게 한다. 용감한 군인은 가을에 느끼는 바와 많거니와 또한 가을은 연구하기에 적당한 시기이다. 옛사람 가을로써 독서의 계절을 삼으니 요컨대 그로써 연구하는 시기를 만들려고 함이다. 우리는 여기에서 판단할 바가 있다. 용감한 군인을 본받아서 장검을 갈고 준마에 걸터앉는 태도를 가져야할까? 혹은 서재에 틈을 타서 독서 연찬하는 태도를 가져야할까? 지극히 평이한 듯하지만 실로 중대한 문제이다. 우리는 독서하는 사람이 되어야 한다. 무릇 시대가 요구하는 대로 자기의 취미에 맞는 대로 또 자기의 천분(天分)에 적합한대로 모든 기술, 정책, 제도, 원리, 사상의 제가(諸家)가 쓴 책에 관해 자기가 담당할 과목을 선택하고 또 전력해야 한다. 지극히 한가로운 이야기와 같은 이것에 관해 우리의 청년들은 그것이 곧 대사건인 줄 알고 진지한 태도로 대하여야 한다.

전쟁 전 독일이 많은 학자, 연구가를 가짐으로써 세계 최고 권위가 되었던 것은 덧붙여 말할 필요가 없다. 베를린 대학은 나폴레옹 전쟁에 참패한 국민적 치욕을 기념하기 위해 프리드리히 2세 대학이라고 이름 짓고 후진들에게 뜨거운 연구를 거듭하게 하였다. 전쟁 패배 이후 모든 면에서 독일이 세계 증오의 표적이 되었음에도 불구하고 아인슈타인의 상대성원리 순회강연은 세계인의 존경심을 불러일으키게 했고 그로 인해 독일의 권위도 높여진 바 있었다. 아인슈타인이 유태인이거니와 석학을 배출하여 독일인의 가치가 높아진 예는 낱낱이 들어 말할 필요가 없다. 인도의 수행자인 타고르 씨의 철학에 관한 천명으로 인도인의 국민적 가치가 높아진 것도 중요한 사실이다. 하물며 한 두 개인의 위대한 연구가와 다수의 연찬이나 수련의 결과 국민적, 민중적 투쟁능력을 증진하여 생존을 확고하게 한 예는 지극히 많다. 칼마르크스가 유리전전(流離轉輾)하여 런던의 객창에 파묻혀있으면서 대영도서관에서 생의 반 이상을 경제학 서적을 뒤적인 결과 유명한 '공산당선언'과 '자본론'을 지어 후세 해방운동자들의 경전을 만들어준 것은 그 효력이 수백만의 군대로 수개월의 반란을 일으킨 것보다 위대하다 할 것이다. 추방과 금고 중에 오히려 연구와 사색을 게을리 하지 않고 스스로 명석 확고한 이론적 지도자가 되어 존귀한 저술을 남긴 레닌과 같은 사람도 적당한 예라고 할 수 있다. 우리는 이 선선한 가을바람이 무한한 사색을 일으키는 가을을 맞아 만천하 청년들이 각각 전쟁의 선두에 나서는 각오와 마찬가지로 독서 연찬하는 사람이 되기를 촉구한다. 젊어서 배우지 않고, 성장해서도 배우지 않고, 힘써 싸우지 않고 늙어감에 의지해 원망하고 한탄하는 사람은 적(賊)이라고 할 것이다(『조선일보』, 1926년 9월 17일).

○ 1926년 9월 27일 박열 문제와 내지연장주의

『조선일보』에 「그릇된 견해, 박열 문제(朴烈問題) 기타에 관하여」
라는 제목으로 글을 썼다. 일본인 병합 전 조선과 병합 후 조선을
비교하고 자기들의 공적을 나타내기에 급급하며 병합 이전 조선의
역사를 깎아 말하면서 조선인 국민성의 결함을 보고 조선인의 사회
적 생활의 저열하던 것을 들추어 총독의 덕정(德政)을 내세우는 것
이 잘못이라는 점을 지적하고 있다. 또한 조선을 일본에 동화시키려
는 내지연장주의(內地延長主義)도 강력하게 비판하고 있다.

　　일본인의 조선 통치는 극동의 일대 문제이다. 피예속의 상태에
있는 조선인에게 있어서 그것은 사활성쇠가 걸린 문제일 만큼 중
대하지만 통치 집단을 형성한 일본인에게 있어서도 조선 문제는
매우 중요한 문제이다. 상호 처지를 달리하는 두 민족은 관련 문
제에서 저절로 서로 다른 견해를 가지게 되었지만 일본인의 조선
문제에 대한 견해는 항상 선입견, 편견에 갇혀 전체를 통찰하는 총
명함이 가려지는 바가 많다.

　　최근 관권에 아부하고 곡필(曲筆)로 희롱하여 조선인 언론계를
헐뜯는 자가 있으니 도척의 개(盜跖之狗)가 노래를 짓는 것으로
일찍이 문제 삼지 않았으나 일본의 대표적 언론기관이 조선 문제
를 논하며 그릇된 견해를 갖는 것은 우리들 관심 밖의 일이다. 더
구나 조선인과 관련되는 문제를 잡아가지고 정쟁의 도구로 사용하
는 일본 정치가나 정객의 행위는 자못 사람들의 얼굴을 찡그리게
한다.

　　박열(朴烈)25)과 가네코후미코(金子文子) 문제에 관한 일본 현
재의 정치운동과 논평은 가장 적절한 실례이다. 그 동기에 있어

불순하게 목적을 속여 자기 의도대로 하려는 자가 있는 것도 옳지 않거니와 그 중에도 근본적으로 그릇된 견해를 가진 것은 오히려 기괴한 느낌을 품게 한다. 그들이 조선에 관계한지 이미 반세기에 가까웠고 하물며 조선을 통치한지 거의 20년에 조선에 대해 이처럼 몰이해한 것은 그들의 무성의와 진지함이 없는 것이 환히 드러나 보인다.

열 명의 무리를 통솔함에도 그들의 입장과 심리상태를 충분하게 이해하기 위해 노력할 필요가 있거든 2천 수백 만 오랜 역사 민족을 통치하여 한나라 성쇠의 중요한 근본을 결정하려는 자들이 다만 하나의 반만 알고 대충의 얼버무리려는 견해로 대하고 있는 것은 가벼움이 아니면 무모함이 극에 달한 자들이다. 이러한 사람들의 손에 의해 조선의 문제가 원만하게 운영되지 않을 것이라고 생각하는 것은 우리와 함께 뜻있는 일본인도 충분히 인정할 것이라고 확신한다.

조선인이 된 자로서 매우 많은 동포들이 사활의 기로에서 헤매고 있는 것을 보고 대책을 강구하지 않는 자가 더러운 냉혈한(冷血漢)인 것 같이 일본인으로서는 2천 수백만의 울분을 품고 있는 대중을 앞에 두고 값싼 우월감으로 안심하는 그릇된 판단을 한다면 그는 확실히 무책임하고 천박한 자일 것이다.

저들은 가끔 병합 전 조선과 병합 후 조선을 비교하고 자기들의 공적을 나타내기에 급급하고 조선인 사상변동의 현저함을 이르며 선동에 미친 자의 영향을 말하고 있다. 병합 이전 조선의 역사를 깎아 말하면서 조선인 국민성의 결함을 보고 조선인의 사회적 생

---

25) 박열(朴烈, 1902~1974) 아나키스트로 경북 문경 출신이다. 일본인 부인 가네코 후미코(金子文子)와 일본 천황을 폭사시키려고 모의했다가 발각 체포되었다. 1926년 사형 판결을 받았으나 무기징역으로 감형되었다.

활의 저열하던 것을 들추어 총독의 덕정(德政)을 내세우며 조선인이 그들을 예찬하지 않는 것을 분개하고 있다. 이는 물론 저들 저열한 무리들이 품은 편견으로 정상의 일본지식인들이 주장하는 바는 아니다.

병합 전 조선 민족에게는 민족적 공동 세력이라는 것을 쉽게 찾을 수 없었다. 일본 멍청이가 박 서방과 싸움하고 있어도 이 서방과 김 서방은 담뱃대를 물고 방관하고 있었지만 오늘날에는 결코 그렇지 못하다. 일본멍청이에게 충분한 이유가 있더라도 이 서방과 김 서방은 박 서방 편을 들어서 일본 멍청이에게 뭇매를 주고야만다. 시정의 상인이 그렇고 지방의 농민이 그렇고 학생이 그렇다는 것은 저들 천박한 자들의 개탄하는 말이다. 이러한 민족적 대항심을 노골적으로 또 용감하게 발휘하는 것은 선동사상가의 성공이라고 분노하는 자가 있다.

무릇 시세가 불리하니 환난에 순사(殉死)하는 자가 생기는 것이고 민족적 억압이 너무 심하니 비로소 민족의식과 대항심이 발흥하는 것이니 병합이 이루어지고 조선인 개인이 더욱 곤란한 가운데 자극되고 단련되어 민족적 반항심이 생기는 것은 의심할 여지가 없다. 이조 오백년 조선은 생사여탈의 절대권을 가진 왕을 중심으로 그를 옹호한 벌족(閥族)의 정치였다. 병합이 한 번 되니 최초 총독으로 부임한 테라우치(寺內) 원수의 통치는 헌병제도를 중심으로 한 소위 무단통치였다. 이 시대에 있어서는 통치의 배후에 항상 엄연하게 무력이 있고 반도의 평화는 오직 그것에 의해 보전되었다. 고 하세가와(長谷川) 총독의 시대가 되어 그 무력 방식을 너그럽게 함에 미쳐 드디어 대정(大正) 8년의 소요사건[26]을 양성

---

26) 1919년 3·1운동.

함에 이르렀다. 병합이 되니 더욱 민족적 존재를 반성하고 10년의 기간 조선인으로 참을 수 없는 무단정치가 울분을 쌓게 한 바 있으며 그것이 마침내 폭발한 것이다. 하물며 테라우치 씨만 무단정치를 철저히 했고 하세가와 씨는 무단정치를 너그러이 했다는 것에 대해 우리는 쉽게 수긍할 수 없다. 엄혹함으로 평화를 이루었고 관대해져서 소요사건을 이루었다는 것은 역사적 인과법칙을 간과한 틀린 견해이다.

현 사이토(齋藤) 총독은 헌병정치를 폐지하고 무단정치를 표방하여 조선에 임하고 있다. 헌병정치 또는 무단정치에 대해 문화정치라고 하는 것은 곧 입법적 통치를 이름이다. 법치국에 있어서 법은 통치의 중심이요 또 그 정신이 아니면 안 된다. 이에 조선의 통치상 법의 위신은 가장 엄중히 보전할 것으로 항상 이를 강제해야 할 것이다. 그렇지 않으면 문화정치는 중심 권력을 잃어 통치의 기초에 큰 결함을 내는 것은 자명한 이치라고 주장했다. 이것은 현재의 조선정치를 옹호하는 말로는 당연하겠지만 조선 문제를 근본적으로 고려하는 점에서는 적지 않은 잘못이 있는 견해이다.

어쨌든 현재와 같은 조선의 상태에서 가장 엄중하게 국법의 위신을 보전함이 아니면 통치의 성공을 기대할 수 없다. 즉 법 적용을 엄정하게 하여 법에 걸린 자가 있다고 하면 처벌을 면치 못할 것을 철저히 알게 하여 비로소 법의 위신이 생기고 그것을 강제함으로써 평화와 질서가 보전 될 수 있는 것이다. 박열과 가네코 후미코 등의 인물과 그 사건에 관해서는 논하고자 하지 않는다. 그러나 박열 등을 후하게 대한 것이 법의 위신을 실추하고 일반 조선인으로 하여금 국법을 가벼이 여기는 원인을 만들어 조선 통치상 무서운 결과를 생기게 될 것을 걱정하는 것이 그들의 심리상태이다. 저들은 결국 엄격한 형벌과 준법으로 민중을 억압하는 것이 조선통치의 유일한 비결인 것을 강조하고 있다. 그것이 저들 조선 통치의 한 방책인지는 모르겠으나 조선 문제 해결의 방책이라고 생각할 수 없다.

테라우치 씨의 무단정치나 사이토 씨의 법의 위신을 중심으로 한 문화정치나 무력의 지지에 의한 조선인의 강압인 것은 아무것도 구별할 바가 없는 것이다. 최근 저들의 조선인을 대하는 준엄하고 가혹한 태도는 그다지 테라우치 시대보다 나은 바 없다. 다만 전자는 군복 군도의 헌병으로 집행하였음에 비해 후자는 붉은 모자에 긴 칼을 찬 경찰로 집행하게 하는 차이가 있을 뿐이다.

무릇 무력의 강압으로 이민족 통치에 성공하기는 이미 불가능한 것이 표명된 지 오래다. 오늘 날 조선의 통치를 다만 법의 위력으로써 하고자 하는 것은 그릇된 견해라고 아니할 수 없다. 또 조선 문제의 해결책을 다만 통치책의 범위 안에서만 구하는 것은 최선의 선이라고 할 수 없다. 최근 박열 문제가 발생하자 일본의 정객과 논객들은 어수선하게 일어나서 사법 위신의 실추를 말하고 국체 존엄의 모독을 말하고 황실에 대한 두려움의 생각을 운운하며 선량이라고 칭하는 자 그 기세를 선동하기에 힘쓰고 있다. 박열(朴烈) 문제 그것이 조선인에게 악영향을 주는 것보다는 박열, 가네코 등 옥중의 수인(囚人)들을 냉혹 무자비한 정략(政略)의 제물로 삼는 저들의 태도야말로 적지 않게 조선인에게 영향되는 바 있을 것이다.

일본의 조선통치에 관해 최근 빈번하게 지적한 바 있다. 군비의 증설, 교통망의 완성, 산미증식을 중심으로 한 대규모 산업시설과 공업의 흥성, 일본화를 고취하고자 하는 보통교육의 보급 계획 같은 것은 무엇 하나 소위 내지연장주의(內地延長主義)[27] 입장에서 출발하지 않는 것이 없다. 저들은 조선인의 영구한 불평을 고려하기보다 그들에게 이반의 기회를 주지 않음으로써 영원히 그 이권을 보장하고자 함에 그 목표가 있는 것이다. 저들은 길게 이어지리라 생각하는 일본국의 융성하는 국운을 마침내 조선인들도 엿볼 기회가 없게 하며 조선인의 의사와 감정에 관계없이 조선은 그의 연장된 내지(內地)로서 영원히 유용할 것을 확신하고 있다. 저들은 그런 이유로 조선인을 역사 있는 평등한 민족으로 극동의 정세에서 각각 그 자유의사에 의해 협력할 날이 있어야할 미래의 좋은 이웃으로도 고려하지 않고 있다. 저들은 지금 이와 같은 것이 일본인으로서 가장 좋은 영원한 장기 대책인 것을 확신하지만, 결국의 시간의 위력에 의해 그릇된 것을 사납게 깨달을 운명 하에 있다는 것은 우리는 또한 확신한다(『조선일보』, 1926년 9월 27일).

○ 1926년 10월 31일 전문학교 연합정구대회

오후 4시 경운동 한일은행 코트에서 열린 제4회 전문학교연합정구대회참석에 축사를 했다.

제4회 전문학교연합정구대회는 31일 오전 10시부터 경운동 한일은행 코트에서 열린 바 당일 오후 1시까지 경과는 어제 본란에 보도한 바와 같다. 이제 그 후의 경과를 보도하건대 제2회전에 수원고 농군은 보전에게 분하게 패하고 결승전에 작전계획의 차가 있느니 만큼 보전군은 고상에게 애석히 패하니 금년 시즌의 마지막을 빛낼 월계관은 옛 주인을 찾아 고상에게 돌아갔다. 대회가 끝나고 오후 4시에 우승기와 우승배 수여식을 마친 후 주최 측으로 학생회 위원장 박영인 씨의 폐회사와 본사 주필 안재홍 씨의

---

27) 식민지를 본국의 연장으로 보아 같은 법령을 시행하는 정책.

축사로써 성황리에 마쳤다(『조선일보』, 1926년 11월 2일, 2면).

○ 1926년 11월 1일 문맹 타파

『조선농민』 12호(1926년 11월)에 「조선청년은 농한기를 어떻게 이용할까?」라는 제목으로 기고했다. 문맹타파(文盲打破)가 가장 시급한 문제임을 강조하고 있다.

지금 우리의 할 일 가운데 문맹타파(文盲打破)처럼 시급한 문제가 없는 줄 압니다. 더욱이 농촌에 있어서 그러합니다. 우리 신문 지상(紙上)으로 늘 주장하는 바 있거니와 나는 농한기 이용 문제를 이렇게 생각합니다. 즉 농촌의 부락마다 혹은 강습회 혹은 야학 같은 것을 만들어 지식 청년들이 모르는 사람을 가르치는 일에 일제히 노력하되 교재와 같은 것은 아직 상당한 것이 나올 때까지는 보통학교에서 쓰는 조선어독본 같은 것으로 일주일에 사흘씩 정해두고 다 각각 분주한 일을 하다가도 이 모이는 날은(낮으로 하든지 밤으로 하든지 그 지방 형편이 허락하는 대로 정하여) 일정한 장소에 모여 열심히 공부하도록 할 것입니다.

될 수 있는 대로 배우는 사람이 싫증이 나지 않도록 하는 것이 좋겠고 또 그네들이 요구하는 다른 학과가 있으면 그런 것은 다음 다음에 가르쳐 줄 셈치고 금년은 그 토대되는 우리글 보급에 힘쓰는 것이 가장 먼저 할 일이라고 생각합니다(『조선농민』 12호, 1926년 11월).

○ 1926년 11월 4일 의미심장한 가갸날

『조선일보』에 「자주정신의 제일보 의미심장한 가갸날」이라는 제목으로 글을 썼다. 한글날은 조선내 나고 조선빛 나고 조선소리 울려나는 가장 조선적으로 된 조선인의 영원한 기념일로 고유한 말과 글은 한 민족이나 한 국민의 문화적 성쇠와 정치적 성패에 매우 중요함을 역설하고 있다.

    11월 4일은 음력 9월 29일에 상당하니 옛날 한양조 세종대왕 28년 병인년에 이 날로써 국문을 반포했던 거룩한 기념일이다. 조선 땅에서 자라난 조선 사람의 넋으로 심어져나온 조선마음의 결정인 조선말과 그의 표상이요 기호인 조선 글은 조선 사람의 운명 그것과 한가지로 따라다닐 조선 사람이 가지고 있는 최대한의 보배요 가장 귀한 기념품인 것을 생각할 때 이 날은 더욱 새롭게 더욱 의의 깊게 기념하고 축하하지 아니 할 수 없는 민족적으로 그리고 민중적으로 중대한 날이 되는 것이다. 이 날을 이름 지어 '가갸날'이라 하니 조선내 나고 조선빛 나고 조선소리 울려나는 가장 조선적으로 된 조선인의 영원한 기념일이 되어야 할 것이다. 조선의 사내 계집 늙은이 젊은이들은 모두 이 날을 기념하고 축복하여야 한다.

    고유한 말과 글이 한 민족이나 한 국민의 문화적 성쇠와 정치적 성패에 지대한 관계에 있는 것은 이제 부연함을 요치 않는다. 서양에서도 헝가리인들이 백인들에게 대하여 가장 선명 또 확고한 자립의 기상을 표시하던 것은 자국의 언어로 저술된 헝가리의 문학과 경전을 가질 수 있었던 때부터의 일이다.

    이러한 점으로 보아서, 한양조의 초기에 있어서 세종대왕의 진력(盡力)에 의하여 완전한 조선문의 제정과 사용을 보게 된 것은, 전조선 장구한 역사에 있어서도 가장 특서(特書)한 사실이요, 만일 한양조 오백 여년의 역사에 있어서는 가장 추천해 칭찬할 만한 대표적 공적이라고 단언할 수 있다. 내 나라 민족심의 결정인 내 나라의 언어를 옹호, 선양하는 것은, 민족적 자주정신을 발휘하는 제1보가 되는 것이요 더욱이 그의 독창적인 문자로 그의 고유한 언어를 기술하게 하는 것은 가장 선명하고 확고한 자주정신의 표현인 것을 의미한다. 그러므로 조선의 존귀한 기념일인 '가갸날'은, 민족적으로 민중적으로 통렬하게 기억할 영원한 기념일이 되는 것이다.

한양조 초기는 유교 편중의 시대가 되어, 소위 주자 존중의 사상도 자못 가볍지 아니하던 시대였다. 고려조의 왕건 태조가 만주의 강토를 통일하고 국민적 자립의 결실을 발휘하고자 그 북면(北面)의 전비를 다스리고, 당시 국가존엄의 표상이던 건원(建元)의 제도를 시행하면서 중국 땅의 인민에 대하여 항상 영토회복의 기회를 기다렸던 것에 비하여, 한양조의 창업 군신들이 일찍 그러한 의도를 보이지 아니한 것은, 한양조 전체의 좋은 평판과 빛이 턱없이 줄어든 바라 하겠다. 그러나 세종대왕이 세상물정 모르는 선비들의 속된 주장과 어리석은 견해를 배척하고 단연히 조선문 창작과 사용을 결행한 것은, 불세출의 영명(英明)[28]의 자질인 것을 표명하여 남음이 있을 뿐이 아니라 이로써 조선인의 민족적 자립성을 위하여 한없이 높은 빛을 토해내고 또 썩지 않는 큰 원력(願力)을 끼친 것으로 시대가 바뀌고 형세가 다시 암담하여진 오늘날의 조선인으로서는 더욱 많이 공명동감(共鳴同感)하여 무한한 충동을 일으키는 바이다.

그가 역경도감(譯經都監)을 궁궐에 베풀고, 조선인 사회생활에 막대한 영향을 미치는 불교의 장경(藏經)을 조선문에 의하여 순조

---

28) 지혜롭고 총명한.

선어로 번역하려고 계획하던 일이 만일 성공하였던들, 조선 문화의 조선적 심화와 세계적 섭취 과정에 있어서 실로 중대한 영향을 주었을 것이다. 이러한 문화로 웅장하고 큰 그림이 있었음에도 불구하고, 5세기를 지낸 오늘날에도 오히려 조선심(朝鮮心), 조선력(朝鮮力)의 발휘에 엄청난 상처가 있어서 자립의 날이 자못 아득하여 기약할 수 없는 것과 같은 것은 탄식하지 아니할 수 없다. '가갸날'의 의의와 그 선전을 고조하지 아니할 수 없다.

방금 인류는 보편화의 도정에 있고 만국은 세계화의 경향이 신속하다. 민족과 국가의 경계선은 고집함을 필요하지 않다. 인류애에 부질없는 장벽은 타파됨을 요한다. 그러나 조선 땅에서 조선 마음의 결정인 조선말의 생명을 담은, 세계의 모든 문자에 으뜸이 되는 조선글은 예찬하고, 옹호하고, 진중하고, 고조하지 아니할 수 없다. 그리고 이를 기회로 아래의 4개조를 고조하지 아니할 수 없다.

1. 조선말을 옹호 또 예찬하거라.
2. 조선글을 옹호 또 보급하게 하거라.
3, 쉽고 아름다운 조선글의 보급에 의하여, 조선 사람의 문맹타파의 운동을 대대적으로 하거라.
4. 그리하여 조선마음의 배양과 옹호에 노력하거라.

아아 만천하의 신사 숙녀여 더불어 이를 실행하기를 기약하자(『조선일보』, 1926년 11월 4일).

○ 1926년 11월 14일 아일랜드 문제

『조선일보』에 「아일랜드 문제와 조선 문제」라는 제목으로 글을 썼다. 아일랜드와 조선의 상황적 유사성을 설명하면서 일본의 조선에 대한 자치책을 비판하고 있다.

　민족적 예속의 관계에서 보든지 정치적 형세의 발전과정으로 보든지 아일랜드(愛蘭)와 조선은 항상 동일하게 생각되는 줄로 믿는다. 지나간 기미의 해에 조선의 민족운동이 한창 치열하던 판에 일본의 한 재야정치가에 의해 조선의 자치문제를 운운하게 되었던 것은 저들 통치 집단의 마음속에 항상 조선에 관해 아일랜드를 대비함이다. 동일한 시기로부터 금일까지의 사이에 조선인 가운데에서도 혹은 타협적(妥協的) 운동 또는 획책(劃策)을 하는 자 있었으니 이는 조선인으로 마음속에 항상 조선과 아일랜드를 대비하는 자이다. 어쨌든 조선 문제와 아일랜드 문제는 많이 서로 대비되고 연상되는 문제이다. 그러나 만일 두 나라의 문제를 동일하게 생각하는 자가 있을 진대 그것은 심상치 않은 오류라고 할 것이다. 우리는 앵글로색슨인인 잉글랜드에 대해 켈트인인 그의 민족문제를 생각할 수 있다. 전자가 신교도 후자가 구교도인 것과 잉글랜드가 정치적 지배자일 뿐 아니라 경제적 지배 집단, 아일랜드가 정치적 예속자일 뿐 아니라 경제적 피착취인인 것을 생각할 수 있다.

　이에 관해 얼스터를 중심으로 한 북부 6주의 인민이 잉글랜드인과 혼혈종인 동시에 신교의 신도로서 항상 남부 제주의 인민들과 알력과 대립의 관계를 지속해 온 것도 생각할 수 있다. 그리하여 1810년대에 글래스톤 옹(翁)이 아일랜드의 자치안을 제출하던 시기로부터 1922년 로이드쯔지 내각에 의해 아일랜드 자유국이 성립되기까지 아일랜드 국민당의 영제국 의회에서의 태도와 신페인당의 성쇠 역사도 생각할 수 있다. 그리고 1919년 당시 아일랜드 모 여성에 의해 갈파된 아일랜드의 해방은 민족자결의 방식에 의하거나 또는 러시아의 예에 의한 세계 개조를 기대해서 실현될 것이라는 말과 같은 것도 퍽 음미할만한 일이다.

아일랜드의 경제적 어려움은 우리가 가끔 예증한 바 있다. 1880년경 잉글랜드의 지주 등에 의해 혹심하게 착취를 당한 아일랜드인은 한꺼번에 들고 일어나 미국 등 해외 여러 나라에 이주하고 국내에는 겨우 80만 정도의 인민밖에 없던 것을 예증으로 말한 바도 있다. 저들 영국인은 다만 정치적으로만 아일랜드인을 억압한 것뿐이 아니라 경제적으로 그들의 죽음과 생명을 통제했다. 글래스톤 같은 인격을 갖춘 위인이 어느 정도의 진지한 성의로 했는지는 단정하기 어려우나 저들의 자치안이란 것은 결국 아일랜드인의 경제적 예속관계를 넘겨다보고 제안한 바 있다. 하물며 북해의 외로운 섬으로 최근 인구 약 300만 정도인 문자 그대로 약소민족인 아일랜드에 관해 영국인의 심사는 항상 자유 없는 신세로서 아일랜드를 대하는 것이다. 신페인당의 실패도 가까운 장래에는 어찌할 수 없는 형세일 것이다. 다만 조선 문제를 이와 대비하는 것은 매우 옳지 않은 일이다.

최근 일본의 통치 집단은 때때로 조선의 자치책(自治策)을 은근히 밝히거나 공개적으로 드러내고 있다. 그러나 그 반면에는 우리가 항상 지적하는 바와 같이 군비의 증설, 교통망의 완비, 각종 경제정책의 약진, 혹은 조선인 실생활의 생명과 죽음을 통제하려하고 따라서 물질적 고압이 스스로 손과 발을 놀릴 곳 없게 하고자하는 바가 있다. 모름지기 경제적으로 생명과 죽음을 통제하고 정치상으로 자유를 허락한다는 것은 허울 좋은 체면정치라고 이름지을 수밖에 없다(『조선일보』, 1926년 11월 14일, 1면).

○ 1926년 11월 20일
송도학교 학생기독교 청년회 주최 강연회

오후 7시 개성 송도고등보통학교 학생기독교청년회 주최 강연회 참석했다.

송도고등보통학교 학생기독청년회에서는 본보지국 후원 하에 오는 11월 20일 오후 7시부터 중앙회관 구내에서 강연회를 개최한 다는데 연사는 본보 주필 안재홍 씨라고(『조선일보』, 1926년 11월 19일, 1면).

○1926년 12월 5일 농민도의 고조

『조선일보』에 「농민도(農民道)의 고조(高調)」라는 제목으로 글을 썼다.

조선농민이 전인구의 80%에 가까우니 농민도(農民道)는 곧 조선도(朝鮮道)일 것이요 조선 주요산업이 농업이니 농민도는 즉 조선인 생활의 잘못을 바로 잡는 도가 될 것이다. 자본주의 경제조직의 힘이 온 조선을 휩쓸 때 상공업의 진흥을 위해 할 수 있는 최대한의 능률을 발휘해야겠지만 조선인이 굳게 지킬 것은 농촌의 농토요 조선인의 개량과 활동을 요하는 것은 농업 그것이요, 조선인 수입의 대부분은 농산물로써 채워야할 것이다. 조선인의 전쟁터는 곧 밭두둑과 논두렁과 창고마당이 되어야하겠으니 농민도는 조선인 생활의 표준과 원칙이 되어야한다.

검은 얼굴로 굵은 손가락으로 순직한 마음으로 성실한 태도로 그리고 굳세고 용감한 의지로 땅을 밟고 땀을 흘리면서 농경하여야한다. 그들은 미곡을 만들고 면화를 갈고 뽕과 베를 갈고 채소와 과수를 심고 가축을 먹여 생활의 근거를 잡으며 그리하여 놀고 먹는 자와 사기하는 자, 희롱하는 자와 변절하는 자들과 땀 아니 흘리고 노작하지 않고 부귀를 누리려는 자를 천시하고 적대시해야 할 것이다. 농민도는 시인의 아름다운 상상도 아니고 공론가의 장광설(長廣舌)도 아니고 일하고 먹고 당연히 살아야할 권리를 주장하는 것이다.

　조선은 내 나라이다. 나의 향토이다. 생활의 근거지이다. 문화 발전의 토대이다. 세계로의 발족지이다. 이 나라의 논밭은 조선인이 먼저 갈아야하겠고 이 땅의 벌과 비탈과 진펄과 개골창은 조선인이 먼저 이룩하고 갈아먹어야 한다. 그것을 할 수 없는 곳에 함께 일어나 지켜야하고 싸워야하고 고쳐가야 하고 편리한 것을 발명하여야 하고 새 제도를 세워야하고 이를 방해하는 어떤 놈들이고 부서 치워 버려야 할 것이다. 할 노릇 다 해보고 쓸 재주 다 써보고 부릴 부지런 다 부려보아도 끝끝내 생활할 수 없고 자꾸만 쫓겨갈 수 밖에 없고 헤어져 없어질 수밖에 없는 형편이면 덩어리가 되어라. 문문이 가지 말아라. 조선이란 우리의 나라이다. 온갖 것에 우선권이 있다. 땅이고 공장이고 산이고 바다에고 직업에고 의식에고 조선인이 반드시 또 마땅히 우선권을 가져야한다. 이런 것에 발바투 덤벼서 요구하고 싸우고 지키고 찾아오고 그것이 모두 틀리는 곳에 더욱 큰 가장 무서운 방책을 채용하는 것이 농민도의 본령(本領)이다. 귀추(歸趨)이다. 농민도는 고조하여야한다 (『조선일보』, 1926년 12월 5일, 1면).

〈사진 18〉 독립기념관에 있는 안재홍 어록비 '농민도의 고조'(2009)

O 1926년 12월 6일 서재필 박사 서신

『조선일보』에 미국서 자신에게 온 서재필[29] 박사의 서신을 소개했다. 이 서신에서 서재필은 밤낮으로 조선을 생각하고 조선의 행복을 위하여 항상 기도하고 있다며 조국에 대한 애정을 담았다.

갑신개혁 운동 당시 병조참판(兵曹參判) 겸 정령관(正領官)의 요직을 띠고 청년 병사들을 지휘하여 투쟁의 선두에서 활약했던

---

29) 서재필(徐載弼, 1864~1951) 전남 보성 출생. 1884년 갑신정변에 참여했다가 실패한 후 미국으로 망명 의사가 되었다. 1895년 귀국 독립신문을 창간하고 독립협회를 결성했다. 다시 미국으로 돌아가 활동하며 일제 강점기 독립운동에 여러 도움을 주었다. 광복 후인 1947년 귀국 미군정청 고문으로 활동했다.

미국 필라델피아에 있는 서재필 박사로부터 본사 주필 안재홍 씨에게 최근에 도착한 편지는 아래와 같다.

민세주필 족하(足下)
미국 필라델피아에서 서재필

지난 10월 3일에 부치신 글월을 받아 읽었습니다. 나는 항상 우리 조선 민중을 위하여 애쓰시는 여러분의 소식을 듣기를 기뻐하오니 곧 그들을 나의 동지로 여깁니다. 나의 육십 평생 중에 40년 동안을 해외에서 방랑하였으므로 이미 조선 안에 가까운 관계가 없으나 나의 마음은 잠깐도 조선을 떠나지 아니하여 잠자는 사이에도 조선사정을 꿈꾸고 지냅니다. 이것은 어찌 할 수 없이 천성에서 우러나오는 작용으로 주위 환경이 다른 생활을 할지라도 사람의 근본은 결단코 잊어버리는 것이 아닙니다. 말하자면 고양이가 개의 우리에서 평생을 지내더라도 언제까지든지 개가 될 수 없는 것과 같습니다. 나는 조선 사람인 고로 외국에 와서 오래 있으나 나의 자라나던 그리운 시골 우리 조선을 저버릴 수가 없습니다. 밤낮으로 조선을 생각하고 조선의 행복을 위하여 항상 기도합니다.

다만 이것도 다 헛된 데 돌아갈까 꺼려하게됩니다. 나는 힘과 기회가 있으면 다시 한 번 그리운 조선에 돌아가 보고 싶지만 아직 어찌할 수 없고 또 조선 동포를 위하여 봉사하고자 하나 지금 형편으로는 그것도 뜻과 같지는 못하겠습니다. 우선 조선에서 간행하는 출판물에 의해 나의 재미 40년 경험담을 투고하려고 합니다. 그러나 그것도 또한 용이치는 못하니 시간의 바쁜 것과 그 동안에 많이 잊어버려서 조선 글로 바로 잘 쓰지 못하는 결점이 있습니다. 이 점에 관하여는 이 뒤에 서로 잘 힘써 나아가기를 부탁하고 이만큼 씁니다(『조선일보』, 1926년 12월 6일, 2면).

○ 1926년 12월 9일 중국형세와 일본의 지위

『조선일보』에 「중국 형세와 일본의 지위 진퇴양난(進退兩難)의 일본」이라는 글을 썼다. 중국의 국민적 각성과 러시아의 남하 정책 사이에서 고민하는 일본의 상황에 대해 비평하고 있다.

중국의 형세를 논하기는 여러 번이다. 중국문제를 좋아하는 것보다는 그것이 극동의 대세가 변화하는 과정에 있어 관계되는 바가 많기 때문이다. 그리고 중국형세의 외교사적 가치를 논해 영국 미국 등 여러 나라와 중국과의 관계를 잠시 살펴보고 일본과 노농러시아의 중국을 통한 갈등되는 사정을 서술한 바도 있었다. 제국주의적 포만상태에 빠진 영국이 차차 붕괴의 길을 걸어 나가는 과정에서 동방 여러 국민의 영국에 대한 반항과 이탈 운동이 역사발전상 자못 중대한 임무를 하고 있다는 것은 식자들이 함께 인식하고 있다. 이러한 세계적인 광범위한 문제보다 더욱 간절한 처지에 있는 것은 중국의 변화하는 형세를 사이에 두고 일본과 러시아 양국의 관계가 어떻게 발전하겠느냐 하는 것이다.

극동 대륙이라든지 태평양의 모든 섬에 있어서 영국과 미국의 관계가 오늘날의 협조를 영원히 계속할지 그것도 의문이 있으며 방금도 뉴욕의 재판소에서 세간의 관심을 끄는 일미전(日米戰)을 운운하는 양국의 관계는 비록 표면적으로는 평온을 꾸미고 있음에 불구하고 험악한 의심의 눈초리를 지속하고 있다. 그보다 다시 역사적 중대성을 띄고 있는 것은 일본과 러시아 양국의 갈등 그것이다.

조선을 사다리로 만주와 몽고에 세력을 집중하고 그리하여 베이징과 텐진 일대까지도 그 방어의 전초선을 늘이고 있는 제국 일본은 이제 혁명파의 대두와 장쭤린(張作霖)의 앞길이 불안한 것에 관해 적지 않은 고심과 숙고를 하고 있는 중이다. 중앙정국을 자신의 손아귀에 거두려하며 그 세력의 발전이 바야흐로 절정에 달하려는 펑톈파(奉天派)의 황금시대를 앞에 놓고 일본이 내용으로 진퇴양난의 고심을 예감하고 있는 것은 확실히 보기 드문 기이한 광경이다. 일본의 고심은 중국의 국민적 각성으로 인한 만주몽고 이권회수 운동과 인심의 동요를 틈타 한걸음씩 그 세력을 키우고 있는 노동러시아의 남하운동 그것이다. 러시아의 남하는 마침내 재차 충돌을 사실화할 가능성이 많고 일본으로서는 제3차의 국난인 것을 부인할 수 없다.

국민정부(國民政府), 광동정부(廣東政府)의 승인문제는 아직도 구체화하지 않았다. 또 혁명파인 북벌군의 형세 최근 침체를 보인다. 다만 한걸음씩 승리의 기반을 굳혀 가는 것은 이미 기술한 바와 같고 그들의 기세가 높아가면 갈수록 제국주의 국가의 지지를 힘입어 천하의 권력을 농단(壟斷)하는 자는 결국 쫓겨나고 몰락할 비운을 가지고 있는 것이다. 이점으로 보아 장쭤린(張作霖)을 중심으로 한 펑톈파(奉天派)의 운수는 마침내 중국을 중심으로 많은 문젯거리를 만들고 있는 것이 된다. 우리는 혁명파의 승리가 현실에서 우경화를 가져오리라 예측한 바 있다. 그러나 그들이 제국주의 국가에 대해 한층 더 반항의 칼날을 날카롭게 할 것이 명백한 추세이다. 그 사이에 있어서 노농러시아의 책동이 점점 노골화 할 것으로 보인다(『조선일보』, 1926년 12월 9일, 1면).

○ 1926년 12월 11일 표류하는 조선동포

『조선일보』에 「만주로 가기 전에 유리(流離)하는 동포를 보내며」
라는 글을 썼다. 일본인이 조선으로 건너오는 상황에서 빈곤한 조선
인들은 고향을 떠나 일본으로 만주로 떠나는 상황에서 향토의 주민
으로 향토안의 주거와 경작의 우선권을 주장함이 매우 합리적인 일
이고 통치 집단에게 이런 뜻을 분명히 전할 필요가 있음을 역설하고
있다.

　　표류 또 표류하는 조선인의 상황에 관해 한두 번 말한 것이 아
니다. 유리산망(流離散亡)이란 것은 구부러진 사람의 이유 없는
헛소리가 아니고 조선인이 현실로 당하고 있는 엄숙한 사실이다.
최근 일본의 통치 집단은 일본인 이민을 문제 삼지 않는다. 저들
은 문제 삼고 있을 시간에 한 명이라도 더 끌어오는 것이 퍽 실용
적인 것을 깨닫고 있다. 문제되는 동척이민(東拓移民)의 경향으로
볼지라도 성적의 양호함을 속살거리면서 현해탄을 건너오는 자가
날마다 끊임이 없어서 그 숫자는 작년보다 곱절이 된다고 한다.
전남의 옥구군(沃溝郡)으로만 말해도 불이흥업회사(不二興業會社)
의 제2차 이민은 내년부터 2개년 간 한번에 2백호를 이주시킬 계
획이라 하니 그 대강을 짐작할 것이다.
　　이 사이에 있어 조선인의 이동 상태를 보면 11월 말까지 금년
중 일본으로 건너갈 계획을 하는 동포가 1만여 명이고 북조선을
지나 만주 방면으로 간 자가 자못 큰 숫자에 달할 모양이다. 11월
중에만 원산항을 거쳐 간도방면으로 간 자가 947 가구, 2천 8백
3명이고 육로 혹은 의주선을 지나서 간 자도 적지 않게 있을 것으
로 추측한다. 그리하여 금년 동안 일본인의 조선이주자가 약 3만

명이고 조선인의 밀려나가는 자가 거의 곱절이 되려는 형세이다. 이것은 결코 과장함이 없는 엄숙한 사실이다. 그리고 이는 조선인의 민족적 일대 환란(患亂)인 것을 누구든지 즉각적으로 느낄 수 있을 것이다.

저들 통치 집단이 일본인을 불러오기에 바빠함이 있는 것은 더 말할 필요가 없다. 그리고 조선인을 보내기에도 자못 주저함이 없는 것은 변명키 어려울 것이다. 최근 북만주 목단강 유역을 시찰한 저들 통치 집단의 요인들은 일본인의 조선 이주 준비를 위한 깊고 원대한 생각을 하는 것이 또 분명한 사실이다. 이리하여 유랑의 실마리를 열어 놓은 조선인은 금후에도 한정 없이 밀려가게 될 것으로 볼 수 있다. 저들은 토지 개량을 기획하고 산림의 조림과 식재를 기획하고 누에고치의 증식을 기획하고 수산의 진흥을 기획하며 농업자금을 융통하고 혹은 자작농의 새로운 육성도 운운하며 백성들의 이용후생(利用厚生)을 생각함이 있음도 드러내 밝히고 있다. 그러나 이와 같이 조선인으로 하여금 외래 이주민을 뒤로 두고 멀리 유랑의 길을 떠나가게 하는 것이 엄숙한 사실인 바에 이를 어찌할 것인가? 저들은 한편으로 조선인의 유랑지를 찾고 있는 것은 아닌가?

통치 집단에 대해 항의하거나 호소하는 것이 모두 의미도 없고 또 효과도 없는 일인 것을 안다. 그러나 그들 유랑하는 동포들이 보잘 것 없는 자금을 가지고 정처 없이 몰려가는 것을 우리들은 차마 볼 수 없다. 그들은 살기 위하여 가는 것이다. 결국은 죽기를 피하여 가는 것이다. 그들은 미지의 나라에 가서 살기를 구하는 것보다 고향땅에서 마지막까지 살고 싶어 하지 않겠는가? 우리들은 일찍이 구직동맹(求職同盟)의 필요성을 역설한 바 있다. 그들은 만주로 가기 전에 먼저 저들 통치 집단을 향해 일자리를 구하고 음식을 구해야할 것이다. 향토의 주민으로 향토안의 주거와 경작의 우선권을 주장함이 매우 합리적인 일일 것이다. 통치집단에게로 가라! 일거리를 달라하고 밥을 달라고 하라! 이것이 확실히 현실의 한 방책이라고 믿고 싶다(『조선일보』, 1926년 12월 11일, 1면).

○ 1926년 12월 16일 조선 금후의 정치적 추세

『조선일보』에 「조선 금후의 정치적 추세(趨勢) (1)」이라는 글을 썼다. 향후 조선인의 정치적 생활은 결국 좌경(左傾)[30]이냐 우경(左傾)[31]이냐 하는 갈림길에서 그 하나를 찾아가게 될 것임을 강조하고 있다.

조선 금후의 정치적 추세를 말하는 것은 무슨 호기심의 충동에서 나온 것이 아니다. 다만 피예속 민중으로 정치와 권력으로부터 떠나있고 따라서 전형적인 피지배의 위치에 있어 한편으로 억압과 가혹한 착취에 걱정하고 탄식하며 혹은 착란(攪亂)과 혼돈(混沌)을 걱정하게 되는 민중의 앞길을 위해 그 장래의 결과가 어떻게 될지 한번 생각해보고자 하는 것이다.

최근 조선에서 관심 끄는 문제가 있으니 그것은 민족운동이 어떻게 추진될지 또는 사회운동이 어떻게 발전될지 하는 것이다. 만일 통치 집단의 정책이 그 민족적 좌익(左翼)운동에 대해 지금과 같거나 또는 지금 이상의 억압으로 민족적 우익운동에 대해 직간접인 조장(助長)을 아끼지 않는다면 대중의 진퇴도 저절로 변동될

---

30) 비타협주의.
31) 타협주의.

것이고 정치적 분야는 따라서 옮겨갈 것이 명백하다.

조선에 있어서 좌경한 사상을 취급하는 것은 문필종사 기관의 저승문이 된 느낌이 있다. 마찬가지로 우경화한 사상을 검토하는 것도 자못 곤란한 일과 같이 생각하는 것 같다. 그러나 금후 조선인의 정치적 생활은 결국 좌경(左傾)이냐 우경(左傾)이냐 하는 갈림길에서 그 하나를 찾아가게 될 것이고 그 사이에 있어서 오직 형세를 관망하고 이권으로 농단(壟斷)하고자 하는 기회주의 중간파의 보기 싫은 고민의 모습이 있을 뿐이다. 그리고 최근 가끔 문제가 되는 소위 민족적(民族的) 타협운동(妥協運動)이란 것이 어떻게 출현 혹은 진전될지 그에 맞설 비타협적(非妥協的) 민족운동(民族運動)은 또 어떻게 되는지를 구체적으로 검토하고 그 이외에 최좌익(最左翼)을 대표할 사회운동 노선은 어떠한 상태에 있게 될지가 또 중요한 검토 대상이 될 것이다.

기미운동 당시로부터 발생했다고 할 수 있는 민족적 타협운동 즉 자치운동(自治運動)이 멀지 않아 어떠한 형식으로 출현될 것은 일반 정치원리로 보아 필연적인 일이라고 할 것이다. 이는 반드시 통치 집단을 대표하는 언론기관에서 이를 표명한 바이나 또 기타 권력계급의 사람들로 인해 드러나고 있음을 예측할 수 있다. 다만 조선의 정치적 경제적 제 조건에 있어 이러한 타협운동이 어떠한 정도까지 발전 할 수 있을지 또 얼마동안이나 존속될는지가 문제의 핵심이다. 통치 집단이 조선인에 대한 회유 혹은 양보적 대도는 조선인의 주관적, 객관적 형세가 어느 정도 좌경화될 가능성이 있는가 하는 정도에 의해 평가될 것이다. 그리고 조선인이 당면하고 있는 국제적, 민족적 제 조건은 이러한 타협 사상과 운동으로 하여금 비교적 단기간에 끝을 맺게 될 것이라고 단언할 수 있다. 그리고 비타협적 민족운동은 도리어 머지않은 장래에 다수의 호응을 받게 될 것이라고 볼 수 있다.

그리고 조선인이 당면하고 있는 국제적 민족적 제 조건은 이러한 타협적 사상과 운동이 식자(識者)들로 하여금 흥미를 끌게 하는 것은 통치 집단의 조선에 대한 시설이 거의 모두 10 개년 혹은 12개년을 한주기로 시작하는 그것이다. 조선인의 농민적 지위에 적지 않은 변동을 주게 될 산미증식(産米增殖)과 토지개량의 안이 금후 12년에 결말이 날 것이고 동해 만포 도문 혜산 경전의 5개선과 평원선과 사철매수(私鐵買收) 완성의 계획은 또한 금후 10년의 계획이다. 기타 산림 수산 수전 등 부(富)의 원천에 관계되는 사업이 또한 10년 내지 12년의 계획이 예정되어 있다. 금후 10년 내지 15년 후 조선의 경제적 사정의 변동은 자못 괄목할 상태에 도달할 것이다. 이 동안에 있어 일본의 사회적 변동과 국제적 지위변동이라든지 중국 대륙을 중심으로 방향이 바뀌는 극동의 대세는 저절로 지금의 예상보다 중대한 바가 있을 것이다(『조선일보』, 1926년 12월 16일, 1면).

○ 1926년 12월 17일 타협파의 운명

『조선일보』에 「조선 금후의 정치적 추세(趨勢) (2): 타협파의 운명은 어찌될까?」라는 글을 썼다. 우경화 경향의 하나인 관제타협운동을 비판하고 이들이 타협운동을 내세우며, 지방의 이권문제와 개인의 허영심과 명예욕을 이용해서 자신들의 주장을 정당화 하려할 것으로 예측하고 있다.

천하의 사람이 다 어진 군자일수 없고 천하의 사람이 모두 단일한 주의(主義)로 돌아갈 수 없으니 오늘날의 형세로 타협파의 출현이 있다 할지라도 놀랄 것도 없고 또 비관할 필요도 없다. 다만 타협파의 운명이 어떻게 될는지는 반대로 말하자면 비타협파의 지위가 어떻게 될는지가 문제의 핵심이다. 조선인의 처지로서 자발적으로 타협운동을 표방하고 기치를 선명히 할만큼 대담하다든지 또는 타협주의에 순응할 사람들이 있으리라고 생각하지 않는다. 그것이 있다고 하면 반드시 통치 집단과 연결되고 호응함이 아니고서는 쉽게 나타나지 못할 것이고 저들 통치 집단의 양해 혹은 종용 아래에서 비로소 있을 수 있다.

이러한 관제타협운동(官制妥協運動)이 생긴다고 하면 우선 그 출발점부터 그릇된 짓이라 할 것이고 그 앞길은 한 층의 불신임을 받을 것이다. 하물며 조선의 경제사정은 조선인 대다수로 하여금 점점 비타협적 경향을 촉구할 수밖에 없으니 타협운동의 생명은 첫째 소아병에 걸릴 것이고 둘째로 허약한 발육으로 결국은 요절(夭折)할 수밖에 없을 것이다.

타협운동자들의 무기를 예상할 수 있다. 그들은 대중이란 흔히 공리적 견지에서 움직이기 쉽다는 약점을 이용할 것이다. 그래서 첫째, 철저한 해방으로 가는 1단계로 타협운동을 내세울 것이다. 이는 자본주의적 자유주의자와 기타 동류 계급인 지식계급의 사람들을 얼마큼 수긍하게 할 이론적 기초가 될 것이다. 다만 같은 계급의 사람들이 어느 정도 그 운동에 반응할는지는 그들이 교묘한 기회주의자인 만큼 드물 것이다. 둘째는 지방 이권문제를 이용할 것이다. 철도, 항만, 기타 교육, 산업 등 시설로 인한 지방주민의 물질적 이익을 증진하게 하는 것을 냄새 좋은 미끼삼아 그에 관련되는 인민들을 끌어들이고 지도할 것이다. 여기에는 상당한 반향이 있으리라고 보는 것이 타당할 것이다. 현재에도 이러한 이권 문제를 미끼로 어느 정도 개인적으로 조선인의 투지를 약화시키는 것을 볼 수 있다. 셋째로는 허영심, 명예욕 등을 이용할 수 있을 것이다. 소위 사관열(仕官熱)이라는 약점을 잡아 그것을 이용할 수 있을 것이다. 현재의 협의원(協議員) 선거에도 벌써 그러한 실례를 보이고 있지만 장래에도 많이 이용할 것이다. 큰 직책으로 지사(知事), 과장(課長)으로부터 작으면 군수 면장 등까지도 침을 흘리고 모여드는 자가 상당하게 있을 것을 예상할 수 있다. 그러나 이 모든 것이 대중으로 하여금 긴 우경화와 타락 속에 잠기게 하리라고 비관만 할 수 없다.

첫째, 감정상으로 보아 현재 관공리(官公吏)등으로 저들 통치집단과 하나로 뭉친 자는 적다고 볼 수밖에 없다. 더구나 형세가 번복될 가능성이 보이는 때에 그들이 평시에 짜고 있던 불평의 마음으로 스스로 행동을 갑자기 바꿀 자도 많을 것이다. 그것은 기미운동 당시 작위를 사퇴하든 일부 귀족배의 행위가 잘 대표하고 있다. 둘째, 이해상으로 보아 타협파의 사람들이 끝끝내 통치 집단의 태도에 마음으로부터 복종할지 안할지는 큰 의문이다. 그들은 해볼 대로 해보고 얻어볼 대로 얻어보다가 결국은 그것이 퍽 불철저한 짓인 것을 깨닫게 될 것이다. 이러한 점으로 보더라도 타협운동의 앞길이 미리 짐작되는 바이고 따라서 조선의 금후 정치적 추세를 예측할 수 있다(『조선일보』, 1926년 12월 17일, 1면).

O 1926년 12월 18일 타협파의 주요 인물

『조선일보』에 「조선 금후의 정치적 추세(趨勢) (3): 타협파의 주요 인물」이라는 글을 썼다. 타협파의 범주를 분석해서 여기에는 '내지 연장주의(內地延長主義)'를 주장하는 인물들, 언론과 집회의 자유를 억압하며 같은 조선동포를 억압했던 친일적 태도의 각파유지연맹

(各派有志聯盟)과 시국대동단(時局大同團)의 인물들, 각종협의원, 도평의원, 기타 공직자급 인물들이 해당 되며 일부 지식계급 또는 지사(志士)의 부류로부터 어느 정도의 지지가 있을 수 있다고 보고 있다.

　타협파의 출현이 소문으로 난 지는 오래되었다. 그러나 일찍이 내가 타협운동을 하겠다고 주장한 자는 없었다. 또 요사이 사람들은 건듯 하면 타협파를 운운하고 혹은 다소의 화제를 삼지만 여기에 관해 피차 퍽 신중할 필요가 있다. 여하간 좌익이냐 우익이냐 하는 것은 일반 정치 분야로 보아도 썩 중대한 일이고 각 개인들 일생의 근거와 운명에 관해서도 썩 중대한 일이니 이에 관해 일반이 퍽 신중과 관용의 태도로 쓸모없는 억측과 의혹을 피해야할 것이다.

　하물며 만일 이것으로 통치 집단의 이간질과 중상모략의 술책에 이용됨이 있다고 하면 회복할 수 없는 민중의 해악이 될 것이다. 그리고 지피지기(知彼知己)함은 전투의 첫 번째 요건이다. 그러므로 적에 대하여도 정확한 관찰을 내려야할 것이니 타협파의 운명을 가볍게 여기는 것이 어떠할지에 대해서는 고려할 여지가 충분히 있다. 어쨌든 타협파가 출현되리라 하고 그 등장인물의 계통과 색채를 예측하는 것도 지레짐작에 가까운 것이나 상당히 흥미 있고 또 유익한 일이다.

　지금까지 이러한 문제에 관해 연상되는 것은 소위 '내지연장주의(內地延長主義)'를 근본으로 밝히는 일부 사람들이다. 우리들의 식견으로는 저들이 어느 정도 성의와 신념을 가지고 그 문제에 관해 관심을 가지는지 전혀 미지에 속하는 사람들이다. 감정적 태도를 떠나서 보더라도 다만 관권(官權)을 추종해서 어떤 이권을 얻어보려고 하는 불순한 정치장사꾼의 행위로 볼 수밖에 없다. 이런 사람들이 첫 번째로 날뛸는지는 모르나 그런 사람들이 나선다면 타협운동은 한층 권위와 이름값이 떨어져 쇠퇴하고 망해버릴 것이다.

기타 각파유지연맹(各派有志聯盟) 혹은 시국대동단(時局大同團)의 인물들도 말하는데 거의 다 같은 종류의 사람들이니 결국은 큰 문제가 되지 않을 것이다. 그 다음으로 각종협의원, 도평의원, 기타 공직자급 인물들이 대부분 나설 것이라고 보는 것이 타당할 것이다. 이 사람들의 출현은 마치 지방이권문제의 이용과 아울러 타협운동의 중견세력은 되지는 아니할까하고 예측되는 바이다. 이 사람들은 상당한 재력이나 혹은 재력을 배경으로 각 지방에 다소의 지역기반을 가진 사람들이라고 볼 것이니 타협운동의 중요한 세력으로 보지 않을 수 없다. 다만 이들도 문제가 순수한 정치화할 때에 얼마나 용기를 가질지는 고려할 여지가 있다.

타협파의 인물로서 가장 문제되고 또 흥미를 끌며 따라서 큰 반향이 있을 것은 지식계급 또는 지사(志士)의 부류로부터 어느 정도의 지지가 있을 수 있는 지이다. 앞서 언급한 것처럼 쓸모없는 억측이 옳지 않다는 것은 되풀이하지 않겠다. 다만 지식계급 또는 지사부류의 사람들로 민중의 신망이 있는 자가 참여하는 경우 민족적 사회적 해방전선에 상당한 혼란과 균열이 생길 것이고 조선의 정치적 추세로 비로소 역사적 의의를 가지게 될 것이다. '호랑이는 죽어서 가죽을 남기고 사람은 죽어서 이름을 남긴다'고 하는데 명예를 중시하는 상황에서 만인의 비난을 집중적으로 받으면서까지 앞길이 보장되지 않은 우경화로의 방향전환을 단행할 용기를 발휘할 사람이 얼마나 있을지는 도리어 의문이다.

그보다도 선배로서의 존경을 즐기면서 허울 좋은 은둔을 하고자 하는 이들이 대부분이 될 것이고 신진 청년투사로서 명예를 훼

손하고 이것이 진정한 민중을 위하는 길이라고 할 만한 점진주의
자가 나올 것이라고는 쉽게 믿어지지 않는다. 만일 통치 집단과의
연락과 양해로 소위 관제적 타협운동을 하기로 한다면 문제가 달
라질 것이고 그 귀추는 이미 쓴 바로 족할 것이다(『조선일보』,
1926년 12월 18일, 1면).

○ 1926년 12월 19일 타협운동의 존속기

『조선일보』에 「조선 금후의 정치적 추세(趨勢) (4): 타협운동의 존
속기는」이라는 글을 썼다. 향후 타협운동의 성장과 쇠퇴를 언급하
면서 이에 대한 대책으로서 비타협 운동의 필요성을 역설하고 있다.
이에 따라 다음해인 1927년 2월 15일 자치운동을 비판해온 비타협민
족주의자와 사회주의자는 이에 맞서 민족협동전선을 결성 신간회
(新幹會)를 창립한다.

타협운동의 출현 가능성은 부인할 수 없고 비록 낙관한다 할지
라도 그 세력과 운명을 가볍게 볼 수는 없다. 적에게 겁을 내는
것도 전사(戰士)의 부끄러움이겠지만 적을 덮어놓고 가볍게 여기
는 것은 중대한 시기에 처한 전사가 취할 바가 아니다. 금명간 타
협운동이 곧 출현하는 것은 아닐지라도 금후 2~3년까지면 반드시
상응하는 형식으로 출현하리라고 보는 것이 망령된 생각은 아닐
것이다. 이는 물론 조선 안 인심의 흐름과 조선에 영향을 주는 극
동 대륙의 모든 형세가 직간접적으로 많은 자극을 줄 것이고 그
외에도 일본의 정치변동과 일반 국정의 추이가 퍽 많이 이것을 결
정해주는 조건이 될 것이다. 먼저 말한 바와 같이 조선의 타협운
동은 통치 집단의 조선인에 대한 회유와 양보의 의미로 될 것이다.

따라서 조선인의 주관적, 객관적 형세가 얼마만큼 좌경이 될 가능성이 있는가하는 것에 의해 결정된 것인 까닭이다.

일본 조야의 책임 있는 정치가들은 일찍이 조선 문제를 정면으로 논하는 바가 없다. 뿐만 아니라 일반의 식자 논객 혹은 신흥계급의 사람들도 조선 문제에 관해 침묵을 지키고 있다. 게다가 때때로 김빠진 상투어인 일선융화(日鮮融和) 혹은 내지연장주의(內地延長主義) 같은 것을 입에 올리고 있는 수도 있다. 내지연장주의라는 것은 저들 정치적 시설 결정의 지도원리라고도 보겠지만소위 일선융화를 지금도 믿고 있도록 생각이 엉성한 인물들은 없는 줄로 믿는다. 저들이 조선에 대해 대게 침묵을 지키는 것은 첫째 그만큼 무정견, 무기력한 것을 의미하는 것이겠지만 실제로 보면 조선 문제에 대해 함부로 지껄이지 못할 만큼 중대하게 보고따라서 숙고와 번민이 필요한 때문일 것이다.

만일 일본인으로서 조선 문제가 한꺼번에 곱게 해결될 수 있는소소한 문제라고 생각하는 자가 있다면 그는 아마 썩 경박한 자로서 함께 말할 것이 없는 자라고 할 것이다. 조선의 문제는 2천 3백만 대중의 문제라는 것만도 이미 중대한 바이거든 하물며 조선과조선을 통해 만주와 몽고 대륙, 중국의 전 국민에게 관계되는 바가있고 또 아무리 자본주의의 안정을 구가하더라도 노농러시아의 동진운동은 의연히 동방제국주의 국가로 하여금 단잠을 이루지 못하게 하고 있는 것이 아닌가? 이러한 내외의 사태는 금후 2~3년을넘지 않은 동안 반드시 출현될 것은 예측할 수 있다. 그리고 다시문제되는 것은 타협파의 존속하는 수명이 어떻게 될까하는 것이다.

금후 조선인의 정치운동을 지배하는 것은 조선인이 처한 객관적 제 조건이고 한 가지 간과하지 못 할 것은 조선인의 정치적 결벽과 불관용성 그것이다. 결벽과 절개주의라는 것보다 적극적인 투쟁주의와 관용주의를 주장하는 것이 시국의 발전을 위해 퍽 필요한 것이다. 그러나 정치적 결벽과 불관용성 같은 것은 급속하게 완화되기 어려운 조선인의 특질을 지었고 그것이 촉진되는 경제적 불안과 국제적 자극과 아울러 조선인의 좌경적 속도를 더욱 빨리하게 될 것이다. 그리고 앞서 언급한 통치 집단의 경제적 대시설은 10년 내지 10 수년을 일기(一期)로 조선인과 일본인의 민족적 지위를 한층 현격한 차이가 있도록 그 경제사정을 변동하게 함이 있을 것이다. 이 동안 신흥계급의 대두와 도정에 있는 일본의 국정과 극동 대륙의 형세로 자못 심상치 않은 변천이 있을 것이다. 그리하여 금후 약 15년 조선은 오늘날 상상하는 것보다 괄목할 형세의 변천이 있을 것이다. 타협운동의 출현과 존속은 우선 이와 동일한 기간이라고 볼 수밖에 없으며 타협운동의 성장과 쇠퇴는 곧 비타협운동 또는 좌경운동의 그것을 반비례로 표현하게 될 것이다. 1940년경의 조선은 일본, 중국 기타 극동 제국민의 형세와 한가지로 퍽 흥미 있는 현상일 것을 예단할 수 있다. 우리는 조선인으로 하여금 다만 세계의 대세를 먼빛만 보면서 극도의 곤란에 질식되리라고는 믿을 수 없다(『조선일보』, 1926년 12월 19일, 1면).

○ 1926년 12월 24일 유림제씨에 격함

『조선일보』에 「유림(儒林) 제씨에게 격(檄)[32]함」이라는 글을 썼다. 유학이 과거 사회 중추세력이었으나 이제 사회 변화에 따라 역사적 유물로 사라지지 않기 위해서는 이제라도 천하 백성들을 위해 잘못을 바로잡는 도를 추구하는 현실적 태도를 취해야할 필요성을

---

32) 긴급하게 알리려고 보내는 글.

강조하고 있다.

　유림(儒林)은 조선 4~5백 년 동안 사회 중추세력을 형성해왔다. 최근 수십 년간 시대의 풍조가 급변함에 따라 유도(儒道) 그것의 문화적 가치가 많이 변동되었고 유림의 성가와 권위도 이미 옛날의 그것으로 논할 수 없게 되었다. 어느 의미로는 차라리 여름 갖옷[33]이나 맑은 날 도롱이처럼 현대의 생활과는 거의 관계없는 역사적 유물로 보일 정도가 되었다. 이것은 반드시 유도에만 한정하는 바가 아니고 세계의 모든 종교가 비록 정도의 차이는 있더라도 거의 동일한 경향을 가진 것이지만 수백 년 정폐(政弊)의 망한 자손이 저절로 남다른 상처를 받아 쓸쓸하고 외로운 느낌이 있는 것이 사실이다. 오늘날 유림의 존재가 민중적으로 어떤 적극적 의의를 가지지 못하고 있다고 해도 지나친 말이 아닐 것이다.

　큰 병이 들면 약으로 다스릴 수 없다. 시세의 기울어진 바를 인간의 지혜로 어떻게 하기 어렵다. 만일 유학에서 만세에 썩지 않을 큰 도를 구하고자 하면 그것은 도탄(塗炭)에 부르짖는 천하 백성들을 위해 잘못을 바로잡는 도일 것이다. 잘못을 바로잡는 도(道)가 하나의 지극한 정성에서 나와서 혹은 성인도 있고 의인도 있고 또는 혁명아도 있는 것이다, 유교의 도로 오히려 썩지 아니한 바가 있다면 그것은 확실히 일신의 안전을 던져 천하 백성을 구하고자 하는 일관된 지극 정성 그것일 것이다(『조선일보』, 1926년 12월 24일, 1면).

---

33) 짐승의 털로 만든 옷.

○ 1926년 12월 29일 범인과 국사

『조선일보』에 「범인(凡人)과 국사(國士)」라는 글을 썼다. 세상을 살아가는 데 필요한 참된 벗과 우정의 중요성을 강조하고 있다.

평범한 사람이 있고 평범하지 않은 사람이 있다. 비범한 시대에는 비범한 사업이 필요하고 비범한 사업을 하려하면 비범한 인물이 필요하다 하니 이는 곧 비범한 영재(英才)를 일컫는 것이다. 비범한 영재라는 의미로의 비범인은 객관적 의미로 비범인의 평가를 받을 만한 조건을 갖춘 사람이지만 범인(凡人)과 국사(國士)라는 것은 각각 주관적 경지에서 보아 판별하는 것이다. 선비는 자기를 아는 사람을 위해 죽는다고 하니 우정이나 신임 등을 포함한 일종의 자기를 아는 이를 만남에 따른 감동에 의한 의기(意氣)의 공감을 말하는 것이다. 사람은 자기의 견지에서 살고 자기의 충동과 감격과 주의에서 사는 것이니 우정과 신임이 반드시 그의 생활을 결정하는 것은 아니다.

인생 처세에 가장 어려운 것은 지기(知己)를 얻는 것이고 또 어려운 것은 그로 인한 우정과 신임이다. 아직까지도 세간의 이야깃거리가 되고 있는 제갈량과 유비의 관계도 그 재미있는 일례이다. 동양에서 우의(友誼)를 말하는 자 흔히 관중과 포숙의 일을 예로 들지만 관포의 관계 같은 것은 말과 같이 지기와 우정의 전형이다 지기가 어렵고 신임과 우정이 아울러 있기는 또 퍽 어렵다. 하물며 형세가 나빠지면 비록 혼신의 용기와 가득한 경륜을 가지고도 마침내 어찌하지 못하는 것이다. 지기가 없고 신임과 우정에 힘입을 데가 없는 것은 사람으로 하여금 실패자의 운명을 감수할 수밖에 없게 만들 수도 있다.

사람의 노력은 반드시 어떠한 감격에 원인이 있다. 그는 반드시 일정한 성공만을 노리고 있는 공리적 견지로만 하는 것은 아니다. 사방에 들썩이는 초나라의 노랫소리 가운데 오히려 용기를 뽐내어 나가는 것은 멈추지 않는 자기만족의 원천이 생명력의 충동 때문이지만 또는 믿음으로 함께하고자 함에 따르는 신임과 우정이 있는 자가 있기 때문이다. 그러나 이 신임과 우정으로 힘 있는 지기(知己)가 되어주지 않는 자리에는 쓸쓸히 슬프기도 하고 또 왈칵 성을 내며 화낼 수도 있는 것이다. 세상의 불행이라 할 자 여러 가지이니 일이 성공하기 어려움이 하나의 불행이요 성공과 실패와 영리함과 어리석음도 돌아보지 않을 때 뜨거운 감격으로 마지막까지 같이 할 우정과 신임을 아울러 가진 지기가 없는 것도 또 하나의 불행이다. 범인과 국가를 논하는 것은 반드시 편벽되고 비굴한 사람의 말이 아니다(『조선일보』, 1926년 12월 29일, 1면).

『민족지도자 안재홍 연보 1』 요약

○ 1891년 12월 30일(음력 11월 30일) 경기도 진위군(현 평택시)
고덕면 두릉리 611번지 출생.

○ 1905년 경주이씨 이정순(李貞純, 1889~1938)과 결혼.

○ 1907년 고덕면 율포리 소재 사립 진흥의숙 수학.
황성기독교청년회 학관에 입학.

○ 1910년 9월 일본 동경 유학.
아오야마 어학원에서 연수 후에 와세다대 정치경제학부 입학.

○ 1913년 여름 중국여행.

○ 1914년 일본 유학 마치고 귀국.
고덕면 두릉리 646번지에 초가로 집을 짓고 분가 (현 안재홍 고택).

○ 1915년 5월 중앙학교 학감 취임.

○ 1915년 6월 장남 정용 출생.

○ 1916년 5월 중앙학교 학감으로 강화도 수학여행.

○ 1917년 3월 중앙학교 학감 사임.

○ 1917년 4월 중앙기독교청년회 교육부 간사.

○ 1917년 5월 부친 안윤섭 별세.

○ 1918년 5월 차남 안민용 출생.

○ 1918년 8월 평택 부락산 안성 고성산에 오름.

○ 1919년 6월 대한민국 청년외교단 활동.

○ 1919년 11월 대한민국 청년외교단 활동 발각으로 대구 감옥에 투옥
(1차 옥고).

○ 1922년 6월 대구 감옥에서 출옥.

○ 1924년 3월 시대일보 논설기자 입사.

○ 1924년 6월 언론집회 압박탄핵회 실행위원 활동.

○ 1924년 8월 무명회 발기인 참여.

○ 1924년 9월 시대일보 퇴사. 조선일보 주필 입사.

○ 1925년 2월 평양 전조선웅변대회 참석.

○ 1925년 4월 전국 기자대회 부의장 활동.

○ 1925년 5월 외동딸 안서용 출생.

○ 1925년 8월 제1회 가정수예강습회 참석.
  동경 조선인 기독교청년회관 건축 후원 모임 참석.

○ 1925년 9월 무명회 의장 활동. 조선일보 정간.

○ 1925년 11월 태평양문제연구회. 조선사정조사연구회 활동.

○ 1925년 12월 봉천피난동포위문회 집행위원 활동.

○ 1926년 1월 제1회 연합바자대회 개최.

○ 1926년 2월 노백린 장군 추도회.
  인도청년환영회와 제1회 가투대회 참석.

○ 1926년 3월 민립대학 기성운동 촉성회 참여.

○ 1926년 4월 영호양남기자대회 참석. 서울을 떠나 부산, 마산, 통영, 진주,
  하동, 남원, 전주 답사.

○ 1926년 6월 순종 서거 추도글 집필. 스코필드 박사 환영회 참석.

○ 1926년 9월 조선일보 혁신 2주년과 신사옥 준공 기념글 집필.

○ 1926년 10월 제4회 전문학교연합정구대회 참석 축사.

○ 1926년 11월 가갸날 제정 축하글 집필.

○ 1926년 12월 농민도의 고조 집필. 서재필 박사 서신 소개.

참고문헌

1. 단행본 · 잡지 · 논문

고려대박물관(2005), 『민세안재홍선집』 6, 서울: 지식산업사.

고려대박물관(2008a), 『민세안재홍선집』 7, 서울: 지식산업사.

고려대박물관(2008b), 『민세안재홍선집』 8, 서울: 지식산업사.

김덕형(2012), 『한국의 명가 근대편』 2, 서울: 21세기북스.

김인식(1998), 「안재홍의 신민족주의 사상과 행동」, 박사학위논문 중앙대학교 대학원.

김인식(2007), 『중도의 길을 걸은 신민족주의자』, 서울: 역사공간.

김인식 · 황우갑(2016), 『안재홍 자료집성과 기념사업』, 서울: 선인출판사.

김재명(2003), 『한국현대사의 비극: 중간파의 이상과 좌절』, 서울: 선인출판사.

『개벽』(1920), 6호 1920년 12월

『개벽』(1924), 5권 7호(49호), 1924년 7월 1일

『개벽』(1925), 반동선상의 세계와 그 추세, 1925년 1월호.

『개벽』(1926), 한양조오백년 총평 1926년 7월호, 71호.

『동광』(1931), 철창에 잠 못 든 수인, 조선일보 안재홍, 3권 5호 통권 24호, 1931년 5월호.

『동광』(1931), 될뻔기, 나는 소년 시절에 어떤 야심을 가졌었나, 조선의 사마천, 조선일보 안재홍, 1931년 9월호.

『동명』(1922), 제5호, 1922년 10월.

『민성』(1949), 제5권 10호. 1949년 10월호.

『삼천리』(1929), 제2호, 1929년 9월.

『삼천리』(1930), 아호의 유래. 민세 안재홍, 1930년 1월호.

『삼천리』(1932), 나의 팔인관 안재홍: 황석우, 1932년 4월호.

『삼천리』(1933), 동경유학생과 그 활약 『삼천리』 34호, 1933년 1월

『삼천리』(1935), 교우록. 송진우, 제63호, 1935년 6월.

『삼천리』(1936), 김병로 애연기 『삼천리』 76호.

『삼천리』(1949), 촉루철학의 사도로 되었다, 안재홍, 1949년 2월호.

『신동아』(1936), 학생시대의 회고 제55호, 1936년 5월호.

『신민』(1926), 제17호, 1926년 9월호

『신천지』(1946), 비통! 조국의 복몰 제7호, 1946년 8월호

『신천지』(1950), 1950년 1월호.

『학등』(1935), 1935년 11월호.

안재홍선집간행위원회(1981), 『민세안재홍선집』 1, 서울: 지식산업사.

안재홍선집간행위원회(1983), 『민세안재홍선집』 2, 서울: 지식산업사.

안재홍선집간행위원회(1990), 『민세안재홍선집』 3, 서울: 지식산업사.

안재홍선집간행위원회(1993), 『민세안재홍선집』 4, 서울: 지식산업사.

안재홍선집간행위원회(1999), 『민세안재홍선집』 5, 서울: 지식산업사.

안재홍(1916), 강도일지. 등록번호 0275, 서울: 고대 박물관.

안재홍(2007), 『고원의 밤: 구중서편』, 서울: 범우사.

안재홍(2017), 『안재홍 수필선집』, 유성호 엮음, 서울: 지식을 만드는 지식.

안재홍(2014), 김인희 역주, 『조선상고사감』, 서울: 우리역사연구재단.

안정용(1992), 「아버지와 나」, 『안재홍선집』 4, 서울: 지식산업사.

윤대식(2018), 『건국을 위한 변명, 안재홍 전통과 근대 그리고 민족과 이념의
　　　　경계인: 안재홍』, 서울: 신서원.

이관구(1981), 「민세선생 이십주기에 즈음하여」, 안재홍선집간행위원회 편,
　　　　『민세안재홍선집』 1, 서울: 지식산업사.

이신철(2008), 『북한민족주의 운동연구』, 서울: 역사비평사.

이지원(2007), 『한국 근대문화사상사연구』, 서울: 혜안.

이희승(1991), 「민세선생을 추모함」, 『민세안재홍선집』 3, 서울: 지식산업사.

인촌기념회(1976), 『인촌 김성수전』, 서울: 인촌기념회.

정윤재(2002), 『다사리공동체를 향하여』, 서울: 도서출판 한울.

정윤재(2018), 『민족안재홍 평전』, 서울: 민음사.

조맹기(2006), 『한국언론인물사상사』, 서울: 나남출판.

조선농민(1926), 조선농민은 농한기를 여하히 이용할까 조선일보 안재홍. 12호,
　　　　1926년 11월호.

중앙교우회(2009), 『인물로 본 중앙 100년』, 서울: 창미.

천관우(1978), 「민세 안재홍연보」, 『창작과 비평』 통권 50호, 1978년 겨울호,
　　　　서울: 창작과 비평사.

천관우(1981), 해제 1. 『민세안재홍선집 1』, 서울: 지식산업사.

하영선(2011), 『역사속의 젊은 그들』, 서울: 을유문화사.

한상도(2017), 『독립운동시기 김원봉의 통합·연대 활동, 민족운동가들의 교
　　　　류와 협동』, 서울: 선인출판사.

한영우(2010), 『한국선비지성사』, 서울: 지식산업사.

황석우(1932), 나의 팔인관, 삼천리 25호.

황우갑·최은수(2018), 「안재홍의 성인교육활동과 사상 탐색」, 한국성인교육
　　　　학회, 『Andragogy Today』 21(4).

황우갑(2019), 「민세안재홍의 성인교육활동과 온정적 합리주의 리더십연구」,
　　　　박사학위논문: 숭실대학교 대학원.

황우갑(2019), 『성인교육자 민세안재홍』, 서울: 선인.

2. 신문 자료

『동아일보』 1920년 6월 30일 3면.

『동아일보』 1922년 6월 13일 3면.

『동아일보』 1924년 9월 20일 2면 7단.

『동아일보』 1925년 2월 1일 2면 11단.

『동아일보』 1925년 2월 5일 2면 2단.

『동아일보』 1925년 6월 22일 3면 9단.

『동아일보』 1925년 11월 30일 2면 3단.

『동아일보』 1926년 4월 24일 4면 1단.

『동아일보』 1926년 4월 28일 4면 1단.

『동아일보』 1927년 4월 27일 4면 6단.

『매일신보』 1917년 5월 30일 2면 7단.

『매일신보』 1919년 12월 19일 3면.

『매일신보』 1925년 1월 30일 2면 9단.

『매일신보』 1925년 3월 15일 2면 9단.

『매일신보』 1925년 4월 17일 2면 1단.

『매일신보』 1925년 11월 12일 2면 2단.

『매일신보』 1926년 1월 1일 2면 4단.

『시대일보』 1924년 4월 1일 4면.

『시대일보』 1924년 4월 3일 2면.

『시대일보』 1924년 5월 2일 2면 1단.

『시대일보』 1924년 5월 3일.

『시대일보』 1924년 5월 9일 2면 1단.

『시대일보』 1924년 5월 17일 2면 1단.

『시대일보』 1924년 5월 20일 2면 1단.

『시대일보』 1924년 6월 4일 2면 1단.

『시대일보』 1924년 6월 8일.

『시대일보』 1924년 6월 9일 1면 1단.

『시대일보』 1924년 6월 10일 1면 4단.

『시대일보』 1924년 6월 11일.

『시대일보』 1924년 7월 3일 2면.

『시대일보』 1924년 7월 10일.

『시대일보』 1925년 1월 7일 2면 5단.

『시대일보』 1925년 11월 22일 2면.

『시대일보』 1925년 11월 30일 2면 6단.

『시대일보』 1925년 11월 30일 2면 6단.

『시대일보』 1925년 12월 27일 2면 1단.

『시대일보』 1926년 1월 29일 3면 1단.

『시대일보』 1926년 2월 1일 2면 6단.

『시대일보』 1926년 4월 23일 3면 3단.

『시대일보』 1926년 4월 23일 3면 3단.

『시대일보』 1926년 4월 28일 3면 1단.

『시대일보』 1926년 6월 18일 3면 3단.

『조선일보』 1920년 6월 10일 3면.

『조선일보』 1920년 12월 18일 3면.

『조선일보』 1924년 4월 11일 3면.

『조선일보』 1924년 6월 9일 3면.

『조선일보』 1924년 6월 10일 3면.

『조선일보』 1924년 6월 30일 3면.

『조선일보』 1924년 8월 5일 3면.

『조선일보』 1924년 9월 5일 3면 3단.

『조선일보』 1924년 9월 22일 1면 1단.

『조선일보』 1924년 9월 29일 1면.

『조선일보』 1924년 10월 10일 1면 1단.

『조선일보』 1924년 10월 23일 2면.

『조선일보』 1924년 11월 1일 1면 2단.

『조선일보』 1924년 11월 1일 10면 5단.

『조선일보』 1924년 11월 3일 1면.

『조선일보』 1924년 11월 4일 1면.

『조선일보』 1924년 11월 10일 1면.

『조선일보』 1924년 11월 12일 3면 1단.

『조선일보』 1924년 11월 17일 1면.

『조선일보』 1924년 11월 20일 1면.

『조선일보』 1924년 11월 22일 1면.

『조선일보』 1924년 11월 27일 1면.

『조선일보』1924년 11월 28일 1면.

『조선일보』1924년 12월 1일 1면.

『조선일보』1924년 12월 7일 1면 1단.

『조선일보』1924년 12월 8일 1면 1단.

『조선일보』1924년 12월 16일 3면.

『조선일보』1924년 12월 20일 1면.

『조선일보』1925년 1월 1일 1면 3단.

『조선일보』1925년 1월 1일 5면.

『조선일보』1925년 1월 4일 1면.

『조선일보』1925년 1월 7일 3면.

『조선일보』1925년 1월 9일 1면.

『조선일보』1925년 1월 9일 1면.

『조선일보』1925년 1월 21일 1면 1단.

『조선일보』1925년 1월 30일 2면.

『조선일보』1925년 2월 1일 1면 1단.

『조선일보』1925년 2월 1일 1면 2단.

『조선일보』1925년 2월 1일 2면.

『조선일보』1925년 2월 5일 2면.

『조선일보』1925년 2월 5일 1면 1단.

『조선일보』1925년 2월 9일 1면 1단.

『조선일보』1925년 2월 9일 1면 1단.

『조선일보』1925년 2월 12일 2면.

『조선일보』1925년 2월 13일 2면.

『조선일보』1925년 2월 15일 2면.

『조선일보』1925년 2월 19일 1면.

『조선일보』1925년 2월 20일 1면.

『조선일보』1925년 3월 1일 1면 1단.

『조선일보』1925년 3월 14일 1면 5단.

『조선일보』1925년 3월 15일 2면.

『조선일보』 1925년 4월 6일 2면.

『조선일보』 1925년 4월 16일 2면.

『조선일보』 1925년 4월 17일 2면.

『조선일보』 1925년 5월 27일 1면 1단.

『조선일보』 1925년 5월 28일 1면 1단.

『조선일보』 1925년 5월 29일 1면 1단.

『조선일보』 1925년 6월 12일 1면 1단.

『조선일보』 1925년 6월 18일 1면 1단.

『조선일보』 1925년 6월 19일 1면 1단.

『조선일보』 1925년 6월 19일 1면 2단.

『조선일보』 1925년 6월 28일.

『조선일보』 1925년 6월 28일 1면 1단.

『조선일보』 1925년 7월 6일 3면.

『조선일보』 1925년 7월 16일 2면.

『조선일보』 1925년 8월 11일 3면.

『조선일보』 1925년 8월 21일 1면 3단.

『조선일보』 1925년 8월 24일 3면.

『조선일보』 1925년 8월 30일 1면.

『조선일보』 1925년 9월 3일 1면.

『조선일보』 1925년 9월 2일 1면.

『조선일보』 1925년 10월 20일 1면 2단.

『조선일보』 1925년 10월 20일 1면.

『조선일보』 1925년 10월 24일 1면.

『조선일보』 1925년 11월 12일 2면.

『조선일보』 1925년 11월 16일 2면.

『조선일보』 1925년 11월 16일 1면.

『조선일보』 1925년 11월 22일 2면.

『조선일보』 1925년 11월 28일 1면.

『조선일보』 1925년 11월 30일 2면.

『조선일보』 1925년 12년 21일 1면.

『조선일보』 1926년 1월 1일 1면 3단.

『조선일보』 1926년 1월 1일 6면 1단.

『조선일보』 1926년 1월 2일 1면.

『조선일보』 1926년 1월 4일 3면 6단.

『조선일보』 1926년 1월 6일 3면 5단.

『조선일보』 1926년 1월 15일 1면 1단.

『조선일보』 1926년 1월 21일 3면.

『조선일보』 1926년 1월 22일 3면.

『조선일보』 1926년 2월 2일 2면.

『조선일보』 1926년 2월 1일 2면.

『조선일보』 1926년 2월 12일 1면 1단.

『조선일보』 1926년 2월 13일 1면 1단.

『조선일보』 1926년 2월 20일 2면.

『조선일보』 1926년 2월 22일 2면.

『조선일보』 1926년 2월 25일 3면.

『조선일보』 1926년 3월 19일 2면.

『조선일보』 1926년 4월 10일 2면.

『조선일보』 1926년 4월 18일 2면.

『조선일보』 1926년 4월 20일 2면.

『조선일보』 1926년 4월 21일 2면.

『조선일보』 1926년 4월 28일 1면.

『조선일보』 1926년 4월 22일 2면.

『조선일보』 1926년 4월 23일 2면.

『조선일보』 1926년 4월 29일 1면.

『조선일보』 1926년 4월 30일 1면.

『조선일보』 1926년 5월 1일 1면.

『조선일보』 1926년 5월 2일 1면.

『조선일보』 1926년 4월 28일 1면 1단.

『조선일보』 1926년 5월 2일 1면 1단.

『조선일보』 1926년 5월 3일 1면.

『조선일보』 1926년 5월 4일 1면.

『조선일보』 1926년 5월 5일 1면.

『조선일보』 1926년 5월 6일 1면.

『조선일보』 1926년 5월 7일 1면.

『조선일보』 1926년 5월 9일 1면.

『조선일보』 1926년 5월 10일 1면.

『조선일보』 1926년 5월 11일 1면.

『조선일보』 1926년 5월 12일 1면.

『조선일보』 1926년 5월 13일 2면.

『조선일보』 1926년 5월 13일 1면.

『조선일보』 1926년 5월 15일 1면.

『조선일보』 1926년 5월 16일 1면.

『조선일보』 1926년 5월 18일 1면.

『조선일보』 1926년 5월 19일 1면.

『조선일보』 1926년 5월 20일 1면.

『조선일보』 1926년 5월 21일 1면.

『조선일보』 1926년 5월 22일 1면.

『조선일보』 1926년 5월 23일 1면.

『조선일보』 1926년 5월 24일 1면.

『조선일보』 1926년 5월 25일 1면.

『조선일보』 1926년 5월 26일 1면.

『조선일보』 1926년 5월 27일 1면.

『조선일보』 1926년 5월 28일 1면.

『조선일보』 1926년 5월 29일 1면.

『조선일보』 1926년 5월 30일 1면.

『조선일보』 1926년 5월 31일 1면.

『조선일보』 1926년 6월 1일 1면.

『조선일보』1926년 6월 2일 1면.

『조선일보』1926년 6월 6일 1면.

『조선일보』1926년 6월 7일 1면.

『조선일보』1926년 6월 10일 1면.

『조선일보』1926년 6월 15일 1면 1단.

『조선일보』1926년 6월 17일 2면.

『조선일보』1926년 6월 26일 2면.

『조선일보』1926년 7월 4일 1면 1단.

『조선일보』1926년 7월 9일 2면.

『조선일보』1926년 7월 12일 3면.

『조선일보』1926년 7월 8일 1면.

『조선일보』1926년 7월 31일 1면.

『조선일보』1926년 8월 1일 1면.

『조선일보』1926년 8월 4일 1면 1단.

『조선일보』1926년 8월 6일 1면.

『조선일보』1926년 8월 8일 1면.

『조선일보』1926년 8월 12일 1면.

『조선일보』1926년 8월 14일 1면.

『조선일보』1926년 8월 19일 1면.

『조선일보』1926년 8월 20일 1면.

『조선일보』1926년 8월 25일 1면.

『조선일보』1926년 8월 26일 1면.

『조선일보』1926년 8월 30일 1면.

『조선일보』1926년 8월 31일 1면.

『조선일보』1926년 9월 13일.

『조선일보』1926년 9월 17일.

『조선일보』1926년 9월 27일.

『조선일보』1926년 11월 2일 2면.

『조선일보』1926년 11월 4일.

『조선일보』 1926년 11월 14일 1면.

『조선일보』 1926년 11월 19일 1면.

『조선일보』 1926년 12월 5일 1면.

『조선일보』 1926년 12월 6일 2면.

『조선일보』 1926년 12월 9일 1면.

『조선일보』 1926년 12월 11일 1면.

『조선일보』 1926년 12월 16일 1면.

『조선일보』 1926년 12월 17일 1면.

『조선일보』 1926년 12월 18일 1면.

『조선일보』 1926년 12월 19일 1면.

『조선일보』 1926년 12월 24일 1면.

『조선일보』 1926년 12월 29일 1면.

『조선일보』 1929년 10월 6일 4면 1단.

『조선일보』 1930년 1월 29일.

『조선일보』 1934년 9월 16일.

『조선일보』 1935년 3월 15일 4면.

『조선일보』 1995년 2월 23일 11면.

안재홍 (1891~1965)

민족운동가 · 언론인 · 사학자 · 정치가 · 교육자

호는 민세(民世). 1891년 경기도 평택에서 태어났다. 황성기독교청년회 학관을 마치고 일본 동경 와세다 대학을 졸업했다. 유학 후 돌아와 중앙학교 학감과 서울 중앙 YMCA 간사를 지냈다. 일제 강점기에 언론 필화와 대한민국청년외교단 · 신간회 민중대회 · 군관학교 · 조선어학회 사건 등으로 9번에 걸쳐 7년 3개월간 옥고를 겪었다. 시대일보 논설기자, 조선일보 주필 · 사장을 지내며 언론을 통해 민족계몽에 힘썼으며 식민사관에 맞서 한국 고대사 연구에 몰두했다. 조선학운동을 주도하며 정인보와 함께 다산 정약용의 문집 『여유당전서』도 교열 · 간행했다. 1945년 8월 16일 국내민족지도자를 대표해 최초 해방연설을 했다. 건국준비위원회 부위원장, 국민당 당수, 한성일보 사장, 한독당 중앙상무위원, 좌우합작위원회 우측 대표, 미 군정청 민정장관, 서울중앙농림대학 학장, 대한올림픽후원회 회장, 초대 대한적십자사 부총재, 2대 국회의원 등으로 통일 민족국가 수립에 헌신했다. 1947년 8월 울릉도 · 독도에 학술조사대를 파견 독도수호에도 크게 기여했다. 1950년 6 · 25 때 북한군에 납북되어 1965년 3월 1일 평양에서 별세했다. 1989년 대한민국 건국훈장 대통령장이 추서됐다. 저서로 『백두산등척기』, 『중국의 금일과 극동의 장래』, 『조선상고사감』, 『신민족주의와 신민주주의』, 『한민족의 기본진로』 등이 있다.

엮은이 황 우 갑

경기도 평택에서 태어나 고려대 국문학과를 졸업하고 성공회대 문화대학원에서 문화예술경영학 석사, 숭실대 대학원에서 안재홍의 성인교육 연구로 교육학 박사학위를 받았다. 현재 평택시민아카데미 회장, 민세안재홍기념사업회·신간회기념사업회 사무국장, 숭실대 CR글로벌리더십연구소 선임연구원으로 활동하고 있다. 저서로는 『한국근대성인교육자의 온정적 합리주의 리더십』(공저), 『성인교육자 민세안재홍』 등이 있다.